U0858490

主 办 单 位

◎全国古籍整理出版规划领导小组办公室

◎中国敦煌吐鲁番学会

◎北京图书馆出版社

◎国家图书馆善本特藏部

敦煌与丝路文化

DUNHUANGYUSILUWENHUA
XUESHUJIANGZUO

学術講座

任继愈题

国家图书馆善本特藏部敦煌吐鲁番学资料研究中心　编

第二辑

北京图书馆出版社

图书在版编目(CIP)数据

敦煌与丝路文化学术讲座.第2辑/国家图书馆善本特藏部敦煌吐鲁番学资料研究中心编.—北京:北京图书馆出版社,2005.1
ISBN 7-5013-2626-6

Ⅰ.敦… Ⅱ.国… Ⅲ.①敦煌学-文集②丝绸之路-文化史
Ⅳ.①K870.6-53②K203

中国版本图书馆 CIP 数据核字(2004)第134649号

书名 敦煌与丝路文化学术讲座(第二辑)
著者 国家图书馆善本部敦煌吐鲁番学资料研究中心编

出版 北京图书馆出版社(100034 北京市西城区文津街7号)
发行 010-66139745,66175620,66126153
66174391(传真),66126156(门市部)
E-mail cbs@nlc.gov.cn(投稿) btsfxb@nlc.gov.cn(邮购)
Website www.nlcpress.com
经销 新华书店
印刷 北京华正印刷厂

开本 880×1230(毫米) 1/32
印张 13.25
版次 2005年1月第1版第1次印刷
印数 1—3000册(套)

书号 ISBN 7-5013-2626-6/K·961
定价 24.00元

目录

敦煌藏经洞封闭之谜

方广锠

大家知道敦煌藏经洞是1900年在敦煌被王道士发现的，至今100余年了。2000年夏天北京、敦煌、香港和世界一些地方都举行了纪念活动。为什么大家会对敦煌藏经洞的发现这么重视，百年后还会举行庆祝活动呢？因为敦煌藏经洞出了一批稀世之宝，这批东西的出现，孕育了世界上一门新的学问——“敦煌学”。

敦煌在古代是个很特殊的地方。在古代世界的文明主要有四个：一个是我们中华文明，一个是印度文明，一个是波斯的伊朗文明，一个是以古希腊为根基发展起来的西方文明。而敦煌恰恰是惟一的这四个文明交汇的地方。古代世界主要的宗教有佛教、道教、儒教、景教、摩尼教、祆教。宗教在敦煌交汇，所以使敦煌文化的底蕴相当的深厚。正因如此，敦煌遗书出来后，被全世界的学术界当作宝贝进行研究。

我们中国有一位著名的历史学家叫陈寅恪，他曾经说过，一个时代有一个时代的学术潮流。你进入这个时代的学术潮流，就叫预流，否则就叫未预流。而“敦煌学”就是当今世界的学术潮流。现在敦煌学范围已经很广了，它包括了敦煌遗书、敦煌石窟、敦煌壁画、敦煌雕塑、敦煌史地研究等等。但是归根结底，如果没有藏经洞敦煌遗书出现的话，“敦煌学”是产生不了的。如果我们单纯讲石窟讲壁画讲雕塑，就我们中国而言，龙门石窟、云冈石窟、麦积山石窟、栖霞山石窟，外国也有很多很多，哪里也没有成为一门学问。为什么敦煌能成为一门学问，就是因为出现了藏经洞里的敦煌遗书。藏经洞的遗书对我们中国中古文化的研究推动非常大。100年以来，中外学者利用这些遗书已经取得了大量的成果，而且我们已经研究的只是这些遗书里面所蕴涵的一小部分，还有相当多的东西我们还没有做，还没有来得及做，还没有力量做。正因为这样，大家非常重视敦煌遗书，重视这个敦煌藏经洞。那么相关的一个问题，就是敦煌的这么多宝贝是怎么会放到藏经洞里去的？这的确是个谜。

在100多年以前，当时的人们为什么要把这批东西封闭起来？这个问题直接涉及到如何认识藏经洞这些遗书，它到底是些什么样的东西，它的性质是什么等问题。敦煌遗书发现之后，100年来，大家对这些问题在不停地思考、探讨。现在对这个问题基本上有两种基本观点。第一种观点，我称之为"避难说"：就是说当地人为了避难，防备这些东西在灾难中被损坏，所以把它非常珍贵地收藏起来。还有一种观点，我称之为"废弃说"：虽然我们现在从中研究得到了很多新的知识，我们把它看作是宝贝。但在古代，它实际上是被古人所弃掉不要的，在古人眼中看起来是一批废物。这是主要的两种观点。从这两种观点又衍生出新的观点，譬如说"图书馆说"。实际上也是归入这两种观点之内。

下面我把这两种观点作一个简单的介绍。

我本人是主张"废弃说"的。我在这里向大家介绍一下我对这个问题研究以后的想法，供我们大家共同探讨。最早比较系统研究这个问题的，就是到敦煌骗取了大量敦煌遗书的法国探险家伯希和。他在敦煌从王道士手里骗到了大量敦煌遗书后，欣喜若狂，带回了巴黎。他思考这些东西被放到藏经洞里的原因。他研究的结论就是"避难说"。可以说伯希和是第一个提出"避难说"的人。他说他首先考察这些东西是什么时候被封闭进去的。经研究后可以找到证据证明，因为有很多敦煌遗书后面都有题记。古代有些人抄了遗书以后，在后面写上自己的题记，是哪年哪月在什么地方写的，为什么写的等等。他发现最晚的一个题记是北宋的太平兴国（976—983）和至道（995—997）年的。与北宋同时我国北方还有两个少数民族建立了国家，一个是辽国，一个是西夏国。而西夏在公元1035年向西攻下了敦煌，并创立了西夏文。但在藏经洞遗书中并没有发现西夏文。因为西夏在敦煌统治过，活动过，在敦煌的藏经洞以外如壁画上，发现有西夏文字，在发掘敦煌洞窟时，还发现了西夏文的木活字，但在藏经洞里这么多遗书中没有一件有西夏文。伯希和就从这一点推测，这个洞是在西夏人来之前封闭的。公元1035年西夏人攻打敦煌，敦煌的僧人害怕西夏人来抢这些东西，所以就把这些东西仓惶地藏了起来。进而，他又提出一个证据，他说王道士当时让他进了洞，他在洞里花了3周的时间，把剩下的2万多件遗书逐一翻了一遍。他说洞里藏的东西非常凌乱，藏文的卷子，汉文的卷子，还有绢本画幡以及铜佛像等等，乱七八糟地堆着。可见当时是仓惶之举。这就是伯希和当时的观点。

伯希和提出“避难说”的论据主要有两点：第一点，这里面的经卷记载的时间到了公元900多年，但是没有西夏时期的东西，证明是在西夏之前藏起来的。第二点，从洞里东西摆放的凌乱来看，当时是非常仓惶的。伯希和后来曾经在法国作过一次演说，还进一步说明了他的观点。他说藏经洞所以被封闭，就是公元1035年西夏人攻打敦煌，寺庙里的僧人听到警报以后，赶紧把这些东西藏了起来。后来西夏人来了，把僧人全杀光了，所以被这些僧人藏起来的东西，再也没人知道了。所以这个谜就一直保存到了现在。

然而，当我们对伯希和的观点仔细考察后可以发现，这个说法有很大的漏洞。第一个漏洞是年代。伯希和看到的卷子最迟是至道年间。而我们现在知道的卷子年代有明确题记的是1005年。这个卷子现藏在俄国的圣彼得堡（当年叫列宁格勒）东方学研究所。还有些卷子虽然没有明确的年代，但我们可以考证出它的年代，比上述1005年的卷子的年代还要再迟一点，但其中的确没有西夏以后的。伯希和之所以说是避难，是因为他进去时，看到的东西很乱，所以他才说是仓惶逃窜时的避难。这种说法是站不住脚的。因为藏经洞发现是在1900年农历五月二十六号，公历的6月22号。所以2000年的6月22号我们就在北京开了一个会，纪念藏经洞发现100周年。伯希和是在1908年3月3号进洞的，自藏经洞发现以来，前后经过了8年，在8年当中不知道还有多少人进去过。我们现在知道的有王道士，还有斯坦因，他是1907年5月去的。等到伯希和去时，斯坦因已经把几千卷拿跑了。所以伯希和所看到的那个凌乱，并非藏经洞开启时最初的情况。伯希和自己也知道这一点，他在一篇文章中这样讲：这个千年宝库，从发现到现在已经经过8年，这里的“藏书”有很多人翻动过了。既然很多人都翻过，那么这个乱的情况还能说明什么呢？什么也说明不了。

另外，藏经洞是在第17窟。16窟甬道的右壁有一个小窟，藏经洞（17号窟）就在这个小窟里面。当时把经卷等东西放进去以后，就用土坯把窟门封了起来，再用泥巴抹好墙面，最后用石灰把整面墙涂白，在整面墙上绘上彩色壁画。那么，面对如此情况，你说他是仓惶，仓惶能来得及这样做吗？所以，伯希和的避难说有漏洞是显而易见的。

虽然如此，伯希和的观点仍然被中外许多学者所接受。比如斯坦因说，从伯希和教授提供的材料，再加上卷尾题记里所看到的年代来比较的话，可以知道，一定是在11世纪初因为西夏人要攻击这里，有危及当地宗教寺庙的可能性，所以就把它封了起来。我们中国的著名学者罗振玉，是敦煌学在中国发展的有功之臣。他说，这么多的书放在里面，就是因为西夏打仗，所以才藏的，外面再画上壁画，那么谁也不知道这个东西藏到哪儿了。还有些学者也持此说，在这里不一一举例。当然，也有对这个问题提出疑问的，疑问不在说这个东西是不是因为避难，而主要在是不是因为西夏要打过来才藏起来的，会不会还有其他原因？我国著名的学者陈垣先生，20 世纪 20 年代曾在北平图书馆（现国家图书馆）任馆长。他在任馆长期间，编著了中外历史上第一部公开的敦煌遗书目录——《敦煌劫余录》，这个目录在当时世界上是水平最高的。陈垣先生也研究过这个问题。他说：从史书上看，直到宋朝大中祥符末年，沙州（当时敦煌叫沙州）的统治者归义军的负责人曹贤顺曾经派人到北宋，要求北宋向他们颁赐用金银字写的《大藏经》。从北宋的景祐年间直到皇祐年间，沙州与北宋之间的交往从没有断绝过。可见政治形势很平稳，直到 1049—1053 年。那么说，1035 年西夏打入时封闭起来就没有道理，因为沙州还是沙州。所以，要封的话，一定是在 1053 年以后。陈垣先生这句话的意思是，他不反对“避难说”，但他认为主要不是因为西夏攻打而造成的，因为西夏那时没有什么危险，避难避的是其他的“难”。哪个“难”他没有讲。有的学者认为，因为西夏也信佛教，藏经洞里都是佛教的东西，就算西夏打过来对佛教也没有大的危害，和尚怕什么呢？没有必要把经卷藏起来。所以，持这种观点的学者，找一个不信佛教的势力，认为那是威胁着敦煌的因素，敦煌人才会把东西藏起来。公元 11 世纪时，新疆有一个黑汗王朝，中文史书上叫喀拉汗王朝，信奉伊斯兰教。寻找的结果，说是信奉伊斯兰教的黑汗王朝攻下了于阗，威胁敦煌。伊斯兰教当然反对佛教，在那个地方推崇信奉伊斯兰教。所以推测一定是受到了这样的威胁。还有人说是在元朝，成吉思汗很信任道士丘处机，他走到哪里都灭佛。成吉思汗在敦煌召见丘处机，敦煌的僧人听说他要来就害怕，就赶紧把佛教的东西藏了起来。这种观点将封闭的时间推到了元朝。但藏经洞里的文献就到 1005 年，再没有以后的东西了，所以也讲不通。因此说“避难说”从时代上讲就讲不通。

那么，这种观点为什么在学术界、在社会上长期流传呢？我认为应该有两个原因。其一，是一种思维定式的作用。我们人类考虑问题时，常常是由已推人、由近及远。敦煌遗书的出现，对中古史的研究起到了极大的作用，所以大家都叫敦煌宝藏、敦煌宝库、敦煌宝物。似乎我们认为是宝物的，古人也一定如此认为。实际上很多事情恐怕未必尽然。中国近代有四大学术发现，一个是敦煌遗书，一个是在古代的烽火台发掘出来的汉代木简，一个是甲骨文，还有一个明清内阁大库档案。甲骨文的情况且不讲，汉简是被守卫烽火台的军士们扔到垃圾堆里的东西，是不要的。我们现在从垃圾堆里发掘出来，结果发现了很多当时的情况。大内明清档案已经被归到废纸堆去了，后来被罗振玉他们花钱抢救了回来，之后发掘了大量的东西。古今人的价值观念在不断的变化。其二，我认为这些东西不是古代人当宝贝，为了避难藏起来的，而是被废弃的。为什么这么说？在讲这个问题之前，我们首先应该论述另外一个问题。敦煌遗书在当时是一批佛教寺院的藏书，它归属于佛教寺院。为什么说它是佛教寺院的藏书？因为敦煌遗书的概貌，经过几十年学者们共同努力，现已清楚了。总数约有 6 万多号。敦煌遗书的号是 个特别的概念，一件遗书有的很长，约二三十米，有的只是残片。各个收藏单位在管理时，为了方便起见，只要是完整地连在一起的，不管多长，就给一个编号。6 万多号就是这么来的。所以我们说有的单位收藏多少号之类的，比如俄国宣布它收藏 19000 号，按号数来说是世界最多的，而实际上长度却没有多少，真正大卷子只有 200 来个，其次小一些的有 3000 个，再次有 16000；英国有 16000 号，包括汉文和少数民族文字；中国国家图书馆有 16000 号；法国有 7000 多号，这是世界上四大收藏单位。除了四大收藏单位之外，其余较为零散。如日本的收藏就比较零散，分散在许多单位。日本公私收藏总计 1000 至 2000 号之间。此外我们国内有几十个单位都有收藏，多的有几百件，少的只有几件，甚至只有一件的，私人也有收藏，合起来有 2000 至 3000 之间。一共大概 6 万多。前面讲到一个矛盾，好东西不是没有，但好东西我们没有看见，看见的只是一堆破烂。另外一个可能，会不会是当初放进藏经洞时，是好的完整的，被王道士发现后，你也翻他也翻而被翻坏？作为学术研究，我们应把各种可能性都考虑到。但经过研究，这种可能性也被否定了。在斯坦因以前，敦煌遗书没有大批流散。王道士是进洞翻看了，翻看时不小心也可能扯坏一些，但是我相信即使撕破也是少量的，因为根据早期的照片看到，当时都是一包一包，包起来放着的。斯坦因是第一个大批得到敦煌遗书的人，我们现在在斯坦因的卷子上仍可以看到很多这样的记录，即有一个简单的经名著录和一个苏州码子编的号码。大量著录是“残破无名目经”、“经破无名”、“破经”、“破无头尾经”、“破烂杂碎一包”、“破烂不堪杂碎经一包”，类似这样的非常多，这是谁写的？斯坦因当时有一个中国助手叫将孝琬，斯坦因称他为师爷（王道士所写斯坦因回忆记中是这样称呼）。我核对了蒋师爷写的其他东西的笔迹，与这个笔迹是一样的，所以这些东西是蒋师爷写的。蒋师爷是第一个帮斯坦因来整理这批敦煌遗书的，有关这批敦煌遗书的第一个目录是蒋师爷在疏勒编写的。也就是说蒋师爷根据当时拿出来时的情况，是破烂一包就写上“破烂一包”。这就证明，当时进入藏经洞时，就是这个样子。现在我们知道世界各地所收藏的 6 万号敦煌遗书绝大多数都残破不全，我们不排除其中有一部分是人为的。大家都知道国家图书馆那批敦煌卷子，到了北京，那帮家伙就偷，偷走后为了充数把卷子撕成十几片，但比起总数仍然少了不少。人为因素是有的，不是没有，但仍然是少数，绝大部分的卷子在藏经洞打开的时候就是破的。这说明，在他们放进藏经洞的时候就是破的。所以我们说：藏经洞封闭以前，敦煌有完整的《大藏经》，有好几部金银字《大藏经》没有放进去，而放进去的是残卷、单卷、残部、断片、零卷、破烂不堪的废纸。这个事实说明，“避难说”无法让人信服。

藏经洞里除了这些佛书经书之外，还收藏了一批佛教的幡画，幡画留在我们国内的很少，大部分都让外国人拿跑了，主要流散在英国、法国、印度。反对“废弃说”观点的研究者就说，这么多精美的幡画难道就能随便的废弃吗？实际上我们现在看这些幡画画得是挺好，只不过已经不是精美的了，甚至是残破的。我在英国看过，英国的这些幡画主要放在维多利亚博物馆，在那里陈列着，是破的打了补丁的，我们可以看到那些幡画现在有几个大图册。这些东西大都是当时挂得时间长了，残破了，烟熏火燎的旧物，所以不要了取下来，把新的再换上去。新的放时间长了取下来再换，就是属于这样一种情况。斯坦因的文章对这种情况是有记载的，文章叙述的是他怎么从王道士手里骗取敦煌文物，斯坦因说王道士也很狡猾。在这里不对王道士其人做评价，现在有很多文章、书籍对王道士的评价是歪曲了的，不符合王道士这个人的真实形象。斯坦因在书中叙述道：王道士极力地向我推销那些画。他不重视绘画，所以他用绘画作为诱饵，使我不能把我的注意力集中到汉文卷子上。他特别地把那些废物尽量地多“塞”给我，这样让我少看一点汉文卷子。从这里我们可以知道，这些画实际上不是什么特别好的，当然价值观念不一样，实际上是一些残破的，新的时候一定很精美很好，但到这时都已经残破了。我前面讲得这么多，说明的就是藏经洞里这些东西无论是经书还是绘画，都是些残破不全的。“避难”而把这些残破不全的东西避进去，这好像说不通，不能说服人。

也有学者提出，你说这些是残破的，我们也承认，因为事实在那里摆着。那么，是不是还有另一个藏经洞？是不是把那些好的藏在另外一个洞子里了？这种可能性也不敢排除。因为莫高窟很大，它依托了鸣沙山，开出了这么多洞窟，除非将来我们有能力把这座山全部翻一遍，翻个底朝天，那我们才知道还有没有第二个窟，也许在哪个犄角旮旯儿还有一个，藏着“好东西”。但我们现在要讨论的是17号窟，无论如何这个洞的东西，当时的人们认为是宝贝，要藏匿起来，这是说不通的。宝贝也许在其他地方，但这个洞里的不是。

前面讲宝藏“避难说”的不合理。我下面要讲，敦煌僧人为什么要把这些卷子放进去。

为什么说是“废弃说”呢？理由是建立在这样几个背景上：

第一，中国人自古以来就敬惜字纸。这一点，现在的人尤其是年轻人恐怕已经不很清楚了，年纪大的人都知道，写了字的纸是不能随便糟踏的。中国人对文字从来就持敬畏的态度。文字的产生是得了天地的造化，钟自然之神秀，所以有“仓颉造字鬼夜哭”一说。大家知道，传统认为汉字是仓颉创造的。仓颉造字，为什么鬼要哭呢？因为人类造了字就更不得了，鬼就没有办法了，所以鬼要哭。因此，敬惜字纸已经成为中华文化的一个传统和一种心理观念。我们现在从旧书摊上还能见到《文昌地君阴荐文》，上面还写着要敬惜字纸，不能随便糟踏纸，若是糟踏写了字的纸，要天打五雷轰的。我小的时候，在厕所里还有敬惜字纸的招贴，写了字的纸是不能当手纸用的。现在我们到苏州西苑寺墙上还可以看到一块匾，上面的文字写的就是“敬惜字纸”四个字。同样，敬惜字纸在文人墨客中也是传为美谈的。比如，唐朝有一个文学家，他用的草稿纸、抄稿纸都不乱扔，用过以后都要收起来，埋在地下起一个坟，叫做文冢，还要祭奠。如果谁糟踏字纸，就要受到报应。《聊斋志异》里有一个斯文郎的故事就很典型。故事本身是抨击科举制度的，里面讲到几个举子上京赶考，听人说那地方有个瞎子会算命，能算出你能否考上，于是他们跑去找那个瞎子，而瞎子说：我怎么能知道你们能否考上？他们就求瞎子，瞎子说那好，把你们的文章都拿来烧一烧，我来闻一闻。第一个人把文章烧给瞎子闻，瞎子一闻说这气味真好，到了我的心口，你能考上。第二个人也烧了，瞎子说这个也不错，能考上。第三个人一烧，瞎子说哎呀臭极了你考不上。被说能考上的很得意，被说考不上的，当然很生气，但拿瞎子也不能怎么样。这样三个人就去考试了。结果与瞎子说得正相反。一张榜，说考不上的考上了，说考上的却没考上。考上的那个说瞎子胡说八道，带着朋友来找瞎子算账，瞎子不认账，坚持说他考不上，周围的人说他确实考上了，瞎子说那你的老师是瞎了眼了，这样吧，把你老师的文章拿来让我闻一闻。于是他们拿来几篇文章，把考官的文章也放在其中让瞎子闻，瞎子闻了一篇说不是，又闻了一篇说不是，当闻到一篇小说里描写瞎子上面打嗝下面放屁时，瞎子立刻说：就是这个，你这个老师就是臭的。把那个考上的搞得没话说了。故事的最后有一句话，说这个瞎子是前朝的一位文学大家，因为生前糟踏字纸太多，所以死了后罚他做一个盲鬼在人间流浪。因为他是文学大家，所以能够知道文章的好坏，眼睛瞎了看不见，但用鼻子能闻出来。那瞎了骂道，我不过是眼睛瞎了，你那考官连鼻子都瞎了，塞住了。这个故事说明的就是不能糟踏纸，否则，你就是文学大家，死了你还得做盲鬼。古代纸张珍贵。敦煌地处西陲，纸张来之不易。S.2952 号题记里面就有纸墨难得这样的感慨。由于纸张非常难得，其管理就非常严格，抄经换纸等都有记录。纸张都是来回用，正面用了反面用，甚至我们发现有一张纸已写上字了，将其掉过头来在字行里面再写字。所以纸张不能随便糟踏。珍惜字纸是一个观念，另一个观念是纸张珍贵，两个观念使得大批陈年旧纸一直在敦煌保留着。

第二，我们在敦煌发现了大量的关于佛教经书的记载，从那些经书记载的佛教目录里面可以知道，当时寺庙的经书经常清点，这个经在不在，被谁借走了，限期要还。佛经坏了要赶紧补。管理佛经的人，把经借出去了没能按时催还，就要负责赔。有一个和尚管佛经，大批的佛经借出去还不回来了，结果让他赔，他没有办法把自家3岁的牛牵去卖了，换回的钱买了纸再抄经来赔。这些都有记载。宋朝初年，有一个僧人叫道真，他年轻的时候，把用坏或破了的经书从各个寺庙收集来，把坏、破的地方补好再用。他的做法不仅是敬惜字纸，而且合乎佛教所讲的敬礼三宝。三宝指的是佛、法、僧，佛是佛陀，僧是僧人，法是佛法。佛经是佛法的代表，称法宝。佛教从来讲要敬礼三宝，能够敬礼三宝就是最大的功德，亵渎三宝就是最大的罪恶。佛经一般最后都有这样一段文字，你能读我的经，爱护、抄写、流通我的经，你就有多少功德，死后不会下地狱等等。你如果糟踏我的经，就会受到报应。很多佛经的后面都有这样的宣传内容。所以如何处理残破的佛经，长年累月积累下来的残破佛经怎么处理，对于佛教教团来说是一个严肃的问题。佛教形成一个传统，有几个办法来处理这些残破的经书。一是挖坑埋到地下，上面修一个塔，叫做藏法塔。再一个，佛像一般都是中空的，把经书放进佛像中。还有一个办法就是把经书装起来，送到佛塔上人们从来不去的地方。解放以后，我们在古旧的佛塔和佛像里面，发现了不少古代的佛经，这些佛经大多是残破的。也有些是好的，那是在新造佛像、佛塔开光时，要放进一些经书，此时放进的经书都是好的。后来塞进去的都是破的。情况大概是这样。例如应县木塔发现的辽代佛经大多是残破的，它就是这样被放进去的。大家还知道，陕西扶风法门寺的佛牙舍利很有名，也是这样放进去的。20世纪30年代，法门寺曾经重修，重修时就从塔顶搬下来两箱佛经。当时对这些佛经做了清理，并且是有记录的。清理的记录中就说到，这些佛经都是残破的，且有些经的背面乱七八糟写了一些字。清理的人是一名虔诚的佛教徒，他认为这样对佛经太不恭敬。其实他不知道，这些佛经当时被放上去就是恭敬的表现，因为已经破了，无法用了。还有一种情况要介绍，就是在北宋开宝四年（971）到太平兴国八年（983）间，北宋刻了一部木板的大藏经叫《开宝藏》。这是我国历史上第一部木刻大藏经，在这之前的藏经都是手写的，流通起来受限制。而木刻则不然，需要时拿纸一印即可。速度比较手写快得多。这种木刻版的《开宝藏》国家图书馆就有收藏。当时刻了之后，就颁赐给各地。为了和周边国家和地区搞好关系，就通过颁赐《开宝藏》这个形式来保持和睦关系。例如给当时的辽颁赐了《开宝藏》，同样给西夏、高丽、越南都分别颁赐了《开宝藏》，这在史书上有多处记载。北宋时敦煌已不在北宋统辖之内。那么，当时敦煌是否得到了《开宝藏》，这在史书上没有记载，但是周围地区和国家都给了，敦煌应该也在其内，而且敦煌几次到北宋来要金银字藏经，《开宝藏》比金银字藏经便宜得多，而且我们在吐鲁番出土品中也发现有《开宝藏》的残片，所以估计《开宝藏》也传到了那边。有一个日本人，他自称有一本从敦煌藏经洞出土的《开宝藏》，我本人持怀疑的态度，因为他判断那件东西的时代不对。我们在敦煌藏经洞没有发现金银字藏经和《开宝藏》，我认为这恰恰是“废弃”说的一个证据，因为金银字藏经和《开宝藏》当时都是好的、完整的，是还在流通使用的，所以就没有必要藏进去。

根据前面讲的这些背景，我们再回过头来看敦煌藏经洞的遗书，我想大家可能就好理解了。也就是说，一直到五代为止，由于内地战乱，敦煌又地处异域，经典的来源非常困难。我前面讲过，五代时敦煌僧人曾专门到内地来找藏经。而北宋以后，由于敦煌当地的曹氏归义军的政权和北宋、辽、西夏都有比较密切的关系，经的来源也比较丰富，《开宝藏》很可能已经传入。同时由于纸张的生产也比较丰富，所以流通情况发生了变化，而且在晚唐五代，敦煌自己造纸，我们有一批敦煌遗书就是用敦煌当地自己造的纸，自己写的。这样种种纸张来源、经典来源的充裕，就产生了淘汰残旧经卷的需要。而且，旧纸张的利用率、利用价值也降低了，所以在这种情况下，在曹氏政权的某一年，大概在 1002 年到 1014 年这 12 年当中，寺院在清点藏经的过程中，把一大批他们认为残破无用的经典，包括一些疑伪经（这些经被认为应该封存起来而不能流通），包括一些过时的文书和废纸、旧的幡画、多余的佛像等等，集中起来全部封在了第 17 窟当中。由于这些东西在当时人的心目中是没有用处的，所以谁也没放在心上，年长日久就被人们忘记了。

那么为什么要放在第 17 窟？有些学者就提出来，第 17 窟要特别考虑，因为原来第 17 窟是敦煌和尚的纪念堂。敦煌在归义军初期有一个和尚叫洪辩支持当时的归义军政权推翻吐蕃。唐大中年间吐蕃王朝发生了内乱，这时敦煌当地有一个叫张议潮的，带领敦煌人起义，把吐蕃人赶跑了。归义军政权派人到长安报喜，唐朝中央政府在这里设立了归义军节度，封张议潮为节度使，洪辩也被赐京城内外临坛供奉大德，充河西释门都僧统，管理敦煌地区佛教事物。由于洪辩对归义军政权立了功，又是佛教教团的领袖，所以他去世后，专门开了个窟来纪念他，这就是今天编为 16 号窟的来历。藏经洞最初就是为了这个目的开的，窟里面安置了一尊洪辩的塑像，还立有唐王朝封洪辩的一块碑。

有的研究者认为，这个窟作为藏经洞，大概就是为了纪念洪辩用。我认为这有点牵强附会，因为洪辩生活的时代离藏经洞封闭年代相差约 200 年，200 年以后的人再来想 200 年以前的人，并对他表示多么尊敬，这不太可能，除非这个人是像孔子似的人物。我们现在想200年以前的人，能够想起谁啊？而且当初敦煌僧人把遗书放入藏经洞时，特意把洪辩的像从这个窟里搬出来扔到一边，嫌那个像太占地儿。从这个举动来看，也不是对洪辩有什么尊敬的意思。

到底是什么原因用这个窟装那些卷子呢？去过敦煌的人可能知道，这个窟比较好，就在一层。堆放东西，爬高爬低总是不方便的。这个窟大小适中，刚好东西能够放进去，我想大概是这么一个原因。1990年8月，当时我在国家图书馆工作，我与一起工作的同事，清点整理了国图收藏的一批敦煌遗书。那些东西自1910年从敦煌运到北京以后，基本就被封存起来，一直没有整理过。在清理时，很偶然地在一个卷子上发现了粘在上面的鸟粪，我们很吃惊，同时参加这个工作的还有在善本部修整组工作的杜伟生先生，他是一位修整专家，刚刚从英国回来，英国邀请他去做英国所存的敦煌遗书的整理工作。他说很巧，在英国的敦煌遗书中也发现有鸟粪。后来我到英国去的时候，果然看见，他们把鸟粪拿个盒子装起来了。这就很奇怪呀，到敦煌去的人知道，藏经洞是甬道壁上的一个洞，原来是封起来的，不是一个房子，没有一个窗户，鸟是飞不进洞的，鸟飞不进去，那么鸟粪是怎么粘在上面的呢？有两个可能，第一是敦煌遗书送到藏经洞以前，鸟粪已经粘在上面了。第二是敦煌遗书被发现后鸟粪粘上了。如果说，英国那边的收藏品没有鸟粪，那我可能怀疑国图的发现属于后一种，可以解释说国图那批是1910年从敦煌运北京，一路上走的时间很长，也许哪一天鸟粪就粘上了。因为当时是用马车运的，既没有火车又没有飞机，装在麻袋里面用马车运，保管条件总是差一点。可是斯坦因那个收藏品中也有鸟粪，怎么解释呢？他当时得到这批卷子后，马上就偷偷地全部装箱运跑了，鸟不可能飞进他的箱子里去。所以，那些鸟粪只能是在敦煌遗书放到藏经洞以前就已经粘上了。我们在整理这批敦煌遗书时，看到有很多卷子都粘有乱七八糟的东西，我们曾经开玩笑说，把它们扔到马路上都不会有人拣的。这种现象的形成，可能是有些卷子被撕下来后就在哪个角落里堆着，然后鸟飞来在上面做窝，自然就有鸟粪了，再到后来，就一起收捡起来，一股脑儿堆进藏经洞里去了，大概就是这么一个情况。

还有，我们现在用“废弃说”来看敦煌遗书，很多问题就可以得到合理的解释了。比如说，在敦煌遗书里面，经的数量大大超过论藏的数量。《大藏经》分经、律、论三藏，经部占绝对多的数量，而论部很少。这是为什么呢？因为从总体来看，敦煌地区佛教的理论水平不高。从晚唐到宋初，我们看到从遗书里反映出来的现象是，敦煌地区注重读经，无论你懂不懂意思，读下来就有功德。当时有一部经很流行，叫《大佛名经》，有十几卷，归义军政权曾经下令，规定庙里的和尚每天要念一卷这部经文。这些和尚是享受“国家”特权的，所以要为国家出力，天天要念经。这样，《大佛名经》就用的多，用坏的经卷也多，用坏以后，就放进洞里去了。又如，《大般若经》共有600卷，在当时被视为国宝，佛教僧人认为念一遍《大般若经》就有无量功德。这个经是很难念的，里面尽是车轱辘话，当时人为做功德，就有这个毅力。念的多，被用坏的就多，剩下的也就多。另外，我们今天整理清点敦煌遗书可以知道，敦煌遗书中有的经典，如《法华经》有5000至6000号，《金刚经》有1000多近2000号，《大乘无量寿宗要经》也特别多。反之，另一些经则特别少，原因就在这里。特别多的那部分，就是当时大家认为的念了之后功德最大的，中国人认为《法华经》念了之后会逢凶化吉，书中有很多这样的记载。还有，当时寺庙里有很多佛经是善男信女布施来的，布施的人也是要讲功德的，同样布施一部经，布施这部经功德小，而布施另一部则功德百倍、千倍甚至万倍，我何不布施这一部呢！所以，布施多的经也是大家认为功德最多的。像《法华经》、《金刚经》都是这样，大家都布施这些经，寺庙中多得不得了，留这么多也没有用，就要处理。敦煌遗书中还有一个情况，就是在一个大卷子上同时抄写好几部短经。比如，《般若心经》只有260个字，所以在一张纸上反复抄写好多部。前面提到的《大乘无量寿宗要经》也不长，在一张纸上连续抄多遍，纸都是连着的、完整的，为什么都放在那里呢？我们用“废弃说”解释就清楚了。因为当时敦煌百姓很多人不识字，要想给寺庙布施经书，自己无法抄写，就请抄经生来抄。当时就有这样一个职业，从业者叫抄经生，专门以抄经为业，平时就抄许多经放在那里，若有人想布施，就掏钱到他们那里去购买，布施者需要几部，抄经生就从大张纸中裁下几部给买者。

“废弃说”解释了这样一种现象，就是在敦煌遗书中为什么没有找到一部完整的《大藏经》。那么，敦煌当时有没有完整的《大藏经》呢？有的。因为正在使用，所以就没有扔掉。搞清敦煌藏经洞封闭原因，搞清这批东西是被敦煌人废弃的，正确地认识藏经洞的性质，对于我们进一步研究和整理敦煌遗书都有重要意义。比如，我们一些同事研究敦煌遗书，一看见这些遗书，就惊叹不已，像发现了宝贝一样，认为遗书文件对敦煌人意义如何重大等等。如果站在“避难说”、“保藏说”的观点上，还可以理解。因为藏起来的都是宝贝，似乎这些遗书对当时人意义非常重大。而站在“废弃说”的观点上那就未必了。那时别人扔掉的东西，也可能是真有用，只不过是时间过了，不用了才扔掉。也可能当时就根本没有用。东西是传过来了，敦煌人认为没用就扔了。这种可能也是有的。所以，提醒我们在研究的时候要实事求是，具体问题具体分析。不要一见到就当宝贝，那是不能肯定的。又如，我们研究藏经洞到底是什么时候封闭的问题，到现在还没有一个明确结论。主张“避难说”的先生们，首先要找到是谁威胁了敦煌。这个“难”来自何方？找来找去，直到现在也没有找出能够说服人的理由，还要继续找，否则解释不清。持有“废弃说”观点的就认为前面的思想方法不对，你就不要去找了，不存在什么外来势力威胁的问题。那么，怎么研究藏经洞封闭的时间呢？很简单，藏经洞内敦煌遗书所反映的那个时间，是它封闭的上限，洞外壁画的时间是封闭的下限，壁画的时间是可以研究出来的，这样，我们就把上下限时间“卡”定了。这与外来的威胁是没有任何关系的。当然这只是我自己的观点，但持有此观点的不只我一个人，在几十年前就有人提出来，不过没有像我这样系统地讲。我们主张“废弃说”，但并不否定敦煌遗书本身的价值。

敦煌遗书对中国中古史研究的推动怎么估计也不过分。国家图书馆善本部是专门收藏善本古籍的，从宋代的皇家图书到清代，历代递承的图书均有收藏。我们讲古籍善本最珍贵当属宋版书了，那么藏经洞里面的任何一个字一片纸最起码也是北宋时期以前的，就是一张白纸也是唐纸或宋纸。早的在南北朝时期，甚至于早到东晋，也有说到西晋的，这有待考证落实，起码东晋的东西不少。对于我们来说绝对都是宝贝。我们说敦煌遗书有三个方面的价值：1.有文物方面的价值；2.有文字方面的价值；3.有文献方面的价值。敦煌遗书给我们提供了大量信息，可以进行研究。我们讲到汉简就是从垃圾堆里捡出来的。斯坦因经过多次考古活动后发现一个规律，他说：要找东西就找垃圾堆。所以，他在西域考古的时候就专找一个个烽火台的垃圾堆。以至于后来他说，他的鼻子已经养成了敏感，一闻就知道垃圾堆在哪里，然后就去翻垃圾堆。

这几年关于敦煌藏经洞的封闭有一个新的观点，就是“图书馆说”。这个藏经洞原来是敦煌的一个寺庙，叫三界寺，寺里有个僧人叫道真。他生活在五代时，年代约在公元900年前后。他年轻的时候，即后唐时期长兴五年（长兴年号只有四年，而没有五年。因为敦煌比较僻远，内地已改年号了，但那里还不知道，仍继续使用长兴纪年)，到各个寺庙收集残破的经卷，将其进行修补后继续使用。有人认为，当时道真把从各地收集的残破经卷放进了现在这个藏经洞。所以，这个洞实际上是道真修补经书的一个储藏所。后来外部势力打过来了，三界寺的僧人没办法，就把这些宝贝东西封了起来。这是“图书馆说”的一个基本要点。

应该说，这个观点也有很多漏洞，它企图解决一个问题，就是敦煌遗书为什么都是残破的。其实在这一点上，“图书馆说”和“废弃说”是没有分歧的。因为东西本身是残破不全的，没有一部完整的《大藏经》，这个情况是大家谁都承认的。而过去“避难说”则不同意这个说法。“图书馆说”就是要说明为什么是残破的。因为当时收集来时就是残破的，但它还是宝贝，所以道真的弟子们当作好东西收起来了。“图书馆说”有不足，为什么这么说呢？第一，当年道真修补藏经遗留下来一个目录，这个目录有两个抄本，一个抄本现在在敦煌研究院保存，还有一个就在国家图书馆保存。他修补了哪些东西，都在那里放着，我们现在拿道真修补藏经的目录来核对敦煌遗书，合不上。第二，“图书馆说”想回避一个问题，就是敦煌有很多好的《大藏经》，为什么这里没有，没能放进来。它想说明好的《大藏经》是其他寺庙的，这个寺庙是三界寺，是个小寺，这里当时没有好的东西。但是，这实际上还没能回答问题的实质。如果真是像“图书馆说”所说的这样，那么我们要问，既然三界寺把东西藏起来了，那么其他寺庙呢？三界寺是不是就有这些东西呢？其实也不是。我们还有材料证明，三界寺也有许多好的东西。另外，“图书馆说”为了说明当时威胁敦煌的势力，就是下面要提到的黑汗王朝。黑汗王朝的年代是对得上，但是地方太远了，当时黑汗王朝攻打的是新疆的于阗。大家翻开地图或去过西北的人可以看到，于阗到敦煌何止千里。在古代时，攻打于阗和对敦煌的威胁简直是像我们现在讲 2000 年大劫难一样。这个威胁实际上不是那么回事，是不存在的。

吐鲁番文书与高昌统治史研究

王 素

吐鲁番的历史，大致可以分为史前、姑师、车师、高昌、西州、回鹘、吐鲁番等几个时期。史前时期除了器物考古资料外[①]，没有任何文献记载。姑师、车师时期除了器物考古资料外[②]，还有传世文献记载。高昌时期以下，则除了器物考古资料外，不仅有传世文献记载，还有出土文献记载。这里说的出土文献，主要就是吐鲁番文书[③]。

吐鲁番文书与敦煌文书存在很多不同。譬如：敦煌文书发现于1900年，吐鲁番文书发现于1898年；敦煌文书主要出于石窟，吐鲁番文书主要出于墓葬；敦煌文书时间跨度较短，吐鲁番文书时间跨度较长[④]。等等。还有一点不同，这就是敦煌文书关于唐以前敦煌地方历史资料较少，吐鲁番文书关于唐以前高昌时期历史资料较多。而关于后者，对于我们探讨混沌不清的高昌时期历史，可以说是非常非常重要的。

我们知道：高昌时期（西汉初元元年［前48］—唐贞观十四年［640］）的历史，大致可以分为高昌壁、高昌垒、高昌、高昌郡、高昌国等几个阶段。其中，高昌壁当西汉，高昌垒当东汉，高昌当魏及西晋，高昌郡当十六国，高昌国当北朝、隋及唐初。吐鲁番出土高昌时期历史资料，也就是所谓高昌文书，主要属高昌、高昌郡至高昌国阶段。而关于这一阶段的历史，传世文献的记载是非常贫乏的。在所谓“正史”中，只有《魏书》、《周书》、《北史》、《梁书》、《南史》、《隋书》、

《旧唐书》、《新唐书》有《高昌传》，且大都十分简略。因此，关于这一阶段的历史，千余年来一直存在许多难解之谜。

吐鲁番文书最早是由东、西方的探险队、考察队发现的。俄国、德国、日本、英国的探险队、考察队，多次到吐鲁番盗掘，获得大量的出土文书，其中，不少就是所谓高昌文书。如[5]：

俄国考察队大致有三次：第一次即在1898年，由俄国科学院派遣，克列门兹（D.A.Klementz）率领。他们考察高昌故城，盗掘阿斯塔那墓葬，测绘伯孜克里克千佛洞，获得了一些汉文文书，几件梵文、回鹘文印本佛典，还发现了不少带有中亚婆罗谜文和回鹘文题记的壁画。第二次在1906—1907年，由俄国皇家地理学会派遣，科卡诺夫斯基（A.I.Kokhanovsky）率领。他们虽然没有从事盗掘，但在考察古代遗址时，收集了一些出土文书，包括9件汉文文书，1件梵文写本，2件藏文写本和印本，1件蒙古文印本，3件回鹘文写本，2件汉文、回鹘文双语文书，以及几件粟特文摩尼教文书。第三次在1909—1910年，由俄国委员会派遣，奥登堡（S.F.Oldenburg）率领。他们考察和部分盗掘了胜金口、阿斯塔那、高昌故城、交河故城、伯孜克里克等众多墓葬和遗址，获得很多梵文和回鹘文写本，成果较前两次更为丰富。其中，原来以为最早为沮渠氏北凉缘禾三年（434）九月五日比丘法融供养《大方等无想大云经》题记，现在知道还有更早的前秦建元八九年至十三年（372、373—377）间写本拟古诗、前秦建元十三年（377）十月二十五日赵伯龙买婢券、前秦建元十四年（378）七月八日赵迁妻随某买田券[6]，以及其他一些有价值的高昌文书。

德国考察队主要有三次：第一次在 1902—1903年，由柏林民俗学博物馆委托，印度艺术史专家格伦威德尔（A. Grünwedel）率领。他们在胜金口、木头沟及高昌故城进行了多次盗掘，获得了44箱古代艺术品和文书。出土文书包括汉文、梵文、藏文、突厥文、回鹘文、蒙古文写本和印本。第二次在1904—1905年，由德国皇家派遣，东方考古专家勒柯克(A.von Le Coq) 率领。他们除了重返前次盗掘的遗址，还到达吐峪沟、伯孜克里克，一面考察，一面盗掘，获得了200箱古代艺术品和文书。据说出土文书包括24种文字拼写的17种语言的文书。第三次在1906—1907年，仍由德国皇家派遣，格伦威德尔、勒柯克率领。他们由库车、焉耆进入吐鲁番，沿途考察和盗掘，也获得了200余箱古代艺术品和文书。此外，还有一次，在1913—1914年，仍由勒柯克率领。但此次虽然也到过吐鲁番，真正的重点却在库车。此次共盗掘文物、文书三批，第一批103箱，第二批138箱，第三批156箱，吐鲁番文书不多。其中，最早为段氏北凉神玺三年（399）七月十七日张施写《正法华经·光世音品》题记，还有沮渠氏北凉承阳二年（426）十一月户籍，以及著名的宋昇明元年（477）八九月间竟陵郡开国公萧道成供养《妙法莲华经·普门品》题记、麴氏王国延昌三十一年（591）十二月十五日高昌王麴乾固供养《佛说仁王般若波罗蜜经》题记等高昌文书。

日本探险队也有三次：第一次在1903—1904年，由西本愿寺大谷光瑞委托，渡边哲信、堀贤雄率领。他们盗掘阿斯塔那和哈拉和卓墓葬，获得了一些文书。第二次在1908—1909年，仍由大谷光瑞派遣，橘瑞超、野村荣三郎率领。他们除了重返前次盗掘的墓葬，还到达木头沟、吐峪沟、交河故城、伯孜克里克等遗址，进行广泛调查和盗掘，获得了大量文书。第三次在1912—1913年，仍由大谷光瑞派遣，吉川小一郎、橘瑞超率领。他们盗掘不少墓葬，获得了大量文书。其中，最早为西晋元康六年（296）三月十八日竺法护译写《诸佛要集经》题记，还有著名的前秦建元二十二年（386）正月二十二日刘弘妃随葬衣物疏、西凉建初七年（411）七月二十一日比丘兴达供养《妙法莲华经》题记、麴氏王国延昌三十三年（593）八月十五日高昌王麴乾固供养《仁王经》题记，以及麴氏王国延寿元年（624）六月刹远行马价钱敕符、延寿十五年（638）六月一日周隆海买田券等有价值的高昌文书。

英国探险队只有一次，这就是1913—1915年斯坦因（A. Stein）的第三次中亚探险。斯坦因在此前的第二次中亚探险时，已于1907年到过吐鲁番，作过一些调查。随后第三次中亚探险，他沿丝绸南路北进，经和田、尼雅、楼兰、敦煌、居延，于1914—1915年，再次来到吐鲁番，在阿斯塔那墓葬、丫头沟、吐峪沟、木头沟、高昌故城、交河故城等遗址，进行了一系列搜索和盗掘。其中，仅在阿斯塔那就盗掘了34座墓葬。斯坦因的此次吐鲁番探险，获得不少文书，绝大部分也都出自阿斯塔那墓葬。其中，除了前凉升平八年（364）六月三日纪年木简，最早为沮渠氏北凉玄始九年（420）十一月一日缺名随葬衣物疏，还有同时代戍守文书、麴氏王国负官私粮物账及延昌三十九年（599）五（?）月二十三日高昌王麴乾固供养《大品经》（摩诃般若波罗蜜经）题记、延寿十四年（637）五月三日清信女供养《维摩诘经》题记等有较高价值的高昌文书。

我国对吐鲁番进行科学考古，始于20世纪30年代前后的黄文弼。但黄文弼随瑞典斯文赫定（Sven Hedin）率领的中瑞西北科学考察团，于1928年和1930年两次到吐鲁番，主要在交河沟西进行发掘，获得的也主要是高昌墓砖，仅从当地土著手中购得一些出土文书。尽管如此，所购文书中，也有著名的后秦白雀元年（384）九月八日缺名随葬衣物疏，还有袁复礼旧藏的沮渠氏北凉太缘二年（436）四月中旬令狐广嗣写、史良奴供养《佛说首楞严三昧经》题记等有重要价值的高昌文书。

新中国成立后，对吐鲁番的古代墓葬和遗址进行了多次清理和发掘，收获亦丰。其中，出土高昌文书的主要有：

（1）1959-1975年对阿斯塔那、哈拉和卓及乌尔塘、交河故城等古代墓葬和遗址进行13次大规模清理和发掘，共清理和发掘近500座墓葬和1处遗址，出土了大量的文书。其中，高昌文书（包括残片）多达700件（片）左右，超过此外发掘的总和若干倍。除了西晋泰始九年（273）二月九日大女翟姜女买棺约木简，最早为前凉建兴三十六年（348）九月二十八日前王宗上太守启，最晚为麴氏王国延寿十七年（640）四月九日屯田下交河郡、南平郡及永安等县符为遣麴文玉等勘青苗事，几乎贯穿整个高昌、高昌郡至高昌国阶段，堪称研究高昌时期历史的最重要的出土文献资料库。

（2）1965年对安乐故城遗址进行清理，获得一些古籍、佛经及少数民族文字写本。其中，不仅有东晋（317—420）写本《三国志·魏书·臧洪传》、《三国志·吴书·孙权传》等残卷，还有著名的张氏王国建初二年（490）八（?）月十三日为索将军合家写《金光明经》卷第二题记。

（3）1979年对阿斯塔那两座墓葬进行发掘，获得10余件高昌文书。其中，除了沮渠氏北凉流亡政权承平十六年（458）十二月十八日沮渠蒙逊夫人彭氏随葬衣物疏帛书，最早为沮渠氏北凉真兴六年（424）十月十三日兵曹范庆白草，最晚为阚爽政权缘禾十年（441）三月一日官府文书。

（4）1980—1981年对伯孜克里克千佛洞进行清理，获得800多件古籍、佛经及少数民族文字写本。其中，不仅有东晋写本《汉书·西域传》残片，还有麴氏王国建昌五年（559）八月十五日比丘义导写《妙法莲华经·观世音菩萨普门品》题记。

（5）1986年对阿斯塔那 8座墓葬进行发掘，获得较多文书。其中，最早为高昌延昌二十七年（587）五月三日前的一组账历，还有麴氏王国延和十八年（619）九月八日追赠张师儿明威将军令、延寿（624—640）年间历书等近30件各类有价值的高昌文书。

此外，私人盗掘，则从20世纪初以来，基本上一直没有停止。以上俄、德、日、英等国考察队和探险队，以及稍后的黄文弼，到达吐鲁番后，都曾从当地土著手中收购过不少私人盗掘的文书。1946—1947年间，内地画家韩乐然到吐鲁番写生，在伯孜克里克石窟临摹壁画，闲暇之时，也曾去阿斯塔那盗掘过一些墓葬，获得了一些文书，推测也有高昌文书，但详情不太清楚。继韩乐然之后，内地记者李帆群也曾到吐鲁番盗掘，获得了一些文书，其中包括麴氏王国重光二年（621）正月十九日张养子辞。直到近年，我们仍不断听说乌鲁木齐文物市场有私人盗掘的吐鲁番文书出售。2001年，香港克利斯蒂（佳士得）拍卖行以45万—60万港币（58100—77400美元），公开拍卖的3件沮渠氏北凉和阚爽政权的契券⑦，推测也是私人从吐鲁番盗掘的⑧。

吐鲁番文书由于内外盗掘，流散到世界各国，虽然客观上为“吐鲁番学”成为一门国际显学创造了条件，但同时也对“吐鲁番学”的迅速发展造成了不利的影响。因为，世界很多国家都有散藏的吐鲁番文书。以高昌文书为例：我国的上海图书馆有一件麴氏王国义和五年（618）十月十一日和伯姬供养《妙法莲华经》卷六题记、安徽省博物馆有一件段氏北凉神玺三年（399）二月二十日道人宝贤写《贤劫千佛品经》题记，国家博物馆有阚爽政权建平六年（442）正月十二日田地县催诸军到府文书、麴氏王国延昌十七年（577）二月八日比丘尼僧愿供养《大般涅槃经》题记，北京大学图书馆、中国科学院图书馆均有沮渠氏北凉流亡政权承平（443—460）年间赀簿。日本的四天王寺有麴氏王国延寿四年（627）九月经生令狐善欢写《仁王般若波罗蜜经》题记，京都博物馆有沮渠氏北凉岁在丁卯（427）四月二十三日世子大且渠兴国供养《优婆塞戒》题记，书道博物馆有东晋写本《吴书》虞翻、韦曜、华覈等传残卷，以及阚氏王国永康五年（470）七月比丘德愿写《妙法莲华经》残卷、梁天监十一年（512）建安王萧伟供养《摩诃般若波罗蜜经》题记、麴氏王国甘露元年（526）三月十七日写《譬喻经》（出广演、出地狱二品）题记、梁大同元年（535）正月一日散骑常侍淳于□写《佛说金刚般若波罗蜜经》题记等。此外，北欧、美国也有散藏的高昌文书。至于各国的私人收藏，那就更多了。这些收藏，有的公布较晚，有的至今仍未公布，对"吐鲁番学"的迅速发展自然造成了不利的影响。

然而，尽管如此，由于吐鲁番文书内容丰富，时间跨度长，对高昌时期以下，我国古代政治、经济、文化、科技、中西交通等各方面的研究，都提供了重要资料，"吐鲁番学"的发展虽然并不迅速，但毕竟还是成为了一门国际显学。而其中，关于高昌时期尤其是高昌、高昌郡至高昌国阶段统治、政制、经济、文化、中西交通等方面历史的研究，成果纷呈，尤其引人瞩目。限于篇幅，这里仅对高昌统治史的研究略作介绍。

所谓高昌统治史，就是各个中央政府、割据政权、独立王国统治高昌的历史，以及高昌自身在这些中央政府、割据政权、独立王国统治下发展的历史。高昌从西汉建壁到唐初灭国，一共接受过4个中央政府（西汉、东汉、曹魏、西晋）、8个割据政权（前凉、前秦、后凉、段氏北凉、西凉、沮渠氏北凉、阚爽政权、沮渠氏北凉流亡政权）、4个独立王国（阚氏王国、张氏王国、马氏王国、麴氏王国）的统治。可以说，高昌统治史研究是整个高昌历史研究的基础。因此，国内外学者对高昌统治史研究都非常重视。参与高昌统治史研究的学者，我国先后有王树枏、罗振玉、冯承钧、黄文弼、岑仲勉、唐长孺、吴震、马雍、朱雷、侯灿、荣新江、柳洪亮、余太山、孟宪实等数十人，日本有内藤虎次郎、大谷胜真、北条祐胜、松田寿男、嶋崎昌、池田温、冈崎敬、佐藤智水、关尾史郎、白须净真、荒川正晴、町田隆吉、山口洋等数十人，加上欧洲的一些学者，阵容庞大，各有贡献，将高昌统治史研究推向了一个新的高度。

（一）高昌阶段

先说高昌阶段。我们知道：高昌在西汉为屯军壁，东汉为斥候垒，十六国的前凉始设郡县。然则，高昌怎样由两汉的壁垒演变为前凉的郡县，史籍却没有记述。或者说，魏及西晋，高昌既非壁垒，又非郡县，究竟处于一个什么状况，我们一直不清楚。我们只知道：《魏略·西戎传》和《晋书·张轨附子寔传》都仅称"高昌"，新疆罗布泊北海头遗址出土西晋简牍也都仅称"高昌"。现在，根据吐鲁番出土西晋泰始九年（273）二月九日大女翟姜女买棺约木简、西晋元康六年（296）三月十八日竺法护译写《诸佛要集经》题记，以及西晋时期（265—317）的纸绘墓主生活图，可以认定：魏及西晋，高昌已经拥有自己的定居人口，自己的佛教寺院，并能享受郡的待遇参加中央和地方的选举，且曾产生州一级军政首脑，已经处在由壁垒向城市、郡县过渡的阶段。

（二）高昌郡阶段

西晋灭亡，中国北方进入群雄割据的十六国时期，而高昌则进入了吐鲁番历史上的"高昌郡"阶段。其间，高昌什么时候归属什么割据政权，这些割据政权对高昌进行过怎样的统治，过去一直不太清楚。而现在，根据吐鲁番出土高昌文书，已经大致了然。

譬如，过去我们不知道；前秦建元十九年（383），苻坚淝水战败，高昌乃至河西究竟归属什么政权。现在，根据吐鲁番出土前秦建元二十年（384）三月二十三日韩瓮辞为自期召弟应见事、后秦白雀元年（384）九月八日缺名随葬衣物疏、前秦建元二十二年（386）正月二十二日刘弘妃随葬衣物疏，可以认定：淝水战后，高昌乃至凉州最初仍属前秦。但建元二十年四月，羌人姚苌建立后秦、建元白雀后，情况发生了变化。

前秦凉州刺史梁熙也是羌人，又与姚苌有旧，因见前秦已经瓦解，遂率河西奉用后秦白雀年号。白雀二年（385）九月，前秦大将氐人吕光由西域归，擒杀梁熙，自立为凉州刺史，率河西重奉前秦建元年号。

再譬如，过去，我们曾认为：段业建立的北凉，统治河西仅有5年，而第4年，西边的敦煌就被西凉占据，是否统治过高昌难以断言。现在，根据吐鲁番出土段氏北凉神玺三年（399年）二月二十日道人宝贤写《贤劫千佛品经》题记、同年五月七日仓曹贷粮文书，以及同年七月十七日张施在敦煌郡冥安县写的《正法华经·光世音品》题记，可以认定：段氏北凉大约从神玺二年（398）六至十二月间就开始了对高昌的统治，直到天玺二年（400）十二月至天玺三年（401）初才结束对高昌的统治。

又譬如，过去，我们曾认为：沮渠蒙逊建立的北凉，应在玄始十年（421）三月攻克西凉残余势力控制的最后一个据点敦煌城后，才开始对高昌的统治。现在，根据吐鲁番出土沮渠氏北凉玄始九年（420）十一月一日缺名随葬衣物疏，以及敦煌祁家湾出土沮渠氏北凉同年九月十九日斗瓶镇墓文，可以认定：玄始九年七月，沮渠氏北凉攻占西凉都城酒泉，西凉末主李歆之弟敦煌太守李恂与兄弟多人放弃敦煌，逃往北山，西凉全境实际上均已被沮渠氏北凉占领。在此之后，沮渠氏北凉就有可能开始了对高昌的统治。至于同年十月，李恂等因敦煌故旧之召，重返敦煌，被推为凉州刺史，改元永建，直至次年三月敦煌被攻克，其残余势力都仅限于被围困的敦煌城内。

此外，根据吐鲁番出土高昌文书，我们还对阚爽政权的兴起和沮渠氏北凉建置年号的规律增加了了解。关于阚爽政权的兴起，传世文献记载极为简略。《魏书·高昌传》仅称："世祖时（424—452年），有阚爽者，自为高昌太守。"《梁书·高昌传》仅称："高昌国，阚氏为主，其后……其王阚爽奔于芮芮。”《通鉴》也仅称：“沮渠牧犍之亡（439）也，凉州人阚爽，据高昌，自称太守。” 阚爽政权的兴起，时间含糊，称谓也有“主”、“王”、“太守”多说。现在，根据吐鲁番出土阚爽政权缘禾五年（436）二月四日民杜犊辞内称“去前十月内胡贼去后”，龙兴（438—440）某年宋泮妻隗仪容随葬衣物疏提供的“龙兴”年号，以及其他一些阚爽政权文书，可以认定：阚爽政权兴起于缘禾四年（435）十月。最初，阚爽是自称太守，仍然奉用北魏缘禾（延和）年号。后来，由于周边局势的变化，阚爽曾短暂称王，并自建“龙兴”年号。之后，也由于周边局势的变化，阚爽又曾重新奉用北魏缘禾年号和二次奉用沮渠氏北凉建平年号。关于沮渠氏北凉建置年号的规律，传世文献几乎完全没有反映。根据有关记载及研究，沮渠氏北凉的年号，只有6个，其中沮渠蒙逊4个：永安，12年（401—412）；玄始，17年（412—428）；承玄，4年（428—431）；义和，3年（431—433）。沮渠牧犍2个：永和，5年（433—437）；承和，3年（437—439）。但根据吐鲁番出土高昌文书，在玄始十二年（423）后，有真兴六年（424）、七年（425）和承阳二年（426）纪年；永和元年（433）后，有缘禾三年（434）、四年（435）和太缘二年（436）纪年；承和同年直到沮渠氏北凉流亡政权，还有建平（437—439年）、承平（443—460年）年号。经研究得知：真兴、承阳（承光）都是沮渠氏北凉奉用的大夏的年号，缘禾（延和）、太缘（太延）也都是沮渠氏北凉奉用的北魏的年号，建平是沮渠牧犍自建的年号，承平是沮渠无讳、沮渠安周北凉流亡政权自建的年号。沮渠氏北凉自建及奉用的年号，可以编排为有规律的三组：

（1）玄始—（真兴—承阳）—承玄

（2）永和—（缘禾—太缘）—承和

（3）建平—（亡国三年）—承平

这个规律的特点有三：（1）每组自建的第二个年号的第

一个字都是“承”字；（2）每组自建的第二个年号的第二个字都与第一个年号中的一个字同；（3）每组自建的两个年号间，都有被迫奉用的年号，或有国破家亡的历史。于是，可以认定：每组自建的第二个年号中的“承”，并不仅仅是为了表示继承，以显示自建年号的延续性，更为了抹去中间一段丧权辱国或国破家亡的历史⑨。

（三）高昌国阶段

承平十八年 (460)，柔然灭沮渠氏北凉流亡政权，立当地大族阚伯周为高昌王，史称“高昌称王自此始”。从此，进入了吐鲁番历史上的“高昌国”阶段。

其间，高昌什么时候归属什么王国，这些王国对高昌进行过怎样的统治，过去也一直不太清楚。而现在，根据吐鲁番出土高昌文书，也已大致了然。

譬如，过去，我们只知道：“高昌国”阶段，先后存在阚氏、张氏、马氏、麴氏四个王国。但《魏书·高昌传》仅说：“太和（477—499年）初，（阚）伯周死，子义成立，岁余，为其兄首归所杀，自立为高昌王。五年（481），高车王可至罗（阿伏至罗）杀首归兄弟，以敦煌人张孟明为王。后为国人所杀，立马儒为王，以巩顾礼、麴嘉为左右长史。二十一年（497），遣司马王体玄奉表朝贡，请师迎接，求举国内徙。……而高昌旧人情恋本土，不愿东迁，相与杀儒而立麴嘉为王。”这四个王国，在时间上如何衔接，我们却不太清楚。现在，根据吐鲁番出土阚氏王国永康五年（470）七月比丘德愿写《妙法莲华经》题记、张氏王国建初二年（490）九月二十三日功曹书佐左谦奏为以散翟定□补西部平水事、建初七年（495）十二月十二日苏娥奴柩铭、麴氏王国承平五年（506）正月八日道人法安弟阿奴举锦券等，可以认定：阚氏王国在建国后的第六年（466），开始奉用柔然受罗部真可汗永康年号。永康二十年（485），受罗部真可汗卒，子伏名敦可汗继位，改元太平。是年，阚氏王国有可能还改而奉用伏名敦可汗太平年号。张孟明建立的张氏王国，其取代阚氏王国，应在太平四年（488），次年（489），建元建初。马儒建立的马氏王国，其取代张氏王国，应在建初八年（496）。麴嘉建立的麴氏王国，其取代马氏王国，应在公元501年，次年（502），建元承平。据此，我们知道：阚氏王国存在了29年（460—488），曾经奉用柔然永康、太平年号。张氏王国存在了9年（488—496），曾经自建建初年号。马氏王国存在了6年（496—501）。麴氏王国的历史应从公元501年算起。

再譬如，过去，我们不知道：麴氏王国究竟传了几世、几王，以及其王名、年号。现在，根据吐鲁番出土众多高昌纪年文书，以及众多高昌石刻资料，可以认定：麴氏王国凡传9世、10王。王名除一王不详外，其余都清楚。年号也都大致清楚（参阅后附“麴氏王国王统简表”）。

又譬如，过去，我们曾认为：两《唐书》、《唐会要》记麴氏王国存在时间，有134年和144年二说，前者为非，后者正确。但与《魏书·高昌传》等史书记麴氏王国成立时间比照，却仍难吻合，成为长期遗留问题。现在，根据吐鲁番出土众多高昌纪年文书，以及众多高昌石刻资料，终于发现：在高昌王麴伯雅延和十三年（614），麴氏王国曾经发生一场政变。宗室麴某夺取政权，改元“义和”。麴伯雅与其子麴文泰及部分亲信重臣逃到西突厥避难。6年后（620），麴伯雅等复辟，改元“重光”。至此，可以认定：前述麴氏王国存在时间，还是134年说正确。因为，如前所说，麴氏王国公元501年成立，至唐太宗贞观十四年（640）灭亡，共有140年，减去政变者控制的6年，正好134年。

此外，根据吐鲁番出土高昌文书，我们还对高昌王麴文泰的改制增加了了解。关于高昌王麴文泰的改制，传世文献记载极为简略。我们仅知：其父高昌王麴伯雅，曾于隋炀帝大业

（605—618）年间两次入朝：第一次入朝，曾参加大业六年（610）正月在洛阳举行的元宵盛会，并写下《圣明来献乐歌》，云："千冬逢暄春，万夜睹朝日。生年遇明君，欢欣百忧毕。"[10] 第二次入朝，曾参加大业八年（612）三月后的讨伐高丽之役，目睹隋军军容之盛。麴伯雅不久返国，推行"解辫削衽"等恢复华夏衣冠的改革，与此两次入朝所见所闻颇有关系。可惜，改革失败，并导致"义和政变"。后来，虽然"重光复辟"，麴伯雅却心灰意懒。麴文泰曾随麴伯雅入隋，并经历"解辫削衽"改革，以及"义和政变"和"重光复辟"等重要事件。他受此影响，也确曾有所作为，可惜我们不清楚。现在，根据吐鲁番出土麴氏王国重光四年（623）二月二十四日辅国将军领宿卫事麴某残启、重光四年（623）三月二十日传傅阿欢作残表启、延寿四年（627）四月十一日至三日威远将军麴仕悦记田亩作人文书、延寿四年（627）闰四月五日至八日威远将军麴仕悦记田亩作人文书，以及一些高昌石刻资料，可以认定：麴文泰确曾进行过一系列强化王权的改制。譬如：重光（620—623）年间，他以世子监国，曾设立"东宫"，规定上书须盖"虔恭上启"之印。延寿（624—640）年间，百官上奏，姓名前须加"臣"字，须盖"奏闻奉信"之印。同时，还仿唐设置了很多职官和散官，如东宫舍人、驸马都尉、朝散大夫、诸部侍郎、殿中侍御史等。然而，这些改制，固然强化了王权，却因过于僭越，引起了唐王朝的不满。最后，麴氏王国为唐王朝所灭，与此也有很大关系。

最后，顺带说几句。包括高昌统治史在内的高昌历史研究，虽然已经走过百年历程，但真正迅速发展却是不久前的事。其间，20世纪80年代是个非常重要的分水岭。这与前述1959—1975年阿斯塔那、哈拉和卓等古代墓葬清理和发掘的文书被整理成书并公开出版有极大关系[11]。在此之前，仅有专著一部，即日本著名高昌史权威嶋崎昌先生的《高昌国史研究》[12]。

在此之后，则有专著多部，如：玉木重辉先生的《高昌国物语》[13]，王炳华先生的《吐鲁番的古代文明》[14]，姜伯勤先生的《敦煌吐鲁番文书与丝绸之路》[15]，关尾史郎先生的《西域文书所见中国史》[16]，我的《高昌史稿·统治编》[17]和《高昌史稿·交通编》[18]等。预计在不久的将来，还会有更多的专著出版，将高昌历史研究推向一个新的起点。

附：**麴氏王国王统简表**

王次	世系	王　名	与前王关系	在位时间		
				年号	起止（公元）	年数
1	1	麴　嘉		承平	502—509 (?)	24
				义熙	510—525 (?)	
2	2	麴　光	父子	甘露	526—530 (?)	5
3	2	麴　坚	兄弟	章和	531—548	18
4	3	麴玄喜	父子	永平	549—550	2
5	4	麴□□	父子	和平	551—554	4
6	5	麴宝茂	父子	建昌	555—560	6
7	6	麴乾固	父子	延昌	561　601	41
8	7	麴伯雅	父子	延和	602—613	12
		(政变者)		义和	614—619	6
8	7	麴伯雅		重光	620—623	4
9	8	麴文泰	父子	延寿	624—640	17
10	9	麴智盛	父子		640	

注释:

①吴震：《新疆东部的几处新石器时代遗址》，《考古》1964年第7期，333—341页。

②刘学堂：《车师考古述略》，《吐鲁番学研究》2000年第1期（创刊号），18—31页。

③按：此处所说“吐鲁番文书”，与“吐鲁番文献”概念不同，前者为纸质，后者则包括简牍、绢帛、碑志及其他器物铭文等非纸质的材料。以下涉及的“敦煌文书”，与“敦煌文献”概念亦不同。

④敦煌文书的主体部分，出于莫高窟第17窟，即所谓藏经洞，时间在1900年6月22日。此外，敦煌境内的敦煌塔、土地庙及莫高窟北区、长城烽燧遗址等，也出有敦煌文书。故而佛教资料较多。其中，公认最早为S.797号西凉建初元年（405）十二月五日写经题记，最晚为Φ.32A号大宋咸平五年（1002）五月十五日施入记。吐鲁番文书的主体部分，出于阿斯塔那和哈拉和卓古代墓地，最早在1898年。此外，吐鲁番境内的很多古代城、窟遗址，也都出有吐鲁番文书。故而世俗资料较夥。其中，公认最早为旅顺博物馆藏西晋元康六年（296）三月十八日写经题记，最晚为大谷3216号清祺祥（1862）年间的当票。

⑤以下介绍吐鲁番发掘及收获情况，凡未另注出处者，均见王素：《敦煌吐鲁番文献》(20世纪中国文物考古发现与研究丛书之一)，文物出版社2002年版，64—72、74—77页。

⑥徐俊：《俄藏DX.11414+DX.02947前秦拟古诗残本研究——兼论背面券契文书的地域和时代》，《敦煌吐鲁番研究》第6卷，北京大学出版社2002年版，205–220页。关尾史郎《ロシア，サンクト=ペテルブルグ所藏敦煌文献中のトゥルファン文献について》，《敦煌文献の总合的·学际的研究》，平成12年度新潟大学プロジェクト推进经费（学际的研究プロジェクト）研究成果报告书，2001年，45–46页；又《Дx02947vの纪年をめぐって》，《出土史料を用いた汉魏交替期の社会变动に关する基础的研究》,平成12年度—平成13年度科学研究费补助金（基盘研究 [C] [2]）研究成果报告书，2002年，44~47页。

⑦Christie´s：*Fine Classical Chinese Paintings and Calligraphy*， Hong Kong，2001，pp.24（释文）—25（图版）.

⑧王素：《略谈香港新见吐鲁番契券的意义——〈高昌史稿·统治编〉续论之一》，《文物》2003年第10期，73–76、96页。

⑨王素：《沮渠氏北凉建置年号规律新探》，《历史研究》1998年第4期，11–26页。

⑩王素：《新发现麴伯雅佚诗的撰写时地及其意义——〈高昌史稿·统治编〉续论之二》，《西域研究》2003年第2期，10–13页。

⑪国家文物局古文献研究室、新疆维吾尔自治区博物馆、武汉大学历史系（唐长孺主编）：《吐鲁番出土文书》（释文本全10册），文物出版社1981—1991年版；中国文物研究所、新疆维吾尔自治区博物馆、武汉大学历史系（唐长孺主编）：《吐鲁番出土文书》（图文对照本全4册），文物出版社1992—1996年版。关于该书是高昌历史研究非常重要的分水岭的观点，又见［日］关尾史郎：《トゥルファン出土，汉文文书研究の现在——高昌国の国制をめぐる问题を中心に》，待刊。

⑫［日］嶋崎昌《隋唐时代の东トゥルキスタン研究——高昌国史研究を中心として》，东京大学出版会1977年版。按：还有1973年出版的二部著作：一部为［德］冯佳班（Annemarie von Gabain）著、邹如山译《高昌回鹘王国的生活》，吐鲁番市地方志编辑室1989年版；一部为［法］莫尼克·玛雅尔（Monique Maillard）著、耿昇译《古代高昌王国物质文明史》，中华书局1995年版。但主要都是研究高昌回鹘历史的著作，故此处不予计算。

⑬［日］玉木重辉：《高昌国物语》，白水社1986年版。

⑭王炳华：《吐鲁番的古代文明》，新疆人民出版社1992年版。

⑮姜伯勤：《敦煌吐鲁番文书与丝绸之路》，文物出版社1994年版。

⑯［日］关尾史郎：《西域文书からみた中国史》，山川出版社1998年版。

⑰王素：《高昌史稿·统治编》，文物出版社1998年版。

⑱王素：《高昌史稿·交通编》，文物出版社2000年版。

西域的胡语文书

段　晴

胡语文书的概念非常广，胡文化曾经对中原文化产生十分明显的影响。胡文化的影响实际上一直保存至今，体现在今天的语言当中。比如，我们常说的“一派胡言”、“胡言乱语”、“胡说八道”实际上是对已消失的胡文化的一种追忆。这些留在语言中的印迹一方面说明，胡人曾比较多地和中原汉人发生过交流，另一方面也反映出人们在潜意识中存在的对胡文化的鄙视。其实，今天我报告的题目，也多少带出汉民族潜意识中对胡文化的轻视。鄙视和轻视还主要因为我们缺乏对胡所代表的文明的了解。胡语文书的概念非常广，我想用这样一个比喻来说明问题，胡语文书所代表的文明犹如浩瀚的大洋。或者这样说：胡语文书所代表的文明犹如大山背面的甘泉，汩汩而流，奔腾不息。而我只能将其中的一杯水奉献给大家。在国内，我们认为胡文化没有博大精深，但在国际上，人家认为我们搞不好胡语文献，因为我们没有语言天赋。他们看不起我们，我们也看不起他们，形成隔阂，反映出中西文化很大的反差。

在介入主题之前，先要问这样一个问题：何谓胡？读过两《唐书》的人只要稍微留意，就会注意到，至少在唐代，“胡”区别于吐蕃、突厥，“胡”实际上特有所指。

例如安禄山对哥舒翰说的一句话：“我父是胡，母是突厥女，尔父是突厥，母是胡。”安禄山的父亲是粟特人，母亲是突厥人，而哥舒翰的母亲是于阗人，父亲是高昌的突厥人。这段话清楚地说明，粟特人和于阗人在“胡”的范围之内，而突厥不在胡的概念范围之内。

又比如：

> 天宝七载，安西都知兵马使高仙芝奉诏总军，专征勃律，选嗣业与郎将田珍为左右陌刀将。于时吐蕃聚十万众于娑勒城，据山因水，壍断崖谷，编木为城。仙芝夜引军渡信图河，奄至城下。仙芝谓嗣业与田珍曰：“不午时须破此贼。”嗣业引步军持长刀上，山头抛檑蔽空而下，嗣业独引一旗于绝险处先登，诸将因之齐上。贼不虞汉军暴至，遂大溃，填溪谷，投水溺死，仅十八九。遂长驱至勃律城擒勃律王、吐蕃公主，斩藤桥，以兵三千人戍。于是拂林、大食诸胡七十二国皆归国家，款塞朝献，嗣业之功也。由此拜右威卫将军。
>
> 十载，又从平石国，及破九国胡并背叛突骑施，以跳荡加特进，兼本官。初，仙芝绐石国王约为和好，乃将兵袭破之，杀其老弱，虏其丁壮，取金宝瑟瑟驼马等，国人号哭，因掠石国王东献之于阙下。其子逃难奔走，告于诸胡国。群胡忿之，与大食连谋，将欲攻四镇。仙芝惧，领兵二万深入胡地，与大食战，仙芝大败。会夜，两军解，仙芝众为大食所杀，存者不过数千。①

根据两《唐书》的描述，当年的“胡人”，主要包括了操伊朗语的民族，例如于阗人、粟特人。在此之外，“胡”的范围还包括阿拉伯人在内的古代中亚以及西亚的人种，更远的包括东罗马国家。后来“胡”的概念慢慢消失了，宋初时还有“胡”的概念。从“胡”的淡出，也可以看出“胡”概念的范围，因为到了宋朝，于阗国灭了，粟特人也不再出现了，操伊朗语的民族渐渐消亡了，“胡”的概念也就消失了。所以从几个方面可以锁定“胡”的概念，它主要涵盖了操伊朗语的民族。当然史书里也提到“西域胡”、“婆罗门胡”，我就按这个概念的范围给大家介绍一下西域发现的胡语文书。

据西方学者的统计，丝绸之路沿线出土的文献涉及24种语言，17种文字，其中有大家比较熟悉的藏、蒙、西夏、回鹘、汉语等语言和不同的文字，还有多种不为大众所知的语言文字，例如：梵语、于阗语、粟特语、吐火罗语、据史德语、大夏语、叙利亚语、中古波斯语等等。其中藏、蒙、西夏、回鹘、汉语不属于胡语的范围，不在今天讨论话题之中。而其他属于胡语范围的语言，我也只能拣比较熟悉的，亲自研究过的介绍给大家。

一. 梵语文书

首先谈谈梵语是怎样一种语言。梵语是印度古代的文学语言。印度古代的所有科学著作，包括天文、数学、医学和哲学都是用梵语写成。梵语主要是书面语言，但这种书面语言无疑是从口语发展而来的。梵语属于印欧语系，准确地说，正是因为近代欧洲人深入了解梵语之后，才确立了印欧语系的存在。从语法体系以及基本词汇看，梵语与古典欧洲语言十分近似。1786年，孟加拉亚洲学社的创始人英国爵士 Williams Jones 在比较了哥特语（古日尔曼语）、凯尔特语（中世纪欧洲的一种语言）和波斯语之后，明确指出梵语和古代欧洲人的语言拥有共同的起源。1816年，Franz Bopps 写了一篇文章，《梵语的变位体系与希腊、拉丁、波斯语和日尔曼语的比较》[②]，在此之后，他又发表了一系列详细探讨梵语语法体系的文章，从此一个新的学科诞生了，这就是印欧语比较学。至今在欧洲的许多著名大学中还设有这样的学科。这个学科在19世纪时非常辉煌。鉴于比较语言学诞生的过程，可以说不学习梵语，甚至谈不上比较语言学的研究。

其实在国内从事比较语言学研究的人为数不少，但研究梵文的人不多，我们学校学习比较语言学的学生中也没有学习梵文的。这很遗憾，因为比较语言学的诞生实际上基于梵语的发现。在国内学的人很少，而在德国比较语言学至今还存在，对于选修比较语言学的学生来说梵语是必修课之一。印欧语系的诸多语言中，现在大众比较熟悉的有英语、德语、俄语。在这些印欧语系的语言中，梵语是最古老的，而英语是最年轻的。印度人说，如果天上有神，那么他们交流的语言正是梵语。

书写梵文的字体基本上可分为两种，婆罗米字体和佉卢体，后者也叫做驴唇体。现在印刷出版的梵语书籍采用天城体。这种字体是10世纪以后，从孟加拉的几种字体发展起来的。

在西域地区发现的梵语文书，绝大部分是佛经和与佛教相关的文献，还有部分医书，部分学习梵语用的语法课本等。西域发现的梵文文献与西藏地区所保存的梵文文书具有很大的不同。西域发现的梵语文书里几乎没有婆罗门教的或者印度教的文献，也没有世俗的比如印度比较流行的文学作品。

公元4世纪或5世纪，笈多王朝时期，印度出了个著名梵语作家迦梨陀娑。他的著作部分已经翻译成汉语，如《云使》。季先生翻译的《沙恭达罗》也是他的作品。迦梨陀娑的梵语作品在西藏保存的梵语文献中可以见到，但在西域发现的梵语文书里却没有，这是值得注意的现象。

佛教是从印度传到中国的。但是在早期，佛教主要不是依赖印度本地人身体力行地传过来的，也不是我们中国人直接过去取过来的。在中国和印度之间，曾经有个中间环节，这正是操胡语的诸民族。

人们会以为，随着佛教的传入，印度文化的主流也会传入中国。实际上不是。在古代印度，佛教曾经是弱小的一支宗教，从来没有成为印度的国教，从来没有占过主导地位，印度教始终是在印度占主导地位的宗教。那么，一支弱的宗教传到了中国，而一直占主导地位的印度教为什么没有传到中国呢？

这其中的原因可以是多种，但是，有一点是可以肯定的，即和操胡语的诸民族对印度教的排斥有很大的关系。

丝绸之路沿线很多地方都发现过梵语文书。其中发现写本比较集中的地区是：

1. 吐鲁番地区。20世纪初，德国的探险队先后4次来到这里挖掘，找到了为数众多的文书。比如在柏孜克里克的千佛洞遗址处，在第15、17、18窟，德国探险队找到文书。第一窟出土的婆罗米文书最多，他们甚至认为，1号窟曾经是图书馆。当然，在这里，以及吐鲁番地区，德国探险队发掘到的并非只有梵语文书。除此之外，这里还出土了大量的其他语言文字的文书。（图一）

图一　柏孜克里克

2. 克什米尔地区西北境，现在是巴基斯坦控制区，离吉尔吉特（Gilgit）大约两公里处。1931年5月1日，斯坦因在这里发现了少量婆罗米文书，并认为这些文书不晚于6世纪。斯坦因的报告发表之后，一支法国探险队来到此处，并发现了大量的梵文文献，其中有大乘经典文献《八万颂般若波罗蜜多经》，也有说一切有部的律。

3. 阿富汗，离喀布尔约150英里的巴米扬地区，这里曾是著名的佛教圣地。巴米扬，即唐玄奘记载中的梵衍那国。早在20世纪30年代，法国探险队就在这里找到了梵文经卷。这里是近年来出土梵文经卷最多的地方。前阿富汗塔利班政府摧毁巴米扬大佛，引起全世界的关注。实际上在此之前，阿富汗的佛教文物已经遭到破坏，一大批梵文经卷从阿富汗流向海外。20世纪90年代末期，一个名叫斯科因（Martin Schøyen）的挪威收藏家在文物市场买到成捆的梵文经卷，这些经卷大部分是写在桦树皮上的。这批卷子引起挪威大学印度学、藏学系教授Jens Braarvig的注意，在挪威科学院高级研修院的支持下，来自全世界的学者参与了对这批写卷的整理、研究工作。

图二、图三是《商伽经》的片段。这部经，只在巴利语《大藏经》中有对应的文本，没有汉译、藏译。这是反对婆罗门的一部经。字体显示，这是比较老的文书。在巴米扬发现的文书很多都是7世纪以前的，和西藏地区保存的梵文文书在时间上有很大的距离。巴米扬发现的文书相对要早些，而西藏保存的梵文文献从字体看要晚一些，应该是9世纪以后的文献。

图二 《商伽经》

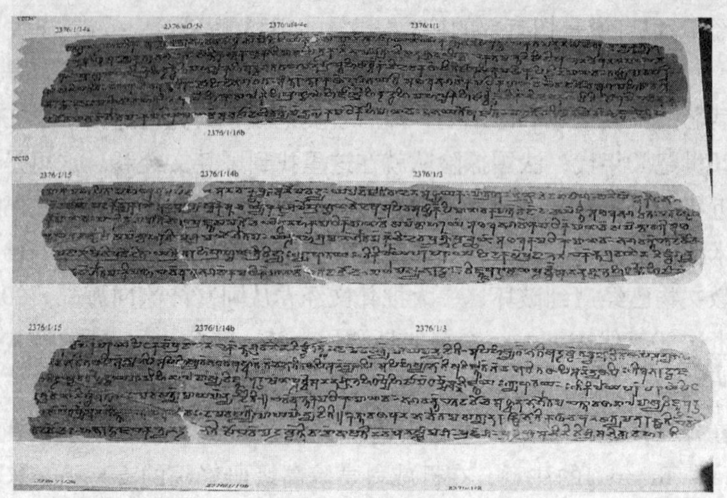

图三　《商伽经》

图四是《法华经》的片段。大家可以比较一下，这个字体和上边的字体有所不同，上边的更早一些。

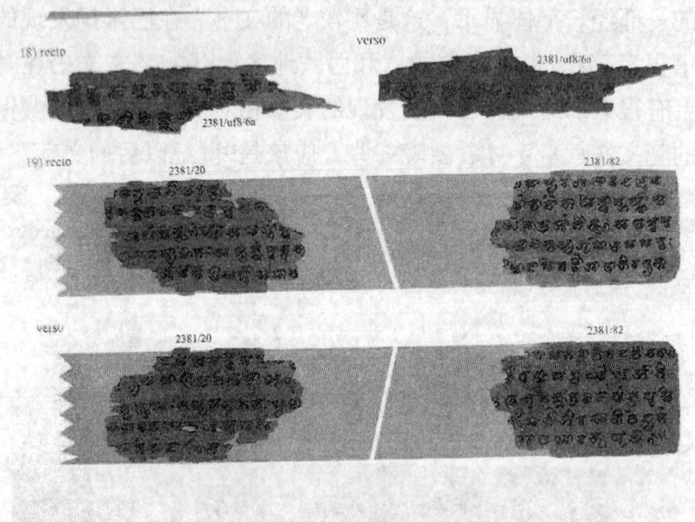

图四　《法华经》

图五是《佛说无量寿经》（魏220-265/康僧铠译）的片段。这部经很早便由粟特人译成汉语，而且有各朝代不同的译

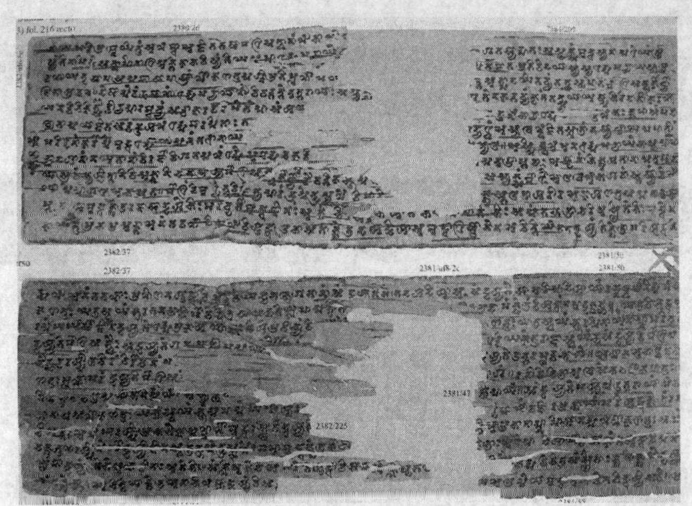

图五 《佛说无量寿经》

本，比如：支谦译《佛说阿弥陀三耶三佛萨楼佛檀过度人道经》。直到宋初还有译本《佛说大乘无量寿庄严经》。大部分是胡人翻译的。康某某一般都是粟特人，而名唤支某某的是月氏人。从这些译经人看，最早从事佛经翻译的，是操伊朗语的人。

图六是《大众部说出世部律》的片段。

总之，这批写卷的内容非常丰富，有大、小乘的经典，有律，也有对法等。

除了以上集中发现梵语写卷的地方以外，在丝路南道、北道都发现过梵文的写本。敦煌发现的梵文写本相对比较少。最近在敦煌莫高窟北区也发现了少数梵文写本残卷。它很有特点，字体与丝路北道的一脉相承。丝路北道和南道的婆罗米字体有明显的差别，通过字体可以断定这文书来自何方。另外，根据某些字的用法，可以断定文书的属性，即属于佛教的哪一部派。比如说“posatha”布萨，同样这个字，在其他佛教派别的文献中则拼写不同。

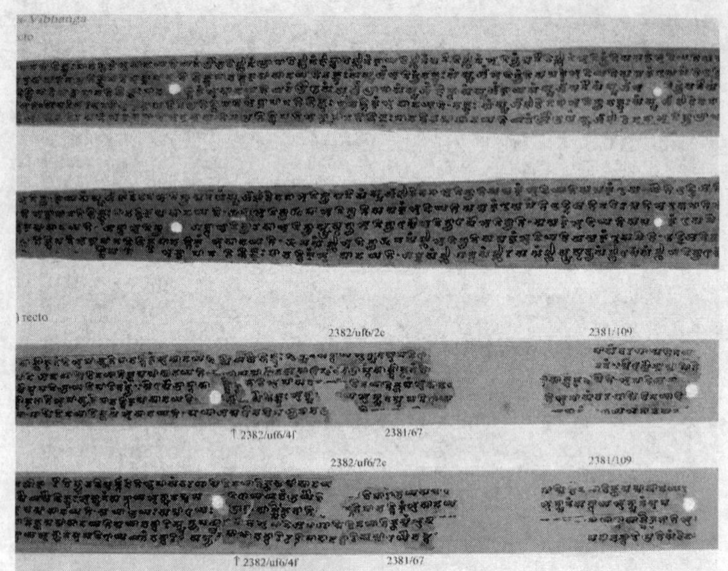

图六　《大众部说出世部律》

我曾做过的一个残片，没有汉译，也没有藏译。可能大家会以为，拿来一件梵文残片，读一读便可知它讲的是什么。其实不然，为释读这么一件残片我前后花了半年的功夫。先要断定在汉语佛经里有没有相应的译文。现在当然很方便，寻找几个专业术语，在电子版《大藏经》中一检索，很容易便可断定在汉语佛经里有没有。但是藏文文献海一样多，数量比汉文《大藏经》还要多，该如何判断藏文里有没有相应的译文呢？这就需要多年的积累和有些判断的手段。即使在判断出大约的方向以后，也还要拿放大镜一页一页地去找，看有没有相同的文字。经过这样的工作，我可以断定，没有与这份残片相应的汉译和藏译。这一段文字属于一部论疏，属于对法的文献范围。大家知道《俱舍论》便是一部宣讲对法的佛教著作。这件残片是敦煌北区发现的，敦煌北区发现的文献一般比较晚，大体上是元代的。元朝时在敦煌可能还有佛教僧团存在，是从吐鲁番迁移到敦煌的僧团。

这件小小的残片讲到三种不同的历法，讲到了“岁分三时”、“岁分六时”等。其中一种历法和藏文《翻译名义大集》里的记载是一致的。这件残片中出现了两个人的名字，一个人是佛教史上著名的世亲，即《俱舍论》的作者。这里面直接引用了《俱舍论》的一句话。另一个人是《大唐西域记》里谈到的德光，玄奘到达印度时他已不在了，大概比玄奘早100年。德光在律的方面造诣很深，他的著作还保留在藏文《大藏经》中。现在北京大学已经立项，对原民族宫藏西藏贝叶经根据照片进行整理。在这些收藏中有德光的著作《律经》，这部著作在汉文《大藏经》中是没有的。

其实梵语的文书够大家研究一辈子，梵语文书的山很高，刚才只是从金山上抠下了一点点金渣让大家了解一下大概情况。

二. 于阗语文书

我们来看图七所示的一张地图。

从这张图我们可以清楚地看到，丝绸之路曾经是几大文明相互交流的必经之路：埃及文明、希腊文明；现在属于土耳其

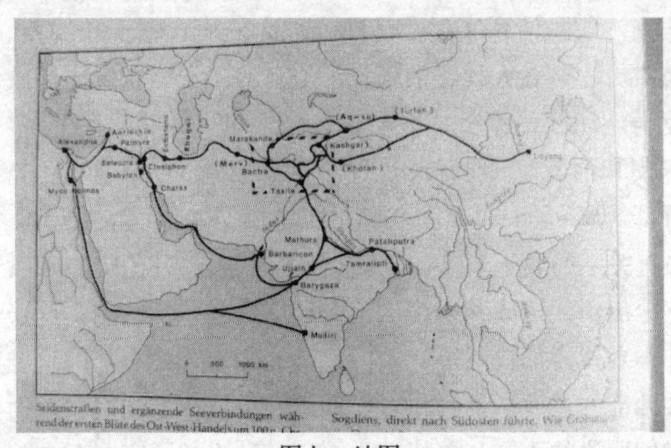

图七　地图

的地方，公元一二世纪时是在希腊文明的覆盖范围内。还有印度文明和中原文明。这几种文明的交流主要通过丝路。公元1世纪，世界上发生了对后来时代产生巨大影响的事件。此时在西亚，基督教诞生，在印度，大乘佛教诞生。这些发生在异域的宗教思想，沿丝绸之路先后传到中国。而居住在丝路沿线的，主要是操伊朗语的居民。古代丝路沿线操伊朗语的民族为中西文化的交流做出了巨大的贡献，他们的贡献曾经被彻底地忽视了。这些民族后来融入了其他民族之中，他们的祖先创造出的非凡的文明却是不可磨灭的。随着考古的新发现，比如安伽墓和虞弘墓的发现，学界越来越认识到这些民族在创造历史中的贡献。

有关中印交流，陈寅恪先生、鲁迅先生、季羡林先生都做过比较深入的研究。大家知道，一说佛经就想起它是来自印度，还有些中国民间故事受了印度佛教的影响。其实，印度文明传到中国时，中间是通过了胡语族。当然，玄奘、义净、法显是直接从印度取经的，但直接去取经者毕竟是少数，特别是在早期。早期大部分佛经的传入主要是通过操伊朗语的民族。这个中间环节是不容忽略的。

于阗语属于东伊朗语族，也就是中国史书中著名的塞种人的一支。印欧语系实际上是一个很大的概念，现在的英、德、法、西班牙、意大利、俄、罗马尼亚等等语言都属于印欧语系的范畴。印欧语系分成东支和西支，可以各根据一个字来判断东支和西支，即取拉丁语的“一百”centum，以及梵语的“一百”śatam。centum代表了西支。根据“百”字的形态，与śatam有关系的属于东支，与centum有关系的是西支。印欧语系东支分出伊朗语族和印度语族，印度语族包括吠陀梵语、古典梵文、现代孟加拉语等等。伊朗语族中有古代东部的阿维斯塔语和西部的古波斯语。中古伊朗语又可以分东和西，东边指的是我们所说的于阗和粟特，是属于塞种人的语言。西支就是巴列维语等。波斯语是从中古波斯语演变而来的，属于伊朗语的西支。东伊朗语一脉传至今日的是奥塞梯语（Ossetic）。有人认为他们是粟特人的后裔。我曾经在国家图书馆查过奥塞梯语的辞书，遗憾的是没有查到。国图倒是有一套《毛泽东选集》是奥塞梯语的。但奇怪的是，至今没有一个中国人懂得这门语言，我可能是惟一学过奥塞梯语的中国人。那么是谁翻译的这套《毛选》呢？这令我迷惑不解。

怎么区分伊朗语族和印度语族？首先是从发音分辨，有些音在伊朗语中特有，而在印度语中没有。然后是语法和词汇的差别。

于阗语写卷主要集中发现在两处：1.在和田附近。2.敦煌千佛洞。于阗语文书集中地收藏在几个国家：英国、法国和俄罗斯，在日本也有些零散的，是大谷探险队带回去的，印度也有一部分，斯坦因把一部分文书留在了印度。英国藏的于阗语的文书主要是斯坦因在敦煌藏经洞发现的；法国藏的当然是伯希和带回去的；俄藏的部分主要是当年在喀什的俄罗斯领事馆买走的于阗语文书。

书写于阗语的文字是婆罗米字，分为正体和草体。

敦煌发现大量《无量寿宗要经》，汉语文献大概有300多号。藏文也有很多，还有于阗语的。于阗语正体写成的《无量寿宗要经》尺寸有较大的差异，上面两页长于下面的两页。上面的是正体，下面的是草体。尺寸长的是当年于阗人从于阗带到敦煌的，等他们到了敦煌后发现这部经少了两张纸的内容，就在敦煌请人又写了两张。后写的两张尺寸略短。从纸型的变化可以看出文书背后曾经发生的故事。当时后晋王朝册封大宝于阗国王，于阗国王迎接后晋派来的天使团，其中一个人把这份文书从于阗带到了敦煌。这个人后来跟随天使团又到了于阗，文书就留在了敦煌。

有一张长卷，写在汉文佛经的背后，非常长的卷子，分成两半，一半藏在英国，一半藏在法国。当时斯坦因觉得后半好就拿剪刀剪掉拿走了，后来伯希和觉得剩下的也不错，就把那一半也带回了法国。这就造成同一部文书却存于两地的现象。

敦煌藏经洞发现的于阗语写卷数量十分庞大，内容也十分丰富，有佛经、民间故事、书信往来等。于阗王国在9、10，直到11世纪和敦煌的地方政权存在着十分密切的往来，两地之间不但使者来往频繁，更有联姻关系。后晋天福三年（938）十月，晋高祖石敬塘册封李圣天为大宝于阗国王，敦煌莫高窟第98窟至今还有这位国王的画像，他娶的王后便是敦煌王曹议金的女儿。于阗公主也嫁到曹家。于阗文献中，都有他们留下的印记。例如P.2027就是于阗公主的发愿文。从这篇发愿文可以读出，于阗公主曾生下一子，但她的儿子可能患上疾病，这篇发愿文正是于阗公主为了他的儿子而供养僧人，请僧人为他写下的。后来，她的儿子去世了。在于阗文献中，还有一篇文献同样是发愿文，是为了祈求诸神保佑她死去的儿子，发愿文写得如泣如诉。

于阗文书还有著名的民间故事，例如《罗摩衍那》，也都保存在于阗文书之中。故事讲得特别逗，其中的猴子已经有了翻跟头的本事，读于阗文的《罗摩衍那》，感觉其中的猴子和后来《西游记》的孙悟空有了衔接。在这之前，孙悟空的原型应该是印度《罗摩衍那》猴子将军的形象。但是那只猴子没那么大的本事，它从印度本土跳到楞伽岛时，要退后三步，才跳过去。而孙悟空一个跟头就十万八千里。如果缺少中间环节，无法想像，《西游记》的孙悟空怎么会是印度的猴子的翻版呢？于阗语《罗摩衍那》故事弥补了中间环节，它的故事中的猴子已经能翻跟头了。其中一处情节描写，罗刹升到天上云间，这时猴子一转，上去把罗刹打下来了。这一转，便是翻跟头。这个故事说明了中间环节能够弥补中西文化交流中被忽略的地方。

于阗语文书可讲的东西很多，在藏经洞发现的最多的文献之一就是于阗语文书。从此可以推论藏经洞不是放置垃圾的地方。它是藏真品的地方，藏神圣的文献的地方。这些文书都是和尚们写的。从于阗语文书大量的存在还可推断出，当年有一个大的于阗僧团在敦煌。这些题目都没人做，都是未开发的题目。

以上讲到敦煌发现了大量的于阗语文书，俄罗斯也买走了一批于阗语文书。建国以来我们也零散地发现了一些于阗语文书。比如70年代文化大革命的时候，新疆考古所所长王炳华来到和田，在文管所的一张桌子上的报纸堆中发现了一件木函。王炳华具备学术眼光，感觉到这是件很重要的文物，就把它带到乌鲁木齐考古所，存在考古所。但是具体这个木函是从什么地方找到的，没人说的清楚，可能是有人刨什么东西刨出来后上交的。这是于阗著名的瞿摩帝寺的遗物。当年瞿摩帝寺的僧众了结了一桩民事案，僧众们大有现在的法官的味道。文件书写在木匣子里面，写在盖子的背面。然后把盖子盖上，拿绳子捆上，上面用泥糊住，再盖上印。上面有两行字，说明此文书是于阗瞿摩帝寺的僧众加印封上的，这件文书便起到法律的作用。

盖子打开以后，其中的文字写了案子的来龙去脉。讲的是奴隶买卖的案子，一个人把家奴和家奴的儿子一块卖掉，卖了多少牟拉（货币单位），等等。木匣子的背面也有字，简略地介绍了整个文书的内容。当年可能有很多这样的卷宗，一个木函便记载了一个案子。为了方便寻找，背面书写文字，说明匣子内书写的是什么内容，起到提示的作用。

三. 关于粟特语文献

粟特人属于塞种人的一支。粟特语一共有四种书写字体。

特语属于伊朗语族，也是塞种人的语言。粟特语文字是从阿拉米字母派生出来的，那么阿拉米语是什么样的语言呢？阿拉米语属于闪含语系，也分东、西语支，东支是叙利亚语，西支是耶稣讲的语言。粟特语文字便是从阿拉米字母派生出来的。后来的回鹘人、蒙古人和满人，又从粟特人那里学来字体，也就是说，蒙文、满文字体是间接地从阿拉米字体演化而来的。刚才说粟特文主要是用四种字体写的，一种是古书信字体。在嘉峪关外一座古烽火台下，曾经发现了数篇粟特语文书，这是最早发现的粟特语文书，即著名的Ancient letter。这些粟特语文书信使用的字体，现称为古书信字体。

所发现的粟特语文献主要是佛教文献和基督教文献。佛教文献和基督教文献使用的字体是不一样的。粟特语文献里还有摩尼教的文献，它也有独特的书写方式，它吸收了中古波斯语的书写特征，形成摩尼教特殊的字体。通过字体完全可以判断出是佛教文献还是基督教、摩尼教文献。粟特语的基督教文献使用的是叙利亚字体，更确切地说是东叙利亚语字体。

图八就是刚才说的烽火台下发现的古书信。内容是旅居中原的一个粟特人写给老家的一封信。

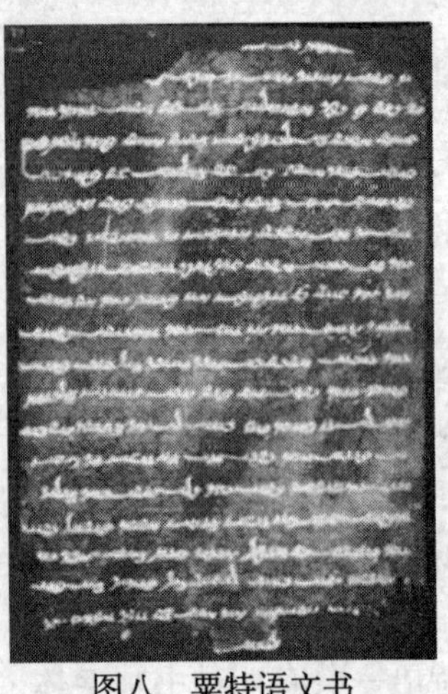
图八　粟特语文书

还有摩尼教文献，是在柏孜克里克发现的。刚才提到过，在柏孜克里克的洞窟中不仅仅发现了梵语文书。1号窟出土的文书量很大，德国人甚至认为这里曾是一个图书馆，其中有梵语文书、摩尼教文书，还有吐火罗语文书。

图九、图十是粟特语写成的佛经，是《金刚经》。

图十一是基督教文献。从这些图片可以看出它们之间的差异。这

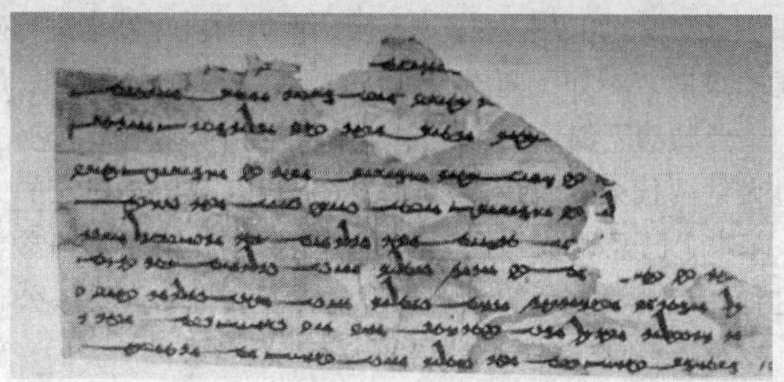

图九　粟特语佛经

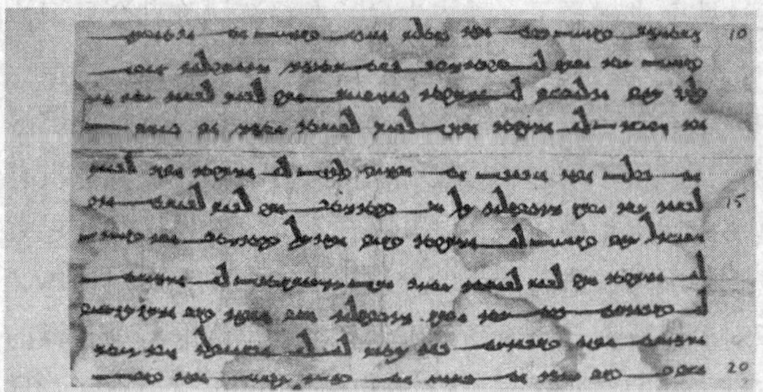

图十　粟特语佛经

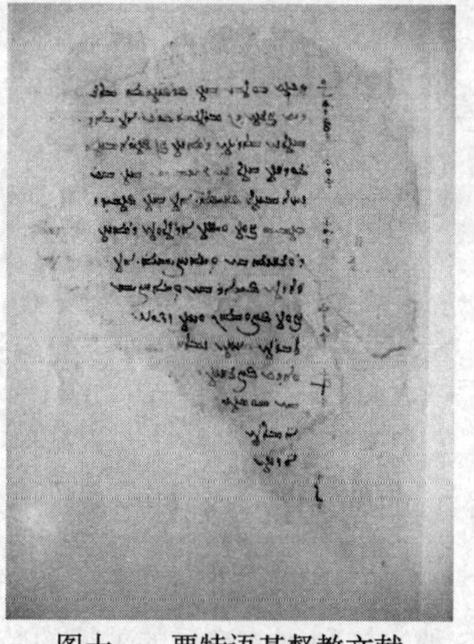

图十一　粟特语基督教文献

件文书也是在吐鲁番地区发现的，书写体跟东叙利亚语教会文献的很接近。

四．吐火罗语文献

下面简单给大家介绍一下吐火罗语文献，这是季羡林先生的强项。我个人以为，季先生最为了不起的是对吐火罗语研究的贡献。他在这一领域的贡献，堪称世界一流。长时期以来，所发现的吐火罗语文书有限，西方对吐火罗语进行研究的速度很慢，不如于阗语的研究。于阗语的研究取得长足进展，主要归功于剑桥大学的贝利先生，继而是埃默里克先生。经过大约两代人的破译，于阗语文献中有梵语相对应的文献的，基本上已经破译过了。但吐火罗语不同，在西方有些学者有这种特点，没有研究到一定程度，不会把研究结果公布出来。相对于于阗语，吐火罗语的进步是非常缓慢的。后来新疆发现了《弥勒会见记》，这些文书被送到季先生的手上，季先生把这些文书破译了。季先生说，在释读《弥勒会见记》的过程中，新发现的词汇达50多个。这些发现是对这门语言非常重大的贡献。对于搞古代语言破译的人来说，时常是能破解一个或两个词就很了不起了。没有任何人告诉你，或者在没有任何工具书的情况下破解一个词义是很不容易的，必须通过大量的阅读相关文献，进行周密的推理论证。如果存在对译本，当然要相对容易一些。没有对译本怎么办，就得靠各种各样的手段把它破译。我常常这样比喻，破译一个词汇，不亚于物理界发现一个新粒子，是很了不起的工作。季先生通过破译《弥勒会见记》，为吐火罗语贡献了50多个词汇，这太伟大了。季先生的贡献是世界上公认的一流。

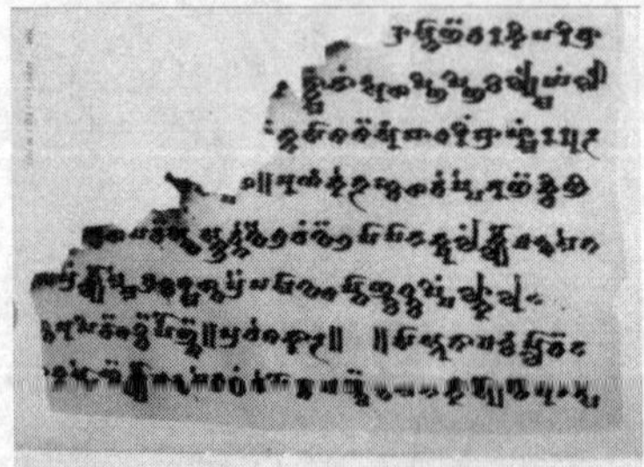

图十二　吐火罗语文书

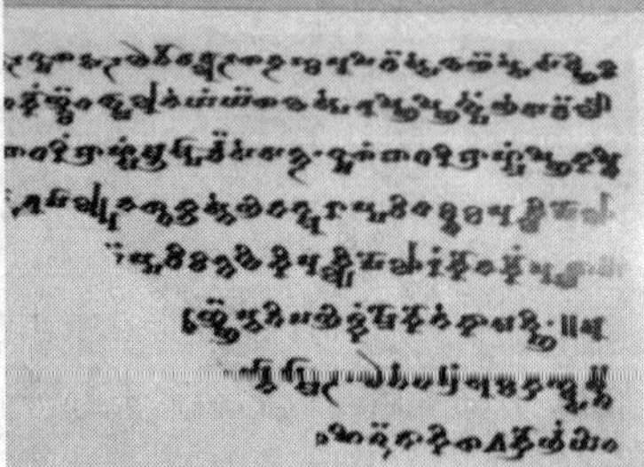

图十三　吐火罗语文书

图十二、图十三是吐火罗语文书。有心的朋友会发现，这种字体和刚才演示的敦煌的梵语文书的字体近似。这是因为，

这两种不同语言所使用的字体都是属于丝路北道系列的字体，互相之间有一些关系，但个别地方不同。

五. 叙利亚语文书

在敦煌北区曾发现了一件叙利亚语文书。下面向大家汇报释读这件文书的过程。首先声明，我在拿到这份文书之前并不懂得这门语言。释读出来之后，很多人问是怎么做出来的，我总是回答我经过训练。这种训练指的是学习多种语言的强化训练。当年季先生把我推荐到德国，学习于阗语。当时很高兴地去读了，但掉到了伊朗语的坑里，因为于阗语属于伊朗语的范畴。在德国学习语言与在中国的大学有很大的不同，不能够说学习梵语便只学梵语，学印尼语就只学印尼语。德国大学的语言系和中国的有很大的不同，所安排的课程涉及从古至今的多门语言。我刚去德国，一个礼拜七天学六门语言，包括学古代的伊朗语、现代的波斯语和奥塞梯语，以及于阗语等。除了主科的几门语言之外，还要学习两门副课，即梵语和藏语。一个礼拜要学这么多的语言，一门接一门的全部都是语言，都是强化训练。这些学习过的语言，现在不能说全忘了，也基本上忘得差不多了。但是有一种本事却是留下了，这就是面对一门新的语言不会发怵。

面对一门不认识的语言，该如何入手呢？首先判断这是什么语言。判断语言要从字体入手，判断字体有相应的工具书，是德国人写的，把世界上的主要文种都列了出来。一查便知这文书上的字是叙利亚语。当然，字体是可以互借的，比如说于阗语用的是婆罗米字母，刚才说的吐火罗语用的也是婆罗米字母，波斯语和新疆的维吾尔语用的都是阿拉伯字母。同样的基本字母因为语言的不同必然有书写方式的不同，有些音标的不同，这是必然的。从这些特殊音符，可以进一步判断出语言。

通过比较，我首先断定这件文书是叙利亚语的。然后去寻找有关书籍，看有没有能够帮助读通这门语言的语法、词典类书籍。北大东语系的图书馆是个藏宝的地方，过去老一代的学者具备学术眼光，即使是自己不懂的语言，相应的书籍还是要购进。我在东语系图书馆一个落满尘埃的地方找到一本文法书。只要有文法书，这门语言就不能算难。难的是从前没有人写过文法的语言，比如于阗语、吐火罗语，这两门语言曾经就是两门很难的语言。但是只要有了文法，也就无所谓难了。

这件文书是《圣经》的一部分，再进一步说是《诗篇》中的节选。国内没有叙利亚语的版本，但是英语、汉语的《圣经》却是案头的书籍。读出几句以后，经过检索，发现这件文书涉及《诗篇》第五到第二十八章的内容。至此，工作并没有完结，要进行下一步的研究，这些《诗篇》节选有什么实际用途呢？为什么是一节一节的？为了解决这些问题，就需要大量地阅读，去了解它在宗教仪式中起到的作用。这件文书把我带入了新的领域。

具体说来，这件文书曾是东叙利亚基督教礼拜仪式的用书，是从一部名曰《前后书》的书中脱落的。简单地说，东叙利亚教会的基督徒每年有固定的宗教节日，每天要进行四次祷告。这件文书的年代大约属于元代，因为敦煌北区其他出土文书，大抵上是元代的，这件叙利亚文书大约也是这个时代的。但从字体看，这件文书抄写下来的时间应该更早一些。而且从文书的纸型判断，这件文书不是在敦煌地区书写的，而是来自外域。根据文书的提示，当时东叙利亚基督教的信徒们每天做四次祈祷，每次祷告都要遵守一定的程序。文书上的《诗篇》节选是黄昏祷告时唱的一部分，属于shuraya类。根据礼仪形式，这些《诗篇》分别两次在黄昏祷告时唱出，先由唱诗班唱上一段，然后是诵经，诵经之后，再唱。在照片上有红字的标记，其中bar zaugeh，意思是“一对”，用在这里，表示以下是第二组应唱的诗。文书上一些句子没有写完整，因为shuraya的歌词是基督教徒非常熟悉的，每周都在重复，所以不必写完整。关于这件文书，简单介绍这些。

问：我有两个问题，一个是我以前看文献时说咱们西藏地区有于阗文的《大藏经》，请问段老师有没有确实的认定？还有一个问题是您在一篇论文里论证汉语词汇“作茧自缚”在于阗语的渊源，现在能不能讲于阗文对汉文化的影响和现在有没有一些直接的留存？

答：你这问题很有意思，西藏地区是否有于阗语的《大藏经》一直是个谜。当年于阗受到阿拉伯帝国的威胁，当地的僧团逃往他方，主要往两个地方逃亡，一些有身份的僧侣逃向敦煌。在敦煌会发现那么多的于阗语文献，这和僧团迁移到敦煌有关。还有一部分是沿着从和阗地区通向阿里的路进入了西藏。逃到西藏的僧众写下了《于阗国授记》，保存在藏语文献中。布顿大师也提到，说曾经有些于阗语文书到达了西藏，但是目前在西藏还没有发现于阗语文书。在西藏寻找于阗语文书，这是我们需要做的工作。

“作茧自缚”是个非常好的例子，这个成语不是中国人的发明。在很早的梵语佛经中即已出现这样的比喻，但是，使这个成语汉化的，应该是《楞伽经》。《楞伽经》在于阗早有传播。于阗语文献《赞巴斯特之书》中有《楞伽经》的蛛丝马迹。武则天曾经邀请于阗人把《楞伽经》译成汉语，后来白居易很喜欢读《楞伽经》。“作茧自缚”这个成语就出在《楞伽经》里，这是有据可查的。白居易读过《楞伽经》，曾经在一首诗中最早使用了“作茧自缚”的比喻，随着他的诗的流传，这个成语也流传开了。

很长一段时间，我的主要精力投入在梵语上。我们国家教梵语的人很少，梵语也是很难的语言，所以很多年来，梵语是我主要教授的对象。下一步，我会把精力慢慢地移到于阗语。很多题目还在发现当中。于阗对敦煌壁画的影响就有很多可讲的，比如敦煌壁画里有一个大龙王、两个小龙王，这百分之百属于于阗的文化，因为只有于阗语的相关文献记载，于阗的庙宇由一个大龙王领着两个小龙王看守。这两个小龙王都有名字，叫做daśa和dara。我想哪吒三太子的诞生跟于阗有一定的关系，现在还没论证出来。

问：您最后讲的那个叙利亚语的《诗篇》，您只讲了怎么判断它是哪种文字，没讲怎么判断它的内容就是基督教的内容，还有您根据什么判断它的内容就是每日祷告的内容？

答：要回答这个问题，说来话长。第一个是判断它的文字，第二个是判断它的内容。判断它是叙利亚文字后，根据最基本的知识背景，叙利亚语主要是聂斯脱里基督教会使用的语言。罗马教会使用拉丁语，聂斯脱里派基督教会的语言是叙利亚语。基于这个知识背景，基本可以断定，这件文书是基督教的文献。判断出大致的方向之后，便开始硬读。不过我很幸运，因为这件文书的内容来自《圣经》，可以有所参照。读出内容后，基本上锁定为基督教会宗教礼仪使用的文献。宗教仪式上使用的文献，主要分为几种，一部分选自《圣经》，根据每天、每个宗教节日的不同，诵读《圣经》的内容也有所不同，但是一年复一年，都是一样的。还有一部分是颂诗，这部分主要是牧师们自己写的。如果我遇到的是牧师们自己写作的作品，就会遇到更大的挑战，因为没有可参考的其他文本。但是，这件文书恰恰是《诗篇》的内容，所以很幸运。简单地说，基督教仪式一年一个周期，每年都是重复的，象征着基督的一生。每年读的经文也是重复的，是经过东叙利亚基督教会规定的文献。总之，有文献可查，有规律可循。

问：您说的意思是，仪式上的活动不是直接通过这文字来判断的，而是通过其他文字关于基督教仪式的描写。首先判断它可能也属于是大类里的具体的内容。其他语言里也有描述您所研究的语言民族活动的情况。

答：首先是可能的范围，然后要确切。刚才说过，在明确了叙利亚语之后，在读出内容之后，还有一个大量的阅读阶段。我记得当时首先列出16本书的书单，因为国内没有这些书。后来朋友们帮忙从美国、欧洲寄给我，也通过北大图书馆与英国博物馆的互借系统，借到一些。

在18世纪，英国的传教士曾到达库尔德地区，对那里的聂斯脱里派基督教会进行考察，写下著作详细地描写了聂派的教会礼仪的情况。英国人也曾翻译东叙利亚基督教会的礼仪书籍，其中有shuraya的内容。这部书记载的shuraya与敦煌出土的叙利亚语文书完全能够对应。提到星期几唱什么等，和这件文书上的内容完全吻合。

问：您是通过查，判断它是语言里的哪个支，然后具体判断出它的语法是什么？

答：我不是判断出它的语法是什么，而是先看出它的文字，然后找它的文法。

问：找到文法后那具体的词是什么意思，怎么判断呢？

答：查字典。叙利亚语有字典，刚才说叙利亚语不是一门很难的语言，和于阗文不同。于阗语的词汇需要重新发现、重新确定词义。而叙利亚语却不是。这门语言可以说在西方已经是成熟的语言。对它研究的程度当然不如英语、德语和法语，但是它是一门为人熟知的语言。它是阿拉米语的东支，而西支曾经是耶稣说过的语言。在中国是没人懂，非常冷门，但是在西方它是比较热的学科，这是相对于中国来说的。

问：判断出一个新的语言后，有没有办法判断出真正的新的语言的词义?

答：词义的判断是有办法的，首先找到对译的文本。比如于阗语的破译过程是首先找到对译的过程，首先找到相应的汉译本或者是梵文本，这样就可以确定其中的一些词汇。这需要功底比较深厚一些，需要学好多种语言。

问：刚才段老师讲了许多西域胡语的种类，当时在西域不同的胡语有没有一种统一的趋势?或者是哪种语言比较占上风?有没有把梵语当作通用语?

答：没有。各讲各的语言，反正我没有这种感觉，粟特语好像用的更多一些。于阗建国之前，在于阗地区曾经流行过一种西北印度方言，叫作Gandharī语，即犍陀罗语，使用佉卢文书写。这是一种印度的西北方言，好像是比较流行比较统一的语言。今天没有给大家介绍大夏语，Bactrian，是阿富汗北部曾经流行的一种语言，是大月氏建的贵霜王朝的语言。大夏语用希腊字母书写。西域胡语，基本上属于东印欧语系的伊朗语支和印度语支，交流起来有些字是可以互用的，很多字很相似。比如说最近我琢磨 “筋斗”一词，认为这是一个根据伊朗语词汇而来的音译词。相同的词在于阗语叫hamggails-，来自词根gei'ls-，粟特语叫wrt，与梵文“旋转”一词同源。有些词汇互相能听懂的，比如讲乌尔都语的人和讲印地语的人之间可以互相交流，但乌尔都语和印地语是两种语言。

问：意思是中亚很多国家都使用不同的语言，又是一个语系，还要进行交流，也没能形成统一吗?

答：当时中亚地区确实是有很多国家，但是当时的交通是很不便利的，从发现的文字看，各个绿洲拥有相对的独立性。

丝路北道和南道之间有交流，当时的和阗河在春夏季可以贯穿塔克拉玛干大沙漠，一直流到塔里木河，当年法显正是沿这条河道从北道走到南道的。南北是有交流的，但是从字体上看，南道、北道是相对独立的。虽然用的都是婆罗米字，南道的字体和北道的字体明显不同。

问：您说于阗文书《罗摩衍那》里的猴子会翻筋斗，这个文书大概是什么时候的？

答：藏经洞闭洞大概是11世纪的时候。但是根据具体文书无法判断准确的年代。文书使用的是草体。敦煌藏经洞发现的丁阗语文书是比较后期的，一般写于9或者10世纪。

问：您认为于阗语《罗摩衍那》的故事中说猴子会翻筋斗，是不是对原梵文的一种误译呢？会翻筋斗的猴子是于阗自己的特色吗？那么比于阗文更早的文书里有没有原形象？

答：不是，这是于阗人自己的发明。当然，《罗摩》的故事最早来自印度，但是到了于阗以后明显的加了一些本地的东西，所以它已经是于阗化的民间传说。这是惟一的于阗语《罗摩衍那》的故事，没有其他更早的原型。但是于阗地方出土了很多陶制的猴子形象，猴子在于阗好像很受欢迎。

问：我曾经在一本书里读到，于阗语也分前后两期，第一期是比较古的，约为张骞出使西域以后的，相当于两汉时期的，而第二阶段是后来突然冒出来的，直到于阗灭国突厥化后才结束。请问这两期用的字体是不是不一样？前一期是佉卢文，后一期是于阗文吗？

答：这种说法不准确。使用佉卢文的年代，没有发现于阗语的文书。用佉卢文字体写的文书是印度西北方言，所谓犍陀罗语。于阗建国以后，开始划分早期和晚期的语言形态。这是学者们在研究于阗语写卷时发现的。其实早期和晚期于阗语一直都在同时使用，如同我们的古汉语和现代汉语的关系。现在也还是有人用古汉语来写东西。我认为，早期于阗语一般用来写佛经，其他类文书使用晚期于阗语，比如刚才说到的《罗摩衍那》的故事，正是用晚期的于阗语写的。

敦煌发现的佛经文献很多是用早期于阗语写的。刚才所说的那个木匣子是很早的，晚期于阗文书都是写在纸上的，用纸写的相对来说晚一些，而写在木头上的肯定是早期的。但木匣子上使用的语言属于晚期于阗语，书写字体为草体。大概是于阗人对佛教怀着崇敬的心情，所以佛经一般使用正体书写，使用相对早期的语言。早期语言的语法比较规范。其他的世俗文书使用晚期于阗语，使用草体，包括那个木匣子。这木匣子当是后晋以后四五世纪时的遗物。使用草体，而且是晚期的于阗语，这就很说明问题。

问：那粟特语也分前后期，第一期是那件烽燧发现的文书，是汉代的，后来普遍发现的文献已经是6到9、10世纪的了，中间也有很长的中断，这个中断体现在哪里？

答：这个中断体现在字体上，粟特语有多种书写方式。而且粟特文献很有意思，根据信仰的不同，所使用的字体也不同。好像各个教派都有自己的书法，摩尼教有摩尼教的书法，基督教有基督教的书法，佛教有佛教的，这是很有意思的现象。

问：这种现象是不是后来连带影响了回鹘了？我看牛汝极写的《维吾尔古文字》，也是这样，信奉不同宗教的回鹘人用不同字体，信摩尼教的用摩尼字体。

答：是这样，包括有一部分叙利亚字体、阿拉米字体的回鹘文献。根据字体，可以判断出文书的基督教属性或是其他类别。

问：看刚才您演示的于阗文的字母，有的看起来确实很像藏文，很多书本上也说吞弥·桑布扎创造藏文时候，他的老师中有个于阗人，那么藏文字母有于阗文的影响，是吗？

答：我也这么认为，但是字母是一回事，语言是另一回事。记得有一次在研讨会上，我曾演示敦煌发现的梵语残卷。会上有人说那是古藏语文书，根本不是梵语。当时我哭笑不得，不知如何回答。字体的模样似乎相似，不代表语言是一致的，就像看见两个模样差不多的人，他们却是毫不相干的两个人一样。

问：刚才您说在德国的时候学的语言种类非常之多，基本上除了伊朗语的普什图语外其他语言都包括了，但后来研究的也不是这方面的。当初陈寅恪先生精通20多种文字，但是现在看来研究所用的很透的也就是梵文和个别的文字而已。有点可惜，当时花的精力和时间好像和现在的收获不成比例，您觉得这是好事还是坏事？

答：这当然是非常坏的事情，是很遗憾的。我回来以后身体力行地做了教梵语的工作。梵语本来已是很难的语言，要花毕生的精力去学、去教。我们在座的有几个学梵语的，他们会有深刻的体会。当年汉堡大学有两个教授，一个专门教佛教文献，另一个专门教古典梵语。这里又可分出很多支派，比如说梵语传统语法、波尼你语法，从古至今在中国很少有人碰过它。玄奘、义净懂波你尼语法，但后来忙着译经没有去传授，因为这部语法很深奥，属于阳春白雪。我现在能够体会到玄奘和义净的无奈，他们没有办法教。要学通传统语法系统，非得十年功夫才成。美国有个叫Cardona的大学者，一辈子就研究波尼你，就读那本经。

我这么多年一直在教梵语，我一直想回到于阗语上，现在慢慢往那边走，一直没有忘。

问：中国对印欧语系的研究是很薄弱的，相对于梵语，叙利亚语、克里特语和阿卡德语等的研究是不是更薄弱？

答：是的，特薄弱。梵语有季先生最初开辟出天地，季先生带着，还好一些。如果你们真的有志，不怕吃苦，那我愿意带你们。

注释：

①《旧唐书》卷一〇九，中华书局1975年版，第3298页。

② "Über das Conjugationssystem der Sanskritsprache und Vergleichung mit jenem der griechischen, lateinisschen, persischen und germanischen Sprache"，转引自《印度学入门》（Heinz Bechert und Georg von Simson, in：*Einführung in die Indologie*, Darmstadt 1979, S.16）

西夏文献探秘

史金波

西夏是11世纪初在中国西北地区建立的封建王朝，首都兴庆府（今宁夏回族自治区首府银川市），主体民族是党项羌。夏天授礼法延祚元年（1038）赵元昊正式建国称帝，国号大夏，世称西夏。辖今宁夏、甘肃大部，陕西北部，内蒙古西部和青海东部地区。西夏共历10帝，享国190年，先后与宋辽、宋金鼎立，在中国中古时期形成复杂而微妙的新“三国”局面。

西夏王朝文化发达，立国前夕创立自己的文字，即后世所谓的西夏文。西夏注重自己传统民族文化的同时，积极吸收其他民族文化，特别是汉族和藏族文化。境内汉文、西夏文、藏文并行。西夏统治者既提倡儒学，又弘扬佛教。独具民族特色的西夏文化是中国中古时期历史文化灿烂辉煌的一章。

公元1227年，西夏陷落于蒙古的铁骑之下，为报复西夏军队的顽强抵抗，蒙古军队进行了血腥的屠杀，大批西夏文献、文物遭到毁损。经元、明时期，党项羌融合于其他民族之中而消亡，西夏文也因不再使用，而成为死文字。

19世纪初，中国学者张澍首先在武威清应寺发现西夏文、汉文合璧的凉州感通塔碑，拉开了西夏学研究的序幕。19世纪末、20世纪初，清朝政府腐败无能，列强环视，当时的一些外国“探险家”、“考察队”、“探险队”纷至沓来，中国大批珍贵文物文献相继流失海外，保存西夏文明的黑水城也未能幸免。

黑水城是西夏王朝的北方军事重镇，14 世纪因黑水河改道北流，黑水城被沙漠吞噬，成为无人居住的死城。早在 19 世纪，有着神秘传说的黑水城即引起外国探险家的注视。1909 年俄国的科兹洛夫探险队在一座佛塔中发现了大量的西夏文物、文献，捆载而归，文献资料存放在当时的圣彼得堡亚洲民族博物馆，即今天的俄国科学院东方研究所圣彼得堡分所，文物存放在艾尔米塔什博物馆。1914 年英国探险家斯坦因步科兹洛夫的后尘，在黑水城收获不少，所掠文献现收藏在大英图书馆。1927 年瑞典著名探险家斯文赫定率领的中瑞西北科学考察团途经此地时，黄文弼发掘出一批文书。新中国成立后，中国文物考古工作者在此进行多次考察，发掘出不少文物、文献。

黑水城文献以西夏文数量最多，约占总数的 90%，汉文次之，不足 10%，也有零星的藏文、蒙古文、回鹘文文献。西夏文文献就其内容可分为五类：

（一）语言文字类：黑水城文献中有多种西夏文字典、辞

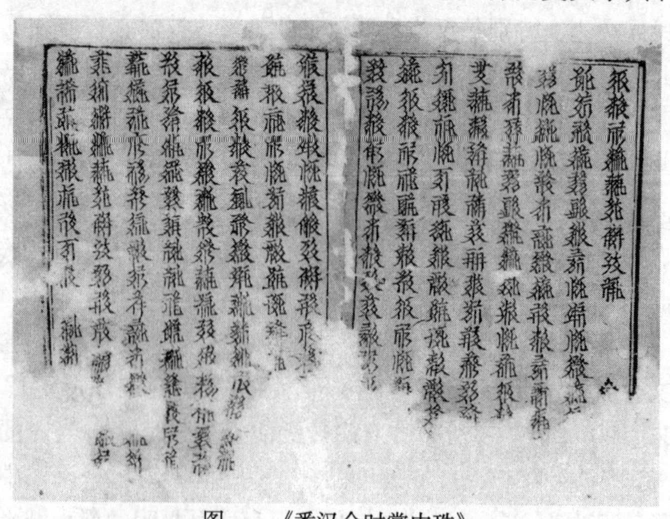

图一 《番汉合时掌中珠》

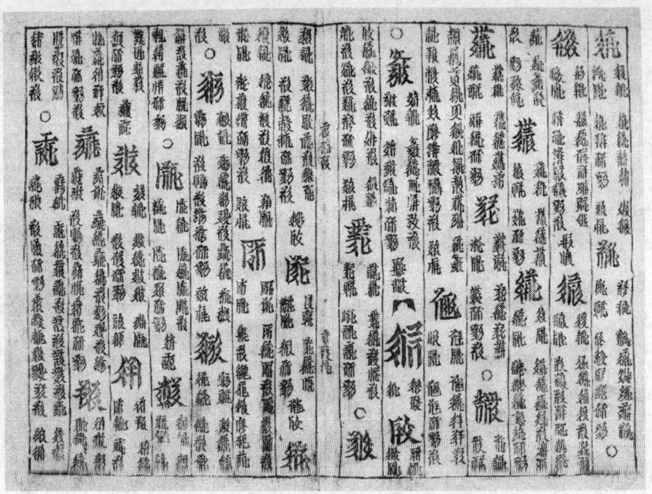

图二　《文海》

书、语音表等资料，如西夏文、汉文双解词语集《番汉合时掌中珠》，注释西夏文字形、音、义的韵书《文海》，西夏文字书《音同》等，对研究西夏文无疑是至为珍贵的资料。

（二）历史法律类：西夏王朝有着完备的法律体系，然而汉文史料失于记载，黑水城西夏文献中却保存多种西夏文法律

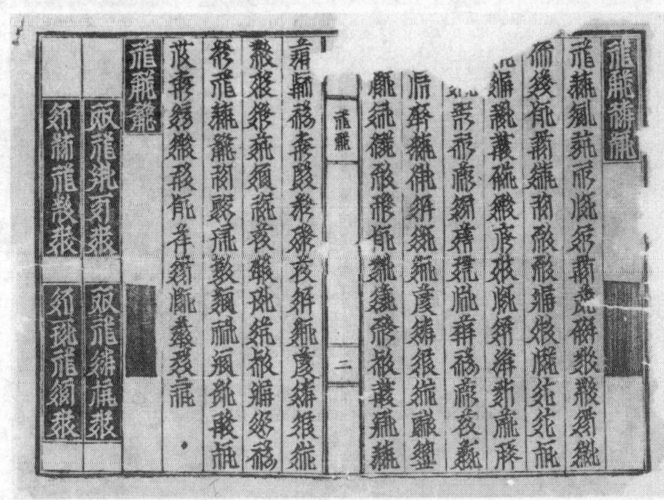

图三　《音同》

文献，最为著名的是《天盛改旧新定律令》。这部法典原为 20 卷，今存 19 卷，1400 多条，是我国古代继印行《宋刑统》后又一部公开刻印颁行的王朝法典，也是第一部用少数民族文字印行的法典。它吸收了唐、宋律的精华，并在形式和内容上进行创新，形成自己的特点，非常接近现代法律条文形式。

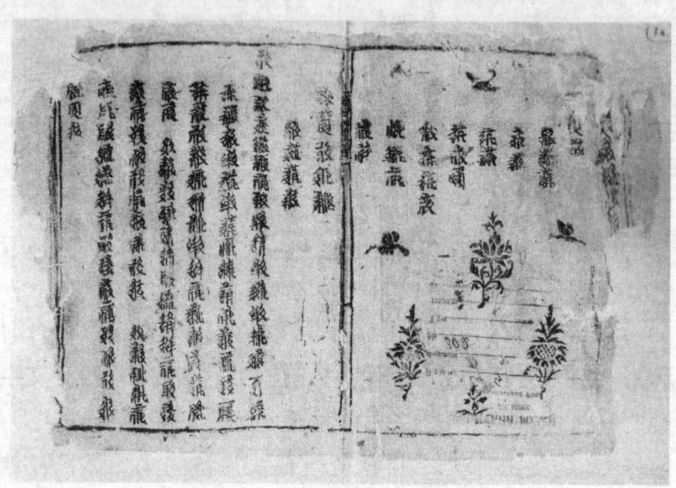

图四　《天盛改旧新定律令》

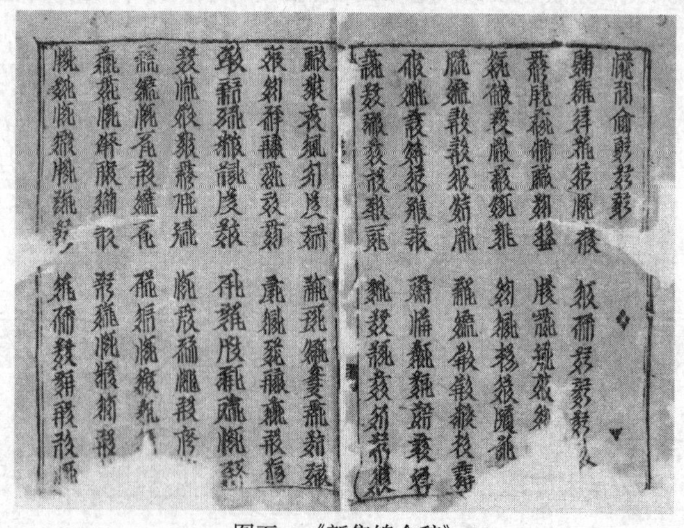

图五　《新集锦合辞》

（三）文学类：西夏文学作品传世极少，黑水城文献中有西夏文诗歌的写本和刻本，保存数十首诗歌，反映西夏诗歌的艺术成就。西夏文谚语集《新集锦合辞》中，保存大量多种类型的西夏谚语，以醇厚的民族风格展示了西夏社会风情与党项羌的民族伦理、道德观念。

（四）古籍译文类：西夏统治者积极借鉴中原文化，翻译了大量的汉文典籍，如《论语》、《孟子》、《孙子兵法》、《孝经》等都有西夏文译本。特别是唐代于立政编撰的类书

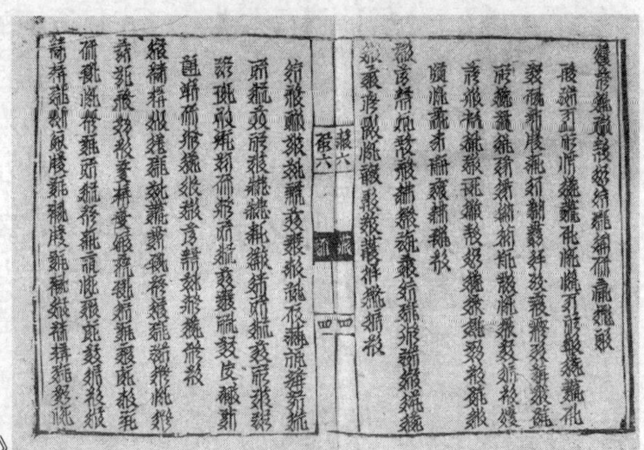

图六　《论语》

图七　《孟子》

《类林》，失传已久，敦煌文献中只存零篇断简，而西夏文刻本则保存完整，通过翻译整理补充，能使这一失传千载的古籍重现原貌。

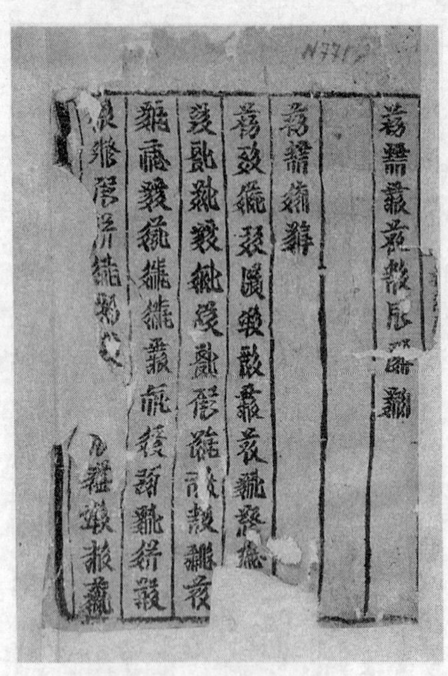

图八 《孙子兵法》

（五）佛教经典类：西夏统治者信奉佛法，在境内大力推行佛教，动用大量的人力、物力翻译、抄刻佛经。这些佛教经典有的译自汉文大藏经，有的译自藏文大藏经，也有自己编撰的文献，是研究西夏佛

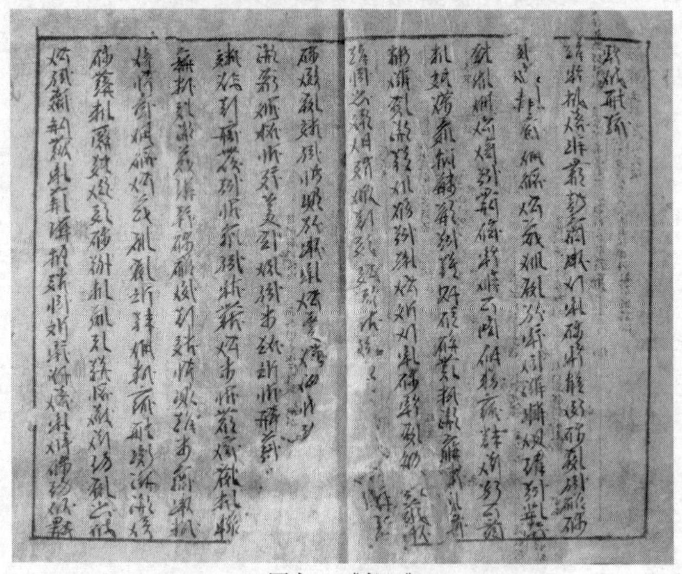

图九 《孝经》

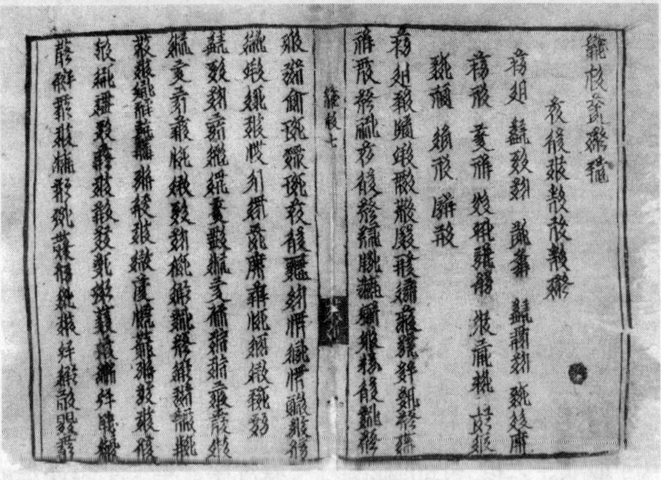

图十 《类林》

教史，乃至中国佛教史的重要资料。

西夏王朝重视刻印事业，政府机构专门设置刻字司，黑水城文献中即有刻字司的作品。西夏文佛经前的版画，刀法娴熟，印制精美，场面恢弘，风格独特。西夏文文献版式多种多样，规格不一，大的盈尺，小的仅寸余。其装帧方式有卷轴装、经折装、蝴蝶装、缝缋装、线装等，从中可以揭示中国书籍装帧艺术发展演变的历史。

敦煌遗书中的装帧形式与书史研究中的装帧形制

李致忠

敦煌遗书的文献资料价值与实物资料价值都是很丰富的，所以才形成今天世界性的显学——敦煌学。本文不想涉足内容方面的大学问，只想就敦煌遗书所反映出来的书籍的各种装帧形式，及与书史研究中书籍装帧形制之间的关系谈一些看法。不当之处欢迎批评指正。

一．知见敦煌遗书的装帧形式

卷轴装

卷轴装也称卷子装，是纸质书籍出现后流行时间很长、普及地域很广的一种装帧形式。全世界现存敦煌遗书中，绝大多数都是卷轴装。这就以实物身份表明了唐及唐以前纸书的主流装帧形式，是卷轴装。与实物相匹配，大量的文献记载也有力地证明了这一点，因而它就构成了书史研究中书籍的装帧形制。

《高僧传》卷一，记载摄摩腾“译四十二章经，一卷。初缄在兰台石室。”我们知道，竹木简时期的书籍，其计量方法多以篇、编为单位，这是就竹木简书的编连特点而命名的。待到使用缣帛和纸张来制造书籍，一篇、一章、一编写完，也常常要告一段落，作为一个单元。而后适应缣帛、纸张的特点，采取卷起来收藏的办法，于是“卷”就成了帛书和纸书的计量单位。摄摩腾译出的《四十二章经》，究竟是用什么文字载体写的虽然没有说明，但其计量单位则是“一卷”，因此我们可以推断，其书写材料不外缣帛和纸张。然而造纸术的改进和纸张普遍用来写书，当在汉和帝元兴元年（105）以后，因此，摄摩腾所译的《四十二章经》，更大的可能是书写在缣帛上。

《高僧传》卷四，记载朱士行以为汉灵帝时竺佛朔译出的《道行经》，即小品之旧本，文句简略，意义未周。于是“誓志捐身，远求大本。遂于魏甘露五年（260）发迹雍州，西渡流沙。既至于阗，得梵书正品凡九十章……”。后由竺叔兰译为晋文。“至太安二年（303），支孝龙就叔兰一时写五部，校为定本，时未有品目。旧本十四匹缣，今写为二十卷”。这就进一步证明梵经译汉之后，使用缣帛书写，并采取卷子装的形式，是毋庸置疑的历史事实。

《续高僧传》卷一，记载“始梁武之末，至陈宣初位，凡二十三载，所出经律论传六十四部，合二百七十八卷。……余有未译梵本书，并多罗树叶，凡二百四十夹。若依陈纸翻之，则列二万余卷”。此为梵经译汉之后，使用纸张书写，并采取卷子形式的明证。

《续高僧传》卷二，记载隋文帝时沙门明穆彦琮“重对梵本，再审覆勘，整理文义。昔支昙罗什等所出《大集》卷轴，多以三十成部”。

《续高僧传》卷三十八，记载隋代沙门法泰“乃精勤写得《法华经》一部，数有灵瑞，欲将向益州装潢。”中途失水复得。及“至成都装潢，以檀香为轴，表带及袠并函，将还本寺，别处安置”。

《续高僧传》卷五，记载唐京师大慈恩寺释玄奘“所获经论，奉敕翻译，见成卷轴，未有铨序，伏惟陛下睿思。”

《续高僧传》卷二十六，记载唐开元间沙门玄览“写经三千余轴”。

《续高僧传》卷三十八，记载唐释空藏“乃钞摘众经大乘要句以为卷轴。纸别五经三经，卷部三十五十，总有十卷”。

《宋高僧传》卷三，记载车奉朝出使到龟兹国莲华寺，“祈请开译梵夹，传归东夏”。莲华寺僧精进欣然乐许。“遂译出《十力经》，可用东纸，三幅成一卷。”

所有这些记载，都无可辩驳地证明，梵经译汉之后，更多地是采用纸张书写，而且普遍地采用了卷轴装，或者说是卷子装。其实，唐及唐以前，不仅仅是翻译过来的佛经采用卷轴装，首先还是中国固有的书籍采用卷轴装，梵经译汉之后，仿效了这种装帧。

唐代韩愈在《送诸葛觉往随州读书诗》中说“邺侯家多书，插架三万轴，一一悬牙签，新若手未触”。

北宋欧阳修在其《归田录》中说：“唐人藏书，皆作卷轴。”元朝吾衍在其《闲居录》中说：“古书皆卷轴。”明朝都穆在其《听雨记谈》中说：“古人藏书，皆作卷轴。”清朝高士奇在其《天禄识余》中也说：“古人藏书，皆作卷轴。……此制在唐犹然。”所有这些，又都可以进一步说明一个历史事实，这就是唐及唐以前，无论是翻译过来的佛经，或是中国固有的经史四部，都普遍采用了卷轴装。或者说，彼时书籍的装帧形式，最盛行卷轴装，形成了约定俗成的书籍装帧制度（图一）。

图一　卷轴装

梵夹装

梵夹装不是中国古代书籍固有的装帧形式，更不是古代中国纸质书籍固有的装帧形式，而是专指古印度书写在贝多罗树叶上的梵文佛教经典的装帧形式。

印度是佛教的发祥地。产生在印度的佛教经典，在很长的历史时期内都是书写在贝多罗树叶上的，故又称为贝叶经。

据《大唐西域记》卷十一恭建那补罗国（属印度境）条记载，说那补罗国“城北不远有多罗树林，周三十余里。其叶长广，其色光润，诸国书写，莫不采用”。

《大唐西域记》尚书左仆射燕国公序文称赞玄奘说：“于是词发雌黄，飞英天竺，文传贝叶”。

《酉阳杂俎》卷十八称：“贝多，出摩伽陁国，长六七丈，经冬不凋。此树有三种：一者多罗娑（一曰婆）力义贝多；二者多梨婆（一曰娑）力义贝多；三者部婆（一曰娑）力义多罗梨（一曰多梨贝多）。并书其叶，部阇一色，取其皮书之。贝多是梵语，汉翻为叶贝多婆（一曰娑）；力义者，汉言树叶也。西域经书，用此二种皮叶。若能保护，亦得五六百年。”

《旧唐书·南蛮传》称：“堕婆登国在林邑南……其国种稻，每月一熟。亦有文字，书之于贝多叶。”

《新唐书·西域传》称：“中天竺……有文字，善步历，学《悉昙章》，妄曰梵天法。书贝多叶以记事。”

所有这些记载，可以充分证明，古印度，甚至包括地处热带的南亚，都有利用贝多树叶做为书写载体的习惯，印度的古梵文佛教经典就更是普遍采用了这种树叶书写。

我们知道，书籍的装帧形式只能视书籍的制作材料而采取相应的方式。古印度佛经既是采用狭长硕大的贝多树叶书写，其装帧方法也就只能适应这种材料而采取相应的方式，这就出现了所谓“梵夹装”。何谓梵夹装？如果用最通俗的语言加以诠释，那就应该是用梵文书写在贝多树叶上的佛教经典而采用夹板式的装帧形式。此从古人常把“夹”做为古印度佛教经典的计量单位或称谓，可以进一步得到证明。

隋朝杜宝在其《大业杂记》中，对梵夹装的来历曾有过一段形象生动的描绘。他说东都（今洛阳）“承福门即东城南门。门南洛水有翊津桥，通翻经道场。新翻经本从外国来，用贝多树叶。叶形似枇杷，叶面厚大，横作行书。约经多少，缀其一边，牒牒然，今呼为梵筴”。杜氏这段描述比较明确地告诉我们，梵夹装是隋朝人对传入中国的古印度书写在贝多树叶上梵文佛教经典装帧形式的一种形象称呼。其具体的装帧方式，盖是将书写好的贝叶经，视经文段落和贝叶多少，依经文的次序排好，形成一摞，然后用两块经过刮削加工的竹板或木板，将排好顺序的贝叶经上一块下一块地夹住，然后穿洞系绳。缘其以竹木板上下相夹，又是梵文佛教经典，故称为梵夹，也就是我们这里讨论的梵夹装。这是就隋人杜宝的描述，导出来的我们对梵夹装的装帧方法的理解。这种理解对不对呢？还需要加以证明。

《资治通鉴》卷二百五十唐纪六十六，唐懿宗咸通三年(862)，说唐懿宗“奉佛太过，怠于政事。尝于咸泰殿筑坛，为内寺尼受戒，两街僧尼皆入预；又于禁中设讲席，自唱经，手录梵夹。”元朝胡三省在给《资治通鉴》作注时，于“梵夹”二字下称：“梵夹者，贝叶经也。以板夹之，谓之梵夹”。胡三省在这里把“梵夹”与“贝叶经”看成是一种东西，或者说他是以“贝叶经”来训释“梵夹”，反过来当然也可以“梵夹”来训释“贝叶经”。这说明什么呢？这说明梵夹装与贝叶经是互为表里不可分离的一回事。换句话说，就是梵夹装只能指贝叶经而言。他下面的两句话很重要，是继续说明他为什么把“梵夹”训释成“贝叶经”的。原因是这种贝叶经“以板夹之”，故“谓之梵夹”。这就跟我们上面的解释相一致了，或者说我们上面的解释是有古人之证的。胡三省所处的时代不是很古，但毕竟也是13世纪的人物。加之此人学识渊博，学风严谨，故其对梵夹的诠释当是可信的。近人丁福保所编《佛学大辞典》梵夹条亦称："梵夹，杂名。又曰经夹，又云梵箧，多罗叶之经卷也。《通鉴》'唐懿宗于禁中自唱经，手录梵夹'。注曰'梵夹，贝叶经也，以板夹之。'"足见丁氏也信胡三省的解释为不诬。故其在梵箧条继续解释说："梵箧，杂名，多罗叶之经卷。贝叶重叠，以木板夹其两端，以绳结之。其状恰如入于箱，故云梵箧。"这样，问题就更清楚了。即所谓梵夹，简单明了地概括，就是用竹木板夹装起来的贝叶经夹。这一点，不仅理论上的解释可信无疑，现存于世的贝叶经，也以实物实装的资格，进一步证明了这种解释的科学性和可靠性。国家图书馆、民族宫图书馆都还藏有贝叶经，其装帧形式正是两板相夹贝叶，中间穿孔结绳。例如国家图书馆所藏僧伽罗文的贝叶经，就是这种形式（图二）。

图二　梵夹装

讨论至此，我个人认为结论似乎已不点自明了。即所谓梵夹装，是古代中国人对从西域、印度传进来、用贝多罗树叶书写的梵文佛教经典两板相夹形式的一种称谓。或者说是古代中国人对从印度传进来的两板相夹形式梵文贝叶经的专门称谓。这一点，还可以从以下的古文献资料中得到充分的证明。

《续高僧传》卷一称："始梁武之末，至陈宣初位，凡二十三载，所出经论记传六十四部，合二百七十八卷。……余有未译梵本书，并多罗树叶，凡二百四十夹。”

《续高僧传》卷二称：“大业二年（606），东都新治……敕于洛阳上林园立翻经馆以处之。供给事隆，倍逾关辅。新平林邑所获佛经，合五百六十四夹，一千三百五十余部。”

《大唐西域记》卷十二称唐玄奘所取回佛经为“大乘经二百二十四部；大乘论一百九十二部；上座部经律论一十四部；大众部经律论一十五部……凡五百二十夹，总六百五十七部”。

《宋高僧传》赞宁序称：“浮图揭汉，梵夹翻华。”

《宋高僧传》卷一称：“释不空……至天宝五载（746）还京，进狮子国王尸罗迷伽表及金宝璎珞、般若梵夹……等。”

《宋高僧传》卷三称：“释满月者，西域人也。……开成（836—840）中讲梵夹。”

《宋高僧传》卷三又称：“翻梵夹须用此方文籍者，莫招滥涉儒雅之过乎。”

《宋高僧传》卷三还称：“莲华精进，本屈支城也，即龟兹国，亦曰丘兹，正曰屈支。时唐使车奉朝到彼土城西门外，有莲华寺。进居其中，号三藏苾刍。奉朝至诚，祈请开译梵夹，传归东夏。进允之，遂译出《十力经》。”还称悟空迴及龟兹，“居莲华寺，遇三藏法师勿提提羼鱼，善于翻译，空因《十力经》夹请翻之。寻至北庭，大使复命空出梵夹，于阗三藏戒法为译主，空证梵文。”这里的悟空，是京兆云阳人，俗姓车氏。尝随使出，至健陀罗国，忽生重病，滞留在彼。他在病中发愿，痊当出家。后至西印度，“受梵本《十地回》、《向轮》、《十力》三经，共一夹”。

《宋史·外国传·印度》称：“乾德三年（965），沧州僧道圆自西域还，得佛舍利一水晶器、贝叶梵经四十夹来献。”

又称：“开宝（969—976）后，天竺僧持梵夹来献者不绝。”

又称："至道二年（996）八月，有天竺僧随船舶至海岸，持帝钟、铃杵、铜铃各一，佛像一躯，贝叶梵书一夹，与之语，不晓 。"

本体梵夹装的特质已如上述，那么传入中国之后，用纸来写、印佛经有没有仿制的梵夹装呢？答曰也有，主要反映在敦煌遗书中。

《敦煌遗书总目索引》所录S5532号，是《禅门经》，粗厚麻纸书写，双面书字。共19叶，38面。每面书字6行，每行字数不等。有边栏界行。每叶为长条状，每叶第3行的界行线上，距上边栏三分之一距离处、距下边栏三分之一距离处，各有一圆孔。这两个圆孔是干什么的？无疑是某种装帧的遗迹。是什么装帧的遗迹？从印度贝叶经的装式，即梵夹装的特点来考察，这种遗迹显然是中国纸写佛经模仿梵夹装的遗迹。可惜穿绳及上下夹板早已散佚，无复见其完貌。但从其叶取长条，条中有孔的情况看，显然是模拟贝叶经和贝叶经的梵夹装式。此为中国纸写书也有梵夹装的实物证明之一。从纸墨字体等特点看，此件很可能是唐代晚期写本，至晚也是五代写本。可证唐五代时期中国纸质书籍也是有梵夹装的。而这种模拟的梵夹装，与之同期出现并逐渐流行的经折装是完全不相同的。

《敦煌遗书总目索引》所录S5533号，是《佛经疏释》。亦是麻纸书写，双面书字。每面6行，每行字数不等。经叶为长条纸，似仿贝多罗树叶。无上下边栏，却有界行。然界行并非笔绘，而似原纸隐纹，又似划压出来的纹路。这从造纸上有很特殊的研究价值。每叶第3行的行线上，距上边三分之一距离的位置上，亦都有一圆孔，且圆孔边缘有绳磨损的痕迹，显然这也是中国纸写佛经模拟梵夹装的遗迹。惜其穿绳及夹板早已散佚，不可复见其完整装帧的原貌。但它仍不愧是中国纸写书也有梵夹装的实物证据之一。这件遗书的年代亦不会晚于五代。

《敦煌遗书总目索引》所录S5537号（图三），是《唯识三

图三　梵夹装

十论要释》。麻纸书写，双面书字。书叶为长条纸，显系模仿贝多罗树叶。有边栏界行。每面8行，每行字数不等。特点是单叶两面书字，凡56叶，112面。首叶残佚，故开面便是文字。但尾叶只单面书字，无字的一面便做了封底。由此推知，首叶亦当是单面书字，无字的一面即当是封面。现在已是散叶，然每叶第4行行线上距上边三分之一距离的位置上，亦都有一圆孔，圆孔边缘亦有绳磨痕迹，足见此件亦是中国纸写书模拟梵夹装的实物证据之一。从纸墨字体的特点看，此件的抄写时代亦当是唐末、五代。现存于英国不列颠图书馆东方部的这三件敦煌遗书，表明唐五代时期中国确有模拟贝叶经的梵夹装出现。

当然，最典型的实例，还要属中国国家图书馆收藏的唐写本《思益梵天所问经》。该经用仿贝叶的长条纸书写，现仍存厚厚的一叠。其特点是用两块木板上下夹住书叶，然后在中间连板带叶从上到下钻洞，最后用一条细长绳，一端打一个疙瘩，另一端纫进粗针眼，以针从底板穿进事先打好的圆孔洞，最后从上面那块板穿出，以余绳绕捆上下夹板，最终系住。这是典型的中国纸书的梵夹装。只可惜，现在这件唐时遗物的上夹板已佚，穿绳的余幅也已大部分佚去，但下夹板尚存，穿过下夹板的绳端疙瘩亦尚存，穿过书叶的绳还牢牢地固定着书叶，且有一段绳头露在外面。这件东西以实物的资格雄辩地表明，在唐代，确有纸书的梵夹装流行（图四）。

后世虽无这种梵夹装继续发展，但这种梵夹装的变态性装

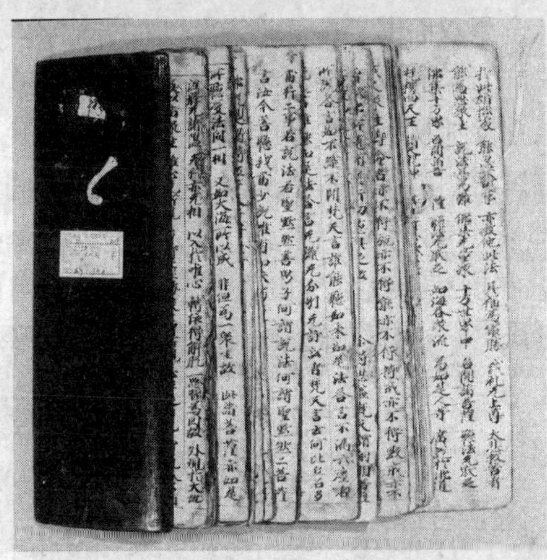

图四　梵夹装

帧形式却是赓续不断的，如后世印本的释家蒙文大藏经、藏文大藏经，明清两代宫里泥金书写的一些佛经等，不少是单叶双面印、写，而后集数叶为一叠，用两块较厚、乃至雕漆彩绘的木板上下相夹，再用扁平布带捆扎。这样的装帧也可以称为梵夹装，不过，这是变了态的梵夹装。

通过上面的分析，关于梵夹装的源、流、变的脉络是很清楚的了。它起源于古印度，模拟流行于中国唐五代，演变于明、清之世。这也是一条渊源有自的书籍装帧形式演变史的长河。沿着这条长河，无论是溯流而上，去寻找它的源头；还是顺流而下，去探寻它流变的踪迹，都是非常有趣味的。

旋风装

旋风装是在卷轴装盛行的唐代，为解决书籍的翻检方便，对卷轴装实行改进而形成的一种装帧形式。至于哪一种是它的定型的形式，现在也说法不一。据杜伟生同志讲，他在不列颠图书馆东方部所藏敦煌遗书中，看到过一件唐写本切韵，末叶是单面书字的长条，以长条右端空白处粘连在一根不粗的轴棒上，其余书叶全是双面书字，每叶依次以右端无字空条处相错地粘贴在最末叶右端的空白处，最后以木棒为轴心，从右向左卷起，以绳系捆。他认为这就是旋风装。

2001年，国家图书馆善本特藏部副主任陈红彦同志从英国图书馆东方部带回来两张照片（图五、图六），说是吴芳思博士托带的，意在供我研究。从照片上怎么也看不明白它的装

卷五　展开的旋风装

卷六　卷起的旋风装

式，还是经见过实物的陈红彦、杜伟生介绍，才明白它也是唐写本切韵，也是末叶单面书字，其余书叶均是双面书字，然后将每幅书叶都等距离地用针打眼，而后逐眼穿绳，再把绳余系在事先预备好的细圆木杆上，最后以木杆为轴心，从右向左卷起，再以绳系捆。这件东西的装式，本质上当也属旋风装一类。

另外就是北京故宫博物院珍藏的唐写本《王仁昫刊谬补缺切韵》（图七）。这件东西的装式，是以一长条卷子纸做底纸，

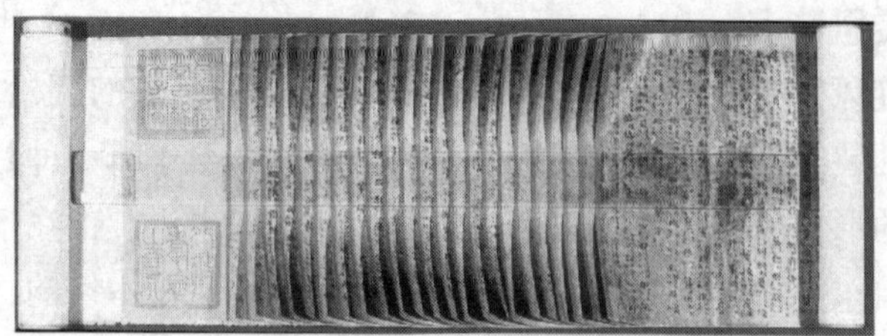

卷七　展开的旋风装

然后将单叶单面书字的书之首叶，全幅粘裱在底纸的右端。接着将单叶双面书字的其他书叶，按照内容和页码次第，首先将第二叶的右边无字空白窄条处粘于首叶末尾的底纸上。粘好后的第二叶从左向右翻开，晾出底纸，再以第三叶右边无字之空白条处粘于第二叶右边粘缝左下的底纸上。粘好后再将第三第二叶同时向右翻开，继续晾出底纸，再用同样的方法将第四叶粘在第三叶右边粘缝左下的底纸上。此下第五、第六叶……均照此例，依次粘连，直至最后一叶粘完。这样粘的结果，就形成了书叶逐叶朝左相错，第二叶在左边表现为最短，第三、第四叶……在左边逐叶向左伸长，因而形成最末叶最长。看右边，因为上叶压下叶，看不出向左相错的情状。但看左边，因为每个下叶都比自己的上叶向左长出一条，故形成了鳞次相错的情状。这种装帧的特点是：除首叶因单面书字、全幅粘裱于长条卷底纸上而不能翻动外，其余各叶双面书字，均只以右边无字空条处逐叶相错地粘于卷底纸上，故每叶都能翻动。这样就解决了卷轴装卷舒不便，检阅极难的弊端。但它又未能摆脱卷轴装的外壳，收藏时，从首向尾，或者叫做从右向左卷起、捆紧，故从外表看仍是卷轴装。但里边的书叶却是像旋风似的逐叶朝右旋转，故后人将它称之为旋风叶、旋风叶卷子，我们就把它称为旋风装。但也有人注意其打开时左边书口处形成的鳞次栉比的特点，认为其状似龙鳞，故又称之为龙鳞装。

"龙鳞装"也好，"旋风装"也好，这只是个名称而已，无关紧要。要紧的是上述这些装帧形式是卷轴装向册叶装转变时期的一种过渡形式，它既具有册叶装帧的特点，又未摆脱卷轴装的范式。既不是完全彻底的册叶装，也不是原汁原味的卷轴装。既未完全扬弃卷轴装的全部缺点，也未全部具备册叶装的优长。它只是对卷轴装的一种改进，是册叶装的最初形式。

这种旋风装只解决了卷轴装的卷舒困难，提供了翻检的方便。但由于仍然保留着卷轴装的外壳，故存放、携带、翻检仍然不便，需要进一步改进，彻底摆脱卷轴装的桎梏，才能彻底过渡到册叶装。在这方面，不列颠图书馆东方部所藏的敦煌遗书中，又提供了一些实物证据。

《敦煌遗书总目索引》所录S5444号，是唐末写本《金刚般若波罗密经》。为粗厚麻纸书写，双面书字。开本比现在的32开略小，但为横用竖写。无边栏界行。卷尾有“西川过家真印本”一行，说明此经之传抄，系出于西川过家雕印的《金刚经》。而后是大身、随心、心中心三真言。最后是“天祐二年岁次乙丑四月廿三日八十二老人手写此经流传信士”落款一行。表明此经之传抄是在天祐二年。按天祐，是唐哀帝李柷的年号，二年正是乙丑，即公元905年。再过二年，唐王朝就覆灭了。这件东西的装帧颇具特色，足资考镜。

其具体装法是：先预备好封底，或者称下封面。而后依次排好所写的经叶，从最末叶开始，先以右边无字之空白条处粘于封底的右边上。而后再以次末叶之右边无字空白条处向左相错地缩粘于末叶右边之空条处。依此类推，此后每叶均以右边无字空条处向左相错地粘于先此粘好书叶的右边无字空条处，直至粘完第一叶，最后粘贴上封面。天祐二年82岁老人手写的这卷《金刚经》，上封面已经佚去，但从仍存底封面看，当年必定粘有上封面。这种装帧从书的正面看，书脊处不齐，而是逐叶向左相错，形成了逐叶向右延伸的龙鳞状，或者说是鳞次栉比状。而从正面看书口，由于上封面向左相错最长，掩盖了书口情状，故看不清其具体形象。但如果将书调过来，看书的背面，则书口逐叶向左相错，形成了鳞次栉比的龙鳞状，与我们前边所描绘的旋风装大同小异。

这种装帧形式叫什么名字，不得而知。但有两点可以肯定，一它是对旋风装的改进，二它已是接近册叶装的进一步过渡形态。

我们前边说过了，旋风装克服了卷轴装卷舒之难、查检不便的缺点，但毕竟还未完全摆脱卷轴装的桎梏。为了彻底摆脱卷轴装的制约，使旋风装进一步朝册叶装过渡，于是由这位虔诚的佛教信徒、82岁高龄的老翁动手改造旋风装。使前边那些不固定的旋风装的形式发生改变，其底纸由长变短，短到与书叶大小相同，变成册叶装的封底，或者称为底封面、下封面。同时大大缩小开本，使原来较大的旋风叶，变成较小的书册叶。于是原来卷起来的旋风装，变成了不用卷舒而更易翻检的装帧。这种装帧虽然不敢说它就是标准的册叶装，但除了书脊、书口尚呈相错的鳞次状外，其余与册叶装已无甚区别了。

北宋欧阳修在其《归田录》卷二中说："唐人藏书皆作卷轴，其后有叶子，其制似今策子。凡文字有备检用者，卷轴难数卷舒，故以叶子写之。如吴彩鸾《唐韵》、李郃《彩选》之类是也。"欧阳修是北宋初期的名人，唐五代时的遗书大概还目睹不少。他说"唐人藏书皆作卷轴"，基本符合史实。"其后有叶子，其制似今策子"，过去不甚理解。怎么叶子又似策子呢？原来他说的叶子，是装帧起来的叶子，不是一张一张的散叶。为什么要以叶子写之？因为要便于翻检，卷轴难数卷舒。这些叶子怎么装帧呢？就要像吴彩鸾所写的《唐韵》、李郃的《彩选》那样。李郃的《彩选》如何装帧，已无法目睹。但所谓吴彩鸾所书《唐韵》，实际即是唐写本《王仁昫刊谬补缺切韵》，却至今流传于世，珍藏在北京故宫博物院。它的装帧叫不叫旋风装，还可以讨论。欧阳修所说的其制似今策子，到底什么样，不好揣度。今有不列颠图书馆所藏此件，"其制似今策子"的概念，便觉着可以琢磨了。唐末五代，乃至于北宋初年，流行的"策子"大概可能即类乎此。因此，这件东西的出现，使我们进一步认识到，旋风装可能是册叶装的前身。

经折装

经折装这个名称的出典，迄今尚难稽考。但经折装来自卷

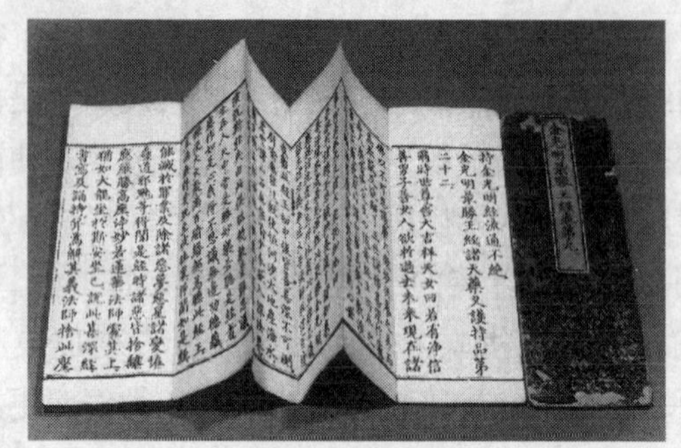

图八　经折装

子装，或者说它是对卷子装的改造，大概是不会有什么问题的。（见图八）

佛教自东汉明帝时传入中国以后，中经三国、两晋、南北朝，至隋唐已蔚为大观。特别是唐代，一方面是僧尼遍于域中；另一方面翻译过来的佛经又以卷子装的形式盛行于域中。僧尼遍于域中，意味着善男信女诵经的普遍；卷子装盛行，则意味着它对僧尼们诵经的不便。因为佛弟子念经，要盘禅入定，正襟危坐，以示恭敬与虔诚。善男信女们念经时的这种姿态，卷子装之不便可想而知。任何一种纸卷，包括佛教经卷，卷久了，都会产生卷舒的困难。由于卷久的惯性，念过去的部分，经卷会自动由右朝左卷起；未念的部分，经卷又会自动由左向右卷起。这种情况，如果不随时调整镇尺的位置，经卷就会从左右两个方向向中间卷起，使人无法就读。试想，如此麻烦不便的卷轴装式，怎么能适应佛弟子那种正襟危坐、盘禅入定的读经方式呢？因此，一场对流行许久的卷子装的改革，首先在佛教经卷上发生了。这就是将本为长卷的佛经，从头至尾地依一定行数或一定宽度连续左右折叠，最后形成长方形的一叠，再在前后各粘裱一张厚纸封皮，于是一种新的装帧形式出现了，这就是所谓的经折装。正如元朝吾衍和清朝高士奇所揭示的那样，经折装的出现，完全是针对卷子装卷舒之难的弊病而发生的。元朝吾衍在其所著《闲居录》中说："古书皆卷轴，以卷舒之难，因而为折。久而折断，复为簿帙。原其初，则本于竹简、绢素。”清朝高士奇在其所著《天禄识余》中也说：“古人藏书皆作卷轴……此制在唐犹然。其后以卷舒之难，因而为折，久而折断，乃分为簿帙，以便检阅。”这两位不同时代的古人，揭示了同一个真理，即折子装，或者说是经折装，的确来源于卷子装。

经折装由卷子装演化而来，已如上述。但这还只是文献记载。现在再引证两件实物，作进一步证明。

1975年，香港中文大学出版了美国钱存训教授的《中国古代书史》。钱先生在该书中披露了一件唐代经折本图版，经名为《入楞伽经疏》，凡211叶，原出自敦煌石室。其装帧形式即是左右相连折叠的经折装。此为唐代佛经出现经折装的实物证明。它不但可以证明上述的文献记载绝非诬论，而且以雄辩的实物身份，进一步证明唐代在佛教盛行的情况下，佛经由普遍流行的卷子装开始演化为折子装，即经折装。

英人斯坦因在其《敦煌取书录》中还描绘过一件五代印本佛经的装式。他说：“又有一小册佛经，印刷简陋……书非卷子本，而为折叠而成……折叠本书籍，长幅接连不断，加以折叠……最后将其他一端悉行粘稳，于是展开以后甚似近世书籍。是书时为乾祐二年，即纪元后九四九年也。”斯坦因看到并描绘过的这件实物，表明印刷品的佛经，在五代时期也有的采取了经折装式。

蝴蝶装

蝴蝶装是宋代雕板印书盛行以后形成的一种装帧形制。它风靡于宋元两代，流行大约400年。《明史·艺文志》序称：“秘阁书籍皆宋、元所遗，无不精美。装用倒折，四周外向，虫鼠不能损。”这里所谓“装用倒折，四周外向”的装帧，说的就是蝴蝶装。而且都是“宋元所遗”，可见宋、元时期蝴蝶

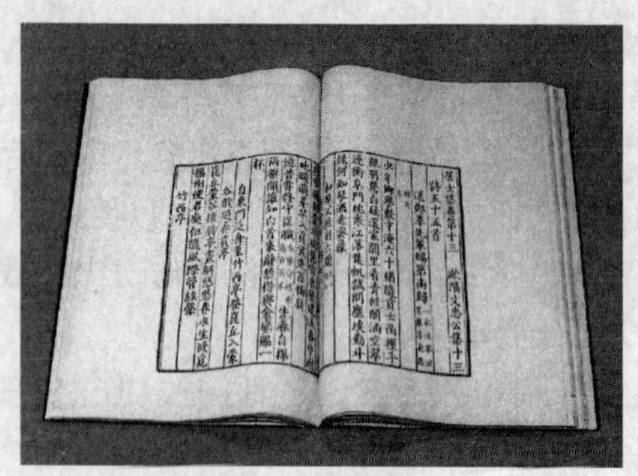

图九　蝴蝶装

装确曾风行一时（图九）。

但是否蝴蝶装起源也在宋代雕板印书盛行以后呢？我个人认为“形成”与“起源”并不是一个概念。“起源”与“形成”所需要的条件、规格、定型等方面的标准，均不相同。据不列颠图书馆所藏中国敦煌遗书中的实物看，蝴蝶装的起源并不一定诞生于雕板印制书籍盛行的条件之下，而是其雏形早已产生，而最后定型定制于雕板印制书籍盛行之后。

《敦煌遗书总目索引》所录S5450、S5451号，都是《金刚般若波罗蜜经》，装订方式也完全相同。亦均为粗厚麻纸书写，开本大小也相同。惟S5450一部无年款，不知是何人抄自何年。但从S5451一部看，S5450亦可大体推知。

S5451《金刚般若波罗蜜经》，唐末写本。开本较现代32开本略小，较64开又略宽。粗厚麻纸书写，双面书字。无边栏界行。每半面六七行不等，每行字数亦不等。共16叶，存29面文字。第一叶背面右半叶不书字，对折粘连成册之后就做上封面。今上封面已佚，故文字也佚去一面。最后一叶背面左半叶不书字，对折粘连成册后即做封底，今仍完整无损。卷尾题名“金刚般若波罗蜜经”。卷尾题名之下，有“西川过家真印本”一行。表明此经之传抄，是以西川过家的雕印本为底本的。而后是大身、随心、心中心三真言。“心中心真言”右下方有

“最不可思议”几字。最后落款为“天祐三年丙寅二月二日八十三老人手自刹血写之”，表明此经于唐天祐三年（906）二月二日，由一位83岁的老人手写而成。再过一年，李唐王朝就覆灭了。

这件东西，与S5450一样，在装帧上别具特点。除首叶背面右半叶、末叶背面左半叶未书字外，其余各叶由于都是双面书字，故对折之后就形成了四面是字。各叶对折之后，以折边为准依次排好戳齐，然后将折边各叶彼此粘连在一起，形成书脊，这本佛经就算装订完了。

这种装帧和后来蝴蝶装的折叶、粘连方法基本相同，当是后世蝴蝶装的尝试和雏形。

《敦煌遗书总目索引》所录S5448号，是《敦煌录》。粗厚麻纸书写，双面书字，凡7叶14面。前为“唐故河西归义军节度押衙兼右二将头银青光禄大夫检校（检校二字写颠倒成校检）国子祭酒兼御史中丞上柱国浑　邈真赞并序”共五叶。后有带边栏界行的空叶6面。前后各有封皮。但前后封皮均非另加，而是首叶背面右半叶不书字，为空白，对折之后便充当上封面。末叶背面左半叶不书字，为空白，对折之后便充当底封面，其余书叶对折之后，全形成四面有字。这件东西的抄写时代，大概不会晚于唐末五代。其装帧办法与S5450、S5451两件全同。足见这种装帧在唐末五代已非属罕见。这就给进入北宋之后，随着雕板印书的兴盛而形成蝴蝶装，奠定了基础。

北宋雕板印书盛行之后，为适应一版一叶的特点，且为单面印刷，便逐渐形成以有字的一面为准，字对字地对折，而后将折叶排好顺序，戳齐折边，使折边逐叶彼此粘连，形成书脊。再用一张整纸对折，粘裹书脊，并做前后封皮。这种装帧由于版心集于书脊，仿佛蝴蝶的身躯，打开来，好似蝴蝶展翅；收藏时，又好像蝴蝶合并双翼落于花草丛中，故称为蝴蝶装。当我们知道唐末五代就有了类似的装帧时，便觉得蝴蝶装早在唐末就已出现；而当着北宋雕板印书盛行以后，由于是一版一叶的特点，就更适合采用蝴蝶装，故蝴蝶装便流行了起来。待到蝴蝶装暴露了自身的弱点，便逐渐为包背装所代替，这已是流行之后的改变了。这又是一种装帧的起源与流变。

包背装

包背装是以包裹书背为特点的装帧，也称为裹背装。过去通常说法，一般都认为这种装帧起自南宋，流行于明、清两代，特别是这两代的内府书或其他官书，通常都采用包背装。此由迄今仍存于世的大量实物，如明内府写本的《永乐大典》、清内府写本的《四库全书》等可以证明。我们根据现存的大量包背装书籍，审其装帧原理，则类似这种装帧方式的书籍，在北宋初年就出现了。

《敦煌遗书总目索引》所录S5589号，是《大悲心真言》卷下。此件为粗厚麻纸书写，双面书字。宽窄与现代32开本书差不多，但高却只有32开书的三分之二，近于小方册。共26叶，52面。有边栏界行。每半面六七行不等，每行字数亦不等。折叶方式是以中间为准，对折。折好的书叶依次排定，戳齐折边，用线装订。其装订方式，从内部看，类乎骑马装订式；从书脊看则是五针横锁，类乎现代平、精装书的锁线方法。线为杏黄色丝线。另外用一张比书册稍宽的整纸对折，粘包于书背之上，做为书衣，或者叫做上下或前后封皮。这种装帧在固定书叶、包裹书背等原理上，与后世的包背装大同小异，堪称包背装的起源。这件东西的卷尾，有“开宋皇帝□制禧”题记一行，表明此经之书写，当在宋代开国皇帝赵匡胤之世。按赵匡胤以后周殿前都点检和宋州归德军节度使身份，于陈桥发动兵变，黄袍加身，是在公元960年。而他辞世由其弟继承皇位是在公元976年。此件题记既称“开宋皇帝”，则其抄写年代自当在公元960—976这16年之间。足见北宋初年就已有包背装性质的书籍出现。

待到宋代雕板印书大兴之后，较长时期内盛行蝴蝶装。而就在蝴蝶装盛行的同时，其装帧弱点也就暴露了出来。到南宋中后期，针对蝴蝶装的弱点，出现了包背装。包背装的折叶方式，与蝴蝶装刚好相反。是将印好的书叶正折，版心朝左向外，文字向人。书叶左右两边的余幅，由于正折，便齐向右边书脊。折好顺好的书叶，以书口版心为准戳齐。在右余幅上打眼，用纸捻订起砸平，以固定书叶。而后将书脊裁齐，再用一张较书叶略大的硬厚整纸对折，粘于书脊，把书背全部包裹起来，剪齐上下及两边的余边，一册包背装的书就算装帧完毕。

以这种包背装与我们前边讲的那本《大悲心真言》相比，虽然在折叶和固定书叶等方面不尽相同，但在包裹书背这一点上则是完全一样的。这是雕板印书所决定的，是适应雕板印书的单面印刷、合页装订的特点，经过改进而形成的装帧方式。待到社会继续发展，人们对书翻阅的频率继续加大时，包背装容易散裂的弱点又暴露了。于是一种新的装帧——线装书又应运而生了。

线装

线装当然指的是用线或线绳缝缋书叶而成册的一种装帧形式。这种缝缋的方法是不是就是后世线装形制的起源，或者能否就直接称其为线装，目前还在讨论中。南宋初年有个叫张邦基的，写了一本笔记性的著作，名《墨庄漫录》。他在这部书的卷四中说："王洙原叔内翰常云'作书册粘叶为上，久脱烂，苟不逸去，寻其次第，足可抄录。屡得逸书，以此获全。若缝缋，岁久断绝，即难次序。初得董氏《繁露》数册，错乱颠倒。伏读岁余，寻绎缀次，方稍完复，乃缝缋之弊也'。"这段话是南宋初年的张邦基，借用王洙的话来品评书册装帧采用缝缋与粘连优劣的。王洙字原叔，应天宋城人，是北宋嘉祐以前的人物。进士出身，官终侍读学士兼侍讲学士。曾于北宋仁宗时，参加过撰集《集韵》的工作。他生活的时代，离宋代开国仅半个世纪左右。他以切身的经验体会，道出了用线缝缋书册的弊病。足见他生活的时代以前，书籍装帧确曾有过缝缋的形式。然而这只是文献的记载，史实上如何呢？有没有实物流存呢？过去对这个问题做不出有力的回答。现在我们从不列颠图书馆东方部所藏敦煌遗书中发现了若干种缝缋的书册实物，现举几例，便可从实物的角度进一步证明这个问题。

《敦煌遗书总目索引》所录S5534号，是《金刚般若波罗蜜经》，唐末写本。粗厚麻纸书写，双面书字。类似现代32开书大小，横用，无上下边栏界行。卷尾有“西川过家真印本”一行，表明此经系从西川过家雕印本的《金刚经》迻录而来。再后是大身、随心、心中心三真言。最后落款为“时天复五年岁乙丑三月一日写竟信心受持老人八十有三”。按“天复”是唐昭宗李晔所用的年号，本无五年。依次推算，并以乙丑印证，则天复五年已是唐哀帝李柷天祐二年了，这一年为公元905年。再过两年，唐王朝就覆灭了。现在这件东西的右边，缝缋的线绳已经佚去，但当年穿线的一排三孔犹存，证明唐末已出现了缝缋装书。

《敦煌遗书总目索引》所录S5531号，是《佛说地藏菩萨经》、《佛说续命经》、《摩利支天经》，粗厚麻纸书写，双面书字。有边栏界行。每半叶4行，每行字数不等。首叶背面右半叶、末叶背面左半叶未书字，对折后当做前后封面。其余各叶均双面书字，折叠后形成4面是字。今存64叶，254面文字，加上下封皮，共256面。这件东西的装帧方式，在右边沿书脊打4孔，用丝线绳在书内骑马式竖穿，在书外书脊处横向锁线。很类似现代平精装书的锁线方式。其卷尾有“庚辰年十二月廿七日”年款一行。按“庚辰”，唐大中十四年（860）、五代后梁贞明六年（920）、北宋太平兴国五年（980），都是庚辰年。

据此经纸墨字体风格看，这件东西之抄写装订的年代，脱不出这三个庚辰年。最大的可能是后梁贞明六年（920）这个庚辰。因此，它至少可以作为五代时期就已有缝缋装的证明。

《敦煌遗书总目索引》所录S5536号，是《金刚般若波罗蜜经》，粗厚麻纸书字，无边栏界行。比现代32开书略短。卷前有请八大金刚文。双面书字，对折，另配两张上下封面。其装订方式，在右边沿书脊打两个眼，在眼处横锁书脊，且在书的外表竖穿，在下方眼处系蝴蝶扣结死。此件装帧完好无损，装线犹存。此件之抄写年代不明，但观其纸墨风格，似亦是五代作品。

《敦煌遗书总目索引》所录S5539④号，是《十空赞文》，似为粗厚皮书写，双面书字。每半叶9行，每行字数不等。有上下边栏，有界行。现该件右边沿书脊遗四孔，线已佚去。这件东西的抄写时代不明，但从纸墨风格看，似亦是五代时期作品。

《敦煌遗书总目索引》所录S5535号，亦是《佛说地藏菩萨经》。粗厚麻纸书写，双面书字。有边栏界行，每半叶6行，每行字数不等。开本与今小32开本相仿。封面是单配的赭红色的麻布。右边有穿线遗孔，表明其当年也是缝缋装式。这件东西亦无明确抄写年代，但似亦不会晚于五代。

《敦煌遗书总目索引》所录S5646号，亦是《金刚般若波罗蜜经》，北宋初年写本。卷前有“金刚经启请”称：“若有人诵持《金刚般若波罗蜜经》，须至心念净口业真言，然后请八金刚、四菩萨名号所在之处，常当拥护。”而后是净口业真言。接下是手绘的四菩萨、八金刚像。再下是“发愿文”。再下才是经文正文。卷尾有“于时大宋乾德七年己巳岁四月十五日，大乘贤者兼当学禅录，何江通发心敬写大小经三筑子，计九卷。昼夜念诵，一心供养，故记之耳”题记四行。全书为粗厚麻纸书写，双面书字。有边栏界行。每半叶6行，每行十二三字不等。凡52叶，104面。书高15.5cm，宽14cm。其装帧是在书的右边沿书脊穿三个孔，用两股拧成的丝线绳，横锁书脊，并沿书脊竖穿，最后在中间孔处打起蝴蝶结。迄今装帧完好，装订线亦完好犹存。乾德是北宋太祖赵匡胤的年号，乾德没有七年，实际已是开宝二年（969），盖为西北边陲的写经人不知年号更改所致。这是北宋初年仍有缝缋装的明证。

《敦煌遗书总目索引》所录S5554号，是《妙法莲华经陁罗尼品》第二十六。粗麻纸书写，双面书字。有边栏界行。每半叶六七行不等，每行字数不等，每书高14.5cm，宽11.5cm。凡22叶，44面。字体粗拙。卷尾有“己丑年七月日生五日就宝恩寺马神衙观音经写了”落款，表明此经很可能写在五代后唐天成四年（929）那个己丑。这件东西的装帧，是在书之右边沿书脊居中凿两个孔，然后用两股拧成的丝线绳，横锁书脊，竖穿书背，在两孔中间的书脊上打起蝴蝶结。此件迄今装帧完好，装线犹存。

二. 中国书史研究中的装帧形制

上面是就个人知见列举出来的一些敦煌遗书的装式。这些装帧形式在上述的类归中可能已显现了我的倾向，但为了进一步表明我自己的理解，下面还想展开一点儿讨论。大概是三个方面的问题：

第一，唐代书籍的主流装帧形式是卷轴装式。这种装帧形式是对它以前久已流行的装帧形式的继续，这就形成了约定俗成的书籍装帧制度，书史研究中称它为书籍装帧的形制。这种制度不是靠国家典章制度规定的，而是靠约定俗成定格的。可就是这种约定俗成，有时比正式的典章制度还有威力，它能形成传统的力量，使某种形制在某一历史时空中广泛流行。唐五代普遍流行的卷轴装就是这方面的明证。

事物总是在继承中发展，在发展中创新。唐五代时期书籍的各种装式，除梵夹装外，其余大多数装式都是从卷轴装脱胎而出的雏型、过渡型、未定型。它们每件都是一种装帧形式，但每件也都还构不成书史研究中的形制。古籍修复专家与书史研究专家虽然都很关注它们，但出发点和落脚点却不尽相同。古籍修复人员关注它，是要研究它的装帧特点，从而通过整修而达到恢复旧貌的目的，这也可以叫作修旧如旧吧。但绝不是见到一种装帧形式就非要给它加个名称，把它认定为定式。须知我们在敦煌遗书中所见到的各式各样的装帧形式，个性化都很强，带有很大的随意性，只是出现过的一种形式，远未形成流行广远的形制，不要轻意给它们取名，以免与后来形成的某种装帧形制相混淆。

第二，敦煌遗书中所反映出来的各种装帧形式，人们谁也不应轻视它，而应深入地研究它，从而理清每种装帧形式在其后的演变中充当了什么样的角色，影响了哪种装帧形制的形成。例如经折装，它不但彻底改造了卷轴装，而且形成了后世释、道两家单经、大藏流行的装帧形制。在这里源、流、变的发展轨迹是十分清楚的。又如旋风装，它是在特殊的文化背景下，人们为了解决卷轴装翻检困难而在卷轴基础上加以改进而形成的一种装式。它不但未形成影响深广的装帧形制，连其自身的形态也未固定，前边所举敦煌遗书的实例中，充分地显露了这一点。以后书史研究中仍要提到这种装式，但不要再把它列为一种装帧形制加以表述。因为虽然它出现过，但自身并不定型，也未在历史时空中产生广泛的影响。又如蝴蝶装，包括我自己在内，过去一直认为它是适应宋代雕板印书一板一叶的特点而产生的一种装帧形式，其实它的源头远不在宋代，而是在唐五代。前边所举敦煌遗书现存的例子中，可以清晰地看到这一点。又如包背装，早先都说是产生在南宋后期，其实若追寻它的源头和雏型，仍是唐五代时期，此在前边所举的例子中也清楚地表现了出来。还有就是线装，早先也都说是产生在明代后期，可是前边所举出的实例，表明用线绳来穿订书叶以成册，在唐末五代直至北宋初期已不属稀见。只是那么多样式的线订书册到底叫什么名字，业内意见尚不尽一致。北宋人称其为缝缋，故有人就称其为缝缋装。更有人说缝缋装是一种独立的装帧形式，后来的线装跟它不是一回事。这些意见都值得深入研究，最后再做结论。不过就个人眼下的看法，我仍然认为它们是后世书籍线装形制的早期表现形式，是雏型状态，不定针眼个数，不定锁线方式，只是用线绳将书叶穿订成册，达到固定书叶，可供翻阅，不致错乱为目的。虽然不宜将上述所举敦煌遗书中那些用线绳缝缋的装式就武断地定为线装，但就其用线绳穿订书叶以成册的本质与方法来说，其性质已没什么不同了，因此我还是把它们归入了线装的范畴之内。

第三，唐代是个富于创新精神的活跃时代，站在书史研究的高度，鸟瞰敦煌遗书中所存唐五代时期的书籍装式，我们可以清楚地领略到，唐末五代是我国书籍装帧形制演化的大变革时代，是书籍从卷轴装向册叶装的过渡期，或者叫作转型期。而转型期的事物特点，就是多变、不定型，八仙过海各显神通。把握住这种时代特征，就会觉得出现在唐末五代乃至宋初的那些书籍装帧形式，都还难以定出一个确切的名称，只能根据它们的装帧特点来寻求其在某种装帧形制形成过程中的原创意识及最初范式。前边我们把在现存敦煌遗书中所发现的各种装帧形式，能大体归并到其后逐渐形成的各种装帧形制中去加以研究，正表示出那些装帧形式的渊源价值，这是那个时代留给我们后人的又一份厚礼。

《三国志·吴书·步骘传》写本残卷辨伪

——兼说鉴定古代写本真伪的方法

刘　涛

20世纪初，甘肃敦煌莫高窟藏经洞、新疆楼兰等地发现了大量古代写本文书，引起了中外人士的关注，经过几代学者的研究，成为一门“敦煌学”。在古代写本流传、收藏的过程中，有些好事之徒乘机干起了造假的营生，遂有一些赝品混同真迹[①]。这里，仅就《三国志·吴书·步骘传》写本残卷（图一）为例，从书法形态的角度探讨其真伪，兼谈鉴定古代写本真伪的方法。

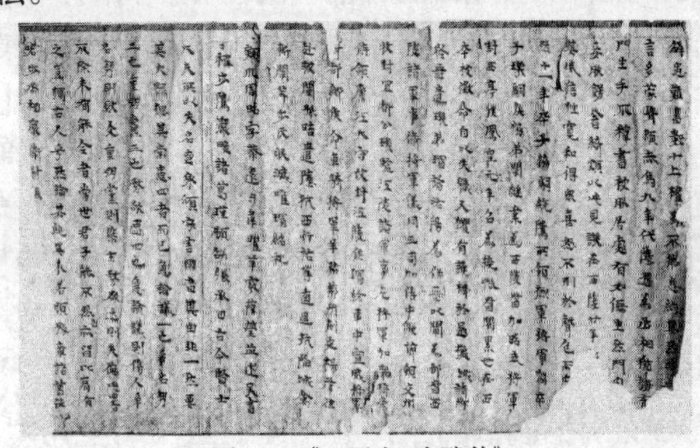

图一　《三国志·步骘传》

此卷作楷书，现藏甘肃省敦煌研究院，编号“敦研二八七”，敦煌研究院编《敦煌书法库·2》[②]题为“晋写本”，“长41.7厘米，宽24.3厘米，纸质较厚，有霉点，以淡墨画界栏，存文25行”。此卷又见于徐祖藩、秦明智、荣恩奇合编的《敦煌遗书书法选》[3]，甘肃藏敦煌文献编委会、甘肃人民出版社、甘肃省文物局编《甘肃藏敦煌文献》[4]。

关于《三国志》写本残卷

笔者所见《三国志》残卷，《步骘传》之外，还有四种：

1.《吴书十二·虞翻、陆绩、张温传》，现藏日本上野家；

2.《吴书二十·韦曜、华覈传》，现藏日本书道博物馆；

3.《吴书二·孙权传》，现藏新疆博物馆；

4.《魏书七·臧洪传》，现藏新疆博物馆。

这里，我们依据一、三两件《三国志》写本为参照系，来考察《步骘传》的真伪。这两件写本，郭沫若《新疆新出土的晋人写本〈三国志〉残卷》一文中有介绍[5]。他说：《虞翻、陆绩、张温传》是1924年在新疆鄯善县发现[6]，残存80行，1900余字（以下简称“甲本”，图二）。此卷曾为王树枏的藏品，1926年首刊于罗振玉编印的《汉晋书影》增订本中，后流入日本，日本《书道全集》第三卷[7]曾刊载其中10行，中华书局标点本《三国志》[8]卷首收入全卷，题为“东晋写本《吴志》残卷”。《孙权传》是1965年在吐鲁番英沙古城以南的一座佛塔遗址中出土的，残存40行，凡570余字（以下简称“乙本”，图三）。这两本写卷前辈学者都断为晋朝书迹。郭沫若在文章中说：

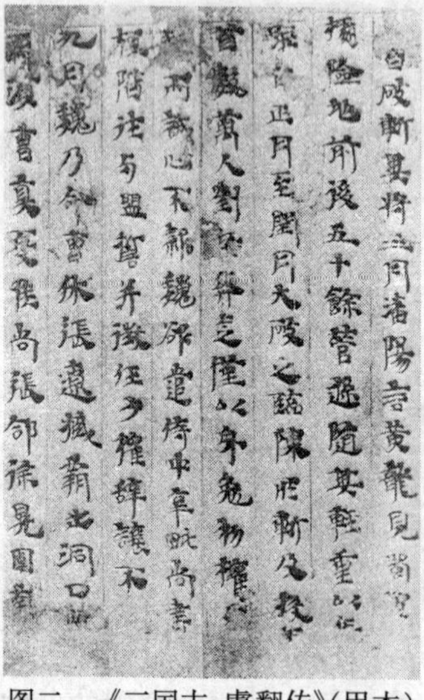

图二　《三国志·虞翻传》(甲本)

> 陈寿仕晋为著作郎，终于御史治书。《三国志》定

稿当在西晋时。西晋统治仅仅五十三年，抄本传入新疆，或为新疆人民所抄，为时当在东晋时代了。就字迹看来，乙种写本当比甲种较早，可能乙种是西晋抄本，甲种是东晋抄本，但相距的年代，毕竟不会太长。

他还谈到这两件残卷的字体、书法：

两种残卷比较，字迹十分相似，捺笔极重，隶书气味很浓厚。但两者决不是一个人写的：第一，行距与每行字数不同，甲种行距较宽，行十四五字，乙种行距较狭，行十六七字；第二，字的结构也有所不同，如“免”字，甲种无变异，乙种均写作“勉”，连“俛”（俯）字也误写作“勉”；第三，出土地不同，一出在鄯善，一出于吐鲁番。从书法的角度看来，乙种的字迹较优于甲种；但从文献学的角度看来，乙种却不及甲种有所贡献。

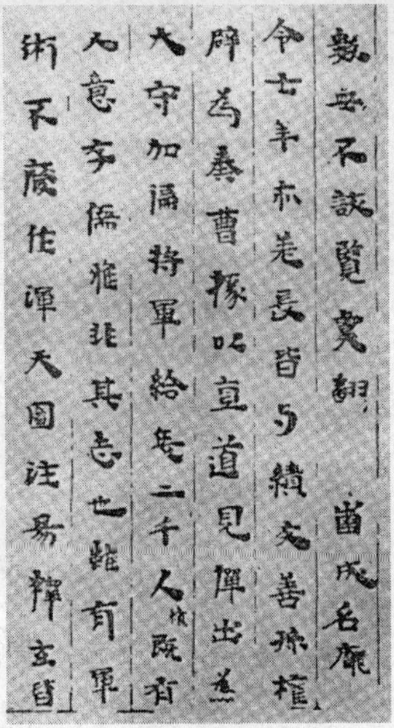

图三　《三国志·孙权传》（乙本）

《三国志·步骘传》非晋人所写之证据

据我所知，齐燕铭先生最早指出《三国志·步骘传》为赝品[⑨]。此卷究竟伪在何处，未曾见到讨论的文章。我在1996年所写的一篇书评中涉及《步骘传》的辨伪问题，指出了一些疑点[⑩]。本文专门讨论《步骘传》的真伪问题，试从文字、书法方面提出证据，结合甲本、乙本，列出字例，进一步说明《步鹭传》伪在何处。

（一）《步鹭传》中奇怪的讹误

《步鹭传》中，存在一些既不合正体写法又不合俗写体习惯的讹误，试举数例如次（图四）：

字例	《虞翻传》（甲本）	《孙权传》（乙本）	《步鹭传》
然			
陆			
荆			
封			
谐			
总			

图四

然　甲、乙本皆见此字，是将左上部分的“匀”写成“夕”状。《步鹭传》则写成“歹”，多了一笔短横，同时期的敦煌写本中未见此种写法。

陆　甲本之“陸”字“坴”部两“土”之间，左为一撇，右为“匕”形；乙本“陸”字“坴”部两“土”之间为“八”形。而《步鹭传》写为“北”，类北魏《魏灵长造像记》中的写法。

荆　甲本、《步鹭传》皆有此字，而《步鹭传》将“刂”误写作“阝”。

封　乙本、《步鹭传》皆有此字。《步鹭传》之“封”字凡3见，其中2例的首笔不是作一横，而是短撇。乙本“封”字无短撇。造假者当然见不到乙本，妄加短撇。

詣　　甲本亦见，《步鹭传》“诣”之“旨”多一横笔，不伦不类。

揔　　甲本、《步鹭传》皆有此字。此字右边，甲本写为上“艹”中“公”下“心”。《步鹭传》误作“揔”，与“总”的别写无关。

（二）《步鹭传》中写法不统一

综观敦煌写本，凡一人所抄的卷本之中，不仅笔迹一致，结构写法基本上也是统一的。但是，《步鹭传》中却出现了一些不统一的写法，此又露出作伪的痕迹（图五）。

字例	《步鹭传》			
嗣	嗣	嗣		
糸	縺	綾	給	結
虍	處	[illegible]	盧	

图五

1.“嗣”字，《步鹭传》凡 2 见，第 6 行第 8 字之“嗣”的左部误作“扁”，而第 7 行第 3 字之“嗣”正确。

2.“糸”旁下面三点的写法，甲本写作一竖两点 —— 第 23 行第 3 字、24 行第 5 字、30 行第 2 字、31 行第 5 字、32 行第 4 字、33 行第 10 字等，前后也是统一的。乙本所见多处 —— 第 6 行第 3 字、25 行第 12 字、28 行第 2 字，一律简略为前尖细后粗重的横笔，与公元 5 世纪经卷上的写法契合。《步鹭传》所见“糸”旁，有的写作三点 —— 第 1 行第 13 字、13 行第 13 字、16 行第 10 字、19 行第 10 字，有的写作一竖两点 —— 第 7 行第 12 字，写法不统一。

3.“虍”部的写法，《步鹭传》中凡 3 见 —— 第 3 行

“處”、第 9 行“據”、第 13 行“廬”，“虍”部的写法前后不一。

（三）《步鹭传》写法不合当时通例

我们知道，古代某地同一时代的写本，虽然写手各有自己的笔体，书法水平可以不一样，但是，同受时风的影响、熏染，字的结构和写法不会相去甚远。在笔体不同的甲、乙两本中，我们就可以找到共时性的证据，如“然”、“是”、“为”、“欲”、“不”等字皆是，并且可以在同时期的写经卷中得到印证。《步鹭传》中也见到这些字，居然与甲、乙本的写法不一样（图六）。

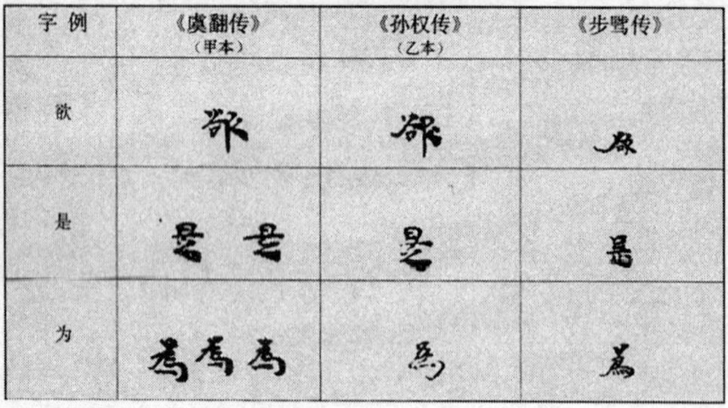

字 例	《虞翻传》（甲本）	《孙权传》（乙本）	《步骘传》
欲			
是			
为			

图六

欲　“欲”字“欠”的写法，甲、乙两本的第三笔撇画都作挺直的长竖，此是隶书的遗意，形态近似“报”字的右半部，敦煌写本中屡见。而《步鹭传》写为弯曲的短撇，亦是晚近的写法。

是　“是”字的下部，甲、乙两本都写作“之”字状，无竖笔，是汉晋时期通常的写法，十六国、北朝前期写经中也很常见；而《步鹭传》却有竖笔。在《大般涅槃经》卷第三十七（敦研三七四）中，“是”的下部已见竖笔，笔顺的次序是：短竖、左点、右点、长捺；《步鹭传》的笔顺是：短竖、右点、短撇、长捺，是晚近的写法。

為 甲、乙两本一致，第三、四两笔都作横折。而《步骘传》第三笔的折画引长，在其左侧写两点，这种别写，在十六国后期、北朝的写经卷中时有所见，如《甘肃藏敦煌文献》所载、编号为“敦研三七四”的《大般涅槃经》卷第三十七，可见作伪者吸收了敦煌经卷的写法。

以上例证显示，《步骘传》不仅书法的古意少，而且后起的写法多，造假者对于早期楷书的一些典型写法还缺乏了解。

由古代写本的“搭笔形式”规律辨《步骘传》之伪

这里所说的古代写本，是指魏晋到唐朝的楷书写本。我初步分为早、中、晚三个时期：公元3至5世纪为早期（即魏晋到南北朝前期），公元6世纪为中期（即南北朝后期），公元6世纪末的隋朝以后为晚期。

这里所谓“搭笔”，是指“国”、“周”、“口”、“月”、“雨”、“页”、“宀”之类的字或部件的左上角的两笔相交处，它是由两个连续书写动作形成的一种形态，即先写纵向笔画（指由上向下方或左下方行笔），再写横向笔画（指由左向右行笔）所形成的形态。

据我对不同时期的古写本书迹的初步研究，楷书的“搭笔形式”，由早而晚，有以下四种类型（图七）：

A式 —— 横向笔画覆于纵向笔画之上，或横向笔画的起笔高于纵向笔画的起笔；纵、横两笔的起笔处，有的连，有的不连。

B式 —— 横笔与纵笔的起笔在同一点位上相接。

C式 —— 纵向笔画的起笔处略高于横向笔画的起笔处。

D式 —— 纵向笔画的起笔处明显高于横向笔画的起笔处。

字例	《虞翻传》（甲本）		《孙权传》（乙本）		其他写本
A式		曰		曰	（是）北朝写本
B式					（早）北朝写本
C式	容	吾	洞		（告）唐写经
D式					（中）唐写经

图七

上述楷书“搭笔形式”各式，随着楷书的演变和发展，也呈现一个动态的兴替过程，也就是说，在不同时期的写本中，呈现的频率颇不一致。因此，还需要作“书法（书写）”和“历史”的说明：

1.书写 A、B 式形态的手势相近；书写 C、D 式形态的手势相近。

2.A、B 式为早期写本的主要“搭笔形式”。在晚期写本中，A 式比较少见了，主要出现于“自”、“页”等字；B 式也有一些变异，往往竖、横的起笔同高而搭接不紧。

3.C 式在早期写本中少见，在中、晚期写本中多起来，是一种居间的或过渡性的“搭笔形式”。

4.D 式是 C 式的发展。D 式在早期写本中罕见[11]；晚期的写本中，尤其是唐朝的写本中，D 式成为常见的楷书“搭笔形式”。近现代人写楷书，据我的抽样测试，概率以 D 式为高，且两笔多不相接[12]。

5.从 A 式到 D 式，横向的笔画也有一个变化趋势：左低右高的斜度越来越明显。

根据以上的归纳，我将上述三种《三国志》写本残卷的“搭笔形式”作一分类统计，列成量化对比表。

表 1

写本名称	《虞翻传》（甲本）	《孙权传》（乙本）	《步骘传》
搭笔形式总量（处）	560 100%	322 100%	286 100%
A 式	88 15.7%	102 31.7%	8 2.8%
B 式	406 72.5%	191 59.3%	73 25.5%
C 式	66 11.8%	21 6.5%	93 33.9%
D 式		8 2.5%	108 37.8%

表 1 的数据显示，甲本、乙本的搭笔形式都以早期的 B 式为多，而《步骘传》以晚近的 D 式为多。表中各本中，百分比最高的一式，可以视为书写者习惯的“搭笔形式”，是书写者的常规写法；百分比最低的一式，可以视为书写者偶然的写法。

根据表 1，我们再将 A 式、B 式合并，将 C 式、D 式合并，列出各本早、晚搭笔形式的对比表。

表 2

写本名称	《虞翻传》（甲本）	《孙权传》（乙本）	《步骘传》
A、B 式所占比例（早）	88.2%	91%	28.3%
C、D 式所占比例（晚）	11.8%	9%	71.7%

通过对三本《三国志》写本“搭笔形式”的量化统计，《三国志·步骘传》的“搭笔形式”与晋人所写的甲、乙本存在显著的反差，进一步证明该卷不合晋人的书写形态和书写习

惯。尽管造假的书写者在尽力模仿古写本的形态 —— 有28.3%的搭笔与古人相合，但是，不论作伪者如何遮掩装扮，笔下的“搭笔形式”也难与晋写本相匹，因为他写“搭笔”是近人的手势习惯。

对比《虞翻传》（甲本)、《孙权传》（乙本)，我们还发现，《步骘传》的书迹形态近于《虞翻传》，一些特别的写法多与《虞翻传》相同，例如：“乎”、“处”、“务”、“释”、“顾”、“卒”、“庐”、“全”、“叚”、“严”、“蒙”、“以”、“鄉”（左边）等。《虞翻传》在1926年已经刊布于世，《孙权传》1965年才发现，而古写本的造假基本上是在20世纪50年代前，则造假者依据的蓝本当是《虞翻传》。造假者也了解一些古代写经体式，似乎还了解一些晋朝南北朝时期别字的写法，如“濟”之“齊”、“潁”、“華”、“勢”等字。因为是模仿伪造，《步骘传》的笔致不流畅也不协调，结体松散不整，缺乏早期楷书特有的整肃状和体积感。

综上所述，我认为《步骘传》不是晋人的写本，而是晚近的伪作。

关于鉴定古代写本真伪的方法

我认为，讨论鉴定古代写本的方法，应该注意到古代写本的一些特点，例如：

1.古代写本绝大多数为楷书（正书)。

2.古代写本多出自官府和社会上的职业书手。

3.古代写本的书写者与书法家的书写不能等量齐观，他们长期从事“重复性”的抄写，书写动作很熟练，手势习惯相当定型。他们为了兼顾书迹的端正与书写的快捷，笔态具有程式化的倾向。所以，凡一人所抄的卷本之中，字的“写法”（偏旁部件与结构方式）统一，具有相当的“稳定性”。

4.书手学习书技以及他们所写的书迹，因其师承的延续性而保留前代的一些写法，同时，因受到时风的感染而发生一些变通。所以，时代相近的写卷，师承同流的写本，许多字的“写法”具有“一致性”。

鉴定家很少涉猎敦煌学的研究领域，具体讨论古写本真伪的学术积累尚属空白。我认为，古代书画鉴定的一些方法，如书写风格、纸质、印鉴、题跋、名款、文本内容等，依然行之有效。问题是我们现在难以见到古代写本的原卷，在这种情况下，是否还能进行真伪的鉴定呢？答案是肯定的。因为，考辨真伪的主要依据是书迹本身，而流散世界各地的古写本借助现代科技手段都已精印出版，我们可以从书迹本身探索一些有效的鉴定方法。

因此，考辨《三国志·步骘传》时，我所依据的方法是：

第一，该卷的笔画形态、偏旁部首及结构的写法是否前后一致。

第二，该卷一些偏旁部首及结构的写法是否合乎当时的通例。

第三，“搭笔形式”是否合乎当时的通例。

这三种方法结合起来使用，必能发现造假的痕迹。其客观依据有三：第一，古代的楷书形态有一个演变的过程，其中每一个阶段的楷书形态都有相对的稳定性，从而形成了楷书的时代特征。第二，在楷书的演变过程中，手势习惯的改变是书法形态变化的先导；各个时代的楷书形态（静态）都是书写手势（动态）的记录。第三，古写本年代久远，特别是早期写本的楷书形态所反映的手势习惯，与后人已经大不一样，造假者容易暴露晚近的手势习惯。第四，“搭笔形式”是由两个连续的、运笔方向又不相同的手势动作完成的形态，最容易显示出形态与手势的时代特征 —— 尽管有“滞后现象”存在。

这里有必要说明，“搭笔形式”这个“模型”，当初我是作为判断无纪年写本时代的“坐标”来建立的。使用于古写本的鉴定，则是从“完形”的“书法形态”和“书写”的“手势动作”两个层面揭示书迹的真伪，并且试图通过“量化”的统计方法来表达，以便读者理解。

附记：本文写作中，蒙荣新江教授提供其访问日本时所获图版资料、赤尾荣庆《上野收藏与罗振玉》一文、吴金华教授新著《三国志丛考》，补我漏阙，谨致谢意。

注释：

①日本学者藤枝晃先生曾经指出：日本收购藏纳的敦煌写本大多是赝品，且大多是从李盛铎处散出。对此，学术界人士多持谨慎的态度。多数学者的看法是，敦煌写本的赝品数量并没有那么多，北京大学教授荣新江先生也持此种意见，他在《李盛铎藏敦煌写卷的真与伪》（刊于《敦煌学辑刊》1997年第2期）中指出，伪造敦煌写经者为天津陈益安。1997年，英国举办过一次“二十世纪初叶的敦煌写本伪卷”的讨论会，随着学术研究的深入，特别是世界各大收藏单位基本上将藏品刊布于世，古代写本的伪作问题将成为无法回避的研究课题。

②敦煌研究院编：《敦煌书法库·2》，甘肃人民美术出版社1995年版。

③徐祖藩、秦明智、荣恩奇编：《敦煌遗书书法选》，甘肃人民出版社1985年版。

④段文杰主编、施萍婷副主编：《甘肃藏敦煌文献》，甘肃人民出版社2000年版。

⑤刊于《文物》1972年第8期。郭文的大半篇幅是借这两件晋人写本书迹否定《兰亭序》，他说：“看到两种晋人写本《三国志》残卷，自然而然地又联想到相传为王羲之所写的《兰亭序帖》的真伪问题。这个问题，七八年前曾经热烈地辩论过，在我看来，是已经解决了。不仅帖是伪造，连序文也是掺了假的。看到这两种《三国志》的晋抄本，又为帖的伪造添了两项铁证”云云。

⑥此卷出土时间、地点有不同的说法，参见吴金华：《三国志丛考》159

页，附注（1），上海古籍出版社 2000 年版。

⑦《书道全集》第三卷，平凡社 1959 年版。

⑧［晋］陈寿：《三国志》，中华书局标点本 1962 年版。

⑨1996 年，中华书局柴剑虹先生赠我《敦煌书法库·2》一册，嘱写书评，并转告启功先生意见：其中所收《三国志·步骘传》为赝品，要我特别注意。书评发表后，又得柴先生转告：启功先生讲，他是听齐燕铭先生说《三国志·步骘传》为赝品。

⑩见《敦煌吐鲁番研究》第二卷（1996）405—407 页，北京大学出版社 1997 年版。

⑪《孙权传》（乙本）中出现的 8 例中，4 例出现于“遣”字中，其中 3 例出现在第 2 处搭笔上；2 例出现于“冖”部；2 例分见于“猶”、“而”中。

⑫我曾以“搭笔形式”为题，多次与一些喜好书法的朋友做测试，结果是以 D 式为普遍，这一书写现象可以引来佐证 D 式是近现代人习惯的搭笔形式，这与近现代人习书以唐楷作范本有关，也是书写行书的手势习惯影响所致。

敦煌资料与唐五代人的衣食住行

黄正建

传统的历史研究，以研究政治史、经济史为主，但20世纪20年代以后，社会史的研究开始兴起。特别是60年代以来，出现了世界范围的社会史研究热潮。在这种社会史研究的热潮中，生活史的研究占有重要地位，而衣食住行研究则是生活史研究中必不可少的部分。比如法国年鉴学派的代表人物布罗代尔在其所著《15—18世纪的物质文明、经济和资本主义》中，认为资本主义不是一朝一夕出现的，其基础存在于人们的日常物质生活中。因此该书的第一卷就叫做“日常生活的结构”。布罗代尔在其中详细研究了粮食作物、饮食、住宅、服装等问题①。为什么研究衣食住行很重要呢？首先，衣食住行是人类生存的基础，因此也就是人类历史活动的基础。其次，社会的观念、礼俗等与衣食住行有着深深的联系，研究衣食住行可以更深刻地理解社会的发展和变化。日本的历史教科书，把第一家牛奶店的开设，以及民众开始吃牛肉，都看作是日本近代化的标志之一（见1983年发行的中学历史教科书）；而当80年代初中国领导人身着西服出现在正式场合时，谁不认为这标志着中国已经全面地向世界开放了呢？牛奶店和西服在这里已不单纯是饮食和服饰，它已经是社会变革的一个象征了。其他如民族的融合、文化的交流等，其最深厚的基础也正存在于社会的衣食住行生活之中。由此可见研究衣食住行的重要意义。

我国自80年代后期掀起了一个社会生活史研究的热潮，隋唐五代社会生活史的研究也自那时起有了长足发展。在这一研究过程中，学者们注意到了敦煌资料在研究唐五代社会生活史时的作用。那么，敦煌资料与唐五代社会生活史，更具体而言与衣食住行史有着什么样的关系呢？

我们知道，研究古代特别是上古中古的衣食住行，史料缺乏是一个重要障碍。研究衣食住行，最好的史料应该具有原始、系统和形象的性质。现存文献资料，很多是后代人编撰的，而后代人常常用他们所处时代的词汇来描述和解释前代事物。即使是当时人写的书，在经过千百年的传抄翻刻后，也往往与最初的面貌有所不同。但是敦煌资料，无论壁画还是文书，都是当时人写和画、并且原样保存到今天的，这就为我们正确理解当时衣食住行的制度提供了可靠资料。此外，现存文献有关衣食住行的记载又隐藏在大量对制度、事件等的记述中，非常零碎，往往年代不清，但是敦煌资料特别是其中的壁画资料却自成系统，这为我们正确理解当时衣食住行的变化提供了可靠资料。最后，现存文献对衣食住行的记载没有图像说明，以至读后不能产生感性印象，歧义、纠纷往往由此而生，但是敦煌资料例如塑像、壁画等却清楚明白、完全直观，这就为我们正确理解当时衣食住行中事物的形象提供了可靠资料。所以，敦煌资料以其相对较强的原始性、系统性和形象性为唐五代衣食住行的研究提供了一大批宝贵的资料。这实在是隋唐五代史研究者的幸运。

以下我们将分别举例介绍敦煌资料与唐五代衣食住行研究的关系。介绍之前先要说明两点。第一，我们应该知道唐五代在中国古代历史中的地位，然后在这总的背景下来了解当时的衣食住行。唐五代是中国古代历史上的一个重要时期。用传统的说法，就是中国封建社会由前期向后期的转变时期。日本学者称之为“唐宋变革期”。在这一时期，封建社会前期的各项制度都在走向成熟后渐渐趋于消亡，封建社会后期的种种制度又都开始萌芽。这种时代的变革性和过渡性也反映在衣食住行上。以下介绍中我们将不再提时代背景，读者可以自己去体会当时衣食住行中所具有的变革性和过渡性。第二，这里所说的敦煌资料主要包括敦煌壁画和敦煌文书两项，因此以下有关的介绍也将分这两项进行。

一

敦煌壁画是研究唐五代服饰的宝库。从纵的方面说，初唐、盛唐、中唐、晚唐、五代的壁画都有，可以明确看出各时期服饰的不同以及发展的轨迹。从横的方面看，壁画中不仅有皇帝、各级官员的服饰，也有士兵、商人、僧侣的服饰，甚至还有农民、纤夫、强盗的服饰；不仅有男子的服饰，还有女子服饰；不仅有汉族服饰，也有少数民族服饰以及外国人的服饰。可谓林林总总，十分丰富。

唐五代男子的服饰，已经基本脱离了汉代的褒衣大袖，以幞头、袍衫、靴带为主要内容，奠定了宋以后男子服饰的基础。这其中的幞头，本是包在发髻上的一块布（发髻上后来套有“巾子”），布的两角系在头前，两角垂在脑后（如图一。出自孙机《幞头的产生与演变》，载《中国古舆服论丛》）。后来

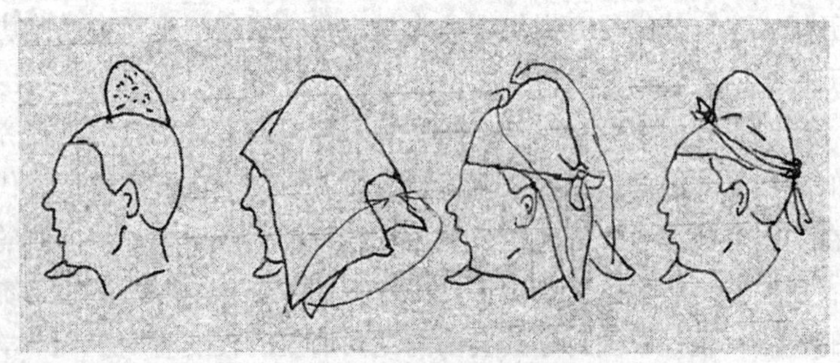

图一　唐代软脚幞头的系裹

幞头的样式渐渐发生了变化。除了“巾子”的高矮外，变化最明显的是幞头垂在脑后的脚（称“幞头脚”）。其变化趋势是由软而硬，由短而长。与此相适应，幞头也逐渐向硬壳帽子发展，以至最后形成为延续至明朝的幞头帽子——乌纱帽了。这一变化过程中的晚唐五代部分，全靠敦煌资料才使我们有了比较明确的系统的认识（参见图二。出处同图一）。

130 窟盛唐壁画　　咸通五年绢本佛画　144 窟五代壁画

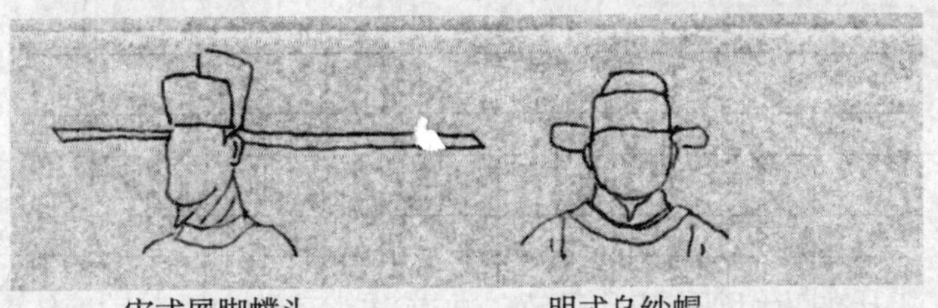

宋式展脚幞头　　明式乌纱帽

图二　幞头脚的演变

唐五代又是不同民族文化不同地区文化的大交流大融合时期。比如唐代前期，继“羃䍦”之后，长安又流行“帷帽”。《旧唐书·舆服志》说：“永徽（唐高宗年号，650—655 年）之后，皆用帷帽，施裙到颈，渐为浅露，寻下敕禁断……则天之后，帷帽大行……开元（唐玄宗年号，713—741 年）初……帷帽之制绝不行用。”这就是说，在这 50 多年中，帷帽经历了被禁止—流行—不使用的过程。其中的原因，与文化传播、服饰心理等都有很大关系，但首先的问题是：帷帽是什么样？怎么才算是“施裙到颈”？这单靠文献是很难解答的。可是敦煌壁画可以为我们提供一些有关帷帽形象的参考资料。敦煌莫高窟 217 窟壁画“幻城喻品”中画有一位骑驴（骡?）的女子，有研究者认为她头上戴的就是“施裙到颈”的帷帽（参见图三–1、图三–2，其中线图出自段文杰：《莫高窟唐代艺术中的服饰》）。帷帽有着遮蔽风沙的作用，因此在西北地区可能比关内延续使用了更长的时间。

图三–1　盛唐 217 窟法华经变相图（幻城喻品）

图三–2

除壁画外，敦煌文书中也有研究服饰生活的珍贵资料。

比如我们研究唐代财政，知道当时国家的财政支出中最大的有三项，即第一是军食、第二是军衣、第三是内外官月俸及诸色资课。但是军衣消费的情况到底如何？换句话说，如果不了解每一个士兵的军衣消费，怎能知道全部军队的军衣消费情况呢？但是一个士兵一年的军衣消费，在文献中没有记载。幸而在敦煌文书中保留有士兵军衣消费的原始记录。这就是S.964V《唐天宝九至十载张丰儿等春冬衣装簿》（图四是这件文书的一部分）。我们引几行如下：

1.张丰儿

2.天九春蜀衫壹（赀印）汗衫壹（赀印）裈壹（印）袴奴壹（赀印）半臂壹（白絁印）襆头鞋靺各壹

3.冬长袖壹（印小袄子充）绵袴壹（絁印）襆头鞋靺各壹

图四　S.964《唐天宝九至十载张丰儿等春冬衣装簿》

4.天十春蜀衫壹（皂无印）汗衫壹（纻印）裈壹（绢印）袴奴壹（纻印）长袖壹（白绝印）幞头鞋靺各壹

5.冬袄子壹（皂印）绵袴壹（绝故印）幞头鞋靺各壹被袋壹

这件文书是唐政府发给士兵服装的记录。“天九”是唐玄宗“大宝九载（750）”、“天十”是“天宝十载（751）”的意思。唐代制度，军衣一年两发，分别在2月和10月，称为“春冬衣”。这件文书以其原始记录的形式告诉我们一个士兵一年大致需要蜀衫一件、汗衫一件、裈一件、袴奴一件、半臂一件、袄子一件、绵袴一件、幞头鞋袜各二件，每两年发被袋一件。根据这一记录就可计算出每个士兵一年的消费量，进而计算出唐朝军队的军衣消费量，对研究唐代国家财政、经济状况乃至政治形势都有极重要的意义。另外我们注意到，在这些服装中，有一种服装叫作“袴奴”。按关于“袴奴”，过去我们知道的很少，因为文献中只有极少的记载，因此以前谈唐代服饰的论著都不曾提到过它。但是从这件文书及其他文书中我们知道“袴奴”在当时当地使用的很普遍。那么，“袴奴”是什么？它是外来服装吗？为何流行又为何消失？研究者们就需要对这些问题进行进一步的研究了。由此也可知，敦煌文书中有关服饰的文书对于研究唐五代的服饰制度有着极其重要的作用。

二

敦煌壁画中有关唐五代饮食生活的画面不多。对研究有帮助的主要是敦煌文书。敦煌文书中有关饮食生活的文书主要有二类。一类是各种帐目，包括食物帐、入破历、会计帐等。这些籍帐从年代说多属晚唐五代，从内容说大都是寺院的收支帐目，少部分是州郡、节度使的收支账。另一类是在敦煌地区流行的字书，其中涉及到饮食的主要有《俗务要名林》、《新商略古今字样提其时要并行正俗释》等。我们各举一例。

S.4687 号文书是《诸寺僧众纳粟油饼菜历》。我们引几行如下：

4.法律　大胡併二十了　徐法律　大胡併二十了

6.金马法律　油胡併二十五了　张法律　油胡併二十五了

这其中的“法律”是当地僧人中的一个等级，“胡併”就是“胡饼”。有关“胡饼”我们再举一件文书：

P.4693 号文书是《付面造饼等物名册》（图五）。我们也引前面的二行：

头阴住奴　张残儿　张保定　李阡口　付面五斗造胡併一百枚
又头张保住　宋善子　阴再定　付面四斗造胡併八十枚

图五　P.4693《付面造饼等物名册》（注：此非文书原件）

1. 头阴住奴　张残儿　张保定　李阡口　付面五斗造胡併一百枚

2.又头张保住　宋善子　阴再定　付面四斗造胡饼八十枚

这其中的“头”是“团头”之意。这些人都是当地寺院的的寺户。这两件文书都涉及唐代一种胡食即“胡饼”。按胡饼在唐代很流行。日本和尚圆仁在《入唐求法巡礼行记》中说当时长安寺院都吃胡饼，“时行胡饼，俗家亦然”。一般认为，胡饼就是芝麻烧饼，但我们从上述敦煌文书中可以看到，唐代的胡饼有“胡饼”和“油胡饼”之分，而且个头很大，每半升面做一枚，显然和芝麻烧饼不同。实际上，唐代的胡饼与现代新疆流行的“馕”很相似。1969 年新疆吐鲁番地区唐墓出土了一枚直径 19.5 厘米的类似馕的食品。这就是唐代胡饼的实物。由此也可知，同是“胡饼”，汉代和唐代的内涵是不同的。敦煌资料提醒我们对文献中提到的某些食物，要做更认真的研究和分析。

P.2609 号文书是《俗务要名林》，其中的“饮食部”记录了当时的许多食品，比如有煎饼、饭、臛糜、粥、黍臛、馄饨、笼饼、饆饠等，为我们研究唐五代的饮食提供了许多重要线索。文书中提到的“饆饠”也是唐代流行的一种“胡食”，是一种带馅的面点。当时长安城内有许多饆饠店、饆饠肆专卖饆饠。由于穷进士只有资格在酒楼中吃饆饠，因而当时甚至出现了“楼罗”一词来形容那些穷酸者。胡饼、饆饠这一类胡食的流行，说明了唐代饮食文化的丰富性。

除了上述各类账目和字书外，敦煌文书中涉及唐五代饮食生活的还有一些。比如文书中有一卷名为《茶酒论》的变文，内容是“茶”与“酒”争功。例如 P.2718 号《茶酒论》（图六），引“酒为茶曰：……酒通贵人，公卿所慕。曾道赵主弹琴、秦王击缶，不可把茶请歌，不可为茶交舞”。然后“茶”反驳说：“即见道有酒黄酒病，不见道有茶疯茶颠……吃了（酒）张眉竖眼，怒斗宣拳。状上只言粗豪酒醉，不曾有茶醉

图六　P.2718《茶酒论》一卷

相言”云云。最后“水”出来进行调和。《茶酒论》的卷子在敦煌文书中有 6 个写本，可见比较流行。那么它的流行说明了什么呢？我们知道，唐代以前，饮茶在我国北方地区尚未普及。由于僧人坐禅的需要，到唐玄宗以后，饮茶才开始比较迅速地普及开来。到唐德宗时，出现了世界上第一部专门论述茶的著作，即陆羽的《茶经》。敦煌地区出现的《茶酒论》，以“茶酒争功”的形式表明，“茶”在这时已经与“酒”平起平坐了。茶的兴起，丰富了我国古代的饮料，打破了“酒”的一统天下，对国人的身心健康起到了十分重要的作用。

三

唐代留存到现在的建筑实物甚少。有明确年代的只有山西五台山的南禅寺大殿等极少的几座寺庙建筑。因此，研究唐五代的建筑，必须依靠敦煌资料特别是其中的敦煌壁画。佛寺、阙、城垣、塔、住宅、台、庵、庐、帐等在壁画中都有反映。比如研究唐代住宅，从晚唐85窟、五代98窟壁画中所画院落看，当时的四合院住宅以廊庑分为前后两个院子，“其中前院横长，主院方阔，四周以廊屋围绕。在前廊和中廊正中分设大门和中门”。院外还建有马厩等（参见图七。出自萧默：《敦煌建筑研究》）。这种院落是古代住宅普遍采用的布局。

图七　院落住宅（晚唐第85窟）

唐代婚礼继承了北朝的传统，在屋外帐内举行，然后在“青庐”中交拜。这种习俗带有明显的游牧民俗色彩，在唐代属于“胡俗”范畴。唐德宗时，比较捍卫儒家传统的大臣颜真卿曾经反对这种习俗，他说：“相见行礼，近代设以毡帐，择地而置。此乃元魏穹庐之制。合于堂室中置帐。请准礼施行。”（《唐会要》卷八三）这种曾经风行一时的举行婚礼的“帐庐”的形制，在敦煌壁画中有明确的描绘。比如盛唐148窟《弥勒经变》中的“婚礼图”，就画了供婚宴的“帐”和供交拜的“庐”（图八，出处同图七），为我们展示了唐五代帐、庐及其使用的实际情形，弥足珍贵。

图八　盛唐第 148 窟壁画

图九　敦煌唐 196 窟壁画坐像

唐五代是我国古代家具从低矮家具向高足家具的过渡期。就坐具而言，汉以来主要是坐低矮的“榻”。到魏晋南北朝时期，由于外域文化的影响，出现了“胡床”和“绳床”。其中的“绳床”首先在寺院中由僧人使用。敦煌 285 西魏窟壁画中就有绳床的形象。后来绳床渐渐发展成为椅子，晚唐 196 窟壁画中的椅子就已经很成熟了（参见图九，出自黄正建《唐代的椅子与绳床》）。除椅子外，高足的长条凳和高足的“案”在敦煌壁画中都有反映。前述“婚礼图”中新郎新娘的家长亲戚在“帐”中宴饮，坐的就是长条凳，面前则是高足的“案”。高足的家具符合人类身体的需要，因此它的出现、成熟与普及，是中国住生活中一件重要事情。

壁画之外，敦煌文书中也有一些文书对研究唐五代的住生活很有帮助。我们知道，判断人们的住生活质量，一个重要标志就是住房面积。但是文献中有关住房面积的记载几乎没有，这就使我们无法定量研究唐五代人的住房问题。值得庆幸的是，敦煌文书中保留有大量与买卖、典押、互换宅舍有关的契约，以及丈量宅舍的账目。其中涉及到住房面积的文书有 14 件之多。我们举一件为例。

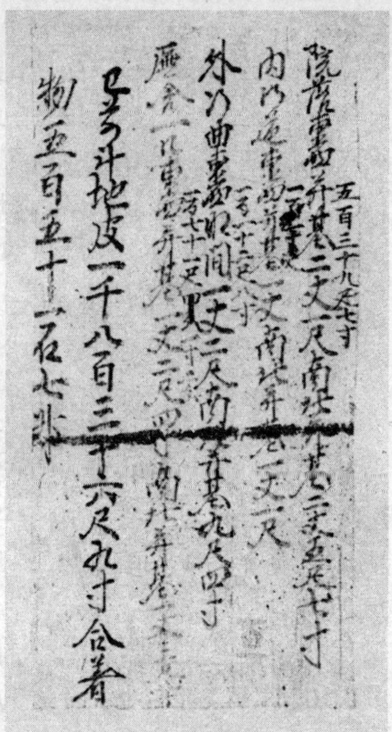

图十　S.6067 马法律卖宅院契（后半）

S.4707 号文书是《马法律宅院地皮帐》的前半（图十是其后半）：

1　　　　　　　　二百五十二尺七寸三分

2　马法律堂一口，东西并基一丈九尺九寸，南北并基

3　　一丈二尺七寸。

4　　　　　　　　一百九十一尺三寸六分。

5　东房一口，东西并基一丈四寸，南北并基一丈八尺四寸。

6　　　　　　　　八十八尺四寸。

7　小东房子一口，东西并基一丈四寸，南北并基八尺五寸。

8　　　　　　　　一百四十五尺四寸一分。

9　西房子一口，东西并基一丈三尺一寸，南北并基一丈

一尺一寸。

10　　　　　一百七十五尺三寸八分。

11　厨舍一口，东西并基一丈一尺一寸，南北并基一丈五尺八寸。

S.6067 文书是《马法律宅院地皮帐》的后半：

1　　　　　五百三十九尺七寸。

2　院落东西并基二丈一尺，南北并基二丈五尺七寸。

3　　　　　一百一十尺。

4　内门道东西并基一丈，南北并基一丈一尺。

5　　　　　一百一十二尺八寸。

6　外门曲东西明间一丈二尺，南北并基九尺四寸。

7　　　　　一百七十一尺一寸二分。

8　庑舍一口，东西并基一丈二尺四寸，南北并基一丈三尺八寸。

9　　　已前计地皮一千八百三十六尺九寸，合着

10　　物五百五十一石七升。

这两件文书告诉我们“马法律”的房子的情况。他拥有一处院落，院内有堂、东房、小东房、西房、厨舍、门曲、庑舍，呈一四合院状。通过换算，我们知道在这处院落中堂的面积有 24.3 平方米，其他则东房 18.35 平方米，西房 13.97 平方米，厨舍 16.86 平方米。结合其他文书，可知当时一组住宅中，堂的面积最大，也最重要。这和文献记载是一致的。从住房面积我们还可以知道，当时人比较重视厨房，但并不注重厕所。在所有 14 件文书中，没有一件提到住宅中的厕所，就是明证。

敦煌文书中还有许多《宅经》、《镇宅法》等与住宅有关的占卜方术类文书。例如其中一件叫《护宅神历卷》（P.3358号），卷中画有 20 多道符，用以护宅安神、去病灭灾。其中有一道符如图十一（图出自高国藩：《敦煌民俗学》），符下有字

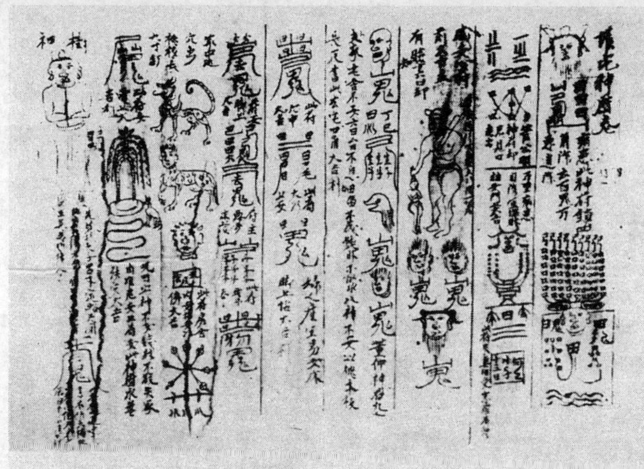

图十一　P.3358《护宅神历卷》

云：“符主恶梦，床上安”。用法大约是将符贴在床上，以防止住宅主人做恶梦。这些文书都是研究唐五代住生活的珍贵资料。

四

唐五代几乎所有的交通工具在敦煌壁画中都有反映。比如车有牛车、马车、驼车，骑乘有骑马、骑驴、骑骡、骑象，船则有海船。盛唐 148 窟壁画中的马车对研究唐代皇帝出行时乘坐的“辂车”有重要参考价值（图十二）。特别值得提出的是在晚唐 156 窟壁画“宋国夫人出行图”中有两乘八人抬的肩舆。我们知道，唐代尚无“轿子”的称呼，但由人力肩扛的出行工具已经有了，当时称为“担子”、“兜子”、“担舆”等，最一般的称呼则是“肩舆”。《因话录》说郑怀古携老母归洛阳，“与其弟自舁肩舆，晨暮奔追，两肩皆疮”就是一例。不过这乘肩舆是两个人扛的，而敦煌壁画中的肩舆则由八个人扛，规格要高的多。唐朝制度，一般不许官员乘肩舆，到晚

图十二　盛唐 148 窟　诸国王求舍利

唐，才允许有病的官员乘坐，但要自己出钱雇担夫。与“宋国夫人出行图”同时画在 156 窟的“归义军节度使张议潮出行图”，出行中的张议潮就骑着白马，行列中也没有预备肩舆，可见不许官员乘肩舆，在实际中执行的比较严格。这种规定官员不许乘肩舆的初衷，可能是怕他们丧失骑马驰骋的体魄和豪气吧。到宋朝，才正式规定百官上朝要乘轿子，这一制度就一直延续到了明清。肩舆的形象除了唐墓壁画中有个别发现外，就只见于敦煌资料了。

敦煌文书中有关行生活的资料不多，只有一些关于“驿”和“传”的资料。“驿”是唐代官方的交通通信机构，《唐六典》卷五云：“凡三十里一驿，天下凡一千六百三十有九所”。这就是说，每两驿之间的距离是 30 里。其实并不一定。据敦煌 P.2005 号《沙州都督府图经》文书，当时在沙州（今敦煌）境内，有驿 19 所，其中如清泉驿，“去横涧驿廿里”；第五驿，“南去双泉驿六十四里八十步，北去冷泉驿六十八里卅步”；悬泉驿，“西去其头驿八十里，东去鱼泉驿卌里”等等，相距 30 里的反而很少。这就不仅促使我们去细致研究唐代“驿”的真实情况，而且提醒我们，当时法令、政典中的规定往往与实际情况不相符合。

除了驿之外，当时在一些州县还设有“马坊”，坊中备有“传马”、“传驴”，在事情不太紧急的情况下为过往的官方客人提供骑乘和运力。过去我们对这种“传马”、“传驴”的情况不太了解，但是敦煌文书中的 P.3714V 号《传马坊文书》(图十三是其局部) 为我们提供了这方面的知识。通过对这件

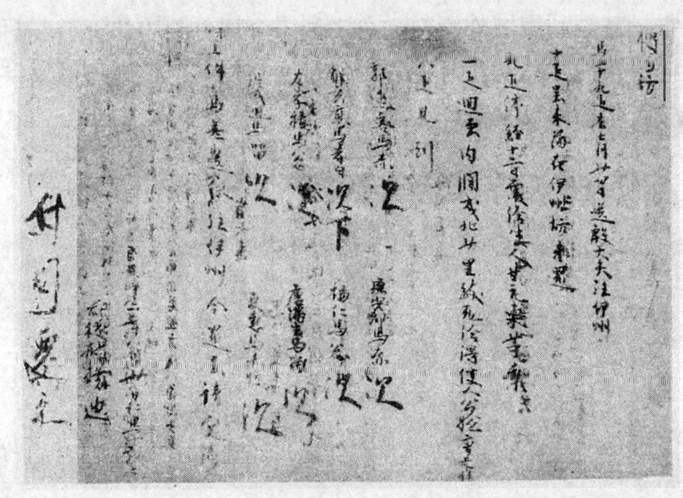

图十三　P.3714V《传马坊文书》

文书的研究，我们可以大致了解当时马坊中传马、传驴的养护责任、使用程序以及用途等。可以说，这件文书是我们研究唐代官方交通制度的一件十分重要的原始文献。

以上简述了敦煌资料与唐五代衣食住行研究的关系，举了一些例子。从中可知，丰富的敦煌资料以其相对较强的原始性、系统性、形象性为我们研究唐五代人的衣食住行提供了许多珍贵资料，帮助我们解决了许多原来模糊不清的问题，填补

了一些因史籍资料缺乏而带来的研究空白，是一批非常重要的资料。但需要说明的是，敦煌资料也有它的局限。首先，敦煌资料中的雕塑壁画等都是为宗教服务的，文书中的90%以上也都是宗教文书。它们虽然反映了当时社会的面貌，但有些是很间接的，与真实的社会尚有一些距离。其次，敦煌资料说到底大部分都只是敦煌或者西北地区社会生活的写照，还不能以敦煌资料轻易来说明整个唐五代的情况。换句话说，要想真正搞清隋唐五代衣食住行的情况，研究整个社会的衣食住行生活，首先还必须依靠史籍，然后利用敦煌资料，利用其他考古资料，甚至利用域外资料，总之利用一切可利用的资料。只有这样，我们才能对当时的衣食住行及其发展变化规律做出一个比较可信的解释来。

注释：

①该书中译本于1992年11月由三联书店出版。

中国古代历日文化及其影响

邓文宽

我今天所讲的内容是关于中国古代历日文化的。围绕这个主题讲三部分内容。

一. 中国古代历日的概况

历日是人民生活和从事农业生产的基本依据之一，因此中华先民很早就开始制定历法。现存最早的记载见于《尚书·尧典》："乃命羲和，钦若昊天，敬授人时。"以及一些零星的记载。但是秦以前的情况多数还不太清楚，我们还是说秦以后的情况。

从文献记载来看，自先秦至清末，中华先民共编制了近100部历法，且加以行用。详细可看《中国大百科全书·天文卷》第559–561页，载有中科院院士、著名天文学史专家席泽宗教授编制的《中国历法表》。我国历史上最著名的历法有三部：汉武帝太初元年颁行的《太初历》，唐代僧一行编制的《大衍历》和元代郭守敬编制的《授时历》。到了明末清初，西洋历法被传教士带到中国，取代了中国传统的历法计算方法，中国传统历法走向了衰落。

中国有史以来的历法都是"阴阳合历"，亦即"农历"，是兼顾太阳和月亮的各自周期及其互相配合的，故有置闰。有人认为《夏小正》是纯阳历（只管太阳不管月亮），但难以证实，能肯定的是，太平天国的《天历》是纯阳历，但那是受天主教影响的结果。另外，《回历》则是纯阴历，每年 12 个月，每月 29.53 日，全年只有 354—355 天，而农历（阴阳合历）是以回归年长度 365.25 日为一年的，因此从公元 622 年 7 月 16 日回历开始，迄今回民已经比汉人多过了好多个年，这几个概念要区分开。

20 世纪之前，中国古代历日传下的，只有《南宋宝祐四年（1256）会天万年具注历》，是最古的。1900—1999 年的 100 年中，由于考古工作的收获不断，迄今我们能看到的最早的历日实物是秦始皇三十四年（前 213）的。下面举例介绍一下中国古代历日的面貌和风采。

（1）秦二世元年（前 209）历日，湖北荆州关沮秦墓出土，只有月名，朔日干支，大小月注记，“正”月改为“端”月。是避秦始皇名“嬴政”改的。

（2）汉宣帝地节元年（前 69）历日，出于敦煌，形制与武帝建元七年（元光元年）历日相同。后者出于山东银雀山 2 号汉墓。竹简是大尺寸，每根长度 60—70 厘米，现存山东省博物馆。

（3）北魏太平真君十一年（450）、十二年（451）历日，敦煌藏经洞出土，今存敦煌研究院，内有 451 年两次准确的月蚀预报。（图一）

图一 《北魏太平真君十一年（450）、十二年（451）历日》

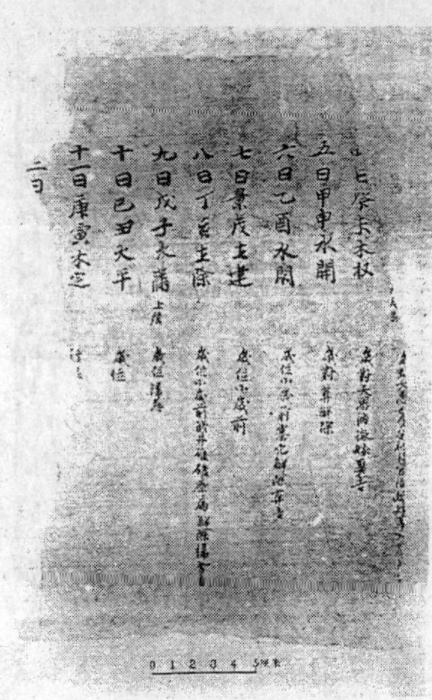

图二 《唐显庆三年（658）具注历日》

（4）吐鲁番出土高昌延寿七年（630）历日。存鞋样脚掌部的一块，有71天的干支。复原后全年384天，共复原出313天。

（5）吐鲁番出土唐显庆三年（658）具注历日一残块，唐王朝的历日。（图二）

（6）敦煌石室出土《唐大和八年甲寅岁（834）具注历日》，印本。来自敦煌以外，是现知从中国发现的绝对年代最早的雕版印刷品实物。现存俄罗斯。依靠它，我们将中国印刷品的绝对年代由868年提前到834年。价值极高。（图三）

图三 《唐大和八年甲寅岁（834）具注历日》（印本）

（7）敦煌石室出《宋雍熙三年（986）丙戌岁具注历日一卷并序》，这是敦煌当地人自编的，历学上属于“小历”，但内容很丰富。（图四）

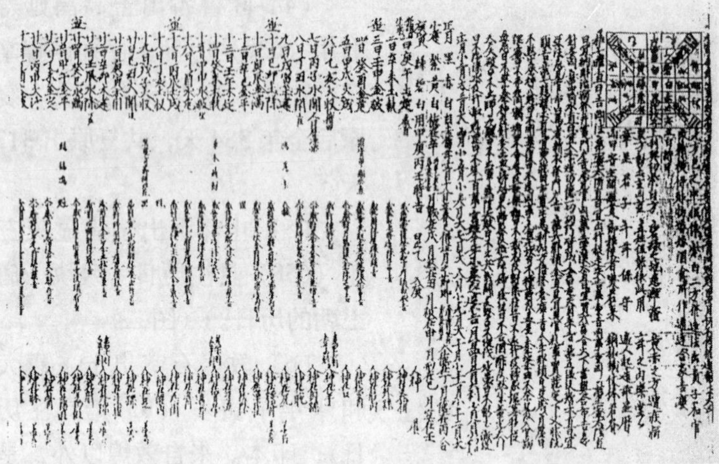

图四　《宋雍熙三年（986）丙戌岁具注历日一卷并序》（局部）

（8）黑城出土《南宋嘉定四年辛未岁（1211）具注历日》，印本。

（9）黑城出土《元至正二十五年乙巳岁（1365）具注历日》，印本，年代由张培瑜先生考定。（图五）

图五　《元至正二十五年乙巳岁（1365）具注历日》（印本）

图六 《明永乐五年丁亥岁（1407）具注历日》

（10）吐鲁番出土《明永乐五年丁亥岁（1407）具注历日》，今存德国国家图书馆，应该是勒克柯他们弄去的。年代由我考定。（图六）

二. 中国古代历日文化的主要内容

中国古代历日所包含的文化内容，由两大部分组成：一部分属于“历学”范围，是科学的内容；一部分属于术数文化内容，是不科学的，甚至是迷信的内容。

科学内容包括编制历法的各种数据，如我们通常所知的回归年长度、朔望月长度、闰周（19年加进7个闰月）、恒星月的长度、交点月的长度、日月蚀的计算和预推，24节气（平气和定气）、72物候、朔（初一）望（十五或十六）的确定，等等。这些内容的基础多以数学计算为前提，是实打实的东西。

我们主要讲术数文化这一块。这一部分内容最早见于战国秦汉时代的《日书》。迄今出土了十几种《日书》，主要是湖北云梦睡虎地和甘肃放马滩秦墓出土的。《史记》有《日者列传》，主要记述这一派的活动。

从前面的图片看，早期历日内容都很简略，也很实用。术数内容直接写上去的很少。我推测当时的情况是：识文断字的人在民间很少，但有《日书》流传，因此当时民间一些人手里有《日书》。官府每年颁布一次历日，历日变化而《日书》不变化，人们有事时可请教民间术士，他们将《日书》内容同当年历日相对照，便可回答人们择吉的需要。《说文》云："具，共置。"也即放在一起的意思。在以竹木简牍为文字载体的时代（约两晋以前），《日书》受载体限制，多数内容不能直接写在历日上。但进入南北朝，纸张日益普及，容量扩大，日书内容就被直接抄在每年每日之下了，用起来更方便。历日的名称也相应地改称为"具注历日"——也就是把历注与历日抄在一起了。

历日中术数文化内容的扩充大概出现于两个主要时代：一是从唐朝《大衍历》开始，一是宋代。很多从前没见过的年神、日神的名称到了宋代都出现了。下面介绍几种主要术数文化内容：

（1）建除十二神。也称十二客、十二直等。共 12 个字，各主一定吉凶，配于每日之下。其排列规则有几大特点：A.依照星命月（节气所在那天到下一节气前一天，非中气）排列；B.东汉以前每月初一注的那个十二直要重复上月晦日所注的那个字一次；东汉后，是节气那天注的字重复其前一日的一次；C.从历日立春正月节所在那天之后的第一个"寅"日注"建"字，顺序下排，再在规定的日子重复一下；D.由于十二地支是 12 个字，建除也是 12 个字，又采取了相应的重复办法，所以形成了全年 12 个星命月中，建除十二神与纪日地支间存在固定对应关系。

（2）三元甲子。60 年是一个甲子周期。术数家规定，隋仁寿四年（604）甲子年为上元甲子开始，664 年甲子为中元，724 年甲子入下元，三元甲子共 180 年。784 年又进入上元甲子。总之，180 年一个周期，1984 年甲子入下元，所以我们现在生活在下元甲子年中。

（3）九宫。据说起源于《洛书》的方阵，但现在已说不太清楚。从出土文献看，现知最早的一幅九宫图见于马王堆帛书，是五居中央，而且是圆形的，是九宫的基本图形。九宫一共 9 幅图，画法是固定的，数字依次减一，一之后变九即可。术数家们将九宫配入历日，于是有年九宫、月九宫和日九宫。年九宫是这样配入的，以隋仁寿四年（604）上元甲子配一宫，从 605 年起，以九、八、七、六、五、四、三、二、一的次序反复配入。2001 年应配入八宫图形，也就是当年的年九宫图是八宫居中，月九宫、日九宫也按一定方法配入，从略。

（4）男女命宫。这同算命有关系，是由九宫演化出来的。经过排比，发现男宫上元甲子起一，中元起四，下元起七；女宫上元起五，中元起二，下元起八。这样，1984 年下元，男宫起七，女宫起八。但运行方向相反（男逆数、女顺数），于是 2001 年是男八宫，女七宫。

（5）星命月份。在讲建除时已经提到。古历中的各种神煞都是按星命月排列的，而不是按历法月进行的，如果按历法月去核对它们的排列规则，一定弄错。之所以称为“星命月”（或称“太阳月”），是因为这种月份是星命家用的月份，不同于历法月，一定要区分清楚。

（6）六甲纳音。“六甲”是指六十甲子，“音”即五音（宫、商、角、徵、羽），也就是将六十甲子各配上一个音。又因五音可用五行替代（土、金、木、火、水），所以，在历日中出现的纳音是五行而非五音。它有 30 句口诀：“甲子乙丑金，丙寅丁卯火，戊辰己巳木，庚午辛未土……”，算命先生非常熟悉这些口诀，不然他无法判断两个人（一男一女）的生辰是相生还是相克。你告诉他两个青年男女各是多大岁数，他即由本年干支推出男女出生年的干支，再据上述口诀换成五音（也就是五行），再看二人生年五行是相生或是相克，以决定可否婚配。相生就是命合，相克就是命不合。

（7）年神与年神方位图。敦煌历日中的大部分年神，至少有39个我们已找出它的排列规则，另有几个（“年黑方”等）因材料太少，我们还找不出其排列规则。每个年神在不同的地支年份方位不同，因此要配合历日中的年神方位图去看。每个年神又规定其吉凶宜忌，可以干什么，不可以干什么，但其基本含义是“其地不可穿凿动土，因有破坏，事须修营”，“凡人年内造作，举动百事，先须看太岁及以下诸神将并魁罡，犯之凶，避之吉”。

(8) 月神日期方位。每月有8个月神（天德、月德、合德、月厌、月煞、月破、月刑、月空），各月所在日期方位不同，也是要避忌的。日神更多。历日中这种术数文化内容多同算命有关，算命实际上是一种不科学的预测，而历日中吉凶宜忌的说教也常有预测性质，它们出现于历日也就十分正常了。

(9) 二十八宿注历。二十八宿各主一定吉凶，已见于睡虎地秦简《日书》。但注入历日，一般认为是从南宋为了“演禽术”的需要才开始的。我过去对此深信不疑。今年年初，法国远东学院华澜博士发现，敦煌所出同光二年甲申岁（924）具注历日已有二十八宿注历，此历正文只有正月一至四日，一日注“虚”，二日未注，三日注“室”，是北方玄武（斗、牛、女、虚、危、室、壁）七宿中之二宿。我们现在从出土历日看到，南宋淳熙九年（1182）历用二十八宿注历，此后迄今未断。敦煌历用二十八宿注历，虽未坚持下来，却是目前所见最早的。华澜将二十八宿注历一下提前了258年，功不可没。他的细致认真是值得我们学习的。

三．中国古代历日文化在东亚地区的影响

1949年后，中国大陆地区将历日中的术数文化剔除掉了。历日中仅保存了它原有的科学内容，术数部分中断了，因此不在讨论之内。中国古历的影响主要发生在东亚汉文化圈内，包

括日本、韩国、泰国、新加波等国，以及我国台湾、香港、澳门等地的华人之中。

(1) 对日本的影响。中国古历是在 6—9 世纪传入日本的。日本直接采用了中国历法，曾用过南朝何承天的《元嘉历》、唐初李淳风的《麟德历》、唐中叶僧一行的《大衍历》。但日本使用年代最久的是唐长庆二年（822）颁行的《宣明历》（徐昂撰），日本从 861 年用到 1684 年，共用了 823 年。1684 年日本开始用自己的《贞享历》，但历中术数文化还是《宣明历》的内容。日本编历的参考书称为《簠簋》，每卷之末都写有“三国相传宣明历经卷第 X 终”。日本贞享改历，主要是吸收元朝《授时历》的内容，但术数文化未变。直到 1868 年，日本开始用西洋历，春节改为阳历 1 月 1 日，但历日文化内容一直传了下来。

(2) 杨昭全先生指出：公元 647 年，新罗之德福从唐学习李淳风之《麟德历》回国，同年，即改用唐代《麟德历》。新罗宪德王时（810—826）改用唐代《宣明历》。张培瑜先生指出：高丽一建国就使用《宣明历》，直到中宣王（1309—1313），又改用元代《授时历》。《宣明历》在朝鲜半岛用了 400 年左右。董锡玖先生的弟子沈淑庆女士将她姐姐用过的 1999 年韩国历日送我一份，里面有：中国的纪日干支、农历月份、二十四节气、三伏、寒食、中秋节和春节。虽然未看到多少术数文化内容，但中国历日的科学内容却包含其中，足见中国古历在韩国的影响。

(3) 传统历日迄今仍在港、澳、台三地行用。我们在第二部分讲过的那些历日文化内容，迄今在我国港、澳、台地区几乎全保留了下来，当然由于岁月沧桑，也发生了一些变化，如，日九宫的排法就比古历丰富多了。但多数术数文化内容一脉相传，未曾中断。

(4) 关于二十八宿注历的连续性。我曾将中国传世历本

(如《宋宝祐四年会天万年历》、《清康熙六十年时宪书》)、出土历日(如前面介绍过的南宋、元代、明代的实行历本)、当代仍在行用的通书(日本的,港、澳、台的)进行混合研究,证明从1182–1998年间,中国历日用二十八宿注历连绵不断,且未发生错误。由此可以看出,中国传统历日文化在东亚地区的深刻影响。我相信,这种影响还将继续下去。

敦煌学与中外关系史研究

荣新江

我今天向大家讲的题目是“敦煌学与中外关系史研究”，主办者希望我把这个作为敦煌讲座的最后一讲，又是中外关系史学术讲座的第一讲。当然这是很好的主意，但大家可以想象也是很难的题目。我虽然在北京大学开敦煌学和中外关系史的课，但是两个学期的课程。让我把这两个学期的课合成两个小时的课来讲，对我来说确实是一个难题。不过这促使我思考敦煌学与中外关系史研究的关联问题，近期我的主要工作就是从敦煌学向中外关系史研究领域迈进，所以我也在考虑这样的问题。我在这里想把这些不成熟的想法跟大家谈谈。

一. 敦煌学

在原来整个敦煌学系列讲座的计划里，我讲的题目是《明日的敦煌学》。当然不可能规范明天的敦煌学会是怎么样的走向，但是从自己对敦煌学20多年的研究思考来讲，我确实觉得现在的敦煌学界应该思考明日的敦煌学应该如何走。因为有些学术是有它自然发展规律，有些也有主观的主导作用。

大家知道，陈寅恪先生在1930年《敦煌劫余录》序里有一个著名的论断：“一时代之学术，必有其新材料与新问题。取用此材料，以研求问题，则为此时代学术之新潮流。”这里说了三个新字，一个是“新材料”，一个是“新问题”，新材料加新问题等于“新潮流”，一个时代学术的新潮流。他又说“敦煌学者，今日世界学术之新潮流也”。这在1930年是看得非常准、非常有眼光的。现在过了一个世纪，这个新潮流还没过去，所以陈寅恪先生对学术敏锐的洞察力非常之深刻。

敦煌学一直是作为学术新潮的一支，可以说是长久不衰。其中一个重要的原因就是许多敦煌材料的收藏单位不断地推出新的材料。从前面的讲座我们可以知道敦煌卷子流散在全世界，英法俄日都有。这些材料不是一次性公布出来的，20世纪50年代英国公布了一大批，大家研究的差不多了，法国的又公布出来，这些研究的差不多的时候，俄国的又公布出来了，所以现在大量的俄藏敦煌文献摆在我们面前。新材料不断地刺激着学科往前进步，特别是20世纪90年代以来，不仅俄藏，而且中国国家图书馆收藏的大量的未刊敦煌文书，还有中国、日本各个小收藏单位，如中国国家博物馆、北京大学、天津艺术博物馆、上海图书馆、上海博物馆纷纷把自己的收藏印成非常漂亮的图录，这和现代科学的出版技术有关系。所以我们这一代的敦煌学研究者是非常幸福的，不断有新的材料刺激着我们。

我这里实际要强调的是陈寅恪先生所说的“新材料”与“新问题”这个定律的后一半，因为整个敦煌学界按百分比来讲我觉得太过于追求新材料，而没有思考新问题。当然我不是批评整个敦煌学界，只是感觉到敦煌学界一个非常重要的走向是追求新材料。这不错，但如果不考虑新问题的话，就总是在敦煌学的老问题里转圈子，比如均田制、归义军、经变画之类的几个圈子里，跳不出来，也不能够太深入，只不过给前人的研究修修补补。大的经变画我们都知道了，如《维摩变》、《法华变》、《涅槃变》，再找到几个《天请问经变》、《宝雨经变》，都是一些小的经变，有些很难代表敦煌佛教发展脉络，在壁画里也是在边边角角的地方转。当然《宝雨经变》是另外一回事，代表着一个时代的佛教思潮。我们如果总在旧的题目上转圈子，我们的敦煌学就慢慢会走进死胡同。比如说均田制，原来我们都不知道均田制是怎么实行的（唐朝规定一个丁受田百亩，20 亩是自己的永业，就是永远传下去的，80 亩是口分）。但是我们算算敦煌吐鲁番绿洲盆地面积，一个城市拥有多少人口，一个人能够拥有的地哪有这么多，怎么实行这均田制。而且老百姓已经占了地，把哪个占用 120 亩的人家让出 20 亩给别人，这可能吗？这不可能。所以我们过去不知道唐朝法令中的均田制是怎么实行的，等到发现吐鲁番敦煌的户籍，一家一共多少人，多少地，我们一算才知道唐朝的均田制在西北边境地区是怎么实行的，根据老百姓有多少田来均分之。具体的细节我在这里不讲了，因为已经有四五本利用敦煌吐鲁番文书研究均田制的著作出版。所以我指导研究生，我再不会让他们研究均田制，因为照老的路子研究均田制就等于走到死胡同里。当然在细节上可以有所进步，但不可能做出刚接触到敦煌材料来研究均田制的那代先生所做出的成就来，所以我们必须思考新问题，才能有敦煌学的明天。敦煌是个三教九流无所不包的材料库，所以几乎什么角度都可以得到所需要的材料。比如研究现在学术界很重要的一些新课题，如女性史、两性关系，敦煌材料里就有大量的女性材料，特别是地方女性的材料，这可以做出很多学问。所以我根据我讲课的课本《敦煌学十八讲》里曾提到的四个方面作为例证，从四个方面谈谈敦煌学的新问题。

我们如何去思考敦煌学的新问题，我觉得从整个敦煌学研究来讲这四个方面特别值得用力。

第一，中古时代的宗教史。因为宗教的研究在 20 世纪 50 年代以后受到了一些影响，所以对于宗教的研究是很不够的，但这是整个学术新潮流，不会停步，你不研究就把这一领域让给其他人。中国学者不研究就让给日本人去研究，世界上的人都一样的聪明，你不研究欧洲人就去研究了，等我们明白过来的时候已经落后了。在这方面我们已经走在日本人的后边，走在西方人的后边，已经晚了许多年。所以20世纪50年代以来我们搞政治运动的沉痛教训，造成宗教史的研究这样的一个局面，日本学者、欧洲学者在佛教、道教的研究，尤其是日本学者对于禅宗、净土宗的研究已经深入发展到今天，那么我们应该怎么办？

我们现在都知道禅宗的六祖是慧能，是广东一个偏僻地方的和尚。但他的禅法修行方式很方便，所以很快被中国大众所接受，慧能所代表的禅宗南宗成为唐以后中国的主要宗派。但是唐朝的禅宗不是这样的，唐朝的禅宗分南北宗，而且中唐以前北宗的势力最强。因为安史之乱把北宗的大庙都给烧了，北宗的经济根基被动摇了，因此北宗慢慢衰落，以南方的慧能为首的禅宗兴起。所以现在我们看到的禅宗的典籍主要都是南方禅宗的系统，比如了解禅宗历史时候要读它的传灯历史，《景德传灯录》完全是南宗和尚编的一部禅宗历史，很多部分是假历史，不是真的。因为宗教历史可以由后人不断地累积，我们了解的禅宗历史，在敦煌卷子发现之前可以说是一部伪史，唐朝的禅宗历史到底是怎么回事，我们不是很清楚。而敦煌保留了大量的属于唐朝时期的北宗灯史、语录、著作，各种各样的禅宗典籍。这些文献一出来，我们可以重新写唐代的禅宗史。实际上最早去写唐代禅宗史的一个重要人物是中国的胡适。胡适1926年去参加“庚子赔款”的会议到了伦敦和巴黎，把禅宗典籍一下抄了很多，尤其是他最喜欢的神会和尚的文献，编了《神会和尚遗集》和《神会传》。这个成果是无法逾越的，所以日本学者给胡适编了《胡适禅学案》，有关胡适禅学的研究都编在一起。今天我们再研究唐代的禅宗史，我们迈不过柳田圣山、迈不过田中良昭、迈不过石井修道，因为我们从20世纪50年代以来没有进步，我们把这个领地扔给别人了。但是，日本学者研究禅宗有他们自身宗派的影响，所以中国学者仍然有中国学者的出发点和视角，仍然有我们自己的优势，至少我们读汉文典籍应该占优势。

我觉得无论是禅宗也好，净土宗也好，以及其他敦煌材料里保留的佛教典籍，我们应该放到历史的层面来作具体的深入研究。比如，研究各个宗派之间的关系、宗派与世俗社会的关系、佛教教团与统治集团或者下层民众之间的关联等等，实际上有很多可做的。郝春文先生写了一本很好的书——《唐后期五代宋初敦煌僧尼的社会生活》，根据戒律，我们知道和尚受戒，不能吃酒，住在庙里，这样国家才让你出家，不劳动去念经。这是国家规定和僧团教规双方规定的，但从敦煌发现的大量材料看，和尚住在家里，又吃肉又喝酒，这是怎么回事？这就是实际生活中的敦煌佛教的情况，因为敦煌佛教徒的比例太高了，如果政府不收税，还像内地和尚一样只念经不干活的话，政府就很难维持，归义军政府无法存续下去。敦煌当时大概有 10%的人是僧尼，如果这些人不纳税不干活，那这个政权支撑不下去，所以必须把他们世俗化，像现代日本僧人一样，干活交税，这是一样的道理，没有贬义在里面。这个研究就是非常优秀的研究，根据敦煌材料的实际出发，研究敦煌佛教社会本身，把敦煌的佛教材料和世俗材料结合在一起，郝教授研究了僧尼生活的层面，其实还有很多层面值得我们去深入研究。

道教也一样，道教刚开始被汉末农民起义所利用，所以在中国的正统王朝眼里是“三张伪法”，是张角组织民众发动起义的一个团体。到了唐朝，李唐王朝自认为是老子的后裔，老子在魏晋南北朝发展过程中，变成了道教最高神、祖师爷了。所以李唐的皇室反过来扶持道教成为国家正统宗教，因此我们说从“三张伪法”到国家宗教，这是从汉末以来经过魏晋南北朝到隋唐的重要的道教发展的脉络。

魏晋南北朝的道教典籍丢失了许多，有些我们只看到了名字，有的甚至名字都不知道，东西都不在了，不知道道教在魏晋南北朝到唐初的发展过程。又是敦煌供给了我们大量的魏晋南北朝道教的经典，许多是过去丢失的典籍，这些材料的出现才使得我们能够深入地认识道教是怎么发展的，道教与国家的关系如何。但是道教在中国的研究起步更晚，新材料和新问题是非常难得，因为过去的道书不像佛经一样多，到20世纪20年代中国才把白云观的道藏影印出版，而20年代能够买得起道藏的不是中国人，是西方人和日本人。所以真正的道教研究西方人和日本人起步较早，主要原因是道藏他们容易阅读，放在图书馆里随便翻，而中国学者往往没有这样的机会。所以中国的道教研究真正起步仍然是20世纪80年代以后。

因为日本没有道教，日本学者研究道教的视点大部分是从佛教的角度去看道教，所以必然有些偏见。而法国学者是从传教士的系统下来，很早就注意中国的民间宗教，民间宗教跟道教有密切的结合点。他们要把道教和中国民间宗教极力排开，他们认为中国人或者日本学者所认为的道教概念太宽了，很多东西不是道教的。这是国际道教学界一直争论的，什么是道教，什么是中国民间宗教，他们一直要区分开。在这种主导观念的指导下，中国道教的研究往往走入误区，因为中国的社会本来有些东西是分不清的，什么是道教，什么是民间宗教，什么是佛教，在老百姓脑子里一塌糊涂，只要是神他就信。从这样的出发点去研究敦煌道教与中国社会，是一个很好的出发点。

敦煌的道教文献跟道藏对比很多地方是不一样的，它是代表着一种地方道教的写本系统或者地方宗教发展的特性。另外，说到中外关系史，学者一直追寻一个问题，中国的宗教或者中国的思想到底向西方传了多远。比如说唐太宗让玄奘把老子《道德经》翻译成梵文，但除了这段记载之外没有其他信息了。道教到底向西方传了多远，这是我们所关注的。我们知道《老子化胡经》是道教徒写的书，书里说老子化胡走得很远，一直到波斯胡都教化，不仅释迦牟尼，把摩尼教的祖师爷都教化了，而且教化了96个胡国。但是真正的历史，道教传了多远，这是我们关心的问题，这需要我们根据吐鲁番敦煌文书去研究，根据传世的典籍我们走不了多远。所以在敦煌的道教典籍里，从社会史的角度去看，我们可以看到它的边缘性、民间性，从这个角度去探讨敦煌道教文献所反映的道教和民间社会的历史以及唐代的历史，这一方面可以有所进步。

中古时代的宗教史是非常值得研究的一个课题，在唐朝各个阶层的社会与文化这个视角里，敦煌文献可以看出很多问题。

第二，应该说敦煌莫高窟是今天我们能够最集中看到的最丰富的唐朝文化景观。换一个地方，比如我们到大唐的首都长安，或者东京洛阳，我们放眼一看，当然有龙门石窟、巩县石窟、大明宫的遗址，但是我们得不到敦煌莫高窟492个窟，再加上洞窟那么丰富的壁画雕像，在任何一个现在我们所能到达的地点，比如历史博物馆或者某一个博物馆，哪怕它收藏再好，都无法如此集中看到这么丰富的唐朝文化景观。我想敦煌是惟一的点。

另外，敦煌莫高窟藏经洞所出土的5万多个卷子也是我们最集中看到的唐朝最丰富的图书馆，是我们在任何一个其他地方都看不到的。我们在国家图书馆或者其他地方不能够看到这么集中的唐朝的东西，在两京地区有很多唐代的墓志、造像碑，但它们是分散的，在一个洞窟里一下子发现这么多文献是我们今天的运气，我们看到了这么多集中的唐朝的图书。但是我们从大唐王朝的整个情形来看，敦煌不论是它的石窟，还是藏经洞的写本文献，都不算什么。写本可能是敦煌地区17个寺院里最小的三界寺的藏书，这在唐朝时候不算什么。举个例子，唐朝京城长安集贤院有个学士叫韦述，他编过唐朝史书，也写过唐朝制度的著作，写过很多书，也编写过两京就是长安和洛阳的书，是个大学问家。他可以看到当时国家图书馆——集贤院的书，皇帝一高兴经常把自己搜集到的古书画让人临好了发给这些学士。韦述自己的藏书两万卷，而且是完整的两万卷。我们知道敦煌五万个号是不完整的，真正卷成唐朝那样一卷一卷的书大概也就两万多卷。可是韦述家的书都是好书，是代表中国传统文化最集中的书。而且韦述家不仅藏两万卷书，还有古书画、古贤人图、古代的碑版石刻、古代文物等等，什么都有，琳琅满目，不知道他怎么会收藏这么多东西。他并不出自一个藏书的家庭，可是一生中能集中这么多书。他在唐朝京城里也不属于最高层次的文化人，却能收集这么多东西。所以我们可以想象唐朝的文化多么辉煌，敦煌藏经洞的文献在当时来讲可能算不了什么。

我们现在看不到唐朝地面上的建筑，所有寺庙里的壁画都看不到了，但是我们看看《历代名画记》里记载的千福寺，它简直就是唐朝的博物馆。进去以后可以看到它的匾额是唐玄宗、武则天、高力士题的，敦煌庙里没有这样的匾。它的碑不是颜真卿的就是褚遂良的字，还有张旭、怀素的草书，李阳冰的篆书，颜真卿的真书，要什么样的书法都有。再看它的壁画，有吴道了的，有卢棱伽的，有各派的画，有各派的雕塑，就是这么一个长安城西北角的千福寺，要什么有什么。而且它非常集中的是盛唐时代的东西，可惜的是除了柳公权的《玄秘塔碑》在碑林里保存下来外，其他东西全部荡然无存，特别是那些漂亮的画，似乎画上眼睛就能飞走的龙的壁画，我们现在见不到了，我们只能在台北的故宫看到一点卢棱伽的画，在美国的大都会博物馆看到一点韩干的画。盛唐时期的整个千福寺已经没有了，所以我们才会在敦煌莫高窟壁画前说这里的东西真好。敦煌有些画面可能是摹写唐朝京城大画家的底本而画上去的，而且摹的人也非常有水平，所以是代表唐朝最高水平的画，但大部分敦煌的画是画工画的，和唐朝京城大画家画的《维摩变》、《法华变》、《三圣图》可以说是没法比的。所以话说回来，只要你认为敦煌有这么辉煌、有这么伟大，那可以乘上若干倍地去说代表唐朝文化的长安有多么辉煌、多么伟大，大家去看看法门寺，看看何家村的金银器，就可以想象了。何家村窖藏里有很多钱币，从战国一直到唐朝用的开元通宝，什么都有，而且不多，就一两枚，它里面竟然有高昌吉利钱，是高昌国当时使用的，到现在为止吐鲁番挖了那么久，可全世界就有那么几枚，但是长安城的一个大收藏家居然有高昌吉利钱这样非常罕见的钱币，所以长安城的情况真是不可想象。但是长安的东西没了，洛阳的东西也没了，我们现在还是要看敦煌的东西。

现在长安的东西不是全都没了，留下的是曾经在长安生活过的最有名的李白、杜甫、白居易等人的诗文集，那些大的经史著作，如《尚书》、《论语》的注释，还有那些像玄奘一样的高僧法师翻译的佛经。但是这些只能代表唐朝上层文化，不能代表唐朝下层文化。我们知道唐朝京城科举考生的兜里都揣着《文选》、《切韵》一类的书，敦煌也有李白的诗、白居易的诗，也有《切韵》和《文选》，因为敦煌的人也要考试。但是长安没有那么丰富的敦煌所拥有的下层百姓的文化，没有学郎抄写《论语》的那些练习本，没有农夫乡人所唱的那些民间小曲，没有画工照猫画虎画的那些壁画，也没有高僧讲给老百姓的那些讲经文和变文。唐朝长安的佛经留下来了，我们从历史记载可以知道长安很多庙里的和尚给老百姓讲经，因为老百姓听不懂那些佛经，要把它变成故事，去讲经，去说故事和变文，拿着画边看边讲故事。这只是很简略的记载，但在敦煌却发现了大量的讲经文的文本，而且竟然发现了一面是图另一面是文的《降魔变文》，这是因为僧人怕忘了，这边把画展开给大家看，这边自己看文字，画的一面给观众看，非常漂亮。我要强调的是只有敦煌给了我们一个唐朝各个阶层的社会文化的立体层面。在敦煌可以看到唐朝社会文化的一个立面。唐朝既有地位很高的官人、各个阶层的文人，也有不知名的乡村教师，也有最底层的农夫民众。从文化水平上来讲，也有经师所念的《尚书》或者高僧所讲的唯识学经典。敦煌也有下层百姓所用所看所听所学的下层文化。所以敦煌给我们一个立体的层面，给我们一个非常丰富的立体层面。这一立体层面在敦煌之外的其他地方很难见到，所以我说敦煌的材料是我们今后研究唐朝社会各个阶层的文化的一个非常好的材料来源，不仅应该研究中国文化水平最高的李白、杜甫，还应该研究整个社会文化发展的脉络。

第三，我想强调的是吐蕃王朝对敦煌的统治和汉藏文化交流。安史之乱以后唐朝把西北的重兵都调到中原来跟安禄山、史思明的部队打仗，所以河西走廊整个都空虚了，使得在青藏高原建立的吐蕃王朝趁虚而入，从东到西把整个河西走廊和塔里木盆地的南缘都占领了，大概统治了七八十年。所以一直讲吐蕃是从河西走廊的东部由东向西一步一步地打，最后把敦煌包围起来，包围了十年，但没有打。按照吐蕃的兵力很容易打下一个沙州城，为什么不打呢？吐蕃要和平解放沙州城目的是对敦煌佛教文化的保护，因为敦煌跟其他的地方不一样，吐蕃从东向西打的时候，河西的高僧、文人、官僚带着他们的书，带着他们的画一步步地退。比如我们知道在凉州（今天的武威）统治整个河西（比现在的河西范围还大）的最高军事首脑——河西节度使跑到敦煌，所以随着他能跑得动的人可以说都跑到敦煌，龟缩到那里，比如昙旷，原来是在长安学成的，结果回到老家凉州一带讲经时，吐蕃来了，他就跟着跑到沙州城，他也不是敦煌人，但是他也在敦煌城中。吐蕃最后和沙州百姓循盟而降，设立盟誓，盟誓有四个字，要求吐蕃“勿徙他境”，就是不要让这里的人搬走。因为我们知道，中原王朝以及吐蕃王朝都有个重要的措施，他们打下一个地方就把这里的文化精英和有势力的人给搬走，搬走了以后他们就不容易在这里闹事了。比如说最明显的例子就是秦始皇，他灭六国之后把六国的精英全都弄到咸阳周围去住了。这样他就好控制，另外他把咸阳的文化、经济实力都聚合在一起。又比如北魏 439 年打下北凉的首都时，不仅把北凉的高层文化首脑弄到平城，就是山西大同，而且把它的工匠、商人全部掠走，所以我们才能看到北魏刚从一个游牧骑马射猎的民族跑到平城没有多少年就建出云冈石窟这么漂亮的造像。这不是拓跋鲜卑建的，是凉州来的大和尚昙曜建的，有昙曜五窟，到今天都是全世界的瑰宝。所以吐蕃这样的一种攻击方式使得沙州城里保存了唐朝的文化，昙旷就是一个最重要的因素。吐蕃同意沙州百姓不迁走，然后沙州百姓投降，吐蕃进入沙州城的第一件事情大概就是请这位 70 多岁的昙旷到拉萨讲经。昙旷说自己太老了，无法去拉萨，这样吐蕃赞普提了 22 个问题由昙旷来回答，这就是留存在敦煌卷子里的《大乘二十二问本》。

敦煌当时聚合的文化是非常了不起的，特别是汉藏文化交流的结果在这里体现出来。当时虽然有战争的一面，但战争也是文化交流的一种形式。以前我们完全不清楚通过敦煌这个地方所进行的汉藏文化交流，不仅在中原的历史里不清楚，在西藏典籍里也不清楚。因为西藏的典籍大部分是后弘期即 12、13 世纪以后的佛教经典，它没有这么多的世俗文献。据说有的西藏僧人到伦敦，看到英国图书馆藏的那些敦煌藏文典籍就说这都是假的，西藏人怎么会写这些与佛教无关的东西呢？因为敦煌卷子里有很多吐蕃人还没有信佛时代的东西，所以在现在西藏的僧人眼里简直是无法想象的，可是它是现实存在，是斯坦因从敦煌藏经洞弄到英国的。这些文书是真实的，而且真实地反映了吐蕃早期的历史，而这早期历史最重要的交流对象是汉地。从汉地学官制，从汉地学医药，从汉地学各种各样的知识。我们在敦煌文书里看到了《尚书》的藏文翻译，这是很了不起的，因为《尚书》是非常难译的，我们看到了《春秋后语》，就是春秋战国时期历史的藏文翻译，当然还看到很多《千字文》、《九九歌》、《寒食诗》，特别是大量的早期禅宗的经典翻译成藏文。我们知道当时有个僧人叫摩诃衍，从敦煌被吐蕃赞普请到拉萨和印度法师斗法，印度僧人主张渐悟，而汉地禅僧主张顿悟，两派在赞普面前举行过很多次辩论会，被称为“拉萨僧诤”，其实不仅在拉萨一个地方，赞普走到哪儿他们就跟到哪儿争论。现在的藏文典籍里都说汉地和尚打败了，扔下一只鞋就跑了，所以我们现在看到禅宗的画像里有不穿鞋的一个和尚坐在那里，这都有关联的。可是我们在敦煌发现了一本《大乘顿悟正理决》，是一个被吐蕃俘虏的汉地官员跟着摩诃衍入藏传法的人，回敦煌后写了这本《大乘顿悟正理决》，讲摩诃衍在那里传法，而且大胜。这个文献被法国学者戴密微翻译成法文，他的《拉萨僧诤记》是汉藏交流或者禅宗研究史上的奠基之作。可是意大利的图齐（Giuseppe Tucci）根据藏文史料不断地和他争论，就是辩论到底谁胜了，到现在学者之间还在争论。但是通过这件事，通过大量的敦煌藏文典籍，我们可以知道敦煌材料里有大量反映早期汉藏文化交流的典籍，而不是我们从今天西藏典籍里找到的大部分是印藏文化交流，甚至把藏族祖先追溯到印度去，这是受佛教影响的结果。

第四，用本民族的史料研究西北民族的历史。我们知道中国的西北是很大的，甚至包括西域，有中国新疆的民族，也有域外的民族。对于这些西北民族过去我们只能通过其周围大的民族的记录来研究。我们研究西域焉耆、龟兹、于阗，甚至研究吐火罗斯坦、粟特，只能根据它周边的阿拉伯、印度、汉文文献的记录，特别是利用汉文的记录来研究这些民族的发展历史。但是汉文的记录有目的性，我们看中国正史的西域传都像是个调查报告，如胜兵多少，打它的时候应该派多少兵，有多少人口，有多少城市，道路状况如何，物产是什么，能向我们天朝贡什么等，这就是中国正史西域传里最重要的。中国传统王朝天下独尊的这种思想，实际上是对其他民族的一种蔑视的看法，在这种心态下编撰出来的历史文本不是这个民族真实的历史。

那么怎么去研究这个民族的真实历史，我们过去没有办法，我们必然是带有封建史家的色彩去看待周边民族，无形中有一些大汉族主义，无形中有一些不好的观点。敦煌、吐鲁番、和田、库车等地出土了本民族所写的本民族历史文献，用这些历史文献去研究本民族历史，那就完全不一样了，包括研究西藏历史、研究维吾尔族的历史、研究原来在新疆操伊朗语的于阗和操吐火罗语的焉耆、龟兹这些民族的历史，我们都有新的看法。这些看法并不是说它们的历史和中原的历史完全相对立的，而很多是反映着民族之间的密切交往。比如于阗，五代时他的国王叫李圣天，就是跟唐朝一个姓，但我们看到敦煌于阗文卷子，他真名不叫李圣天，本名叫 Visa Sambhava，我们就更能知道他和中原王朝打交道时就叫李圣天，我们就加深了对这个民族的认识。我觉得这些民族语言文献经过 100 年的研究已经逐渐地发表出来了，我们可以通过这些文献去研究他们本民族历史。

我是研究历史的，所以往往强调的是历史层面，举了四个例子来说明历史层面的研究。其实从其他层面，如女性学、佛教道教学术本身的脉络等方面，我相信仍然有很多新的课题可做。我这里只是从我自己所熟悉的中古历史的角度，并跨越到民族史和宗教史的内容来谈谈我对敦煌学走向的看法。

二. 敦煌学与中外关系史

1. 敦煌学对中外关系史的贡献

关于敦煌学，中外关系史研究的主题是非常散的，因为受资料的局限，所以我们有材料就研究，比如汉代我们就研究“张骞出使西域”，唐朝研究“唐代经营西域史”，明清又大量地研究“耶稣会士”。因为各个时代有各个时代的交流主题，同时也受到了一些资料的限制，就是我们想做的那方面有时没有资料去说。我常常觉得中外关系史的研究脉络很奇怪，我们很多想知道的东西它没有。

可是敦煌材料出土后，我们有了很多以前不知道的新的认识。一个是对粟特人东迁史的认识。粟特人就是在中亚乌兹别克斯坦、塔吉克斯坦生活的古代居民，他们是中古时代重要的商业民族，只要哪里能赚钱就要去哪儿，多远都不管。所以他们是中古时代丝绸之路贸易的垄断者，他们不仅做粟特本土到中国的买卖，还要做中国和印度之间的贸易，也做中原王朝和北方游牧民族之间的买卖。他们西边的波斯人也会做买卖，可是粟特商人占据了陆路后，波斯人打不进来，于是他们只能走海路，从海路上发展跟中国的贸易，陆路的贸易在中古时代大致从 4 世纪到 10 世纪基本上被粟特人垄断着。

粟特人最初信仰波斯的琐罗亚斯德教，中国叫祆教，也叫拜火教，随着商业的扩张，他们也把这个宗教传播开了。可是过去我们知道的粟特人东迁的历史主要还是从汉文典籍里一段一段找到的，不是特别清楚。今天通过敦煌文献，了解许多新的知识。最早伯希和发现敦煌的地志里记载在罗布泊地区有粟特人聚落，而且清楚地记载着贞观初年有一些康国大首领，就是撒马尔干这个国家的大首领率着老百姓跑到罗布泊地区，在石城镇这个地方建立了一个殖民聚落，而且不够住，来的人太多，就建了葡萄城和其他几个城市来居住。中亚的粟特人是会种葡萄和酿葡萄酒的，所以他们建立的城市就叫葡萄城。这是非常好的材料，伯希和1908年发现了这个材料后写了篇文章《蒲昌海地区（罗布泊地区）的粟特聚落》。等到大量的敦煌卷子发表之后，学者们发现敦煌有一个更大的粟特聚落，这个聚落后来变成敦煌十三乡之一，叫“从化乡”，就是遵从王化的意思，他们是从外国来的，所以要遵从中国的王化。把粟特人的聚落点变成唐朝敦煌县的下属十三个乡之一，就管它叫“从化乡”。敦煌保存了一件天宝十载（751）的差科簿，就是派役的文书，记录了派这乡的人去当什么劳役，这些人的姓都是康、安、曹、史、米之类的粟特人的姓，名字也有不少是胡人的名字。见长于研究户籍的池田温先生写了一篇《8世纪中叶敦煌的粟特聚落》。他本不是研究粟特专行的人，可是做得非常透彻。这本书分析了从化乡所在的位置，在敦煌城东500米的地方，那里有个祆庙，因为敦煌卷子里有个《安城祆咏》，唱的就是这个庙的祆神；在751年（天宝十载）时有户300，人口1400人，大部分是来自康、安、石、曹、罗、何、米、贺、史等姓的中亚昭武九姓王国，而且居民不太从事农业，而从事其他行业，特别是经营管理市场方面。这篇文章做得非常好，使我们认识了敦煌乃至中古时代其他粟特聚落的五脏俱全的典型形态。敦煌有这么丰富的材料可以让我们了解粟特聚落从生产生活到宗教信仰的各个层面，池田温先生这篇文章由于有敦煌文献的支撑，所以他做到家了。那么，现在可以补充吐蕃统治时期还有很多粟特人在那里从事买卖、皈依佛教等等方面，当然这只是池田温先生研究的后续。

2. 敦煌学对三夷教研究的贡献

三夷教，就是我们所说的中古时代外来的拜火教、基督教和摩尼教。

基督教的一个分支叫聂斯托利派，中国叫景教，在西安有《大秦景教流行中国碑》。摩尼教在波斯受到迫害转成地下组织，结果到了中国却被武则天看好，在武则天时代曾经流行一时。但这个宗教认为现实世界是黑暗的，要把它拯救成光明社会，它是否定现实世界的，所以唐朝统治者很快觉得这个宗教非常危险，容易引起民间起义，开元二十年就禁止了，所以它就转到地下了。安史之乱时，摩尼教徒把率兵进入洛阳城的回鹘可汗说服了，回鹘可汗把他们带到了漠北的回鹘，变成了回鹘汗国的国教，以后又带到了吐鲁番，带到了西域。这三个教留存的资料非常少，特别是摩尼教和景教。景教我们所知道的几乎全部都在《大秦景教流行中国碑》，这个碑是非常了不起的文献，它把从唐初景教的到来一直到建中二年景教发展的历史，全部都告诉了我们，但是此外我们几乎都不知道。

敦煌卷子里发现了祆教一些资料。祆教本身是不译经的，它是口头相传的一种宗教，公元前六七世纪时创立，在粟特本土它也是以偶像崇拜和拜火仪式这种方式来传教，它在中国不翻译经典，所以在敦煌从来没见过祆教的经典，这是学者一直希望得到的。因为祆教的经典在萨珊波斯时代曾经整理过，随着阿拉伯势力占领波斯中亚之后，这种宗教经典基本全部毁掉，而一部分信仰拜火教的人不愿受伊斯兰教的统治迁到了印度的西海岸，就是今天印度的帕尔西人。帕尔西人的宗教团体里有口口相传的很多祆教的经典，所以法国的一些研究者在19世纪深入到帕尔西人领地去记录。我们知道的完整的祆教经典都是在帕尔西人那里记录下来的，都是口头传承的，但是古代的《阿维斯塔经》我们不知道是什么样，所以学者在发现敦煌吐鲁番文书时一直希望看到祆教经典的原样。现在可以说只是在敦煌的一个摩尼教经典里找到了两行字的祆教的发愿文献，不过这也是很好了，对于伊朗学研究来说，它保存着很早年代的祆教经典的模式，可以比对现在的祆教经典是否正确。

我们在敦煌的文献里发现了大量的当地民众“赛祆”，就是祭祀祆神的记载，还有关于祆教寺庙的记载，对于我们了解祆教在中国流行的历史是非常有帮助的。

敦煌发现了三个摩尼教的文献，这三个文献是非常伟大的。摩尼教在公元2世纪时只是在沙普尔一世时候被波斯立为国教，但是很快发现这个宗教是否定现实社会的，就把它禁止，把摩尼给杀了。摩尼教徒四散逃跑，有的向西方，有的向东方，一直跑到中国，不过到中国是7世纪的时候了，武则天延载元年摩尼教徒跑到了中国。

摩尼本人很聪明，他知道这个教很危险，所以叫他的教徒只要能传教用任何语言都可以，因此摩尼教经典的语言是最复杂的。像基督教到现在拉丁文还是它的教会语言，现在唱诗班还在用拉丁文唱。景教的宗教语言是叙利亚文，所以吐鲁番出土的文献先是叙利亚文，后来不会写了，只能写粟特文或者突厥文，因为它的宗教语言已经是死语言，讲到发愿的时候就不会写了。所以吐鲁番出土的文献经常发现这种情况，先写叙利亚文，写着写着就变成了粟特文，又变成突厥文。可是摩尼教不一样，摩尼教徒可以用任何一种语言来宣讲他的宗教，所以一进中国就翻译经典。最重要的是敦煌发现了《摩尼光佛教法仪略》，是开元十九年（731）在唐朝的国家科学院（集贤院）里由摩尼教大法师和其他人编写的。这个文献是对摩尼教的教法、仪轨作的解释性的概要，它什么都包括，但什么都很简略。比如它的教义怎么讲的、它的创世论是什么、宗教的基本思想是什么、寺庙组织是什么等，可惜它前后丢了，不过大致可以让我们完整地看到摩尼教的整个面貌。所以这个文献可以说是20世纪赐给学者的一份最重要的经典文献。这个文献非常重要，是研究摩尼教其他断片的时候判断它们到底是什么内容的最重要的根据，早就被翻译成了英文、法文、德文，全世界研究摩尼教的人都离不开这件《摩尼光佛教法仪略》。

敦煌卷子里还有一个《下部赞》，500多行，都是诗歌，前面开头是音译，是用汉音记的一种波斯语或者粟特语的诗歌，后边是用非常流利的非常汉化的甚至佛教化的语言记录的摩尼教各种各样的赞美诗。有很多诗歌在里面，可惜的是它翻译太到位了，所以学界一个重要的工作就是拿别的语言的文献去对它，看它到底是从什么地方翻译过来的。我们作为一个研究者，如果在吐鲁番的粟特文或者中古波斯文残卷的赞美诗里找到一首跟《下部赞》建立关系的，能说出《下部赞》的这个八行是译自吐鲁番某个断片的哪个八行，那么就是国际叫绝的一项研究成果。摩尼教文献的另一个大的来源，即北非的科普特文资料，一个摩尼教教团在那里生存了很长时间，现在从北非埃及发现了大量的科普特文的摩尼教经典。

敦煌发现的摩尼教经典以及吐鲁番发现的各种语言的摩尼教的断片可以说是研究中古宗教历史和中古中外关系史非常重要的贡献，是我们在研究宗教交往历史时几乎无法脱离的文献，每天都放在手头的文献。这包括《下部赞》、《摩尼光佛教法仪略》，还有在国家图书馆的《摩尼教残经》，这个《摩尼教残经》很可能就是摩尼亲自写的七个经书之一，可以说是更重要，可惜是前面残了。正因为它前面残了，伯希和翻检敦煌卷子的时候以为是佛教的残经，留在那里，现在保存在中国国家图书馆。这三部敦煌的摩尼教经典是我们研究中外关系史无法脱离的文献。景教也是一样，除了西安的《景教碑》，敦煌文献为我们补充了《大秦景教三威蒙度赞》、《尊经》以及《宣元本经》、《志玄安乐经》等景教的经典。《尊经》记录了一些法王的名字和唐朝景教僧人翻译的基督教经典名录，如果我们能对出这些经典是什么，就知道唐朝的基督教真正的已经翻译了什么，这些经典对唐代的基督教徒有什么影响。这是第二个方面，就是三夷教的贡献。

3. 中外关系史有个重要的课题，就是研究中印文化交流

我们过去研究中印文化交流一个重要方面是根据求法僧的记录。法显、宋云、玄奘、义净、悟空等高僧到西天取经回来写的记录，这里面最重要的是玄奘的《大唐西域记》。敦煌也有《大唐西域记》，吐鲁番也有《大唐西域记》的抄本，而且《大唐西域记》编成不久就传抄到吐鲁番。前面提到的《下部赞》是一个有意思的卷子，其反面抄的是《大唐西域记》，根据它的题记我们可以知道五代时一个陕西的佛教僧人带着《大唐西域记》去西天取经，把《大唐西域记》作为指南书。不知什么缘故，到了敦煌就把《大唐西域记》留下了。这一留不仅留了一个《大唐西域记》，还使我们知道五代僧人去西大取经，是拿《大唐西域记》作为指南的。同时，我们也知道五代僧人根本不把摩尼教放在眼里，所以把摩尼教的《下部赞》当作废纸来抄写《大唐西域记》，正因为有这样的因缘，敦煌不仅拥有《大唐西域记》，还拥有《下部赞》，而且《下部赞》不是敦煌人写的，很可能是关内的摩尼教徒写的。

有关中印关系的最重要的资料是《慧超传》。敦煌发现了一个没头没尾的西天取经的和尚的记录，根据里面的专有名词在《一切经音义》里的排列顺序，可以判定这个卷子是开元年间从长安出发到西天取经的新罗和尚慧超写的，他也是长安的一个僧人。他留下的500多行的记录正好填补了从玄奘、义净到悟空之间开元最盛期的西行求法的记录，非常重要。

另外还有很多其他记录，比如人们一般讲中印佛教交流历史的时候，都认为在780年以后由于吐蕃和唐朝的敌对关系，求法僧的旅行路线断绝了。其实僧人并不受政治影响，僧人是无党无派的，他可以到处跑，即使是唐朝和吐蕃对立的时候，僧人仍然可以往来，所以作为外交人员的往往是僧人。我们在敦煌文献里不仅看到吐蕃统治时期有僧人继续从内地出发向西天取经，而且看到晚唐五代一直没有断绝求法僧的记录。

我这里提到了三个方面，实际上敦煌文献里还有很多各种各样的文献为中外文化交流史研究提供大量的材料。比如现在我们很注重的一个方面是物质文化交流的层面，金银玉器各种各样的东西的交流。这种文化交流的研究过去我们是从史书的四夷传里辑录，其实敦煌寺庙有大量的什物历，就是庙里有什么东西，有个记录。这些记录都由国家图书馆的唐耕耦先生辛辛苦苦抄出来，收集在《敦煌社会经济文献真迹释录》里了。这样的账单是我们进一步分析敦煌地区所拥有的外来物品的重要材料来源。所以敦煌对于中外关系史的贡献并不仅仅是我所说的这三个方面，姜伯勤先生有一本很好的书——《敦煌吐鲁番文书与丝绸之路》，分门别类做了一些辑录和研究。但实际上要是从自己的研究角度出发，一定会发现对自己有用的研究素材，研究中国和波斯、中国和印度、中国和中亚的某一方面，如研究摩尼教、研究景教、研究祆教、研究佛教，都会有可供自己取材的东西。这是我说的敦煌学对于中外关系史的贡献。

三．汉唐时期的中外关系史

这些年我从敦煌学转向汉唐时期的中外关系史研究，我想从一些新的材料出发谈谈汉唐期间的中外关系史有什么新问题。而宋代以后的中外关系史是更重要的中外关系层面，特别是明清以来，我一直认为是主流，对我们今天的影响更重大，但这方面我是外行，所以不能够多说。

汉、唐应该说是中国的盛期，叫“汉唐盛世”，它不受西方影响。宋代以后中国的理学家越来越让中国人封闭，新儒学我不是很喜欢，让中国人自己修炼，不管外部世界，所以对于外部持有一种拒绝的态度。我们现在看到的八达岭长城是明朝修的，汉朝的长城很远。明朝在嘉峪关设了一个关口，把那么漂亮的敦煌不要了，敦煌算是明朝边外之地，所以变成了维吾尔族老百姓放牧的地方，整个不要了，所以我不是很喜欢明朝。而汉唐时候勇于接受外来文化，所以大到佛教、基督教、摩尼教的思想，小到音乐舞蹈、穿戴服装都接受，但是并没有动摇中国文化主体，把好的东西吸收过来了。这个时段里有很多新的课题。

汉简和帛书方面现在出土了大量的新材料。对中外关系史最重要的是敦煌东边的一个驿站叫悬泉置，是汉代的一个驿站，出土了悬泉汉简两万多枚。过去斯坦因和其他人在敦煌也发现过一些汉简，在居延也有汉简，但没有这么集中的，因为西方的使者进敦煌和玉门关以后第一个休息的站就是悬泉。大家在悬泉这里落脚，所以悬泉的汉简里记录了大量的外国使臣。我们简直无法想象一个使团多到有1000多人，住敦煌，吃敦煌，用敦煌。因为汉代是个很大气的国家，来的人一进关就包了，供给使者吃鸡，我想敦煌地方养鸡没有太发达，但在悬泉汉简里看到供这些使臣吃很多鸡，一天供应的量非常大，很难想象。这批材料还没有完全公布，从已经公布的材料来讲我们就觉得不得了了。有接待大月氏、有接待乌孙的材料，几乎《汉书·西域传》记录的所有国家都在这简牍里有，接待他们的记录非常细致。

另外一个是楼兰、尼雅这些地方出土了很多佉卢文的文献，这些文献里也包含了很多中外关系的材料。包括楼兰、尼雅地区出土的汉文文献里也有不少传统的和中外关系史有关的文献。

其实简牍帛书最重要的还是最近20年来江淮地区出土的资料，马王堆、银雀山、长沙走马楼吴简、湖北荆门的楚简，都是不得了的发现。这些简牍抄写的是中国文化最重要的文献，像《老子》、《周易》这些中国文化根基的部分都在这一带发现了。所以李学勤先生说敦煌的汉简没有重要的典籍，只是一些世俗文书，对于我们研究史学当然很重要，要研究中国传统文化我们看得更多的是江淮地区的简牍。但是饶宗颐先生给我们一些提示，在江淮地区出土的汉简里，比如在尹湾汉简里提到了“象林候长”；在王家台秦简的《归藏》里提到周穆王西行，这样的片段记载，使得我们对于早期不论从陆路，还是海路，即海上丝绸之路的早期传播有新的认识。我们知道孙吴也曾派使者去东南亚，开拓自己的新领地。吴简里有没有这方面的材料？吴简的量太大了，有20万，不知道什么时候整理出来，我们拭目以待。所以这些新的材料必然提示给我们一些新的认识，比如对于汉代中外关系史的认识，我们应该睁大眼睛去发现新的问题，我们也强烈地期待着海路的中外关系史的新资料的问世。

另外一个是石刻碑志，这里面有大量的材料。金石学在中国很发达，拓片等很流行，但是过去大部分拓片没有印出来，很难大量地翻检。研究的手段和速度很制约研究的结果，但是近年各个出版社出版了大量的唐代墓志。唐的墓志、造像碑使得我们发现了很多零零散散的中外关系史史料，特别是外族来华的人物的一些材料。前面提到了粟特人，根据我的收集，入华的粟特人的墓志已经有100多方了。研究粟特人的迁徙，我们把这墓志的出土地连上一条线，再根据它记载的老家在哪里，怎么迁徙的，他祖父在哪儿做官，把它点到地图上就是一幅很好的粟特人迁徙图。

另外，我曾经研究过波斯人李素的墓志，1980年在西安发现，这个墓志是非常了不起的，“李素，字文贞，西国波斯人也”。他的父亲任广州地方官，他年轻时候生活在广州，到了大历年间唐朝把他从广州调到长安的司天台里任职，就是做翰林待诏，皇帝身边备顾问的人。唐朝有各种占卜师会告诉皇帝现在有什么天象，要怎么做之类。但是皇帝不能完全信一家的，所以把李素安排在身边，用西国的占法，用波斯的占法，看天象是不是对自己有利。所以他是翰林待诏，像李白、司马承祯、吴筠等一样，是唐朝皇帝身边的高级幕僚。李素在司天台里一干就干了 40 年，最后当了司天台最高首脑——司天监，这是一件非常了不起的事情。他在当政的时候，有一部西天竺传来的天文占卜的书，叫《都利聿斯》或者《都利聿斯四门经》，被译成中文。《四门经》又见于景教《尊经》的名表里。那么，到底什么是《都利聿斯四门经》？书已经丢了，只有一些佚文保留下来，知道是波斯系统的占法。一位日本先生叫矢野道雄非常聪明，他认为这个“都利聿斯”就是希腊的托勒密，《四门经》就是托勒密的一本占卜书叫 Tetrabiblos。这就证明李素当政的时候曾经把波斯传承的希腊的天文占卜书翻译成中文。敦煌的一个卷子《康遵批命课》、明朝的《星相大全》里都有《都利聿斯经》的佚文，这些佚文可以和波斯的占卜书对比，可以肯定是波斯的占法，而李素生活的时代也流行这种占法。最明显的一个例子，是杜牧用一种占法发现他到哪年就要死了，所以自己写了个墓志铭，叫《自撰墓志铭》，过去搞古典文献的人读不懂《自撰墓志铭》为什么说哪年生病哪年死，他用什么理论来说自己是这样的呢？现在我们根据《都利聿斯经》的佚文发现杜牧用的是波斯的占法，说自己的命运，说自己哪年走到哪个命宫会出现什么事，都知道。所以，李素的任职司天台并不是一个简单的事情，是一个非常有意思的事情，如果没有这方墓志我们根本就不清楚李素的整个历史。还有，“李素，字文贞”，这个文贞就刻在《景教碑》的名表里。我们知道《大秦景教流行中国碑》在明朝末年发现后，很多人觉得怎么这么巧，耶稣会士跑来了，那时候刚好就发现《大秦景教流行中国碑》，怎么不早发现也不晚发现。所以很多人怀疑这是耶稣会士伪造的，因为世俗文献里没有落实，只有在一个宗教文献里提到景教，没有其他文献落实这个《大秦景教流行中国碑》。庆幸的是我找到了一个李素，即文贞，应该说这是世俗文献里对《大秦景教流行中国碑》的一个非常重要的印证。但是，如果没有李素这个墓志，我们完全不知道李素是何许人也，唐朝曾经还有个波斯人当司天监，而这个司天监还组织过翻译，并且是个唐朝景教的家族。新的墓志、碑志、新的造像题名，都给我们提供新的研究课题、新的研究视角。

还有一个是传统的古籍。现在的出版业为学术做了非常多的好事。而且现代人的观念也变了，把很多秘藏的文献发表出来，如《四库全书》、《四库全书存目丛书》等书。这些书里当然有好书，如《续修四库全书》把很多《四库全书》里没有收的书全部收进来了。而这些书正是前辈学者不能够看到的，有的是秘藏在私家，有的秘藏在图书馆，多少年我们都看不到的书，这些书的发表必然会得到很多新的材料。还有《永乐大典》，当然印过很多，但现在还有新的发现，像伦敦、爱尔兰有新发现的《永乐大典》，在山东、日本都找到了新的《永乐大典》，现在国家图书馆正在印，将来这里面一定有大量的新的中外关系史的材料。即使是传世的典籍，被大家用过的实际上也有很多东西值得大家去发掘。

还有不断出土的文物考古资料。这主要是反映物质文化，最重要的发现是1999年山西太原发现的虞弘墓、2000年西安发现安伽墓、2003年西安又发现史君墓，这些都是中亚或者粟特聚落的领导人，就是萨宝，大首领的墓葬。有意思的是，这些墓葬是用中国的墓葬形式埋的，但里面只有一个石棺床，而这石棺床屏风的上面刻了极其丰富的画像。这画像完全不是中国的，完全是他们的生活或者上了天堂以后的情形，这个图像给我们带来了很多课题，而且很多东西现在都是解释不出来的。因为我们在粟特地区，在中亚地区，没有这么完整的图像发现，我们没有一个对比物，而祆教经典不像佛教经典那么丰富，我们搞不清楚这些墓葬里讲的是什么，所以给我们留下的课题是非常多的。国家图书馆在今年4月份举办了一个“粟特人在中国——历史考古语言的新探索国际学术研讨会”，这些新的墓葬的发现吸引了全世界研究粟特宗教、语言、考古、美术等各个学科的一流学者全部集中到国家图书馆来探讨这些东西，这个会议是极富成果的会议。

上面我从敦煌学到中外关系史给大家谈了一些自己的感想。实际上，现代学术的发展特别是人文学术发展确实是界限越来越模糊，什么叫敦煌学，什么叫中外关系史，不是绝对的。比如说，汉代研究中国和大月氏的关系，后来大月氏没有了，所以我们研究中外关系史不可能像研究中国历史一样一脉相承下来，我们一会儿换一个主题，它界限本来就是不清楚的。而且过去人文科学受科技学科的影响专业分得很清楚，特别是历史，我们搞隋唐史的不管宋代，宋史的不管魏晋南北朝，就是我们的学科划分得非常严。其实随着学术的发展，这些学科不能按照传统的学科划分走下去了，应该把这些学科的界限模糊起来，去进行跨学科的研究。中外关系史里有敦煌学，敦煌学里面有中外关系史，我们可以利用敦煌吐鲁番资料研究中外关系史，也可以用中外关系史的视角去研究敦煌学，没有一个谁属于哪个学科的问题。这是我最后强调的问题，敦煌学也好，中外关系史也好，将来的研究脉络一定是个跨学科的研究。不仅仅是这两个学科之间可以跨，而且是和很多其他学科进行跨学科的研究。

从出土文献看汉唐西域中外医学交流

陈　明

首先简略介绍一下“作为社会史的医疗史研究”。台北中研院的历史语言研究所在20世纪90年代初就成立了“疾病、医疗与文化的研究小组”。在这个研究小组当中，他们提出了五个方面的大的研究课题，其中第4个课题是从医学角度看文化交流的问题。要搞清楚中外医学的交流，单靠传世的汉文文书或者医学的典籍来探讨是远远不够的。而出土文献给我们提供了很多材料和其他方面的视角。所以，在“新史学”的口号下，“作为社会史的医疗史研究”为出土文献的研究提出了新的推动力。下面我介绍一下已有的一些研究情况。

第一部书是王孝先先生写的《丝绸之路医药学交流研究》。从题目上来看，和我们所谈论的话题有密切的关系。但从书的内容上看，其取材范围主要是传世的文书，如二十四史中若干《西域传》的记载，还有隋唐时期的几大医书《千金要方》、《千金翼方》、《外台秘要》中的记载。很可惜的是，此书当中对出土文书的利用比较少。

第二部书是季羡林先生的《糖史》，分上、下篇。上篇曾作为单行本出版，名为《中华蔗糖史：文化交流的轨迹》，下篇是《糖史·外国编》。上篇是研究国内的，下篇是研究国外的。在这部书里，季先生利用了不少出土文书，特别是西域出土的几部胡语医书，来探讨蔗糖的医疗作用的转换与变化。虽然它不是一部专门研究医学交流史的书，但其中给我们提供了很多好的范例。所以，作为文化交流史的专著来说，季先生的这一部书值得向大家郑重推荐。

一．对出土医学文书的简要介绍

这些出土文书的地点各不相同，主要是敦煌出的，吐鲁番地区也有不少，其他还有楼兰的、龟兹的、吐峪沟等地出土的。如果按语种来划分的话，基本上分两大类型，第一类是汉语文书，第二类是非汉语文书，即胡语文书。胡语文书在国内收藏很少，主要收藏在英、法、德、日、俄这些国家。敦煌文书的收藏情况大概就是这样子的。

1. 先谈一下汉语文书。汉语文书的主体部分是敦煌出土的医学文书。敦煌医学文献的主体是中医药的一些文献。它内容比较广，从阴阳五行的学说到中医的其他一些基础理论，号称临床的各科，比如内、外、妇科和儿科、针灸等等一些古药方，还有本草学的著作，包括文书当中一些涉及到医事的部分，其他还有佛医和道医的文书。敦煌的文书基本上是独具一格，自成特色的，对于敦煌地方的医学情况是一个比较明显的反映。至于这些文书的分类，这里列举了马继兴和丛春雨先生在各自的书中的分类情况。马先生的分类有医经诊法类、医术医方类、针灸药物类，其他的医术类和医事资料。丛春雨先生的分类包括了藏医类，其实从他的书名来看，它是《敦煌中医药全书》，藏医药并不包括在中医药的范围之内。这些分类没有根本上的差异，其中与我们所要谈论的医学交流的话题相关的主要是医方类、佛医类、医事杂论，甚至还包括藏医。如果要了解敦煌医学文书的整体情况，大家去看一下马先生的一篇文章《当前世界各地收藏的中国出土卷子本古医药文献备考》，写于1998年，由于文章太长，四年后才发表。他的这篇文章按着收藏地的不同和文书的编号顺序，逐一介绍了1998年以前他所知道的绝大部分汉语医学文书的情况。我稍微做了一下统计，大约有320种左右。即使我们再把之后所知道的俄藏敦煌文书当中的医学残卷，以及其他地方的他所不知道的文书补充在里面，汉语的医学文书也不会超过500种。这篇文章虽然可以再补充一些其他资料，但是内容已经相当丰富。如果要了解整体的情况，最好是拿着它作为一个向导，去翻这些年上海、四川等地新推出的英、法藏敦煌文献的图版排印本。这些书都非常精致，看起来比较简便。这张图是《食疗本草》的残卷(图一)，斯坦因第76号，我们后面还会提到它。这里先给大家

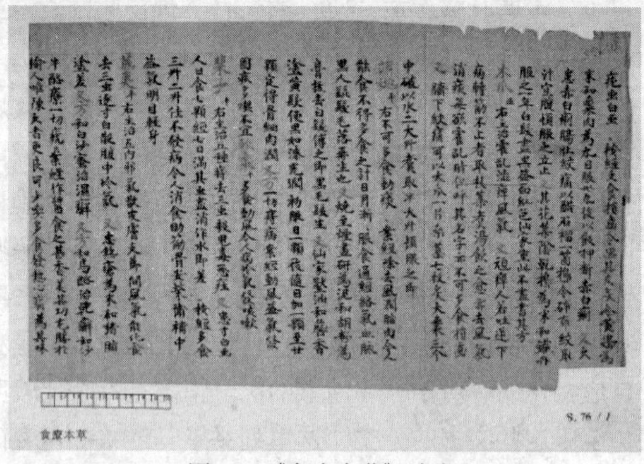

图一　《食疗本草》残卷

作介绍，它是唐代的医书。现阶段有关敦煌汉语医学文书的整理著作，我这里主要列了6本书。从文书整理的角度看，我认为其中比较好一些的是马继兴先生在1998年主编的《敦煌医药文献辑校》。因为马先生是中医研究院医史文献研究所的老专家，在这方面的功力非常深厚，而且他手下的一些研究人员在这方面都有比较精到的研究，所以这本书的质量比较高。要研究敦煌卷子，最好要看原卷。不必每个卷子都要自己重新做录文，已经有了录文的，可以利用它，和原卷或照片对照后，有的地方也许可以改动，有的没必要改动。这是一个很方便的法

子。从先生有两部书，特别是后一部《敦煌中医药精粹发微》，是一本研究著作。《敦煌中医药全书》只是文书的整理，然后做了一些注解。这种书，大家要写论文的话，不能直接抄它的录文，一定要和原卷（至少要和原卷的照片）对照，否则里面可能就会有一些错误。

2. 再介绍一下胡语的文书。胡语的医学文书，据现阶段所知道的大约有8个语种，主要是梵文的文书，其他还有于阗文的、粟特文的、龟兹文的、藏文的或用藏文写的象雄语的、回鹘文的、犍陀罗语佉卢文的、叙利亚文的医学文书。在这些医学文书当中，有的是我国少数民族的文字，有的则属于外来语。其中最重要的是梵文，因为生命吠陀医典是印度医学的主体部分，这些医典主要是用梵文写的。生命吠陀，Ayurveda，音译就是阿输吠陀，在西域的传播和交流是非常广的，对其他语言的医学、文化的影响非常大。像粟特语的、于阗语的文书有的可能是直接从梵语翻译过来的，或者说有的文书是梵语文书的对照本，如一面是于阗文的、一面是梵语的；或者上边是粟特文的、底下是梵语的。这就看出来印度医学对西域或中亚地区的影响是很大的。

（1）梵语医学文书主要介绍两种，一个是《鲍威尔写本》

图二 《鲍威尔写本》

(*The Bower Manuscript*)，一个是《毗卢本集》（*Bhela-samhita*）。《鲍威尔写本》（图二）是1889年从新疆库车附近的古代佛教遗址中挖出来的。最初的目的也不是考古发掘，而是一些维吾尔族人在那里挖宝，就把它给挖出来了。当时英军有个中尉叫鲍威尔的，他从印度追一名逃犯到新疆库车地区。有一天晚上，当地人带他去看那些挖出来的文书，并卖给他其中的一部分。这部分文书并没有总的题目，学术界为了方便就把它命名为《鲍威尔写本》。鲍威尔回到印度之后，把这批文书交给了当时孟加拉亚洲学会会长沃特豪斯（Waterhouse），而这位会长也是一个军人，学术水平并不高，所以他又把它交给了当时孟加拉亚洲学会会长语言学干事霍恩雷。霍恩雷看到这批写卷后，非常激动，因为他本人是个非常优秀的语言学家，对古代印度的医典也很熟悉。所以他花了将近20年时间对整个《鲍威尔写本》从头到尾进行了很细致的研究，并出了转写本、翻译本和研究本，后来编成了三卷本的《鲍威尔写本》。图2是《鲍威尔写本》的一张照片，看它的形状是在桦树皮上写的，中间有个孔，用来穿线以便把数叶文书连在一起。这不像我们汉文书籍，而有点像竹简的样子。霍恩雷经过研究，发现《鲍威尔写本》由七个不同的部分组成。前面三个部分和医学相关，第四、五部分实际上是一个占卜文书，内容是用骰子来预知未来。骰子、赌博是印度从古到今非常流行的方式，在印度两大史诗当中就有很多记载。第六、七部分是陀罗尼经，叫《大孔雀明王［妃］经》，属于密教经典，时代应该是相对比较晚的。霍恩雷认为《鲍威尔写本》的写作年代是大约在公元4世纪，即公元375年前后或者350年到400年之间写的。但是20世纪80年代中期，有一位德国字体学家洛·桑德尔（Lore Sander）的研究就不一样了。她专门研究中亚的字体的演变，因为中亚的文书情况非常复杂，字体也很复杂。桑德尔经过研究，认为《鲍威尔写本》的年代没那么早，至少抄写的年代不会在4世纪，而是在6世纪前后，现在的大部分学者都接受了桑德尔的这种观点。《鲍威尔写本》的前三大部分是医学写卷，相对来说比较完整一点的是第二个卷子。它应该是一部医书的模式，总共有16章，现在看到的是它保存下来的第1—14章，后面两章没了，缺了。第一个卷子是残卷，里面主要讲的是咱们吃的大蒜，包括大蒜所拥有的故事、神话来源、在民俗节日中的用法以及与其他药物的配方和功效。第43个药方之后，则看起来像另一个小型的药理书（tantra)，由很多不同的药方组成。第三个卷子也是一个残本，只有72个药方。印度的医书和其他科学文献是一样的，大多数不是散文体写的，而是偈颂体写的，就是所谓的诗歌体，不同的偈颂有不同的韵律，这些诗基本上是用一种叫做输罗迦的韵体写成的。这三部医书的发现可以证明两点，第一点，印度古代医学成就是比较高的。因为这三部医书里边记录了十几位医学家的名字，而且还记录了他们所发明的或合成的不同的药方。在不同的药方后边记有相应的医学家的名字，通过与后来所传下来的印度的其他典籍进行比较，发现中间有不少药方是来自于非常有名的《阇罗迦本集》、《妙闻本集》。第二点，它证明印度医学的传承是非常丰富的。因为《阇罗迦本集》中记载印度有位医学大师叫阿提耶(Atreya)，他有六个学生，其中现在所能知道的有如火(Agnivesa)，还有我们所提到的毗卢 (Bhala) 这两个人。经考证，认为《鲍威尔写本》是如火和毗卢之外的另一位学生的成果。

《毗卢本集》是从吐峪沟发现的，是一个残片，数量远远没有《鲍威尔写本》那么多。它实际上是现存的《毗卢本集》的《病理部》第八章的最后一章和《胚胎部》第一章的开头部分。是勒柯克发现的，他发现后把这件文书带回了德国，由吕德斯进行了研究。吕德斯就是季羡林先生的祖师，当时在德国东方学界地位非常高，他不但研究医学文书，而且对佛教、世俗文书、语法著作等的研究也非常好。他出了一本书《印度语文学》，相当于汉语的语文学，不是文学，而是印度的语言集子。该书现在还是做印度学的人必需的参考书之一。

其他的梵文医学文书规模就比较小了，一个是伯希和从敦煌带回去的，在《法藏敦煌文献》里有二三件文书，它们都比较残，而且没有公布出来，没有人做过研究。第二个是梵文医典《耆婆书》，后边我们会讲到它。第三个是吐鲁番出土的其他梵文医学文书，主要刊布在德国哥廷根大学编的丛书《吐鲁番出土梵文写卷》中，丛书现在已经出了八本。但是这些文书规模都很小，最长的是上面说的《毗卢本集》，也公布出来了。其他都是一些残卷，有一件是关于护理儿童的，很有意思，其他都是一些药方。近些年又出土了一些文书。1994年就从阿富汗出土了一件梵文医学残卷。大家清楚，1994年的时候，阿富汗内战期间出了一批犍陀罗语文书。这批文书后来被一个商人买了之后送给了大英图书馆。大英图书馆请了美国的一位教授，就是华盛顿大学的Salomon教授，他的中文名字叫邵瑞祺。他组织一批国际学者对这批犍陀罗语文书进行研究，就发现中间有些文书是梵文的，而且有件梵文的医书写得非常特别，它没有名字，语言也不是犍陀罗语，而是梵语的。它采用的字体不是佉卢文的字体，而是中亚写本中常见的婆罗谜字。对这件文书还没有进行研究，只是一种简单的描述，它绝对的年代是否早于《鲍威尔写本》，现在还不能确定。如果它的年代和其他的犍陀罗语写本的年代是一样的话，那么它就比《鲍威尔写本》要早，否则它可能要晚一些。还有一个就是日本大谷探险队所收集到的印度梵文医学文书，里面有三部医书，不过它们都是非常晚的文书。有一部是《八支心要方本集》，18世纪时尼泊尔出土的，所以不在我们研究的范围之内。《鲍威尔写本》能够证明外来的医学文书即印度的医学文化对新疆的地方医学有影响。通过对《鲍威尔写本》和其他医学写本的研究，还可以发现它对于多民族地区的语言医学也有影响。《鲍威尔写本》当中还保存了一些印度古代民俗的史料，可以进一步探讨印度民间的社会生活以及包括医学的治疗学等方面的民俗学意义。

(2) 第二个要介绍的是于阗文的医学文书。成型的于阗文医学文书有两部，一部叫《医理精华》(*Siddhasara*)，一部叫做《耆婆书》。《医理精华》将做重点介绍，另外，敦煌所出的于阗文的残药方主要在伯希和的收集品当中，大约有5件左右。最近揭示出来的美国国会图书馆所藏的克罗斯比（Oscar Terry Crosby ）收集品当中有56件于阗文的写本，当然大多数是佛经，此外还有世俗文书、医药文献。至于医药文献现在还没有刊布出来，没有做过研究。从于阗文医学文书的整体研究上看，只有《耆婆书》有转写和研究著作。《医理精华》有于阗文的转写，但是还没有研究专著。几页“护诸童子”的神像，等会儿也要介绍，它是于阗文和汉文的双语文书，实际上它是写在纸画上面的题记。

出自于敦煌藏经洞的《医理精华》，大约成书于7世纪的中期，作者叫做拉维笈多。《医理精华》作为印度医学向外传播的文书来说，它的意义非常大。因为它现存的其他民族语言的译本中，有藏语的，是三位翻译家所翻译的，现在还保存在藏文的《大藏经》当中；有敦煌出土的于阗文的文本，有两种，一个是Ch.ii 002号，一个是P.2892号。Ch. 是Chinese的缩写，这是斯坦因第一次拿到敦煌藏经洞的文书后首次编的号，后来没有改变过，所以看到Ch编号，就可知道这个文书是出自藏经洞的。《医理精华》10世纪后有了阿拉伯语的文本，现在留下来的是残片；13世纪的回鹘文文本也是一些残片，不是完整的医书。完整的医书是由恩默瑞克（R.E.Emmerick）教授收集的。他在20世纪80年代的时候把印度流传下来的7个梵文写本整理出一个精校本。在1982年的时候，他又把《医理精华》的藏文本译成英文本。他的第三步工作是把于阗文的《医理精华》再重新转写和翻译，但这批成果一直没有出版出来，因为他本人于2001年不幸去世。恩默瑞克教授在伊朗学和印度古典医学研究方面具有非常大的成就，但他60多岁的时候就去世了，实在是太可惜了。

《医理精华》是一部主要讲述临床知识的经典著作，实际上是一部医方的选集，从名字上看，“sara”是“精华”的意思。把认为比较好、比较有效的药方从别的地方选进来集合成一部集子。它总共有31章，整个的医典涉及到内科、外科、儿科、妇科、五官眼科的各个方面的疾病的治疗。它的构架是，前面1—4章是医学理论，特别是第4章很有意思，介绍了生命吠陀的很独特的医学理论。这书里列出了一个人要死了，会出现哪些恶相，医生通过观察觉得这人不行了等等问题。另外，印度医学认为，一个人生病后派人去请医生，而这被派的人就决定了患者会得什么样的结果。比如，派一个五官长相很难看的或低等种姓的人，就会不妙。因为印度是等级种姓制度的社会，如果派一个低等种姓的人，那就会带来一些不祥的预兆。同时，医生在来患者家的路上看到的各种不同的景象也会对治疗有所影响。有的医生在路上碰到两个小孩打架，打得头破血流，或者看到有的人点火，有的人大闹大骂，或者看到一些蛇或者老虎等动物的话，也会有影响，所以，有些医生怕耽误事情就不去了。而有些医生则认为要做一名良医的话，就应该再试试，也许病人还有救。这样的一些记载，在中医的典籍中却完全没有，当然中医也有预兆或预后的一些学说，比如从一个人的面相看他的疾病，但是没有关于请医生的使者和医生在路上所见到的景色对疾病有影响这种观念。《医理精华》收集了许多珍贵的临床医方，所以它的价值比较高。它的另外一个价值是，其编撰的方式是按着不同的主题编的，特别是从第5章到第30章比较明显，如第5章是发烧、第6章以下是按着不同的疾病来讲的。在这之前，印度的医典是按着八支，就是“八分医方”的构架排列的。什么叫“八分医方”呢？后面引用汉文医书来看生命吠陀的理论在西域传播的时候，会讲到“八分医方”的体例。我最近出了一本书——《印度梵文医典〈医理精华〉研究》。该书是中华书局出版的，主要研究了《医理精华》梵文的部分，基本上没有涉及到于阗文的部分。不过，该书对《医理精华》的汉文翻译是完整的，如果大家有兴趣的话，不妨看一看。

另外一件比较重要的医书是梵文和于阗文双语的文本《耆婆书》。这《耆婆书》的名字也是学者所命名的，里面提到了Jivaka，就是耆婆。耆婆是与佛陀同时代的印度神医。这部书的构架是耆婆向佛陀请示医学的知识，于是佛陀就告诉耆婆许多医方，所以英国的一位学者贝利（H.W.Bailey）教授给这书取名为Jivaka-pustaka，Pustaka是“书”、“书籍”的意思。这部书也是斯坦因从敦煌藏经洞拿出来的，现藏在英国图书馆东方与印度事务部的收集品部中。它的编号排在《医理精华》的后边，为Ch.ii 003号。《鲍威尔写本》是桦树皮的，这部医书却是贝叶的，两个不一样。现存有43叶，大概在11世纪以前抄的，是晚期于阗文的文本。晚期的于阗文在学术界暂时还没有确切的历史年表，大致认为它是11世纪以前的。因为11世纪之后就不再用了，所以它抄写的年代大约是在900年至990年间的范围之内。《耆婆书》的结构与《医理精华》不一样。后者是完整的医书，是按着先说医理再排列医科的顺序来编写的，而《耆婆书》是按着药方的性质来排列的，即最开始是熬的酥药，然后是不同的药散方等。也有的是将药散做成丸子。有的还加芝麻油来做药。本书现存有93方，相当于是一部医方的精选集，理论上它是属于印度生命吠陀的体系当中。和《医理精华》不同的地方，就是《耆婆书》有佛教影响。第一，它是佛陀说的；第二，它里面有“佛法僧”三宝这样一些词汇。《医理精华》当中“医”就是“医”，找不到佛的词汇，完全是世俗性质的，而《耆婆书》有佛教影响。《耆婆书》的于阗本是个翻译的文本，和梵文文本不太一样，不是直接的或原原本本的翻译，而是在中间还加了很多内容。一个是把梵文文本当中的集合名词都做了解释，如每次提到三果药、三辛药等，都一一解释。另外，它还有一些于阗本土的医学知识，所以它应该是印度的和于阗本土医学知识融合的产物。有关《耆婆书》的研究的专著，是挪威的一位叫斯坦·柯诺（Sten Known）的专家作的，他在1941年就把《耆婆书》翻译成英文的文本。1999—2001年，我在北大历史系暨中古史中心荣新江教授门下读博士后期间，对《耆婆书》的梵文本进行过研究，主要是讨论“耆婆”及其在中印古代医学文化交流方面的表现等问题。

（3）下面再介绍一下粟特文的医学文书的残卷。它的编号为Pelliot Sogdien 19，只有22行，只发表了图版和转写，还没有完全翻译出来。里面有关于呕吐、下泻的药方。亨宁（W.B. Henning）教授是粟特语的研究大家。他翻译了部分药方，但没有全译。有一件粟特文的医学文书，是德国美因兹（Mainz）科学与文学院所藏的粟特文和梵文翻译的残片，现有7行，是用来治疗眼病的。因为用《医理精华》、《百方篇》（或《百医方》）来推测它里面现有的词汇的话，它可能是治疗眼病的。它的编号是Mz639号。

（4）龟兹语的医学文书也不算少。所保存下来的最有名的，要算是《百方篇》（*Yogasataka*，或《百医方》）。奇怪的是龟兹语中没有发现《阇罗迦本集》和《妙闻本集》这样大的文书，并且连它们的残片也没有。但斯坦因与伯希和的收集品当中，可能会存在其他一些当地医学的残片。有关龟兹语的医学文书主要是菲利奥扎（J.Filliozat）在1948年的时候，写了一本书《龟兹语医药与占卜文书残卷》，用法文写的。从知识进展的角度看，它有点过时，所以法国的另一位学者吐火罗语学者彼诺（Georges-Jean Pinault）教授准备做个新的刊本，特别是解读文字的修订。他这话是1990年的时候说的，现在已过10多年，新的译本还没做出来，现在大家利用的还是菲利奥扎的旧书，可见龟兹语的研究是非常不容易的。龟兹语属于吐火罗语的B方言，而吐火罗语的A方言就是焉耆文。

（5）敦煌出土的还有一种医学文书是吐蕃医学文书。最近出版的由罗秉芬先生主编的《敦煌本吐蕃医学文献精要》，收了6件文书。该书对敦煌的藏文医学文书有详细的介绍和研究，大家可以看看。

（6）回鹘文的医学文书。除了上面提到的《医理精华》的残片之外，回鹘文的医学文书主要是《杂病医疗百方》。现有的国内的研究文章主要有三篇，分别是陈宗振（《回鹘文医书摘译》）、洪武娌（《“古回鹘医杂病治疗手册”的医史价值》）、邓浩与杨富学（《吐鲁番本回鹘文〈杂病医疗百方〉译释》）所作的。

（7）犍陀罗语的医书只有一种，能够找出来的应该是出自克里雅的早期的佉卢文书702号的背面。一边列的是林梅村先生的汉文翻译，另一边列的是巴罗教授（T.Burrow）的英文转写。它现有的部分列出了一些药物的名字，通过这些药物名称和药物剂量的关系，能够对出来它应该是“达子香叶方”。用达子香的叶子等可以配制一个药方，具体的做法就不说了。就是说，通过把药物和剂量的关系与前面《鲍威尔写本》和《医理精华》中的两个药方进行对照，就能对出来应该是一样的东西。只不过它后面有关治病的那部分缺了，现在没有了。现在所能找到的犍陀罗语佉卢文的医书就这一件。

（8）叙利亚语的药方数量很少，也仅有一个残的药方。它是一个用雪松油治疗脱发症的药方。这是马罗特（M.Maroth）从吐鲁番文书当中找到的，他认为这个药方应该是来自小普林尼的《自然史》，与波斯的医学家阿维森纳的疗法比较类似。后来有学者进行进一步的追溯，认为这个药方不用绕到小普林尼的《自然史》里去找，它应该直接来自于波斯，和景教有关系。景教传过来的时候，他们也用一些医学知识，医学活动是辅助传教的主要活动之一。最近还有人进行讨论，给唐高宗治病的一个人叫秦鸣鹤，他也是景教的医生。因为他用扎针去治疗唐高宗的眼病，一下就治好了。他那个“秦”就是“大秦国”的“秦”，他是景教的医生。我们如果看其他与景教相关的医药书，就会发现景教在外地的传播，确实是用各种医疗手段作为传教的基本方法。

二．从出土文书看中外医学交流

以下分成两个小的方面来讲，一个是医学理论，一个是医药方的交流。

1. 医学理论。佛教当中的医学理论是“四百四病”。关于“四百四病”，佛教认为人体是由“四大”或“五大”——“地火水风空”构成。“地火水风”影响着每一种可能造成的101种病，那么这“四大”就能够汇成404种病。在印度佛经当中，并没有关于404种病的具体名称的排列，而在藏语文献当中却有这种记载。《四部医典》当中就列出来了404种病。它把每一种病的病名都列出来了。在敦煌的汉文医学文书当中，我们能够找到《张仲景五脏论》和《明堂五脏论》，分别为P.2125和P.3655号文书。另外还有P.2675和P.2718等。在这些文书当中提到了“人生四大”、“四大五荫、假和成身”、“四大假和”、“一大不调、百病俱起”等等这样的一些话语。这是印度佛教医学的基本理论。这样的理论不需要进行详细的考订，一看就知道这些话是来自印度的，因为中医没有这些话。俄藏的Дx09888记载了“八术”的内容，图三是个残片，提到了“妙解八术。何名八术？请予列名”，所列举的第一术是“头眼方”，第二术是“五脏六腑”、“内病”、“切脉”，图四是Дx09888背面的“第三术”，还有第四术、第五术、第六术，后面就残缺了。虽然它只有一个残叶，但我们能够看出来它基本的理论是来自印度，一个是义净的《南海寄归内法传》中就

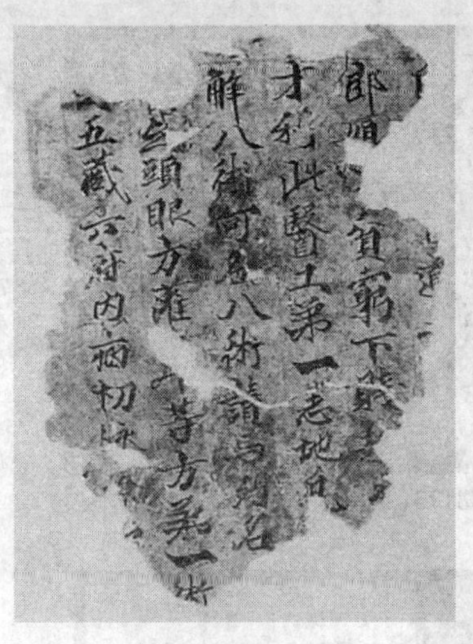

图三　Дx09888

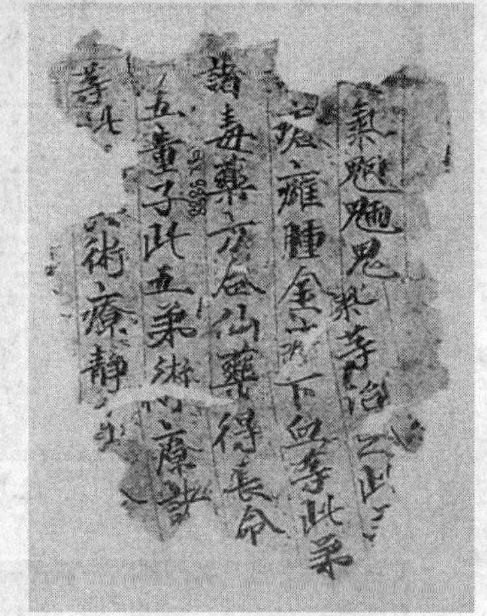

图四　Дx09888 背面

提到“八医”。这“八医”就是“八方”，一个是“所有诸疮”，指治疗身体外来的疾病；依次是“首疾”，指头部咽喉以上部位的疾病；“身患”则是咽喉以下身体的疾病；“鬼瘴”是指受到鬼魔或邪魅的袭击所造成的疾患；第五种“恶揭陀”是agada，是毒药和解毒药；“童子病”，指从怀胎到16岁以前都属于童子病，妇科病也在童子病的范围之内；“长年方”是讲长寿的；注意身体强健的“足身力”本来是春药一类的，但因为佛教反对性欲，所以它不能翻译成“强精”，只能翻译成“足身力”。我们若将Дx09888文书与印度的“八医”进行对照，则发现“头眼方”对第二术，“五脏六腑”对“身患”，“鬼气”对“鬼瘴”，“金疮下血”对第一术“治创”，“毒药”对第六术“治毒”，“疗诸［童子］”对第五术“孩童”，第七和第八术缺了，没有了。这就看出来印度生命吠陀的八种分科的学说在敦煌、吐鲁番有所流传和影响。第二种是非常详细的“三俱”理论，在Дx18173号的背面（图五、图六）。我拍成两张是因为它中间断了，这是它的反面。我们看正面的录文就知道，“问曰：‘何则三俱七界？’”“三俱”指的是风、黄、

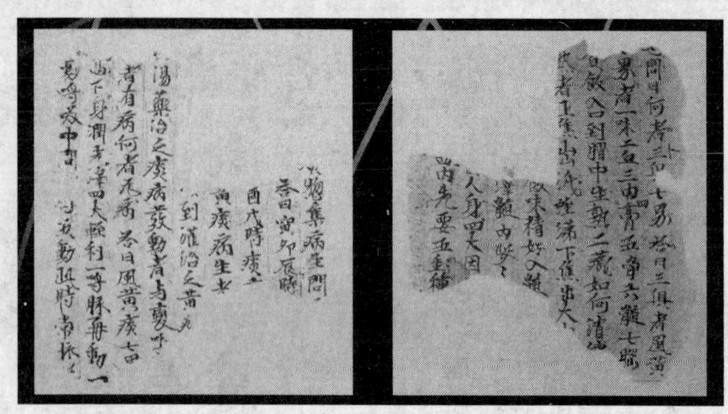

图五　Дx18173(2-1)

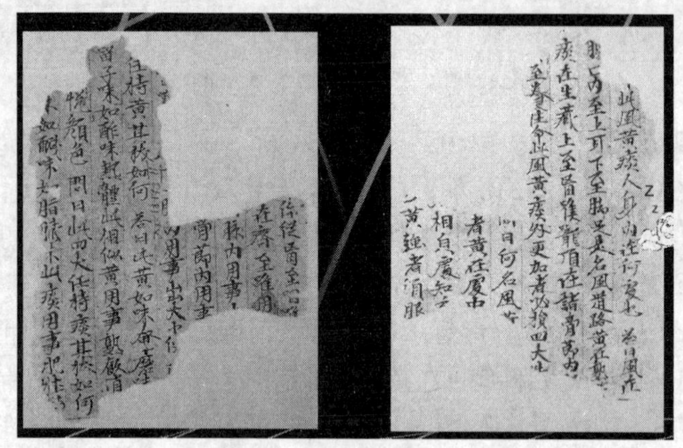

图六　Дx18173(2-2)

痰，风就是内风，黄是胆汁，痰是类似中医所说的痰，有内痰和外痰之分。“七界”指的是一味、二血、三肉、四膏、五骨、六髓、七脑这七样东西。这“三俱七界”就是印度生命吠陀的理论，而这里面还提到“四大因缘”和“总集病”。什么叫“总集病”呢？它就是“风黄痰总集病”，按照印度医学的说法，“三俱”是人体中循环的三种体液，这三种体液尽可能地保证人体的健康。因为它们的平衡状况保持人的健康，它们的失衡状况则导致人的疾病，所以又叫“三毒”或“三病相”。“三毒”总共造成7种病：每一种体液造成一种性质的病；每两种体液合和能造成三种性质的病；“聚合”就是三种体液集合在一起；总共造成七种病。在佛经当中，风性、胆汁和痰性所对应的病分别是风病、热病、水病。三液整合性的病就是“总集病”。所以“风黄痰总集病”是印度医学理论。Дx18173还谈到每一个不同的时辰所发生的疾病的原因，又说到“生藏”和“熟藏”的概念，还有人的体液的性能等问题。如果能细致地考订Дx18173这件文书的年代的话，它应该是在8世纪的前后。但即使把它放在10世纪的时候去看也比印度脉学的理论要早。印度“脉诊”的理论是在13世纪时候才出现的，据说是受到中医的影响。印度古代就没有“脉诊”这种方法，“切脉”这几个字是很典型的中医概念。第二是“三焦”问题。中医当中的“三焦”是怎么来的呢？学界有很大的争论，有的认为是自身的，有的认为是外来的，但是还没有争论清楚。这里面提到了“上焦”和“下焦”。印度医学中并没有这样的概念，它只提到风、痰和胆三种体液处于三个不同的部位。它们的三个部位看起来和“三焦”的部位有点相似，但“三焦”的具体来源究竟如何还有待于进一步考证。就“切脉”这些词汇来看，这应该是中医的词汇。Дx18173里面还有一句话“一呼脉再动，一［吸脉再］动，呼吸中间［脉］存五动，此时常脉……”这句话实际上与唐代《黄帝内经素问》卷五中的话语（“一呼脉再动，一吸脉再动，一吸脉亦再动，呼吸定息，脉五动，闰以太息，命曰平人”）有密切的联系。这说明Дx18173号文书把印度的医学和中医的理论掺在一起。再做进一步考察的话，就可以发现这部文书不是对某一种佛教经典的书写，也就是说它不是佛教内容的东西，而确实是一件医书。这医书确实能反映出印度医学和中医学的交流。这种交流的内容在中医传世的典籍当中，主要是中原地区的一些书当中确实没有。这就说明西域地区或敦煌地区的中外医学交流的程度有可能比中原地区更加丰富一些。

2. 医药方。这里主要谈谈眼药方、眼药知识及其应用。在现存的胡语写本中，《鲍威尔写本》的第一个选集和第二个选集当中都有不少的洗眼睛的方法。《医理精华》的第26章是眼科，当然这眼科的范围比我们现在说的中医的眼科范围要大。它包括治疗脖子以上部位疾病，所以五官科的疾病也在这眼科里面。从汉地医书来看，能够反映印度眼科知识传入中国的主要是其理论和金镵术的记载，如《外台秘要》的卷二十一提到了“天竺经论眼序一首”。季羡林先生在写《糖史》的时候，有个发现，他认为两部《千金方》当中关于印度眼科知识比较少，而《外台秘要》中关于印度眼科知识的记载却比较多。他认为印度眼科知识传入的主要时期可能就在《千金方》和《外台秘要》之间的那100多年。我们再看现存在日本的大谷文书，其中大谷1390号为眼药方（图七）。大谷1390号的眼药方看起来可能是三个药方的组合，因为这第一行的右方，前面有“和水”两个字，可能是一个药方。中间的第二、三行可能是一个药方，第四行“又方”可能也是一个药方。关于这三个药方在这里不做详细的介绍，只看“毕钵”这一味药物。“毕钵”就是pippali，是长胡椒。在《外台秘要》中有长胡椒这样的药物，不过是属于药性比较烈的药。它不用于治眼病，中医认为用这种药治眼，对眼睛有损害。印度和西域的看法却不太一样，不少的治眼方都用长胡椒。比如，《鲍威尔写本》第二卷的854颂中有个“黑眼膏”的记载，就掺了长胡椒。《医理精华》的26章中有不少药方，这里举了

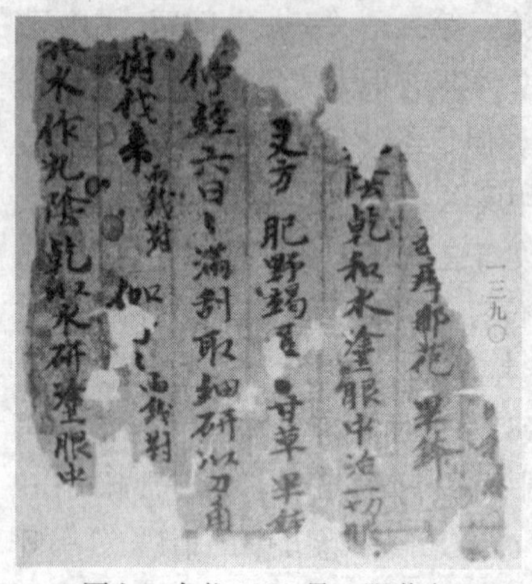

图七　大谷 1390 号：眼药方

一个（Si.26.35），它用的也是长胡椒。大谷文书中也用了长胡椒，但《千金方》、《外台秘要》和《医心方》等隋唐时期的大医书当中，没有一个眼科药方用长胡椒的记载。那么，这个文书能够反映出它确实是受到了印度医学的影响。出自吐鲁番阿斯塔那墓的另外一件文书（73TAM 506:4/43）当中，也有一个用“石蜜”的药方，“石蜜”就是现在的白糖。用石蜜治疗眼病，在《食疗本草》当中就有关于其医疗原理的记载。《食疗本草》中说，石蜜有祛除热火、明目的作用。在伯希和收集品的其他汉文医书当中，都有用石蜜来治疗眼病的记载。《医理精华》中也用石蜜，有的治风湿性眼病，有的治胆汁性眼病，有的治血液性的眼病，有的治结膜炎、夜盲症，这说明石蜜用得比较广。在中医传世的汉文典籍当中，用石蜜来治眼病的记载却很少，用蜂蜜治眼病的则很多，这是中医的一个特色。这说明一个问题，这些出土的眼方都能够反映出不少的眼科知识是外来的，而且应用到实际的治疗活动当中。

下面提到另一类药方叫“长年药”、“万病丸”。在《鲍威尔写本》当中有三个“长年药”方。长年药方就是长生药，长生的甘露，以甘露为名，甘露乃是天神之药。据有的先生的考证，像嫦娥上天吃的药就是甘露。不但在印度有甘露的说法，在波斯（古代伊朗）也有相似的传说。《医理精华》的第28章中也说“长生药”，就是长年药。在中医的典籍当中也有长年药，那么它们之间有什么关系呢？这问题值得进一步探讨。我们知道在两《唐书》里曾提到唐太宗和唐高宗都请过印度所谓的长年婆罗门僧，让他们做长年药方，结果唐太宗吃了那药后，不久就死了，后来这个事情就成了笑话。那么，为什么他们要用长年药呢？这反映了古代人对长寿的渴望。将外来的和中医中的长年药的药方进行比较，则发现它们的药物都有所不同，但是它们配方的方式和药方的长度却有某种一致性。比如，《鲍威尔写本》当中的三个长年药方，都是大型药方，所以叫复方。而中医的典籍当中其他的药方都比较短，我们看看那些医书就能够发现这样的问题。从“万病丸”上也能看出来，《千金翼方》当中就收了一条 “耆婆万病丸”，有32味药。这是大型的药方，但里面绝大多数的药是中医的药物。“万病丸”的观念是否有外来影响，还有待于进一步探讨。

再介绍一下与中外医学交流史有关系的其他资料。一个是双语的纸画，一个是石刻资料所反映的耆婆观念。有一个出自敦煌藏经洞的纸画，是汉文和于阗文对照的，当然于阗文的题记比较简短。这里提到了16个女神，她们都是保护小孩的，16个女神底下有很多小夜叉，经常捣乱作怪，使孩子生病。孩子一生病的时候，经常去祭祀它们，那样就会使孩子痊愈。这里只剩六幅图（图八、九、十、十一、十二、十三)，画有牛、狐狸、鹿和鸡等图像的神怪。若梦见它们的话，小孩就会得什么病等等。这六个画像所反映的内容与佛经《佛说护诸童子陀罗尼经》有关系。这个图像资料里说的是16个鬼神，而《护诸童子陀罗尼经》里说的是15个鬼神。它们说的都是一样性质的东西，这些鬼神给小孩带来疾病，如果祭祀它们，小孩就不会生病等事情。这纸画相当于现在街上卖的年画或小宣传画一类的东西，反映当时敦煌、于阗地区的人们有这样的一个观念。这种鬼叫graha，graha也有“抓”的意思，把那孩子给抓住的意思。在天文学有一个词，叫做nava-graha，就是“九曜”或“九执”。“九曜”指的是“金木水火土日月”，还有 “罗睺”和“计都”两种。医学当中，nava-graha指的是九种“曜母鬼”。这些魔鬼在《妙闻本集》中是九种。《八支心要方本集》当中有12种，这12种叫bala-graha，bala就是儿童的意思。12种中有5种是阳性的，7种是阴性的。《耆婆书》当中也提到graha，这说明印度医学当中graha的观念是一致的，它们都认为graha给孩子带来病患，都需要祭祀，以不同的方法使孩子得到解脱。当然这反映了对儿童的一种保护。现在的中医或民

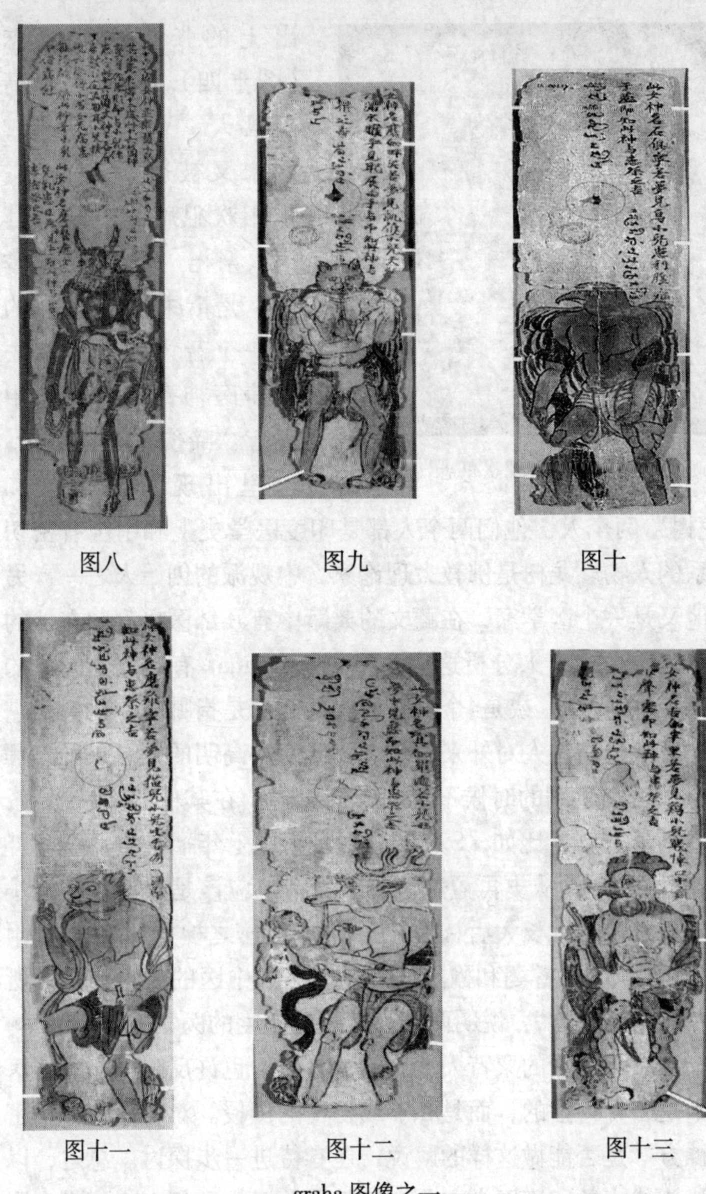

图八　　图九　　图十

图十一　　图十二　　图十三

graha 图像之一

间还有很多这样的方术之类的东西。

我们再从石刻资料中来看看耆婆观念。这张图是从吐鲁番

图十四　张相欢墓志

出土的张相欢的墓志（图十四）。他是西州高昌县人，曾到过洛阳，后来又被遣回到高昌。张相欢犯病的时候，其家人祭祀“耆域”，“耆域”是jivaka（耆婆）的另一个音译，就是指去祈祷医神耆婆。墓志中还有“啼伤龙树”一句。这里出现“耆域”和“龙树”两个人，他们两个人都是印度医学史上和中国有密切关系的人物。龙树是佛教大理论家，中观派的创始人之一，另外他又是一个医学家，在藏文的典籍中有几部医典都归在他的名字之下。也有人分析这位龙树（Nagarjuna）有好几个同名的人，也许是3个，或是4个人。而此处无论是指哪一个龙树，它都能反映出高昌人对外来医学人物或医术高明的人有一种崇拜之心，否则生病的时候不会向他们祷告。在其他的文献当中，还提到了耆婆，比如，S.4363《后晋天福七年七月史再盈改补节度押衙牒》。从史再盈这个名字看，他应该是粟特人。他小时候非常聪明，长大后从师 “习耆婆秘密之神方”，“效榆附宏深之妙术”。耆婆和榆附分别是印医和中医的大人物，而所谓“秘密之神方”，说明两点：其一，印度的医学（和中医学）对于在敦煌生活的粟特人有影响；其二，也许反映出印度的医学不是公开传播的，而是私下或秘密的传授。对所谓的“秘密之神方”是否能做这样的解说，还有待进一步探讨。总之，以耆婆为代表的印度医学文化对于敦煌的汉人和胡人应该都有影响。耆婆作为印度的医王，在中医当中留下了很多医药方，如《隋书·经籍志》中提到《耆婆所述仙人命论方》。后面的几种除了《耆婆五脏经》之外，都是中国的正史当中所记载的，绝大多数是散佚了，没有了。《耆婆五脏经》虽存在，在正史当中却没有记载，而是杨守敬在日本的时候购回来的，从此就存在了国内。后来这一批东西撤到台湾，进了台湾故宫博物院。《耆婆五脏经》是个上下两卷的抄本，我没有看到这本子。据有的人说，这个本子大部分的内容是中医的内容，和印度医学的关系不是很大。不管这本子是印度的还是中医的，它都能说明中医界对耆婆是非常重视的，否则不可能用他的名字来命名这部医书。

图十五是德国吐鲁番探险队第二次探险时从雅尔湖所发现的，编号为T.II.Y49号文书，现在新的编号是Ch.3725。这里提到《焉婆五脏论一卷》，这“焉”字肯定是“耆”字的误写。这是出土的文献中所能找到的《耆婆五脏论》的惟一证据。在宋明的医典当中，却有关于《耆婆五脏论》的记载，但内容和这个文书不一样。那里讲到关于妇女怀胎十个月的不同胎相时，引述了《耆婆五脏论》。这个《耆婆五脏论》和宋明的《耆婆五脏论》是不是一回事？或者它们是一部医书的上下两部分？这些关系很复杂，需要进一步探讨。那个《耆婆五脏论》关于十月胎相的描述，和印度医学到底有没有关系，也值得进一步的探讨。我在这里只能提出一些线索，如果大家有兴趣的话，可以去探讨一下。这是Ch.3725《耆婆五脏论》背面的《诸医方髓一卷》（图

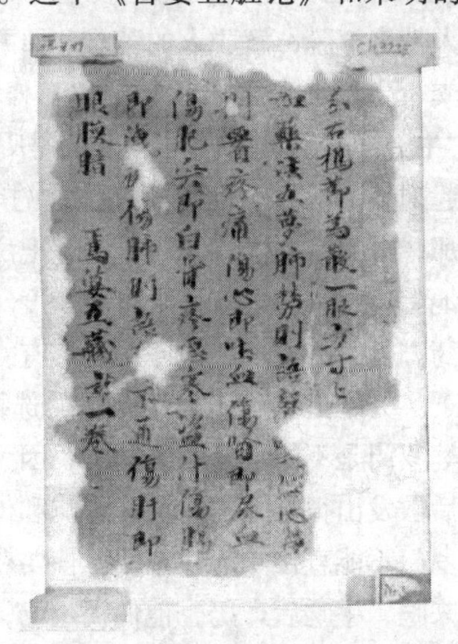

图十五　Ch.3725

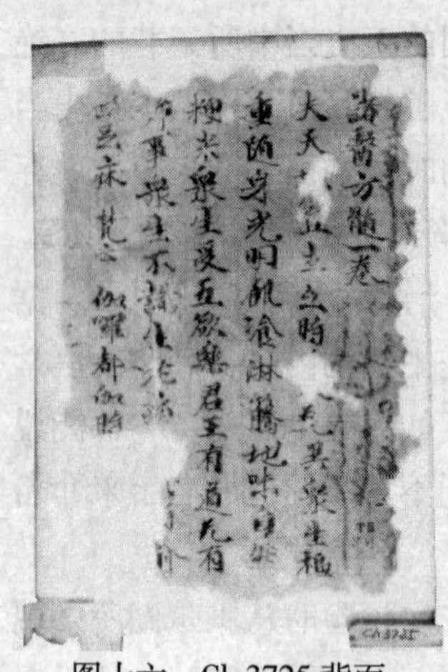

图十六　Ch.3725 背面

十六)，看得出来是佛教的内容，而且是关于佛教创世的神话。该神话提到，开始的时候，人们吃地藤、地味、自然粳米，没有生老病死。后来人的欲望越来越大，就带来了无穷的痛苦。类似这样的故事在很多佛经当中都能找到。

3. 出土医学文书所反映的社会生活的某些侧面。我们先讲一下“牛五净”。牛五净，panca-gavya，是指牛所产出的酥、酪、奶、牛粪、牛尿等，牛粪是没有落地的“粪”。印度把牛粪和牛尿都用于药方当中，中医却不那样用。因为中国人认为它是不干净的，而印度人认为它是干净的，这里面就有“净”和“不净”的观念的差异。那为什么说它是干净的呢？最初的《摩奴法论》里说，它是赎罪苦行的一个方式，因为它能够给人带来解脱，解脱人的苦难和罪恶，所以这里就提到牛尿、牛粪、牛奶、酸牛奶、酥油这几样东西。在密教文献当中对于“牛五净”有多种用法：有的是喝的；有的是和其他东西配合起来使用的；有的是用来擦地的等。在现在的藏传佛教当中，那些喇嘛闭关修行的时候为了把房子弄干净，也把牛五净涂在地上。这个观念应该来自于印度。有它的宗教意义，所以用在药方当中的不多，但印医确实有，中医却没有。

另外是印度人对于药物的选择能反映出他们自己的观念。婆罗门是不能直接吃大蒜的，因为大蒜味道太辣，而且吃了以后散发出很难闻的味道，影响和他人的交流。葱也是这样，婆罗门不能直接吃那些东西。但要获得大蒜的药效怎么办？让牛来吃，牛吃后产奶，他们喝牛奶，可间接地获得效果。作为第二个等级的刹帝利，即国王、武士这个等级的人物，也不应该吃葱。在佛教界“五辛”是禁止食用的，葱、姜、蒜这些东西是不能吃的，这和他们的宗教含义有关系。这就说明一个问题，我们在探讨药方的时候，不仅仅要看药物的组成，还要看它背后的选择此药物的原因及其意义，以及它与中医的差异，中医的吸收或排斥等等诸方面的问题。比如中医不用牛粪来治病或者很少用，它没有把“牛五净”作为一味药来治病。这有它的道理，中医认为不干净，不能接受。

简单地说了上述的这些，下面再提示几个问题。也就是说，如果我们要进一步作这方面的研究，要有深入的进展，那么将取决于以下几点：

第一，胡语文书的解读。前面提出来的一些胡语文书有的还没有刊布出来，有的没有解读，像于阗文医学文书的大部分残片都没有解读出来。我们可以通过梵文医书的对应本，去解读这些于阗文文书。解读这些于阗文文书，不仅仅是一个对医学研究有益的问题，反过来，医学文书的解读也有利于其他世俗文书的解读，因为它有很多词需要大家再去认识。

第二，不能单纯地强调胡语文书，而必须与汉文的出土文书和传世的汉文史料结合起来。汉文史料不仅包括医书，还包括正史、笔记、佛教资料。就是说要在更广的范围之内，把相关的史料能找到的都集中起来，这样研究才可能会更深入一点。

第三，讨论一件文书不要局限在一个语言文本的范围之内，要把多语言的一些文献关系综合考虑。当然这样做比较困难，开始的时候只能做一些小的专题研究。为什么要提出这样的问题呢？因为我们想，敦煌藏经洞是佛教的一个窟，大部分是佛教文献，那么它为什么把这么多东西放在里面呢？为什么有藏文的、汉文的、于阗文的呢？而且都集中在一起呢？这就是我们要回答的问题。当然可以这样说，从印度的角度来说，印度人要学“五明大论”，五明当中就有医方明，那么佛教僧侣也要学医方明。他们学医方明拿中医的就可以了，为什么把藏医的也放在一起呢？你可以说藏族人在那里，于阗语的则可解释于阗人在那里。因为9—10世纪的时候敦煌和于阗的交往比较密切。有文书记载，住在敦煌的人写信给于阗，说需要一种“细好热药”，可能就是治感冒、发烧的那种细好药。这说明敦煌和于阗之间有着实际的药物交流。其实医学交流不仅仅在医书当中反映出来，其他文书当中也有所反映。

问：我想问一句题外话，敦煌出土的很多文书大多是手抄本，它无论是翻译的还是手抄本，应该有个原来的版本，那么它原来的那个版本是怎么得到的？我觉得那时候不像现在有这么多书，有这么方便，我觉得应该是私人的收藏。

答：从大的角度来看，最早期的那些佛经包括这些文书，它外来的本子可能是没有底本。很多时候是口头传授的，印度的很多东西都靠口口相传，像两大史诗那么长的东西都有人专门背诵的，也有人花36年的时间把四部吠陀系列全部背下来。我估计开始的时候，没有像我们现在的“书”的东西，大多是口头传授。至于它开始传来的时候，也许不给大家看，可能传给当地的侨民，所谓的旅居者。因为敦煌是当时一个国际的通道，大家来来往往，很多粟特人都聚居在这里。他们也生病、治疗。要治疗的话，他们更相信他们本地原有的一些医学体系的知识。而当它再不灵的时候，他们可能会相信中医的知识。到隋唐时期，外来的文本传入的很多，在印度、西域都已经有了成型的版本。在敦煌藏经洞保存下来的胡语医籍，就有很多编译本。

问：那您的意思是说当时这些文书不是翻译的，而是根据当时的具体情况重新编的？

答：它有的是编的，有的是翻译的，要看不同文本的具体情况，不能一概而论。像我们说的《医理精华》、《耆婆书》，就其性质来看，包括《鲍威尔写本》的第二卷都是一个医方的选集，选的时候应该是选了多种不同的医书。另外，现在所存下来的抄本，可能是别的本子的抄本，就是说原来那个本子是别人已经做好了的，现在只照抄了一遍而已。翻译的情况就不一样，它有的是梵语文本的对照翻译，或者是单纯的翻译文本，有的是转译的。如《医理精华》的于阗文本，不是从梵文翻译过来的，而是从藏文本翻过来的，中间转了一个弯。

问：在敦煌无论是汉语文献还是胡语文献，有多种文献的主题是一致的，而内容是以不同的部分组成。这些部分在不同的写本里，以不同的方式组合。医方文书里很明显，比如不同的医方文书里，这个可能选择某部书的一种药方和另一部书的一种药方。它可能是来自一本书或同样的一批书，但和不同年代的版本比较起来，会发现其中存在较大的差异，构成是不同的。是否可以总结出这样的规律：越是特别实用和流传比较广泛的文献，在这种情况下重新组合和编辑就越是常见的事情？

答：可以这么说。但是不同的医书有不同的复杂的情况，像《鲍威尔写本》选取的几十个药方来自于《阇罗迦本集》，也有几个药方是来自于《妙闻本集》。然而从《妙闻本集》来的方子，它们不是直接抄来的，而是通过另外一种《迦叶本集》来抄的，转了一个弯。我想，还是应该根据每一部书的情况来分析，这样的话，所谓的规律就能在大量的分析后总结出来。

问：您刚刚说到的猫、牛之类的图像，妈妈所做的梦能反映出孩子要得的疾病，那我想问一下，这是否和佛洛伊德的释梦有一定的关系？有何不同之处？

答：关于梦，在敦煌与丝路文化的系列讲座中，有一讲由郑炳林先生来讲敦煌的释梦书。印度的梦，按现在的佛洛伊德的或社会学的理论来解释的话，也有本书叫做《印度的梦幻世界》。该书有汉译版，可以去看看，它里面有最新的理论解释，是20世纪90年代出版的。关于医学当中的梦，除了猫、牛之类的graha图像之外，还有一种像《医理精华》的第4章里，提到的他本人做的梦可能会预示其疾病情况的改变。还有一个是他的家属所做的梦也是这样，像印度的史诗《罗摩衍那》，该书有季羡林先生的翻译本。其中提到，十车王快死的时候，他的儿子婆罗多在舅舅家里，晚上梦见有人浑身涂满了油在池塘中跳舞；又梦到一头骆驼和一头驴拉着车往南方走。这种梦就证明此人（十车王）会死，因为印度人的观念当中，阎罗王住在南方。

问：您开始讲交流方式，我想主要不是医术交流，还通过高僧传教、弘法这种方式。我想问，比如以前的中日交流有日本派留学生，还有咱们的鉴真大师东渡等等，还有其他的什么方式？比如说中国本土的交流，像拜师之类的，中西医的交流都有哪些方式？

答：我想古代中西医交流的方式，一个是宗教因素，还有一个是商人的传播。商人在不同的地方做生意，有的在当地住下来。他住的那地方要是形成一个聚落的话，他就希望保持原来的生活方式，生活中必然遇到疾病与治疗的事情。传教士过来，也遇到生病，需要治疗的事情。还有一个，就是某个人的偶然行为，像唐玄奘这样的人，他想求法，不就去印度了吗？既然有中国人到西域求法，那么西方的人也到中国来传教。有的人未必是传教的，他有时候做些别的事情。像婆罗门，他是婆罗门教、印度教的，不是佛教派系的，他传什么教啊？印度教在中国从来没有扎过根，中国人的想法和印度教之间差别太大了，不能接受。他们过来也许是旅游或者做些别的事。还有的职业化的，如果是医生，那么他为了挣钱，也会跑到别的地方给人治病。

问：现在对民间的药方实际上也很重视，比如好多人都相信中医、中药。那么印度的医药现在有什么发展？

答：印度传统医学现在流传下来的有两大系统，主流系统是我们所提到的生命吠陀。在古代人看来，还有佛教医学体系，在南印度有悉达的体系，这合起来是三大体系。现在流传下来的佛教医学体系基本上没有了，因为佛教在12世纪以后在印度已经绝了，现在是个新型的佛教，和以前的不太一样。佛教医学体系没有了，但南印度的悉达医学体系还有。穆斯林进入印度之后，穆斯林也有它的医药方式。因为阿拉伯的医学也是很发达的，是东方医学的宝库之一。他们的医学在印度叫“尤那尼”（Unani）。“尤那尼”是“外来”的意思，再者就是相对于西医的“草药的治疗法”，包括一些成体系的和不成体系的民间疗法、菜蔬疗法、食疗法等等。它们的情况和中医不太一样，因为中医在上个世纪初面临了一次危机，即西医要全面取代中医，到底还要不要中医这样一个大问题。而印度就没有这么大的争论。印度有相当于我们的中医药大学，有专门的生命吠陀大学。印度还提供一些免费的生命吠陀医疗服务。

问：我有两个问题，一个是中国的中医有医书《黄帝内经》，以后的都是它传给的，那么印度医学是谁传的？第二个问题是中国医学越传越多，像《黄帝内经》、《伤寒论》越传越多，那么印度的医学却是残本很多，这又是怎么回事？

答：先回答第一个问题，中国医学从神农、黄帝那里传过来。印度也有类似的说法，印度医学是从大梵天那儿传过来的。因为印度的婆罗门教有三大主神，一个是大梵天，一个是毗湿奴，一个是湿婆。大梵天是统管一切的，毗湿奴是保护神，湿婆却是破坏神。大梵天有一个系列的传承，中间传承的最重要的一个人间医生是叫“阿提耶”（Atreya），“阿提耶”之前传到了因陀罗、生主（Prajapati）、双马童等。这是一个神话的传承体系。人间最重要的医生就是阿提耶，他有六大弟子，六大弟子分别有不同的派别：如火、毗卢以及《鲍威尔写本》的作者，现在能找到的是这三派，另三派找不到了。至于第二个问题，印度的医典并不全是残本。我这里讲的主要是出土的文献。出土的文献是从地下或窟中挖出来的，当然有的是残片，成形的医书很少。印度的医学包括生命吠陀，和我们的中医相似，也是发展越来越多。16、17世纪时它的医书也是很多，而且印度的医书和中医的也有不相似之处。就是说，我们中医有很多医学著作，如对《黄帝内经》等书作了很多的“注”。印度的“注”比我们的还多，印度不但有“注”，而且还有“注”的“注疏”，它是越来越大的一个东西。印度古代医学典籍数量比较庞大，但大部分是用梵语写的，而现在的印度不用梵语了，梵语基本上已经死了。梵语相当于我们的古代汉语，某些有学问的人写一些比较古雅的文体时才用。它已不作为日常交际的语言，只保存在学校或研究机关。所以，印度古代医学知识的传播，依靠那些有专门语言知识的人以及那些得到专门的传承的人。

问：您刚才对药方和观念的差异讲的比较多，我想知道有没有关于理论方面相互之间的交流和影响的一些研究和发现？另外，当时无论是中医还是其他医学，它的理论体系都不是很完整，都比较繁杂，包括药方和观念的交流是不是不太严谨？

答：你提的医学理论方面，我刚才讲过“四百四病”，或者和佛教医学有关系的一些理论。第二个是“八方”这样一个医学的分科理论，另外一个是“三俱”，是“风、痰、胆”这个印度医学最基本的核心理论。就像我们中医说的营养理论中需要平衡一样，“三俱”也是平衡学说。在中古时期的汉语典籍当中能找到这些理论，并不太多。《千金翼方》里就提到“天竺大医耆婆”的那个万物间各种东西都有药效的理论，所以，《千金翼方》中所列的药物名称，就比苏敬他们所编的《唐本草》中的药物多得多。到明代时，李时珍的《本草纲目》中也有类似的话语。在印度，这个理论还有一个故事，情节是这样的：耆婆跟他老师学医学了7年。他要出师了，阿提耶就给他一个筐，说：“你去周围一由旬yojana的地方，去找一找，看见哪个东西不是药就带回来。”耆婆就去找，结果没找到，拿着空筐子就回来了。他回答师傅说：“我所看到的东西都有药的效果，都可以做药，所以我什么也没找回来。”他还说了“无一物而非药者”这样的话。老师听了以后，说：“你可以出师了，可以接我的班了。”除了这些理论，更早一点的“四百四病”的理论在中医当中也有，但它们以及包括“三俱”的理论，在中医典籍当中没有扎根过。我觉得中印两种文化的背景差别太大。即使中医典籍中对印度医学理论有所吸收，但它们最终没能成为中医主流中的一员。

马可·波罗与中国

吴芳思

我 8 年以前写了一本书（国内 1997 年由新华出版社出版《马可·波罗到过中国吗?》，洪允息译），是关于马可·波罗和中国的，讨论马可·波罗来过中国没有。我的目的是给英国人介绍一下这个故事，但是我没想到，这本书既受到欢迎又受到批评。特别是很多中国人，觉得我写这本书可能是攻击中国。我的目的当然不是攻击中国，而是给英国人介绍马可·波罗。我觉得马可·波罗的故事是一个神秘的事情。我在这里的讲座并不是要解决关于马可·波罗的这些事情，而是要请一般的读者多看看材料，让你们自己解决马可·波罗到过中国没有。

马可·波罗的名字，我想世界上谁都知道。那本书出版后的第一天，世界上各个国家都有记者打电话询问关于这本书的事情，所以马可·波罗是一个非常有名的人，大家都非常关心他和他的《世界记载》（国内译为《马可·波罗游记》、《马可·波罗行记》或《寰宇记》）。

我们现在讲一讲马可·波罗的故事。图一是马可·波罗年轻的时候，他 17 岁，准备到中国去，这是德国纽伦堡的一个印刷本，1477 年出版的，是一个比较早的印刷本。中国很早就有了印刷技术，但是在 1477 年的时候，英国、欧洲刚刚发明了印刷技术，比中国晚。

在法国的一个抄本里面有很多的插图。其中有元世祖给马可·波罗的父亲和叔叔一个金色的牌子的图像。故事上说，马

图一　1477 年德国纽伦堡印本

可·波罗的父亲和叔叔到上都去，和元世祖见面，说他们要回意大利，而且以后肯定会回到上都来。所以元世祖给他们金牌，让他们安全地旅行。这个抄本很重要，可能是 1400 年左右抄的，是比较早的本子。

马可·波罗的故事最大的问题是它的原本不存于世，我们也不知道原本是用什么语言写的。法国人都用这个比较早的法国抄本，这个抄本是用法语写的，因为法国人认为《马可·波罗游记》的原本是用法语写的。这个看法并不奇怪，因为在 13、14 世纪的欧洲，法语是最重要的语言，英国的国王的母亲是法国人，他的母语也是法语。当时很少用英语写故事或是写抄本，很多小说都是用法语写的。但是意大利人觉得马可·波罗是意大利人，所以肯定原本是用意大利语写的。有的人觉得拉丁语可能是原抄本的语言。但是我们并不能确定，因为原本已经不存于世。这是第一个大问题，就是原本不存在，我们不知道原本的内容是什么。

原本很快被传抄。1400 年以后，可能有 150 多种抄本，用欧洲所有的语言和方言传抄，有威尼斯语、有罗马语、有法语，也被翻译成英语、德语等等。所以虽然没有原本，但现存有很多的抄本。这些抄本，语言不一样，内容也不一定一样，这也是一个大问题。我要继续讲一讲这个问题。抄本的内容不一样，这是为什么？

牛津大学图书馆收藏的是一个非常美丽的马可·波罗故事的抄本，可能也是1400年左右写的，这个抄本很短，只有68页，有很多的插图。我不知道你们有没有人去过威尼斯，我今年5月去了两次威尼斯，和图上画的完全一样，没有什么改变。

图二所示也是牛津大学图书馆收藏的抄本。你们可以看

图二　牛津大学图书馆藏本

看，这个图上，元世祖不像一个蒙古人或是中国人，有点像一个欧洲人，他把金牌送给马可·波罗、他的父亲和叔叔三个人。第一次到上都，只有马可·波罗的父亲和叔叔两个人，第二次年轻的马可·波罗也跟着到北京去。这张图上，他们和元世祖在一起。

我们应该记住，马可·波罗的《世界记载》是一个比较早的抄本。当时，对欧洲人来说，要是他们到欧洲以外的地方去，他们会特别害怕，因为他们不知道会碰到什么动物、什么人、什么东西。所以马可·波罗《世界记载》里面有很多故事记载了很奇怪的人。故事里面，马可·波罗会碰到一些异教的人等等。很多人把马可·波罗的《世界记载》当作一个比较具

图三　牛津大学图书馆藏本

体的旅游指南。而我们应该知道，马可·波罗的《世界记载》里有很多故事，有很多不可靠的东西。图三也是牛津大学那本抄本里面的插图，里面画了一些奇怪的人，说马可·波罗从欧洲去旅行，碰到这类人，还有头上长有大角的人。这表示欧洲人对全世界的事情不大了解，他们以为过了他们自己的边疆，会发现各种各样的动物和人，这和中国的《山海经》非常相似。

英国国家图书馆收藏的一个马可·波罗抄本同前面牛津抄本一样，有奇怪的人，有很多插图。我应该告诉你们，这个抄本也很短、很小，插图很多，所以内容不是特别丰富。

按故事上说，马可·波罗在中国住了 17 年，在纽伦堡的本子中他特别年轻很丑，现在他回来了，长了大胡子，他的经验改变了他的面貌。图四是 19 世纪的一幅绘画。当然所有的肖像跟马可·波罗一点关系都没有，他活着的时候并没有留下肖像，所以这些肖像都是绘画家创作的。

马可·波罗《世界记载》中说他参加过襄阳的围城。襄阳围城发生在 1268 年到 1273 年。马可·波罗说他帮助蒙古人的

图四　19 世纪绘画

军队做一些新的武器，使他们能攻克襄阳。谁都知道，连杨志玖教授都同意，马可·波罗不可能参加襄阳的围城。因为，按一些抄本来说，马可·波罗是 1271 年离开意大利到中国来的，当时的路程一定要用两年，所以马可·波罗不可能在 1273 年参加襄阳的围城。而且我发现，《世界记载》里面有好几处，马可·波罗提到一个东西，一个地方，说他亲自参与或身临其境，但是可以肯定，马可·波罗不可能参加或是在当地。还有些地名都混淆了。《世界记载》里的这一类故事，让我觉得我们应该对马可·波罗的描述有一些怀疑，而其他研究马可·波罗的朋友们，包括杨志玖先生，他们说这些内容并不重要。

在我的书中，我谈到《世界记载》对有些事物的省略或忽略，令人产生疑问。《世界记载》中从来没有提到茶叶、筷子、万里长城、小脚、汉字以及已经存在的印刷术（当时的欧洲还没有印刷技术）。我们现在一提到中国就会想到万里长城和茶等等，但是马可·波罗却没有提到这些事情。当然，我现在觉得，用这个办法来分析不是太好的一个办法。700 年以前的事和现在来比当然有改变，如我们的想法、我们的教育等等，跟马可·波罗时期的完全不一样。生活在21世纪的人们，要想完全理解一个13世纪作家的想法和看法是很困难的。所以，要是马可·波罗没有提到万里长城，并不表明他没有去过中国。

然而，这些事实的忽略，促使人们提出《世界记载》内容的来源问题。Herbert Franke 教授提出，该书可能起源于波斯（Persian）或阿拉伯（Arabian）商人使用的旅游指南。从唐代起，波斯（Persian）和阿拉伯（Arabian）商人频繁地到中国贸易。由于他们早已知道中国的茶叶、筷子等等情况，因此指南没有对这些东西进行详细描述。

这是斯坦因1909年拍的照片（图五），这是敦煌附近，你

图五　斯坦因在敦煌所拍照片

们可以看到汉代建的用夯土的建筑还存在。有一个美国的学者写了一本书，说马可·波罗在中国的时候，即宋元时期，万里长城就已经不存在了，农民用长城的石头等等来盖房子，所以万里长城没有了。我认为，特别是丝绸之路那个地方，用夯土盖的万里长城肯定存在，因为斯坦因见过，而且这些东西都是汉代盖的。虽然我觉得马可·波罗有没有提到万里长城不是很

重要，但是我也反对说万里长城在宋元完全不存在的看法。

茶叶又是另外一件事情，马可·波罗没有提到茶叶，我们都知道中国是茶叶的故乡，这在世界上很有名。有的支持马可·波罗的人说，他是意大利人，他可能不喜欢喝茶，他喝酒；有的人说他始终和蒙古人在一起，所以他没有喝过茶。但是马可·波罗自己说，元世祖派他到中国南方去，去了解中国的南方，因为当时元世祖自己没有去过。所以，要是马可·波罗要记录中国的南方是什么样的地方，不可能不描绘喝茶的习俗。我想可能马可·波罗没有注意，因为人们到处都喝茶，有茶馆等等。但是这件事还是很奇怪。

马可·波罗描写过一些有名的中国城市，图六是牛津大学

图六　牛津大学图书馆藏本

图书馆收藏的抄本里面的杭州，你们看并没有西湖。画上有一个城市，周围有一条河，还有一个大头像。马可·波罗不知道佛教是什么，但他知道这跟天主教没有什么关系。他提到佛像，但没有说什么佛像是在庙里面，所以我们看到这些图中的佛像都是在外面，但这在中国是比较少见的。所以通过马可·波罗介绍中国的书，欧洲人得到的印象是有点奇怪的。

早就有人支持马可·波罗，觉得他的《世界记载》是很重要的一本书。而开始的时候，比如说，像在牛津大学抄本里面，人们都以为这仅仅是一个故事。因为牛津大学的抄本是一小本，里面有三个故事，一个是马可·波罗《世界记载》，另外两个都是关于亚历山大大帝 (Alexander the Great) 的。亚历山大大帝是希腊人，占领埃及、阿富汗、北印度等等。所以这表示，1400 年的时候，马可·波罗的题材对欧洲人来说，是个故事，不是历史，也不是地理。但是 16 世纪，人们的看法开始改变，他们认为马可·波罗《世界记载》是一种有地理意义、有历史意义的书，他们不把它当作故事书，而把它当作地理书。有一个意大利人 Rustichello，他在 1559 年出版了一大本叫《航行和旅游》的书，里面有很多不同的人旅行的题材，也包括马可·波罗的。所以，16 世纪中，马可·波罗开始被人认为是一个地理、历史学家。

而且 Rustichello 的书里面不仅引用马可·波罗的《世界记载》，他自己也记录了很多东西。因为马可·波罗那些抄本很短，很小，Rustichello 觉得内容不够丰富。所以 Rustichello 常常介绍一些内容。比如说书中提到大黄的时候，因为当时大黄在欧洲是很少见的，人们觉得它是很宝贵的药材，当时欧洲人都不知道大黄是什么样子的，所以 Rustichello 使用了插图。可以看出，从这个时候开始，人们不愿意只用马可·波罗的题材，而是增加了一些介绍性的内容。所以马可·波罗的书开始变长，内容也变得更丰富。但是，这些增加的内容跟马可·波罗一点关系都没有，因为马可·波罗在 200 年前就逝世了。

1938 年伯希和和英国传教士牟里 (AC.Moule) 一起编了马可·波罗的《世界记载》(《Marco Polo：The Description of the World》，国内译为《马可·波罗游记》。) 我觉得，他们的办法有点奇怪。他们不只使用一个抄本，而是使用了 40 多种抄本，是一种缀缀串连起来的版本。这 40 多种抄本，有的是

1400年写的，有的是1550年写的，有的更晚，所以这些抄本的时代和马可·波罗的时代差得很远。他们把这些故事连缀起来，因为他们可能觉得一个抄本的内容不够丰富。但是我们要注意，每个抄本的内容并不一样，这种从每个本子选一句话连起来的编书的办法，我觉得比较奇特。而在英国，所有的学者、教授等等，如果他们要用马可·波罗的题材，他们就会使用这本书，我自己觉得这个不是一个很好的办法。

这是威尼斯1496年印刷的书，是比较早的一个印刷本，很小，100页，内容不是很丰富。这本书里面描写了福州（图七）。书中使用古老的意大利语，比较难懂。福州城里有元世祖的军队保卫这个地方。城中间有一条大河，有7米长，河里有很多泉。城里的集市上有各种各样的东西，还有从印度来的东西，说明福州和印度有来往。这里离海不远，在城里你能找到你所需要的任何东西，这是对福州的记载。没有记载别的地方。描写福州的文字很短。只是说这是一个大城市，有军队，有一条大河，这是对的。离海不远，跟国外也有联系、有来往，这些都是对的，都是可靠的，没有问题。但是，在这本最通用的英文版的马可·波罗《世界记载》中，和伯希和和牟里编的一样，它也是用40多个抄本连缀起来的，这里面关于福州的内容有6页，都是从比较晚的抄本挑出

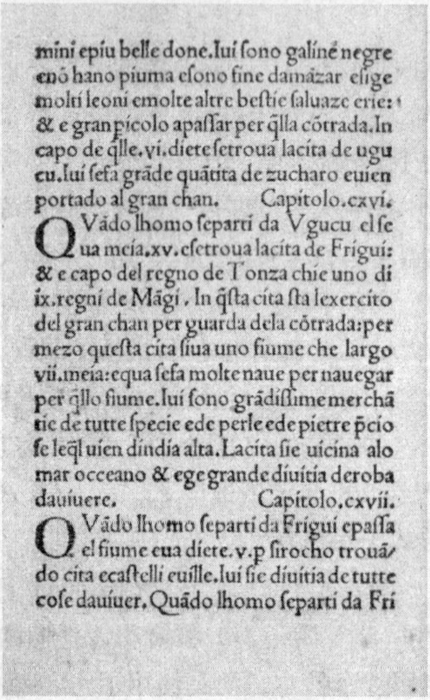

mini epiu belle done.lui ſono galiné negre
enõ hano piuma eſono fine damãzar eſige
molti leoni emolte altre beſtie ſaluaze erie:
& e gran pícolo apaſſar per q̃lla cõtrada.In
capo de qlle.vi.diete ſetroua lacita de ugu
cu.lui ſeſa grãde quãtita de zucharo euien
portado al gran chan. Capitolo.cxvi.

QVãdo lhomo ſeparti da Vgucu el ſe
ua meia.xv.eſetroua lacita de Frigui:
& e capo del regno de Tonza chie uno di
ix.regni de Mãgi. In q̃ſta cita ſta lexercito
del gran chan per guarda dela cõtrada:per
mezo queſta cita ſiua uno fiume che largo
vii.meia:equa ſeſa molte naue per nauegar
per q̃llo fiume.lui ſono grãdiſſime merchã
tie de tutte ſpecie ede perle ede pietre p̃cio
ſe leq̃l uien dindia alta.Lacita ſie uicina alo
mar occeano & ege grande diuitia deroba
dauiuere. Capitolo.cxvii.

QVãdo lhomo ſeparti da Frigui epaſſa
el fiume eua diete.v.p ſirocho trouã
do cita ecaſtelli euille.lui ſie diuitia de tutte
coſe dauiuer.Quãdo lhomo ſeparti da Fri

图七 1496年威尼斯印本

来的。我觉得这种方法是存在问题的，我觉得我们应该把每个抄本或印刷本的年代和内容结合分析，这是最重要的问题。

威尼斯1496年出版的书，没有前言，书中说这是马可·波罗的书，故事开始的时候，马可·波罗的父亲和叔叔已经在上都了。故事里没有说他们为什么在上都，怎么到上都来的，什么时候到的。只是记载他们在上都，他们跟元世祖见面，元世祖说很高兴和你们见面，我很想派一个大使到意大利去看看天主教的主人，你们要当我的大使到意大利去，以后故事就继续下去。有的抄本有前言，说他们在什么年代，怎么到上都来的。而一般的比较早的印刷本，都没有前言，这个故事很突然地就开始了。所以一般威尼斯人，他们读《世界记载》，但并不知道马可·波罗是什么时代的人，不知道他的父亲和叔叔是怎么到上都去的。在故事的开始的时候，他们就突然在上都了。

我写我的那本书的时候，常常谈到马可·波罗没有提到的东西表示马可·波罗没有去过中国。在受了批评之后，我回到抄本再研究的时候，我发现，最大的问题不是马可·波罗到过中国没有，而是学者使用什么材料，是描写中国的材料还是描写马可·波罗的材料。比如说那6页描写福州的内容是比较晚的，我们认为马可·波罗生活在元代，他描写的中国是元代的中国，我们要了解元代的中国，就一定要注意挑选抄本。因为好多这类内容是比较晚一些的抄本中加进去的，可能是描写明代的中国，而不是元代的中国，所以学者研究的时候应该注意。我认为为了更接近于马可·波罗的本来面貌,，应该在研究中多用那些比较短的早期抄本。一个15世纪的抄本不一定能很好地描写13世纪的中国。当然对一般的读者就无所谓是明代的还是元代的，而学者应该回到最早的抄本上去。

我认为那些小抄本，当然不是最早的原本，而是比较早的抄本。我并不特别在意马可·波罗是否写了《世界记载》，但是我认为，《世界记载》的内容不是一个人亲历的，应该还利用了其他人的经历或是资料。比如说，其中之一的来源可能是用波斯语写的买卖人的旅游指南。例如对福州的描写，没有提到寺庙、一般人的生活，还有历史等其他内容，书中只提到船怎么走，在这个地方买得到什么东西，这些对一般的外国买卖人很有用处。襄阳之战，马可·波罗说他亲眼看过、参加过，对这一内容，所有的学者都同意他没有参加过，所以我们应该注意一下马可·波罗年轻时候的事情。

有一个德国的学者 Barbara Wehr，他觉得不存在马可·波罗这个人。当时在威尼斯有好多家庭姓波罗，有很多马可·波罗，所以他认为抄本的内容都是外来的，而不是某一个人的经历。我想，这本书的内容是从什么地方来的，是用波斯语记录的还是欧洲人听到的事情，这都没有关系。最重要的事情是《世界记载》出现的时候，也就是 1400 年的时候，欧洲人对中国是很感兴趣的，他们很想知道中国是什么样的国家。150 年以内产生了 150 多种抄本，都说是马可·波罗的《世界记载》，而内容又不断增加。我认为当时抄写的人，要是在抄马可·波罗《世界记载》的时候发现了新的材料，就会放进书中，所以可以说马可·波罗的《世界记载》是中世纪的一个数据库。而且当时在欧洲没有什么版权团体，他们不注意作者的权利，所以要是你抄一本《世界记载》，你发现世界的各个国家的新消息，你就放进去，这样抄本的内容就越来越丰富。新的消息都放进书中，但是他们并没有注意到马可·波罗《世界记载》的完整传递。《世界记载》这个中世纪的数据库表示，欧洲人关心中国。有关外国的信息，可能是通过旅游者、买卖者传递的，这些消息通常不是一个人回来告诉别人的，而是一个人告诉一个人，是慢慢地从中国传到英国或是欧洲、或是意大利来的。这些消息，这些内容也就进入了那些抄本中。

我最后还要提到杨志玖教授的一篇文章。杨教授是一个非常有名的学者，我写了我那本书之后，他很严厉地批评我。写完了书以后我看了更多的资料，我有了新的体会。两三年前，因为在南开大学举行一个关于元代历史的会议，我有机会跟他见了面。杨志玖教授很早就把马可·波罗的《世界记载》翻译成汉语，而且写了很重要的文章，在第二次世界大战之前，他就已经搞这个方面的研究。他对我说，他看到我那本书，他非常生气，因为他懂一点英语，而且这本书已经翻译成了汉语。他说他当时年纪大，退休了，他本来觉得他的生活没什么目标，然后他突然发现了我的书，他开始拼命重新写这本书。所以他说我客观上对他有很多鼓励。他的书里面有很多地方提到我的错误，而且指出我为什么是错的。我很喜欢杨教授，因为他很喜欢搞研究。

杨教授很早就发现一件事情，按《世界记载》的说法，马可·波罗是陪着一个蒙古公主坐船回来的，而杨志玖教授早就发现在《永乐大典》里也有这个记载。所以他说，因为马可·波罗《世界记载》和《永乐大典》的记载完全一样，所以肯定表示马可·波罗来过中国，他是这么回意大利的。我觉得，如果《永乐大典》没有提到马可·波罗，是很自然的。而马可·波罗说自己参加过这次旅行，这点很有意思。这条材料不一定表示说马可·波罗参加过这个旅行。我想，这件事情中国人觉得外国人都不知道，但可能这个事情在外国的人都听到了，所以马可·波罗把这个故事写进了他的抄本。有好多这一类事情，你可以发现一个历史事件或是描写什么东西，在马可·波罗《世界记载》中有，在中国的历史记载中也有发现。这是很有意思的，也是很重要的。但我觉得这些内容不一定表示马可·波罗参加过，他亲眼看过。我们一般认为，在 13、14、15 世纪，欧洲人特别是英国人，关于外国的知识很少，他们很少有外国的消息。我觉得这不对。当时的人听到了很多外国来的故事，所以他们对外国的知识比我们认为的要高。当然这些故事不一定都是对的，但是基本上英国人和欧洲人了解中国是从比较早的时候开始的。

我觉得马可·波罗是否到过中国这个事情，在700年以后的今天是很难解决的。要是马可·波罗在中国逝世，有他的墓，或是什么别的东西，这个就是比较具体的材料了。大家可能都知道，扬州曾经发现一个年轻的意大利女人的陵墓，她差不多和马可·波罗同时代，这个是很有意思的。因此我们知道意大利人有一个家庭在扬州，有人逝世在扬州。但是马可·波罗没有在中国逝世，没有留过什么具体的东西，所以现在很难说他是否来过中国。

问：我想问一个问题。您说原作不存在，您是怎么判断出来的。假如说最开始马可·波罗写了一个原作，没有发表，大家不知道，现在才发现。您怎么判断这不是原作，而是后来的抄本之类的？

答：当然不是我一个人认为原本不存在，所有的专家都说原本不存在。比如说，有一个法国人最近正在出版法国国家图书馆收藏的《世界记载》1400年的抄本，这是很早的一个抄本。还有一位学者在20世纪20年代写了一大本关于所有的抄本的书。他们俩都认为原抄本不存在，现存的都是后来抄的。我不是一个抄本专家。我也不知道他们为什么这样说，而且，所有的专家都同意，原本不存在，杨志玖教授也都同意这一看法。

问：怎么判断原抄本呢？

答：我也不知道怎么判断。我只知道，欧洲所有的图书馆差不多都有马可·波罗的抄本，我们都知道不是原抄本，而是后来的抄本。怎么判断马可·波罗的原本，我想在威尼斯的档案里面，会有一些关于一个波罗家庭的档案，其中有马可·波罗的名字，也有遗嘱等等，可能保留有他的签名。而且还有一个问题，按几个抄本的前言，法国国家图书馆最早的抄本有前言，我开头说过马可·波罗和另外一个意大利人 Rustichello 两个人在监狱里写出了《世界记载》。这个是比较普遍的看法。还有，Rustichello 是一个比较有名的小说家，英国国王爱德华一世（Edward l）曾雇佣他写亚瑟王的故事。因为他的手稿还存在，要是是他写的，我们认识他的写法，可能也会了解他的书法。

问：有一种说法，说马可·波罗这本书不是自己写的，是他打仗的时候被关在监狱里，有几个伙伴听他聊天后写下来的，所以写书的时候不会那么严谨，而且听众也不会记得那么清楚。所以有些事情会遗漏，因此有遗漏有错误是可以理解的。第二，马可·波罗的叔叔来到北京，因为元朝的时候当时是蒙古人统治中国，蒙古人因为长期和汉人有战争，所以对汉人不是特别信任，所以蒙古人统治时把人分成四等，第一等人是蒙古人，第二等人就是色目人，就是大概是欧洲人、中亚人等，第三等人才是汉人，还有北人和南人之分。就是说在元代的时候，欧洲人的地位比汉人要高的，所以他们能到中国当大官，也是可以理解的事。这是我的一点看法。

答：关于马可·波罗有好多好多的问题。当然，我完全同意你的意见。我觉得我们不能把马可·波罗的《世界记载》当一个历史故事。当然，它有地名错误等等问题，因为他没有什么参考材料可以利用。还有抄本的问题，是抄写的人不懂这些名字，比如说福州，他们不知道福州是什么东西，所以会抄错。所以我觉得我们不能希望马可·波罗写了一个正确的、具体的、科学的中国题材。这是一个问题。很多学者，像伯希和和牟里，都把马可·波罗看作学者，当然，就算马可·波罗存在的话，他也肯定不是学者，他不是汉学家，他肯定是一个比较一般的人。而学者们却用现代的知识分子的眼光来看这个材料。但是我们应该注意到，这本书刚刚开始流传的时候，人们仅仅把这当作故事，当作一个外国的罗曼蒂克的故事，它描写了外国是什么样子，有奇怪的动物，有奇怪的东西，等等。

第二个问题也是很有意思的，这有关外国人在元朝的地位。关于这个问题，有一个德国的学者 Herbert Franke 写过几篇文章。我们知道，元代有很多波斯人生活在中国，比如说襄阳围城的事，是波斯人教蒙古人使用新的武器，而不是马可·波罗。元世祖用过印度大夫、土耳其来的建筑家，蒙古人利用了很多外国人。杨志玖等其他的学者，都知道这些外国人，学者们甚至知道一些当时在中国的外国人的名字。在所有的中国档案、地方志等等材料中，人们试图找到马可·波罗的名字，但是完全没有一点记录，也没有意大利人的记录。意大利人可能比波斯人、印度人、土耳其人的地位低一点。伯希和也写了一本书，是关于马可·波罗使用的语言，《世界记载》中所有的地名和人名都不是用蒙古语或是汉语拼音写的，而基本上是用波斯语和土耳其语拼音写的。我觉得这一点很重要。如果说马可·波罗存在的话，他肯定利用了一个波斯语翻译。因为我们知道，有一个波罗家庭，他们在土耳其这一类地方搞买卖。当时在欧洲，法语是最普通的语言，而从土耳其再往东，波斯语是一种流行的语言。所以，要是马可·波罗在中国的话，他肯定需要一个翻译，翻译肯定不是一个蒙古人，因为我相信他不懂蒙古语，所以翻译肯定是一个波斯人，因此马可·波罗知道的东西都是用波斯语发音的。这本伯希和写的有关马可·波罗使用的语言的书，你们可以看看，内容是非常丰富，非常有意思的。

方广锠先生：我想这个问题，能不能从两个方面来考虑。一个是我们怎么看待《世界记载》这本书，一个是马可·波罗到底来过中国没有。《世界记载》这本书，流传有150多种版本。吴芳思博士已经讲了，这个版本是由小到大，内容不断增加。这种增益的情况其实中国的古代也很多，在抄本时代，敦煌遗书里面就有很多，一个佛经越变越多。中国古代也是这样，抄的时候不讲版权。前一个和尚写的著作，后一个和尚稍微加一点写上自己的名字就流传了。所以《世界记载》这本书里面有很多争议，有很多后代增加的东西。我现在拿的就是您刚才介绍的1938年伯希和编的缝缀本、统一本。拿这个统一本当作13世纪的马可·波罗的定本来研究，把这里面的记载当作是13世纪的记载，这恐怕是不行的。所以吴芳思博士的讲座，对我们如何看待《世界记载》这本书，如何利用这本书的资料，的确是一个很好的帮助。我们应该用历史的发展的学术的眼光来看待这本书。

第二点，就是关于马可·波罗到底来过中国没有。我看过杨志玖先生的文章，他提出来的和《永乐大典》的印证非常有意思。因为马可·波罗提到他和某某，他讲了两个人的名字，一同送蒙古的公主，到苏州坐的船。而《永乐大典》里面就有到苏州上船的两个使者的名字，这两个使者的名字和马可·波罗《世界记载》中的人名是一模一样的，所以杨志玖先生当然是理直气壮地认为马可·波罗到过中国。我现在想要问的问题是，《世界记载》里面关于蒙古使者的记载，是在最早的版本里面，还是后来的版本里面？如果说这条记载，记录在我们目前发现的最早的版本里面，而且这个最早的记载又是马可·波罗的，那么我想马可·波罗就是来过。如果这条记载不是最早的，那么这条记载大概在什么时候的版本里面？因为如果是后来增加进去的，可能另外有一个人，曾经跟着这两个使者走过，这条材料通过某个途径传到了欧洲，后来人把这个材料写入了《世界记载》里，有没有这个可能？

吴芳思博士：《世界记载》里面关于蒙古使者的记载，不在最早的版本里面。有一些专家认为传抄的第一个抄本，可能比原本短一点，可能那个人没有纸或别的原因，因为在后来的传抄本中我们发现了很多材料。我认为是比较晚的材料，而有的学者说可能是在现在不存在的原本比后来传抄的大。这个问题很难解决。因为没有原本，我们都不知道原本的内容是什么。我想，马可·波罗到底来没来过中国，每个人都有自己的想法。我对扬州那个意大利家庭很感兴趣，好像是20世纪50年代发现的墓碑，说是一个比较年轻的意大利女人在中国逝世。我觉得这个家庭非常有意思，这表示在中国有意大利人。这些人肯定是买卖人，他们经营丝绸，别的我们就不知道了，要是能发现有关他们的材料就好了。

方广锠先生：谢谢吴芳思博士给我们一个启发，让我们要考虑这个问题。其实这类的故事、书中国也有。比如中国的异域录，这些异域录中画的图，所见到的异域地区的人、故事，我们用现在的眼光看都是不可信的。但早期这些东西可能就是这样。我想至少其中的几个命题是值得肯定的。一个就是我们中国的学者不应该把马可·波罗这本书当作非常严谨的学术著作来看，他即便是来过中国，也只是作为一个商人，跟着商队到中国浮光掠影地看一点，然后又不甚理解，不怎么懂，和朋友们说起来，最后把它整理起来，就是这么一本书。所以这本书不应该是关于中国的正确的、具体的、科学的教科书。

另外一点，吴芳思博士刚刚也提出了一些她的怀疑，我觉得也是对的。比如书中谈到福州这个地方，我想在宋元时，福州尤其是泉州已经是一个对外的很著名的港口，来往的商船很多，人们从这里再往内地去。福州这个地方，在那个时候也是比较发达的一个地方。所以关于福州的记载不断增加。我们知道，唐朝人就有《茶经》，已经讲到我们怎样喝茶。但是唐朝人喝茶是煮，不是我们现在这种泡法。到了宋朝，至少是北宋后期，就已经有了《北苑贡茶录》，那个时期的贡茶都是武夷山的，福建的茶都是贡茶，所以福建的茶是很有名的。按道理马可·波罗也去过这个地方，他应该对这个很熟悉。那时候文人墨客喝茶已经接近我们现在的习俗，还不是唐朝人喝茶的习俗。为什么马可·波罗在书中没有反映呢？吴芳思博士提出了一些问题，这些问题都值得我们思考。我觉得这种治学的学风是非常好的，我打个比方，有点类似我们乾嘉学派的朴学，考据之学。我很喜欢这种学风。我所从事的工作也是考据，就是要考证，要有根据。我想这个讲座给我们提出了很多值得我们思考的东西，引导我们去研究这本书。

寻找失落的西域文明

——楼兰探险考察一世纪

杨　镰

我们讲的第一个问题，就是在中华文明史上楼兰有怎样的位置。在中国地图上，南边是海洋；东边是海洋；北边是西伯利亚的冰冻地带，难以定居和生活，那么，在上古时期中华民族只有向西发展。凡是高度发达的文明都有一个共同的特点，就是要和其他文明进行交流，这是人类社会一个基本的推动力。中华民族到了秦汉的时候，已经成为世界上最强大的帝国之一，它要和别的文明交流。当时人们还不能征服海洋，只有一条路，就是向西。虽然向西的路是那么坎坷漫长，越过武威，就是荒凉的河西走廊，除了嘉峪关，走过河西走廊，又要沿着塔里木的一个一个绿洲前往中亚，在那里有着不同的民族不同的宗教和文明，除了自然条件恶劣，有很多的敌对势力，有很多不稳定的因素。即便是这样，可以说从张骞通西域开始，向西发展，是中华文明与世界交流的惟一出路。有一个日本学者提出：在中国历史上有一个规律，那就是“南北对抗，东西交通”。实际上东西的交通，也就是中华文明面对世界的渠道。中原地区是华夏文明的发源地，在秦汉时期就很繁荣了。它的北边是蒙古草原，匈奴、鲜卑等北方的民族必然的选择就是南下，匈奴和汉朝的战争（南北对抗），促使了丝绸之路的兴盛、东西交通的发展。

前年美国《国家地理》杂志到北京，对我作了一次专访。

采访最后，荷兰籍的导演提了一个问题，他说现在交通发达，通讯方便，进入了“因特网”时代。在这样的状况下，“丝绸之路”这个词，会不会逐渐退出人们的视野。我说：丝绸之路现在实际上是一个象征，象征着人类文明的交流与进步，所以不但不会消失，反而会日益受到重视。

汉朝的中原地区已经出现辉煌的文明，这个时候它需要和世界其他文明发生交流，舍西行别无他途。在西行的过程中，有一个地方是“瓶颈”，就是我们现在的罗布泊。当年罗布泊浩渺无边，号称中亚地中海，是一个古海。《史记》、《汉书》上说它方圆几百里，河水冬夏不增减。中国有一个传统说法，就是“黄河重源说”，在《史记》和《汉书》成书的时候，中国的思想界和学术界认为黄河是从昆仑山流经沙漠汇聚于罗布泊，再由罗布泊潜行地下几百里，从星宿海、从青藏高原冒出地面，然后就流为中国河（黄河），这是见于正史的记载。这种说法当然不对，因为第一，罗布泊早就干涸了，黄河源头并没有干涸；第二，星宿海比罗布泊地面高得多，水向低处流，不可能向高处流。但“黄河重源说”是我们中国最早的史地学家的认识，这种认识的实际含义，就是中华文明是从昆仑山发源的，和中原是通过黄河联系起来的。但这种推断不是科学的结论。

罗布泊在汉朝是非常大的水域，东西的行人，必须经过罗布泊，从那里得到水，补充给养，寻找新的向导，重新调整驼队。在罗布泊的岸边有一个古老的国家叫楼兰，因为中华文明需要和世界其他文明进行交流，这样才把楼兰这么一个小小的国家引入了我们中国的历史。在《史记》、《汉书》里都有关于楼兰的专门的章节，内容非常丰富。大家知道很多关于楼兰的故事。比如，匈奴和汉朝争夺楼兰，谁具有了楼兰，就等于有了“丝绸之路”的钥匙。班超出西域时，为了使楼兰倾向汉朝，就在一个晚上用突然袭击的方式，带领部下把匈奴的使者杀了，这样楼兰只有倾向汉朝了，这是正史上记载的故事。另外一个故事，就是傅介子刺杀楼兰王，这个在正史上也有记载，后来唐人根据这个写出“黄沙百战穿金甲，不破楼兰终不还”的诗句。

有一个德国学者写了一本书，名叫《楼兰》，他说楼兰这个国家是“紧张的国际关系的纪念碑”。汉朝的时候，匈奴和汉争夺西行通道的控制权，谁能得到西行通道的控制权，谁就有进一步的发展，否则便受到遏制。所以楼兰也被牵入了征战。这就是历史上的楼兰。楼兰第一次在《汉书》中出现是描写在汉文帝时期，匈奴给汉朝写了一份通牒，列出西北已经归属匈奴的国家，里面就有楼兰，这是楼兰第一次出现在中国的史册上。然后张骞通西域，张骞的驼队通过了阳关，经过了非常荒凉寂寞的河西走廊，突然发现了罗布泊岸边出现了村落，村落里的百姓不同于汉朝的民众，说的话也听不懂，——楼兰王国与他的臣民首次接待了汉朝的使节。楼兰民族怎么到达罗布泊的，从哪来的，到哪去了，现在都是一个谜。我们已经知道它的历史至少有 3800 年，建国至少 700 年才灭亡，可以肯定楼兰人的语言是印欧语系的语言，跟河西走廊以东完全不一样。他们的文明也有自己的独特内涵。就这样，楼兰进入了中华民族的历史，在中西文明进行交流的过程中发挥了巨大的作用。

楼兰一直处在汉朝和匈奴两强中间。一个只有 14000 人的小国，在两个强大的政权中间无法自处，最后要求汉朝派部队保护它，汉朝于是派了一支部队在现在新疆的米兰（史书上叫做伊循城）驻扎屯田。这是中国历史上第一次在西部屯垦成边。经过李广利、卫青、霍去病几代将军的战争，汉朝终于击溃了匈奴，中原政权就在楼兰设立了西域长史，管理这个地区。但是到了公元 5 世纪的时候，这个国家突然没有了。我在一本书中这么形容楼兰的消失：就像一个内陆河流经沙漠，忽然一个晚上就彻底不见了——完全潜入地下。中国史册的记载证明，在5世纪的时候楼兰被一个叫丁零的部落所灭，楼兰国王带着4000人放弃了首都逃亡到且末。这是“二十四史”中有关楼兰的最后一条记载，从此以后这个国家、民族就从中国历史中消失了。唐初玄奘从印度取经回来，路过罗布泊，他说这里“城廓岿然，人烟断绝”，已经非常荒凉。

但是，楼兰在100年前又突然浮现于世。下面我们讲讲楼兰发现的经过。

20世纪的新疆史，是重新发现西部的历史。很多探险家到西部去，在新疆发现了流沙掩埋的发达的文明。有一个探险家曾经在库木图拉附近的一座塔中找到了一摞桦树皮，研究者确认这是3世纪手写的书，是用印度古文字写的。这就是世界著名的“鲍尔古本”。在新疆发现了古城，发现了高度发达的古代文明的消息，在19世纪20世纪之交传遍了欧洲，所以当时到新疆来探险就成了地理大发现的余波。20世纪到新疆的探险家，最重要的是两个人，即瑞典人斯文·赫定和英籍匈牙利人斯坦因。主要通过这两个人的工作，突然使寂寞的新疆进入了人们的视野。人们突然发现，在流沙之下，竟然掩埋着高度发达的文化，有文字，有古老的佛教文化，有建筑遗址，它证明了丝绸之路确实曾经繁荣过。自从探险家进入了新疆至今，丝绸之路热一直没有停止过。

斯文·赫定和斯坦因这两个探险家有两个共同的地方，都是终身未娶而且都是著作等身，出了很多很多书。他们的书成了关于新疆探险发现的经典。在中国西部的发现，使这两个人成了爵士。斯文·赫定是瑞典最后一个被国王封为贵族的人，斯坦因则由英国女王封为爵士，他们都得到了非常大的荣誉，但是也受到了很多非议。斯坦因是敦煌劫经的始作俑者，历来因此受到了批评。斯文·赫定以地质发现，以测量学为主，他是个地质学家。冈底斯山就是斯文·赫定标注在地图上的，西藏的圣湖圣山也是斯文·赫定第一个介绍给西方人的。楼兰城、丹丹乌里克、喀拉墩等新疆重要的古迹都是斯文·赫定发现的。

1890年，斯文·赫定路过中国新疆的喀什，只待了几天就走了。1895年他又一次来到了喀什，他那时候才20多岁，他听说有一支法国探险队为了探察雅鲁藏布江和长江的江源，在青藏高原失踪了，他就留下准备参加救援探险队的工作。他刚把救援队组织好，正式的消息就传来，这支法国探险队在江源和藏民发生冲突，队长被藏民打伤，死在通天河中，幸存者则回到喀什。于是赫定改变目的，开始了新的探险。在1895年5月，他进了沙漠。他的探险队非常庞大，有6支长枪、3支短枪、十几件皮大衣，有测量仪、测高仪，光干片（摄影的底片）就有1800张，什么都不缺，惟一没有带够的东西就是水。结果他在沙漠里走了几天之后，水不够了，什么东西都拿来喝，葡萄糖药水、骆驼尿等等，他们挣扎着走到和田河，终于在和田河边上遇见一处涌泉。和田河是季节河，在五六月份是没有水的，正好有一处涌出泉水的地方把他们救了，这个地方后来就叫做“救命的水池”，也叫“赫定的水池”。斯文·赫定就这样遇救于水池，所有的骆驼全都死了。一个驼夫死了，一个失踪了。斯文·赫定挣扎着到了河边一看有水，就像牛一样的饮起来，他说：我当时的皮肤像羊皮纸一样干燥，我拼命喝着水，慢慢觉得皮肤开始有了弹性。之后，他把靴子脱下来，一前一后挑两靴子水走一公里去救已经濒临死亡的助手。这个靴子现在还保存在斯文·赫定基金会。斯文·赫定回到瑞典首都斯德哥尔摩后，每年5月份遇救那一天都要写一封感谢信，并寄给制靴匠6克郎，一直写了好多年。我在瑞典的一个拍卖会上，还见到了其中的一部分的信件，内容就是：谢谢你，你做的结实的鞋给了我活下来的机会，等等。

从此，塔克拉玛干沙漠有了一个别名——“死亡之海”，斯文·赫定则从灭顶之灾中获取了受用终生的教益：第一，进沙漠不要带水，因为新疆的所有的水含盐碱比较高，带的水夏天一般 12 个小时就会变质，带了也没什么用；第二，不能在五六月份进沙漠。余纯顺、彭加木都是五六月份进沙漠而死在沙漠的。

此后，斯文·赫定的探险渐入佳境。他继续在沙漠里穿行，他的辎重全都丧失了，照片没有了，他就开始画画，从此他成了一个著名的画家，画了 5000 多张素描。后来有了新的相机，他也没有放下手中的笔。

他在沙漠中又重新结集了一个驼队，雇了新的向导，在沙漠继续他新的探险。他在沙漠中发现了“沙漠中的庞培”——丹丹乌里克，这是历史上第一个被人从沙漠中发现的西部古城。他发现了丹丹乌里克，发现了喀拉墩，而且找到了一个叫“通古斯巴孜特”的著名的沙漠中的原始村落，那个地方在塔克拉玛干的正中间，谁也没有想到那里会有居民。之后，斯文·赫定沿着克里雅河一直往前走，最后走到了塔克拉玛干沙漠的北面，他是世界上第一个从塔克拉玛干沙漠的中间横穿沙漠的人。到了北边，他沿着塔里木河顺流而下，漂流到了罗布荒原。他认识了当时罗布泊居民的一个酋长，这个人被称为末代的楼兰王，他们成了好朋友，这个人给他讲了好多罗布泊地区的生态环境的变迁情况。

斯文·赫定去罗布泊的主要目的，是为了解决罗布泊的位置问题。当时欧洲地理学界对罗布泊的位置有很大的争论。一个俄国的探险家认为，中国地图上的罗布泊画错了位置，比实际上罗布泊的位置相差纬度一度。斯文·赫定的老师李希霍芬（“丝绸之路”这个名词就是他首先使用的）认为地图没有画错，而是罗布荒原上存在两个罗布泊，是罗布泊在罗布荒原中移动了。这样就形成了一个重大的争论，直到现在还在争论。斯文·赫定想看一看罗布泊到底是怎么回事。赫定这次探险看到罗布泊在南边，他回到国内之后见到诺贝尔，也就是他的资助者，诺贝尔认为他并没有得出结论，他只是证明南边有水，北边广袤荒漠的情况却没有调查。

在诺贝尔的继续资助下，斯文·赫定在1900年重新回到了罗布荒原。他又组织了一个驼队，进入了罗布荒原的北边，在这次探险中，他测量了一万多个数据，都是用步行实测出来的，画了几百幅地图。他这一次的测量证明了几点，第一，罗布荒原的地貌空前平坦，高差只有不到10米；第二，确实有一个古湖盆在罗布荒原的北边。他的观点是，罗布泊轮流在南北两个湖盆储水，所以罗布泊是一个游移的湖。有些人认为，罗布泊不是游移湖，主要理由是因为没有游移出罗布泊的古湖盆。但罗布泊的古湖盆是非常大的，而不同的历史时期罗布泊又确实存有南北两个不同的位置。所以，我个人是认同"游移湖"之说的。

在穿过湖盆的过程中，他们的驼队突然停了下来。向导发现了一个规模很大的遗址，有佛塔，有地面建筑，遍地都是陶片，而且木结构的建筑当年一定非常壮观。斯文·赫定当时带的水不够。前面讲了斯文·赫定五六月份进沙漠遇险，他就总结出进罗布荒原最好在冬天，因为其他时候风沙大，气温高，所以他选择在冬季进入罗布荒原，而且他只带冰不带水。因为冰是不含盐分的，这样的水放置时间长了不容易腐败。当时斯文·赫定到达遗址的时候，冰已经快溶化了，不能再停留了。他准备以后再来。他在关于这次探险的书中，把这个意外的发现比喻成"楼兰王国给我发出的请柬"。

到了第二年，1901年春天，风季到来之前，斯文·赫定从东边进入罗布荒原，3月3日，斯文·赫定和他的探险队停在了一个高高的土堆之前，很快他就发现那是一个佛塔，有9米高。"楼兰古城发现的第一缕曙光终于照在了罗布荒原之上"。这个佛塔现在还在，叫做"楼兰城的城徽"，是楼兰古城的标志，也是"楼兰学会"的会徽。斯文·赫定走到佛塔前一看，这是一个比他去年发现的遗址还大的古城，于是他就在这里扎营测量，同时捡到了很多文书。他回到了欧洲之后，对发现物的研究证明，那个地方就是中国史书上记载的楼兰。这是第一次把考古发现和正史结合起来了，在当时的考古界引起了轰动。西方的学者根据在古城内出土的佉卢文文书将古城称为kroraina（库罗来纳），认为《史记》、《汉书》之中的“楼兰”，是 kroraina 的译音。kroraina 在佉卢文中是城市的意思，这说明楼兰王国已经从游牧进入定居。

斯文·赫定发现了楼兰古城，而且还发现了墓葬、寺院，这些都说明这里曾经拥有古代高度发达的文明。现在的英国博物馆还收藏有斯坦因从这里带走的壁画和佛像。有些佛像的佛头有 1 米多长，可见整个佛像的巨大，而且泥塑的佛像能有这么大已经很不容易了。同时出土的还有古代丝绸、器物，斯文·赫定甚至得出了印象，就是古楼兰人比当地其他居民的文明程度要高。这个发现引起了全世界的轰动。楼兰、罗布泊（罗布淖尔）是英语中关于中国使用频率相当高的词汇，在日本小学课本里就有关于楼兰的课文，日本的著名作家井上靖也有一部小说叫《楼兰》。可见罗布泊和楼兰在世界上的知名度之高，这一切当然与 100 年前的这次发现密切相关。

所以从楼兰发现的 100 年来，丝绸之路、新疆、楼兰等有关内容便传遍了世界。丝绸之路热，就是从发现楼兰城开始的。这就是楼兰发现的过程。

另外，我讲讲最近的关于楼兰的情况。这部分内容是就我所知而言的，所以仅供参考。大家可能都知道了，最近发现的“楼兰王陵”成了一大新闻。我们在 2000 年春天，也就是斯文·赫定穿越罗布泊 100 周年的时候到了楼兰。那时我就在一个叫“营盘”的地方听说，当地有人发现了重要的坟墓，他们叫做“将军墓”，是汉朝的。同时听说，楼兰附近发现了成群的墓葬，而且还发现有佛窟。但当时时间仓促，我们没有追索这个线索。到了 2001 年我再次去的时候，目的是在小河，所以没有继续关注上述问题。到了今年年初，发现了“楼兰王陵”这个消息一下子传播开来，说那里有壁画，有非常重要的发现，我看到别人用电子邮件给我寄来的相片。根据这些材料我判断，这些发现都是真的，不但墓葬是真的，壁画也是真的。

从楼兰发现 100 年以来，在罗布荒原的考察一直停滞在发现楼兰城的阶段上，再没有什么真正的突破。我认为，现在实际上已经在新的重要发现的门槛上，马上就会有重要突破了。如果能在楼兰发现佛教洞窟，肯定会轰动世界。因为，佛教是从印度传到中原的，进入内地的第一站是敦煌，但是敦煌和西域之间缺乏一个桥梁，桥梁应该就在罗布泊。现在有人在罗布荒原的雅丹中间发现了成排的洞窟，当然有的已经被毁了。看了这些相片，我认为这是佛教洞窟是没有问题的，可以称为“土窟寺”，是在雅丹中打的洞。关于这个新发现，我的感觉是非常震撼。与今天的荒凉死寂相比，2000 年前它的辉煌历史，兴盛文明，都远远超出了我们的想像。如果这几个消息得到了证实，就会把世界的目光再次吸引到罗布泊来。所以这确实是非常重要的。看了报纸上发表的照片与报道，我有几个感觉。第一，在罗布泊地区，我们发现了很多墓葬，有的墓葬级别相当高，但是就没有一个汉族人的，这很奇怪。因为《史记》、《汉书》上记载着，罗布泊地区汉朝的时候就已经在中原文明的防护圈内了，有我们的屯田，屯垦戍边的军人，有管理人员(比如西域长史与他的属下)，怎么会没有他们的墓葬呢？斯文·赫定当时就注意到这个问题，他解释说，有两个可能，一个就是汉族人死了之后都送回内地了。这个可能不能说不存在，因为大家知道汉族有一个叶落归根的习俗，要葬在自己的家乡和亲人附近，葬在祖坟里，这样判断应该说是很正常的。第二，就是考察工作做的不够，有重要的墓葬还没有被发现。

我们回到第一点，我觉得这有一定理由，但是我觉得实施的可能性很小，因为把那么大的棺木从新疆的罗布泊运到中原，代价很高，几乎难以承受。所以最大的可能还是没有发现汉族人的墓葬。这次的发现，我个人认为不是楼兰人的墓葬，就是这批官员的，甚至级别非常高的官员，因为这是典型的汉墓。另外有些说法，应该说是没有根据的，比如说在土垄的高处埋的就是王族，这没有根据。去过罗布荒原的人都知道，罗布荒原高的地方就是雅丹，低的地方就是风挖的槽。罗布荒原所有的墓都在雅丹上，这个道理很简单，因为当年的地面就这么高，而这些土垄都是风千百年来风蚀的结果。我们刚才已经讲了，楼兰人用的语言是印欧语系的语言佉卢文，服饰都跟汉族不一样。而且楼兰文明很大程度是水域文明，小河地区的文明应该属于罗布泊的土著人——楼兰人。

不管怎么说，这个发现很重要，证明了斯文·赫定的第二个推论。为了进一步的发现，我们已经等了 100 年了，佛塔已经在风沙中日渐破败。照我个人的看法，如果没有很好的措施，维持不了多少年就不可避免地会自然瓦解了。我们这次去了罗布荒原，我照了很多相，照了很多崩溃过程之中的雅丹。从 1999 年开始，新疆出现了丰水期，整个的中亚与中原包括北京，都处在丰水期，降水比较多。从极度干旱突然过渡到降水丰富，水一多就造成已经风化的土质面临崩溃——“土崩瓦解”说的就是这样的情况。所以说，楼兰古城（包括佛塔和地面建筑），与其他的罗布荒原的古代文明遗迹都面临巨大的问题。

在这样的一个发现的门槛上，通过新的发现，吸引了更多公众的注目之后，通过一些保护措施才能让楼兰城及楼兰其他遗迹继续存在下去，成为留给后人的遗产。而且通过上述新的发现可以证明，罗布荒原还有很多地方没有经过考察，有很多东西还隐藏在沙丘雅丹之间。2001 年我们从小河返回的时候，无意中发现了一个汉代的烽火台，制陶器的作坊、军人的营房、喝水的水池全都保留下来，那是现在已知从长城延伸向西部最远的一个烽火台。烽火台边上是一条干涸的古河，有四五十公尺宽，一二十几公尺深，烽火台就是为了保护这个渡口建的，可以想像当时的丝绸之路是多么繁忙。

因为罗布荒原很荒凉，而且条件恶劣，所以有很多地方我们没有做过真正的考察。现在条件好了，但是也面临着新的挑战，新的发现会带来新的问题。这就是关于罗布荒原最近的情况。这些发现看来相当重要，怎么为他们定位，看来还需要研究。

下面我讲讲罗布荒原的环境和生态问题。我关心新疆，主要出于两个目的，一个是20世纪的探险史，这是我的一个课题；还有一个就是人类和环境。罗布泊地区在汉代是水乡泽国，但是现在是寸草不生，甚至见不到绿色。罗布泊地区的风，几千年来确实非常厉害，而且越来越大，四五月份和三四月份我个人认为是不宜进罗布荒原的，一个是带水的问题，还有一个就是风沙，风沙一刮刮一个星期。在这样的条件之下从事科学考察，难度可想而知。前不久在敦煌，离彭加木失踪地点190公里的地方发现了一具干尸，带着一块五六十年代的上海牌手表，穿着一身制服，从穿的衣服来看像彭加木，但是后来证实不是。彭加木的失踪，余纯顺的死，证明在六七月份，五六月份，不宜进罗布荒原。秋天好一点，比较合适。塔里木地区最好的气候，是10月1日—20日，这个时候是到塔里木地区进行旅游、探险、观光最好的时期，首先昼夜温差是20℃，但是从0℃—20℃，人很舒服；另外是无风，秋高气爽。

但是有一个问题我们必须承认，罗布泊地区的生态环境确实日益恶化，到了难以承受的地步。2000年3月29日我们到了楼兰城，在楼兰城的时候风沙之大不能想像，记者的高级照相机不能使用。我的"傻瓜"照相机在照的时候，砂粒进了快门，几乎报废。当时在楼兰古城郊外立了一个碑，我这次再去看了看，才过了两三年，这个碑已经被沙砾抽打得斑斑点点，可见西部风沙非常厉害。但是4月5日，我回到北京，北京也正在沙尘暴的肆虐之中。这说明环境问题确确实实是一个大问题，而且它是一个大环境，是全球都会受影响的。近年的实际情况说明，我们植树造林工作起的作用，比预期的相差颇远。前不久有位学者写了一篇文章，叫《祸福相依的大地人工化》，指出了环境问题症结所在，不能忽略大自然的原生生态环境被人造环境所代替带来的问题。不久前有的学者提出的，我们以前的水利就是到处建水库，怕水流动，水流动就会发生蒸发，宝贵的水都被蒸发了，所以改造塔里木河就用水泥板把塔里木河“人工化”防止渗漏。北京用水泥板改造了天然河床，但是塔里木地区是不行的，那里自然降雨量非常少，一年就几毫米，荒漠植被全靠渗漏，林带、树木、草地借此生长。有林带，有植被才能阻沙，塔里木河孤零零地支撑着，不让塔克拉玛干沙漠扩大。而塔里木的植被就是凭借这些渗漏才能存在。为了种地，天然河流变成了渠道，天然湖泊变成了水库，带来的问题更大。水是需要流动的，蒸发了之后才会下雨，不蒸发就更不下雨了，不下雨就会干旱，干旱使整个环境发生了变化。由于我们对很多问题没有想明白，使得现在环境恶化的趋势一直没有得到有效地遏制。实际上，环境问题已经不是今天的问题了，而且也不是我们现在能解决的了。20世纪50年代苏联的植物学家米丘林说：不要等待自然恩赐，要向自然索取，提倡要改造自然，这是无益的空话。自然本身的结构非常合理，打破了这个环节，必然要出现新的问题。自然当然可以进行自我调节。美国的气象学家亨廷顿在1906年发现，新疆的垦荒造成的荒漠化是以200年为周期的——大致上每经历200年绿洲垦地就荒漠化了。但是新疆塔里木的自然环境的恢复是大约需要300年，之间有100年的时差，破坏的速度超过了恢复的速度，到了一定程度就难以恢复了。1905—1907 年，福特基金会资助亨廷顿来中国新疆等地考察，他写了一本书叫《亚洲的脉搏》，已经翻译出版了，他在这本书里做了几个预言，其中一个就是，从 20 世纪末到 21 世纪第一个 10 年间中亚将是丰水期，降水量从极少转入充沛。这现在已经证实了。另一个则是，新疆的问题表面是河流变短的问题，实质是河水变咸的问题，这也得到了证实。他的书名字叫做《亚洲的脉搏》，因为塔里木形状像心脏，曾经被称为“亚洲的心脏”，什么是向心脏供血的脉搏呢，就是河流，河流就是亚洲的脉搏。一旦河流出现问题，梗阻断流，“心脏”就会因为供血不足而“坏死”。《亚洲的脉搏》研究的是新疆的河流、气候和文明。亨廷顿对环境问题的分析是很清醒的，他是从气象和文明的关系入手，他认为中亚是世界文明的发源地之一，对世界文明产生过重大的影响，但是长期以来中亚面临着严重的环境问题，环境问题不是哪一年、那一代造成的，它是积累的。所以要改变环境也必然是持久的，需要有清醒的认识。

实际上，罗布泊地区给我们提供了关于人类和环境的一个标本，楼兰王国就是标本的展示物。

问：楼兰使用的是印欧语系语言，当时如何和汉朝、匈奴交流的？

答：有翻译，也就是译员，这些翻译主要都是一些商人，傅介子杀楼兰王的时候，就是叫翻译去传达的。当时整个塔克拉玛干地区使用的语言都是印欧语系的语言，像现在解读的吐火罗语、于阗语、佉卢语都是印欧语系的。楼兰的语言是在 1901 年被发现的，斯坦因发现了这个像蝌蚪一样的语言，知道这是一种非常古老的语言，但是拿回去以后一直没有被破译出来，在二次大战的时候，被英国学者破译，人们才能够了解这些文书的内容。

问：刚刚听您讲的楼兰古国的文明，其中包括寺庙，包括宗教。为什么把楼兰文明归为古国文明，而不是部落文明呢？

答：楼兰文明我个人觉得不能说是部落文明，因为它有城市，有官僚体系，它实际上已经进入了阶级社会。我们刚才也说到发现了很多楼兰的文书，曾经有人在尼雅，就是在离楼兰七八百公里的地方，从一个废弃已久的房间找到几乎完整的楼兰王国时期的档案库，有皇帝的诏书、户籍、法律文件等等，通过这些资料可以证实，实际上楼兰已经是一个国家，不是部落了。应该说楼兰的文明程度还是比较高的，高于附近的一些小国。

问：请您谈谈楼兰当地文明的特点。

答：非常抱歉今天没有时间讲小河遗址。我们在 2001 年重新找到了小河遗址，这里就是楼兰的土著墓葬，楼兰文明与水域有密切关系，在这里我们可以看见像船一样的棺材，墓前竖有巨形的船桨，到现在为止，我们不清楚它的寓意。只能说明确实和水有关系。而且非常奇怪的是，罗布泊地区的地面改变极其大，可是小河遗址附近的环境没有多大改变，那个地方是移动沙丘地区，但是小河遗址附近的沙丘近百年来几乎没有移动。

问：楼兰古城消失是因为环境的原因还是因为军事上的原因？

答：可以说关于楼兰有很多没有解决的问题，这是其中之一。有人认为，楼兰灭绝的原因是海运的开通，海运开通使陆路交通的重要性降低。但这个理由不能成立，因为楼兰在海运开通之前十几个世纪就废弃了。也不完全是因为环境问题。环境问题可能突然降临，塔克拉玛干地区有个很有名的传说，就是“沙雨淹没曷劳落迦”，沙雨下了7天，最后把一个城邦整个淹没变成了沙丘，那就是现在的喀拉墩。但从区域来说，环境的恶化应该是渐进的。楼兰古城的废弃不完全是因为环境问题。

罗布泊地区不总是畅通的，汉朝的势力控制了罗布泊，但是南北朝西域基本是各自为政。所以在这样的情况下，楼兰古城就失去了不可替代的重要性，自然就荒废了。而且在那样的气候条件下，如果政府不支持交通要道的管理，很快就会变成荒漠。

我个人认为楼兰的灭绝是多种因素造成的，有环境的，有地缘政治的，主要的原因是与丝绸之路的兴衰有关。

问：您说楼兰王国是被丁零人灭绝的，那现在说的楼兰人是丁零人的后裔吗?

答：不是。这个问题是这样的，楼兰是被一个叫丁零的民族灭绝的，丁零民族是中国历史上的北方的古民族，现在早就不存在了。丁零实际比楼兰出现的要晚，在匈奴西迁之后。丁零在西北活动的时候，攻陷楼兰国都，使得楼兰举国迁移。但是这个楼兰国都城，不是我们现在说的楼兰古城，这个问题今天没有涉及。但是楼兰人和丁零人是没有血缘关系的。楼兰人在100年前做过人种学测量，他们应该属于印欧语系的民族，而且通过遗骨，社科院考古所专家韩康信先生对楼兰人做过人种学的测量，他的结论是楼兰人和阿富汗人很接近。

丝绸之路上的文化交流

荣新江

主持人给我的题目比较大，叫“丝绸之路上的文化交流”。现在文化的概念和丝绸之路的概念都是没有界定的，丝绸之路有海上丝绸之路，有陆上丝绸之路，有草原丝绸之路，有沙漠丝绸之路。随着新的探险时代的到来，丝绸之路越来越宽广，道路越走越多。从内容上来讲，有丝绸之路，有佛教之路，有钱币之路，也有陶瓷之路。丝绸之路现在又被联合国教科文组织叫做对话之路，当然也可以叫做战争之路，因为丝绸之路上也是战火纷飞的。

我自己的研究范围基本在汉唐一段，大体上从公元前 2 世纪到公元 10 世纪，这个范围是我比较熟悉的。这段时间里，在学术的层面上大体分为先伊斯兰时代和伊斯兰时代两大段，我基本上是做先伊斯兰时代的。

“丝绸之路上的文化交流”是一个比较适合用图像的题目。因为文字的历史是以传统的中国典籍为基础的，从中国典籍中的内容来看中国和周边国家关系史的时候，其实受到了很大的局限。中国传统的史家的观点就是，中国是天朝大国，中国居天下之中，老子天下第一，他们把外来的民族都看成蛮夷，都是一些不值得记载的人物。所以虽然在中国传统的典籍里差不多每个正史都有西域传，有外国传，但是不一定给我们正确描述了外来民族或者是在外国生活的民族。从传统的史料中我们得不到全面的特别是比较正确的认识，而我们从出土的文献、出土的文物来了解这些少数民族语言就要丰富得多。可能我们用“少数民族语言”这个词不太正确，因为在当地这就是主体民族的语言，里面包括生活在中国现在的边界之内民族的语言，还有纯粹的外来的语言，比如丝绸之路沿线的中亚、西亚乃至地中海地区的语言文字，这些语言文字记载着他们民族本身的历史，是我们了解古代丝绸之路文化交流的非常重要的材料。因为这些材料是他们本民族的人写本民族的历史，不是中国古代的史官写的胡人或者蛮夷的历史，所以我希望用丝绸之路上的语言文字来说明这里的文化交流问题。

图一是一张丝绸之路的示意图。大体上说，丝绸之路一般

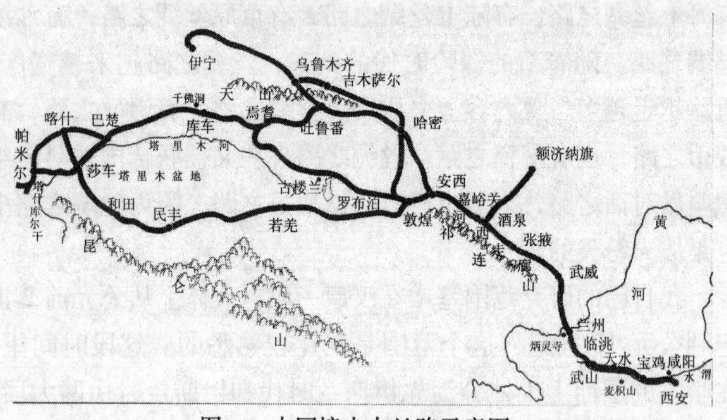

图一 中国境内古丝路示意图

是从西安就是汉朝的长安开始。丝绸之路实际上在中国先秦时期就已存在，但真正把这条路线连贯起来，而且作为官方的道路是从汉武帝时的张骞出使西域开始的。张骞打通的这一条路，就是我们所知的丝绸之路的一个基本的干道。丝绸之路起点应该有两个，西汉从长安开始，东汉从洛阳开始，而且不同的时代应该有不同的起点。原来更多的是走固原，固原有很多出土的丝绸之路的文物，后来修铁路是走天水这条路，所以固原往往被人忘记。经这条路到河西走廊，经武威、张掖、酒泉、敦煌河西四郡。汉以后从敦煌分岔，汉代的时候是要先到

楼兰，然后再走到吐鲁番，因为原来还没打通这条路，通过塔里木盆地的南北两道，然后在这里翻过葱岭，就是帕米尔高原。翻过帕米尔高原，经过现在的喀布尔山口，这是一个战略要地，下到白沙瓦，这条路是到南亚，也可以从这边一直到伊朗高原。另一条路是从北面走，从粟特地区，通过撒马尔干、布哈拉，撒马尔干是古代的康国，布哈拉是古代的安国，中国古代的昭武九姓就在这里。经过这里到伊朗海岸，就是甘英到达的底格里斯河的河口，通过伊拉克再到叙利亚，当然这都是今天的地名。然后到地中海世界，到埃及的一个重要的城市亚历山大里亚。

我们说的是大体上的地理概念，在当时的地理环境下，这条路是非常不适合人行走的。早期的中国比较封闭，向北没有什么路可走，向南的话，航海事业不发达的时候不能远距离的行驶，所以中国最早只有一条往西的通路。这条路通过河西走廊、塔里木盆地，翻越帕米尔高原，然后经过阿富汗或者巴基斯坦出去。这条路上有世界上最干燥的沙漠，就是塔克拉玛干，有世界上最高的山脉帕米尔高原，喀拉昆仑山，天山，兴都库什山，这都是非常难走的。但是山有山口，沙漠有绿洲，所以填补了一些真空，如果人带足了干粮，在三五天之内，可以走到另一个补给的地方。现在新疆的公路发达了，很多泉水点都给废弃了，而古代有很多泉水点来接济行人。玄奘的西行是最困难的，他走的是从今天的安西，就是敦煌往哈密的路，莫贺延碛这一带是最难走的，但是他骑了一匹走过这条路的老马，老马识途，知道泉眼，把他给救了，要不然他就死在这里了。

在这样的一条道路上生活着各种种族的人，而且东往西来的游牧民族的活动范围比较大，所以我们在这条路上可以发现相当多的不同人种。在丝绸之路的核心地带，比如说塔里木盆地、阿富汗、巴基斯坦、伊朗一些地带的人种是非常复杂的，远比今天我们知道的要复杂的多。比如说塔里木盆地，我们现在看到的主体民族已经是维吾尔族，实际上维吾尔族是在公元840年的漠北回鹘在蒙古高原建立的回鹘汗国崩溃后西迁的结果，逐渐地在一两百年之后迁到塔里木盆地，慢慢变成主体民族。

考古发现和中国典籍记载中，塔里木盆地的主体民族是印欧人种，深目高鼻，蓝眼睛，红头发。特别是北边的一支吐火罗和月氏系，另外南边像于阗和楼兰这一带是属于塞族，就是希腊文献里的斯基泰民族。由于民族的同化，特别是中亚历史上的伊斯兰化之前的突厥化，使得中亚的很多主体民族变成了突厥民族，塞族人传下来的伊朗种的民族越来越少。现在阿富汗的战争从民族的眼光看实际上是突厥人和伊朗人在战斗，当然形式不是这么简单，但是如果了解中亚民族情况，就知道这场战争是有民族背景的，是普什图人和北方突厥系统的民族的冲突，但阿富汗的突厥系和伊朗系都是非常复杂的，因为阿富汗是一个文明的十字路口，过去的学者就说过，因为这里四通八达，世界文明就是在这个地方交汇流通，所以它的人种也是比较复杂的。

图二　月氏人戈头（放大）

现在中国大部分民族已经融合了，但是如果我们要把发现的古代文物和历史的记载相对应，就应该了解这个背景。过去的主体民族是以印欧人的民族为主体，所以现在有人说新疆自古以来就是突厥人或是维吾尔人的居地，都是不对的。

我先给大家看一个非常典型的文物（图二），这是在甘肃灵台发现的一个戈。在戈的头部有一个人头像，这个头像跟我们从殷墟看到的东西不一样。这个文物，时代相当于西周，是早期的一个铜器，在这个铜器的顶上挂着一个外族的人像，他实际表现的是一个俘虏，把俘虏的头像铸造在一个戈的头上，跟敌人作战时就等于拿着一个对方的头像去刺对方。这是一个非常有意义的出土文物，是一个非常少见的白种人的形象，是非常典型的吐火罗或月氏人。

先秦时期中国的民族，北面属于匈奴系统，西面属于月氏系统。月氏古代的发音是肉（roù）支（zhī），月氏人又叫“禺氏”等等。这个民族的语言没有保存下来，但是学界有两种说法，一说是伊朗语，一说是吐火罗语。后一种说法的根据，一是因为我们看到的敦煌等月氏人活动范围的一些名字，也见于新疆的焉耆、龟兹这一带，而这一带是流行吐火罗语的，因此有的学者把月氏人称做吐火罗人。还有另外一个论证，月氏人强盛的时候打败了匈奴，杀了匈奴王以后，把他的头做成喝酒的碗，后来匈奴强盛了，又把月氏打跑了。月氏先迁到伊犁河流域，后来又被乌孙打败，迁到阿富汗的北部，后来又越过阿姆河进入今天的巴基斯坦地区，打败大夏（巴克特里亚）王国，建立了历史上有名的贵霜王朝。希腊文献里记载灭掉大夏的有四个民族，其中一个就是吐火罗，所以现在学界一般认为吐火罗就等于月氏。这个民族原居住在甘肃、青海、宁夏，后来它的主体地点在敦煌祁连山之间。我们中国最早得到的玉就叫“禺氏边山之玉”，“禺氏”其实就是月氏，边山得到的玉，实际就是月氏人带过来的。最早占据河西走廊的月氏民族是东西交往的一个承载者。游牧民族往往是东西交往贸易的中转民族，月氏人过去就是这样的一个民族，我们现在通过这个戈可以依稀地看到他们的面貌。

新疆的古代民族在这样的地理位置上实际上是非常复杂的，在我们把所有的资料收集完全之前，我们不能下结论。我们可以大体上说，比较靠近中原的甘肃的西部到塔里木盆地的北沿，一直到天山北面靠东边这一区域，当然有北边匈奴阿尔泰系的影响，但主体的民族是月氏，月氏人可能是欧洲文献所说的吐火罗。另外一支就是在楼兰、尼雅一直经和田（古代于阗）到帕米尔这一线，应该是塞人（希腊文献中的斯基泰人）。塞人本来是在北面的，就是南俄草原，后来分支西迁，一些西迁的民族被融入其他的民族。南迁的一些部族就到了现在的楼兰、和田这些地方，留下了遗迹，于阗的语言是属于“塞语”。图三展示的就是一个在伊犁河流域发现的“塞种”雕像。《汉书·西域传》说，乌孙所在的地方是故塞地，也就是说乌孙之前这是塞种住的地方，《汉书·西域传》所记载的很多地方都是故塞地，塞种是一个非常古老的民族。

图三 塞人雕像

塞种在希腊历史书里有非常明确的定义。有四个塞，其中最靠近东面的，是所谓尖帽塞，因为他们头戴尖帽。这种帽子在新疆的罗布泊的古墓里以及在和田都曾发现，非常典型，非常高，伊犁河流域的这个青铜武士也是尖帽塞人的形象。

影响塔里木盆地的另一个重要民族是突厥系统的民族，就是北方的阿尔泰民族系统。从匈奴一直到突厥、回鹘都属于操阿尔泰语的民族，这个民族跟鲜卑蒙古不太一样。鲜卑蒙古是东北的民族，西迁到蒙古高原建立了汗国，而匈奴突厥实际从蒙古高原一直到阿尔泰山都是他们的领地。所以他们强大的时候，很容易南下控制塔里木盆地，甚至控制阿富汗、巴基斯坦一直到中亚粟特地区，包括今天的乌兹别克斯坦、塔吉克斯坦这些地区。

我们上面已经说到新疆的吐火罗人，他们确实是一个谜。在库车、焉耆、吐鲁番发现的佛教壁画的一些供养人，被学者们看作是吐火罗人的后裔，因为这里流行吐火罗语。吐火罗语为什么意义重大呢？因为语言和民族是一个最好的对应关系。请注意我不是指文字，因为可以用各种文字来拼自己的语言，而语言是民族最早带来的。比如，我们汉人说的是汉语。在古代汉文和汉语是一致的，所以我们汉人脑子里往往不区分“语”（language）和“文”（script），就是不区分语言和文字。但讲到中亚的历史就要非常明确地分开。

古代的龟兹、焉耆和吐鲁番盆地这个地方，大概从3世纪到10世纪，流行一种语言，这种语言刚发现的时候，叫“unknown language”，不知道名字的语言，是死语言。后来慢慢发现了一个剧本，一个回鹘文的剧本，就是回鹘文的《弥勒会见记》，其中有一个跋，说回鹘文的《弥勒会见记》，是从吐火罗语翻译过来的，即吐火罗语翻成了回鹘语，而吐火罗语剧本又是从印度语翻译来的。新疆也发现了吐火罗语的《弥勒会见记》，季羡林先生就出版过解读吐火罗语文本的专著。

吐火罗语是一种什么样的语言呢？我们知道印欧语是一个大的语系。下面有西支的，就是希腊、拉丁语以及现在的英语、法语、西班牙语等，另外一支就是东面的印度—伊朗语，如我们在新疆发现的于阗、粟特语等。新疆发现的吐火罗语是属于印欧语的西支，一些基本辞汇和拉丁语一样，很多词根是一样的。

为什么一支印欧语的西支会留存在吐鲁番盆地、焉耆、龟兹，这是历史上的一大谜。欧洲人要了解印欧人的起源，就要找吐火罗语，所以吐火罗语的发现对于世界的语言学史是非常重要的，因为它是死语言，没有受到后来的干扰。吐火罗语的发现也引发了对于印欧人种的起源的考察。有的人认为印欧人的起源在高加索，有的说是南俄草原。吐火罗语文献在新疆的发现，使人们开始讨论更东边的印欧人问题，相关争论很多，不是我今天讲座的内容。

粟特，在今天的乌兹别克斯坦，古代的中亚阿姆河和锡尔河中间有个泽拉夫珊河流域，这一地区有很多小的城邦国家，在中国古代把他们叫做康、安、曹、石、米国等等。中国传统姓氏里没有康姓、安姓、米姓，汉唐之间这三个姓的人一般是来自中亚。但是如果是从曹国、何国、石国、史国来的就要做具体的分析，因为这些姓氏我们中国也有。

粟特人是商业民族，他们没有什么地方不可以去，另外一个原因就是因为粟特是一些中亚的绿洲小国，哪一个大族来了，他们就依附哪个国家。哌哒人来了，就跟着哌哒；突厥人来了就跟着突厥；唐朝强大的时候，就是唐朝的羁縻州。在7世纪以后大量的粟特人来唐朝做生意，其中也有一部分往东面来发展他们的领地，所以粟特人在丝绸之路沿线建立他们的殖民地，到一个地方就建立一个居民点，这些居民点本来是自治的聚落，后来北朝和隋唐的中央政府慢慢把它们控制了，变成了一个乡或者一个唐朝能够控制的部落。粟特人一直跑到今天东北的朝阳地区，这里是唐朝的营州，也就是安禄山的老家，安禄山的母亲是突厥人，父亲是粟特人，所以史书上说他是“杂种”。粟特人来的时候实际上就是走在突厥人和中原王朝边境地带的夹缝里，所以他们跟汉人和突厥人的通婚现象非常严重，我们有时候很难区分他们的民族。而且粟特这个民族为了做生意，经常会变换嘴脸。今天跟突厥人在一起谈，说我母亲就是突厥人，明天跟汉人说话的时候可能会说我父亲是什么，我祖父是跟汉人结婚的。所以粟特人的一个文化特性就是懂多种语言，因为他们要做生意，所以他们是这些民族之间贸易的交通者，他们不仅是在中国和粟特地区，也是在中国和中亚地区之间做生意的人，同时也是中国和北方民族，中国和印度贸易的承担者。中古的粟特人实际上是中古时代的贸易的承担者，就跟地中海世界的腓尼基人的作用是一样的。

粟特人另外的一个文化特性就是这个民族能歌善舞。在宁夏盐池县曾发现了一个粟特人的墓，在墓门上画着跳胡旋舞的粟特人（图四），而一般中国的墓门上画的是守灵的门神。粟特人送葬的时候要跳舞，但是跳的是赛祆的舞，不是普通的

图四　盐池粟特舞蹈图

舞。这幅画给我们展现了十分清晰的一个粟特人的形象，他们穿的跟中国的长袍不一样，穿的是翻领紧口的胡服，脚踩在一个圆形的毡垫上，旋转如飞地跳着胡旋舞。《安禄山事迹》里说，杨贵妃和安禄山非常会跳这种舞的，唐玄宗很喜欢。

粟特人到处行商，所以他们把本民族的信仰，比如琐罗亚斯德教，就是传统的波斯的拜火教，带到了东方，也把他们后来信仰的摩尼教、基督教也就是景教，都带到东方。而且这个民族的变性很强，他们到了中国以后也跟着汉人，跟着西域的

中亚人信了佛教。粟特文佛教文献非常丰富。在唐朝的宫廷中，粟特人非常受欢迎。他们跟着宫中的人去打猎。他们会训猎豹，这种猎豹一起步跑得非常快，一般的动物都不是它的对手，但是它没有耐力，它只能冲几百米。从抓猎豹一直到训猎豹，一直到带着猎豹去打猎，都是些非常刺激的故事。张广达先生写过关于唐代猎豹的文章，其中所说的猎豹，就是北非和阿拉伯半岛产的一种豹，在中国典籍里进献猎豹的常常是粟特人。图五就是懿德太子墓壁画中一个带着猎豹的胡人图像。这里胡人的形象非常典型，唐朝宫廷中就用这些胡人组成仪仗队。所以懿德太子、章怀太子的仪仗队里有很多胡人，这些胡

图五　胡人驯豹图

人人高马大，又满脸胡须，看上去非常漂亮。

有一件吐鲁番墓葬里发现的非常完整的粟特文契约。粟特文的字母是从阿拉美字母来的。维吾尔人在用阿拉伯字母之前，实际是用的从粟特人那学来的字母，拼写他们的阿尔泰系统的语言，后来的蒙古人又从维吾尔人那学了粟特的字母，后来的老满文字母也是从蒙古人那学来的。

这个粟特契约的内容是卖一个女奴（图六），是一个粟特人把突厥地区出生的女奴卖给一个高昌的汉人。其实粟特人也是人口贩子，在吐鲁番盆地我们看到很多汉人买粟特奴婢，买来以后给奴婢起的名字很有意思，他们把女奴往往叫成“绿叶”、“绿珠”之类的，叫成很好听的中国女孩儿的名字。买的人里有福州长史，就是今天福建的人，如果他带回一个名叫“绿叶”的胡婢到福建的话，很快就没有人知道她的出身了。

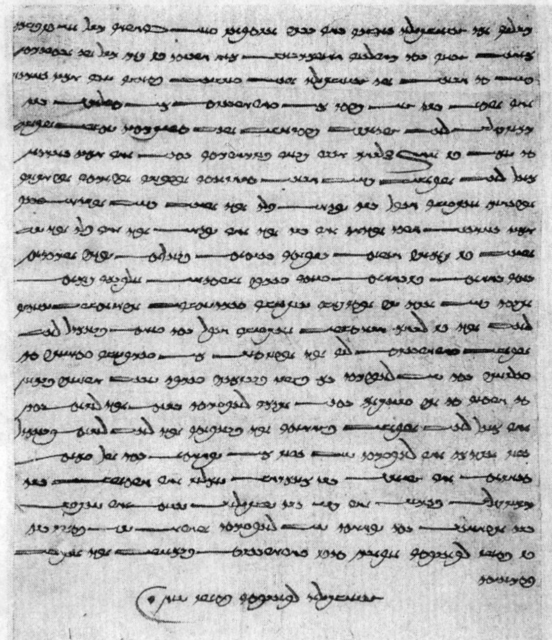

图六　粟特文买女婢契

从唐人的诗里，比如李白写的那个当炉的胡姬，我们知道在长安卖酒的人里有粟特来的胡姬。可是从其他文献里看到的一些名字不能说明谁是胡姬，我们也就真的不知道她们都跑哪里去了，因为她们的名字实际都是取自《世说新语》的一些斗富的故事，是富人家里漂亮的女孩儿的名字。

这是山东青州发现的一个毗卢遮那佛像（图七）。佛经说毗卢遮那佛的身上要包罗万象，它是一个佛，所以他身上有六道，有天道、人道、鬼道、地狱道、畜生道，所以把一些胡人画到肩膀上，这是非常难得的胡人的形象。这三个人像，从他们带着的帽子和胡须，还有深目高鼻的特征，绝对可以认定是胡人的形象。

这三个人很像是使臣，也可能是一个商队，这里三个人有

图七　佛像上的波斯胡

不同的形象，表现各种不同的使者、商人，考古报告把他们说成是波斯人。在阿拉伯海岸和中国的广州、福建之间交往频繁之前，陆路来的经商的人中实际上粟特人占了非常大的比例。现在我们从文献上判断康、安、曹、石、米等粟特人比较容易，但是在历史文献上比较难判断波斯人。我们在历史典籍里

统计到的波斯人大概只有不到10个，他们都姓李，因为他们来到中原之后都随着李唐的姓，姓了李。中国张、王、李、赵是最大的姓，怎么分辨李姓中的波斯人呢？在典籍中很难分辨，但在图像上可能可以分辨。这三个人里可能有波斯人也有粟特人的形象，但是到底是哪一个族，现在没人做过一个系统的解说。

我现在想给大家介绍一下丝绸之路上的古代语言文献。吐火罗语《弥勒会见记》是一个非常了不起的发现。在吐鲁番盆地到焉耆、库车，流行着两种吐火罗语，一个是甲种吐火罗语，一个是乙种吐火罗语，或叫吐火罗语A、吐火罗语B。甲种吐火罗语基本上都是记录佛教文献，这种语言书写的材料非常重要的发现就是季羡林先生发表的吐火罗语《弥勒会见记》。这个吐火罗语的《弥勒会见记》是一个剧本，24幕，第一幕的后面有一个题记，提到抄这个《弥勒会见记》的几个官员，这说明这个语言是活的语言。过去我们都以为这个语言像基督教所用的拉丁语一样，是纯粹的宗教语言，而不是一个活的语言。而实际上它是从3世纪到10世纪一直在被使用的语言。这种语言的佛典主要出土在焉耆，就是今天新疆焉耆蒙古族自治州，它原来是操吐火罗语的民族所居住的一个地方。

吐火罗语B主要使用在从吐鲁番盆地一直到龟兹（库车）。今天的库车往西的库木土拉水电站附近，原来有个关城叫拓厥关，在这个关城挖到了一些吐火罗语的过所，就是通行证，就是官吏记载某年某月某日谁从这过，长的是什么模样等。这些是非常好的研究材料。不过这种语言非常难懂，经过100多年才慢慢被解读。特别是吐火罗语B是世俗文书，不像吐火罗语A很多是佛教的典籍，比如《弥勒会见记》等，虽然在印度的原本没有找到，但是类似的故事在佛典里，在梵文、藏文、汉文里有很多，我们可以借用平行的文本解读吐火罗语。可是这些世俗语言没有办法找到直接的对证材料，所以这种语言到现在其实还有很多内容在猜，但是这些语言是我们研究丝绸之路和它的文化交流极其重要的一种材料。

还有从印度传来的语言，就是现在我们知道的梵文。玄奘去印度的目的，一个当然是他要了解一些佛教理论上的东西，另外一个，此前的汉文译经很多不是从梵文的雅语来的。梵文的雅语是经典语言，抄得非常规整。这种语言实际上进入中国是慢一步的，先进入中国的是梵文俗语，梵文俗语就是夹杂着口语的梵语，这种语言最早是用佉卢文来拼写的，以后用一种不规则的婆罗迷文拼写。季羡林先生懂这种混合梵文，就是梵文的雅语、俗语写在一起的中亚语言，那是学术上最难啃的骨头。

最早进入中国的佛教典籍，可能要算在和田发现的佉卢文的《法句经》，年代大概为公元 2 世纪，用桦树皮写的。早期的佛教是一句一句把一些佛典的经文摘下来的，所以叫做《法句经》，这类经典在早期中亚的佛教典籍里占很大的比例。有一件是在和田发现的，卖给了法国的一个传教士，他本人虽然在过喀拉昆仑山口时被杀了，但是后来他的随从把这个写本带到法国，解读以后发现这是 19 世纪末 20 世纪初世界上发现的年代最早的一个佛教典籍。近年来在阿富汗发现了一大批这种佉卢文的写经，通过白沙瓦的古董商卖到伦敦，被英国图书馆和挪威一个富商收购了。现在正在解读，里面也有佉卢文的《法句经》，所以将来这是一个非常大的研究天地。

另外，这种佉卢文也在相当于东汉魏晋时期的于阗（今天的和田）王国里使用。于阗的货币，一面是汉字的五铢，另一面就是佉卢文。图案是骆驼或马，所以又叫“和田马钱”，正式的名字叫汉佉二体钱（Sino-Kharosthi Coin）。从这里的货币就可以看出一个非常典型的中亚小王国的文化，当时在贵霜帝国和汉帝国的夹缝中生存的于阗王国，它的钱币就是双语的，西方的人来了看这面，用佉卢文讲是多少钱；汉地的商人来了，翻过来就是五铢，做起买卖来很方便。这是一个非常好的文化交流的例子，反映了中亚文化的典型的东西。这类的中亚钱币很多，粟特人的钱也是一面是汉文，按照开元通宝做的，一面是粟特文。所以他们跟汉人打交道、跟中亚人打交道都能使用这种钱。

尼雅鄯善王国出土的官方佉卢文文书，也是很大一个谜。西方学者往往认为鄯善这个王国就是印度的殖民地，印度就拿着这些文件说塔里木盆地也是印度的，这是不对的。但是我们应当承认这样一个事实，鄯善王国存在于公元 3 世纪到 6 世纪，从楼兰到尼雅这一线的官方语言和官方文书都使用的这种梵文俗语，应该说这是贵霜帝国的影响力造成的结果。我不相信有什么贵霜的难民或者印度一个殖民地国家的说法，但是贵霜强盛的时候，特别是在东汉衰败退出西域以后，西域应该遗存有贵霜的文化。我们在塔里木盆地发现了将近 100 枚贵霜钱币，所以这一地区在经济、文化、政治的上是受到了贵霜的影响，但是不应该说是贵霜人或印度人直接统治这个地区。佉卢文文书往往用木函形式，木函封好后要加上封泥，封泥往往是一些具有希腊风格的印章或图像，所以鄯善实际上也是多种文化汇集的地方。

除了印度语，流行在塔里木盆地的南北两沿的语言还有古代伊朗语系统的语言。在库车西边的巴楚盆地发现一些属于东伊朗语的文字材料，过去人们根据出土地叫它“图木舒克语”，但是“图木舒克”这个地名是突厥人到塔里木盆地以后用的突厥语名字，而这种语言不是突厥民族用的，所以应该用它的本民族的名称来命名。我写过一篇文章，认为这是“据史德语”。因为在文书头一行纪年的时候，称这是在伟大的王、据史德王某年，原来西方学者没有认出“据史德”这个字，我从这些文书使用的纪年处认为这个地方一定要有地名，找出原文的正确对音“据史德”，所以这个语言应该定做据史德语。但是这个语言资料迄今为止只发现了14件文书，所以解读起来跟猜谜语似的。

更多的在中国境内发现的东伊朗语文献是用于阗文写的，在和田地区和敦煌藏经洞内都有发现。

这是敦煌藏经洞保存的完整的于阗语贝叶经（图八），中间有一个穿孔，跟现在西藏的佛经的翻法一样，中间穿一根绳。于阗文也是于阗王国的官方语言，如在和田发现的买卖奴隶的契约，就是用于阗文写的，也是木函的形式，上有封泥。吐火罗语和于阗语都使用印度婆罗迷字母，但于阗文的语言是属于伊朗系统的，这些语言也是经过了多年的解读，才真正的读通，但是还有很多世俗文书没有读懂。

到现在为止，除了在塔里木盆地居住的印欧语系的民族留

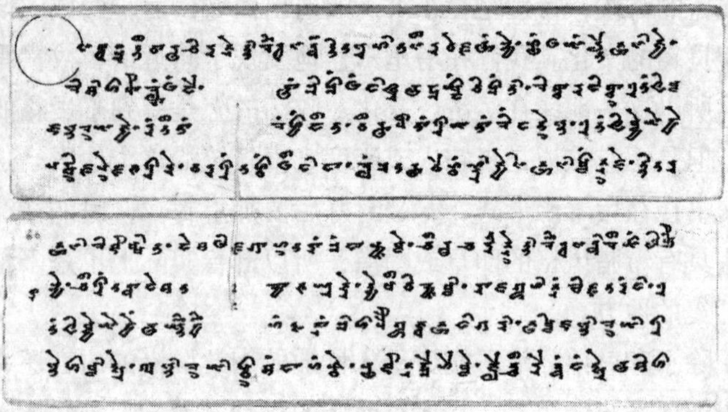

图八　于阗文佛典

下的文献，丝绸之路上也有很多其他外来民族的文献。当然有从中国传到西边的，也有从西边传到东边的。图九所示为在青海都兰发现的一件丝织品上的中古波斯文（图九），是一件非常难得的中古波斯文材料，它涉及到丝织品的东西传播。中国是丝织业非常发达的国家，我们在吐鲁番看到了很多织锦，过去认为是波斯锦，但是这些波斯锦上却有“胡王”这样的汉字，有人认为这是中国的工匠仿造的外国的锦，用于出口，打

上胡王的字，然后卖给西方。到底这些吐鲁番的锦是在吐鲁番织的，还是在四川织的，或者是汉人织的，还是波斯、粟特工匠织的，现在没有一个统一的结论。但是这件都兰的东西可以

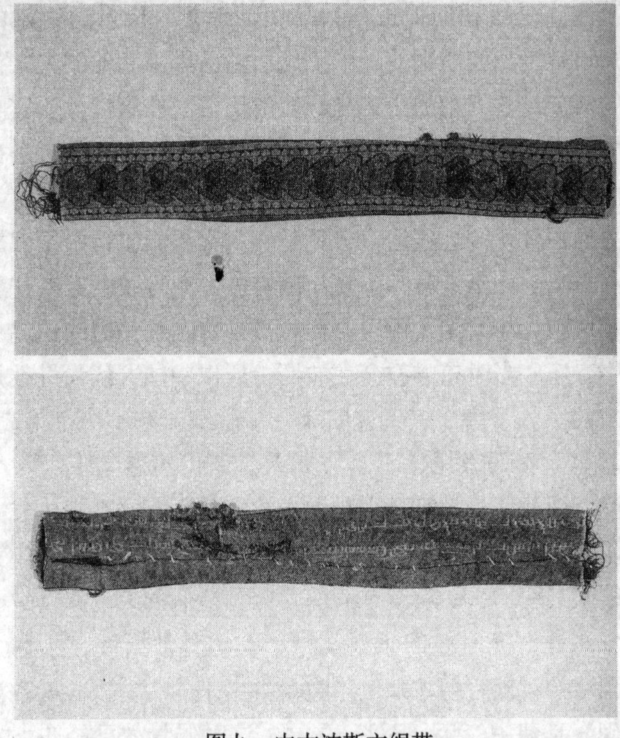

图九　中古波斯文绢带

肯定地说是外来的波斯锦，因为写着非常清楚的波斯文。很可惜的是都兰的墓葬被严重盗掘，大量的东西走私到国外，在美国的一个拍卖行拍卖过一件完整的袍子，那个袍子是粟特锦，上面有联珠纹的对鸟、对兽图案，非常完整，一点都不缺的。

中古波斯文除了丝织品外，也随着一些蓝宝石的印章流传，固原南郊隋唐墓里曾发现非常漂亮的蓝宝石印章，有一圈是中古波斯文，大概是“丰饶”的意思。印章上刻的狮子非常典型，特别是上面有三杆树，我们在祆教、摩尼教图像里，都

可以看到这种伊朗系统的图像。

西安城西土门村20世纪50年代发现一方墓志，上面是中古波斯文和汉文对照写的，非常难得，咸通时（9世纪）入葬，墓主人是唐朝的神策军兵马使苏谅妻马氏。通过她的墓志，知道她是从波斯来的一个王族后裔。苏谅和他的夫人都是祆教的信徒，他们用的历法是祆教的历法。在唐代长安实际聚集着大量的外国人，他们有一定的居住区，比较多的是在西边，而且他们有一定的墓葬区，可能就在土门村附近。

另外一种丝绸之路语言，就是《大秦景教流行中国碑》上的叙利亚文。大秦景教，也就是基督教的东方教会聂斯托利教派，在贞观九年就到了中国，而且被允许在长安城的西北角建了一个寺庙，当时东方教会在波斯，所以中国人认为景教是从波斯来的。到了唐玄宗天宝四年，从叙利亚来了一个代表团，说景教是大秦的教派，不是波斯教。所以唐玄宗下了一个旨令，说所谓波斯景教都是来自大秦，以后所有的寺都改成大秦寺了。敦煌卷子里有一个景教的写经，后面写着开元八年大秦寺法徒某某写的，一看就是假的。因为造假的人没有读中国史书，如果是开元时候的景教文献，一定称波斯寺，不称大秦寺，天宝的时候唐朝才知道景教是大秦来的。《大秦景教流行中国碑》是建中二年（782）立的，这时候景教已经叫大秦景教了。碑文上使用了景教的教会语言叙利亚文写了一些文字和题名，但是上面记的僧人实际还是波斯人，所以长安的基督教的教派实际是波斯人为主体的。

《景教碑》上有一个僧名，汉文作文贞，叙利亚文叫Luka（路加），景教徒按照旧约里面的人物来起名字，所以有叫路加、亚伯拉罕等等。这个文贞很重要，我在1980年发现的一个墓志里找到一个人姓李名素，字文贞，西国波斯人。这个人是在广州长大的，他的爸爸是广州的别驾，相当于现在的广州市副市长，因为广州有很多外国的蕃人，有的波斯人是从海上来的，李素父亲原来可能是管理蕃坊的。我们过去知道唐朝的天文台里负责天文星历的人是印度瞿昙家族的，这个家族的最后一个人在大历年间去世，唐朝就从广州调来了波斯人李素，这个波斯人在司天监干了40年，而且我认为当时的《都利聿斯经》实际是通过波斯文转译的希腊托勒密的星占学著作，所以这本占星书也叫《都利聿斯四门经》，或者叫《都利聿斯经》，或者叫《四门经》，这个《四门经》也见于敦煌发现的景教译经的名表。就像利玛窦来中国的时候先译一些数学、天文、历法书一样，他们传教往往用科学来打头阵，景教徒也译了一些技术的和占星的书。李素实际是一个天文官，又是一个景教徒，也是一个长安的波斯领袖，所以他被列入《景教碑》的名表里。李素墓志是一个非常重要的墓志，是1980年在西安东郊发现的，我们可以看到有大量的波斯人也住在长安的东半边，北大的段晴先生对这个僧名表有一个重新的解读，对于我们认识整个唐朝基督教教团会有非常重要的推进。

斯坦因在1908年在敦煌西北的长城烽燧下面捡到一些粟特文的古信札（图一〇），它们实际上是在河西走廊做生意的粟特人写往家乡撒马尔干的若干封信，装在一个包里，有的人说是被遗失的，有的人说可能是被边关的人给截下来的。这组信札真是很难得，一共有五六件。最重要的一件是第2号，比较完整，年代是312年以后不久，因为里面提到了在洛阳做生意的粟特人，遇到匈奴人攻打中国皇帝，洛阳城被毁的一些事，与西晋末年的历史基本吻合，所以可以说是粟特文现存最早的文献。这批信记载了粟特人的商团，也就是商队，就像我们在敦煌壁画里看见过的《五百商人遇盗图》中的商人。粟特人就是用这种商队形式做买卖，十几人、上百人一起走，然后选一个首领，到一个地方住下来的时候，他们围成一个圆圈，夜里有防守的人。玄奘西行的时候，跟着商人一起走的时候，他曾被选为商人的首领，汉文称之为“商主”，粟特文就叫

“萨宝”，是商队首领的意思。商队后来就演变成了在一个地方居住的胡人聚落。我们知道至少有两封信是从敦煌寄出的，有两封信是从武威寄出的，他们向家里报告怎么做生意，派了哪些人到洛阳去做生意，派了哪些人到了邺城（安阳）去做生意，因为曹魏的时候邺城是一个很繁华的地方，然后哪些人到了姑臧，就是武威，哪些人到了酒泉，哪些人到了金城（兰州）。这些信给我们勾勒出了一个公元4世纪初粟特人经商的路线图。同时，我们可以看到他们经营的产品，他们说谁到哪去卖什么东西，买什么东西，他们经营金子、银子、麝香、大麻、樟脑、胡椒等各种各样的货物，还有属于贵金属的白铅和奢侈品的香料，但是没有见到丝，这是很奇怪的。

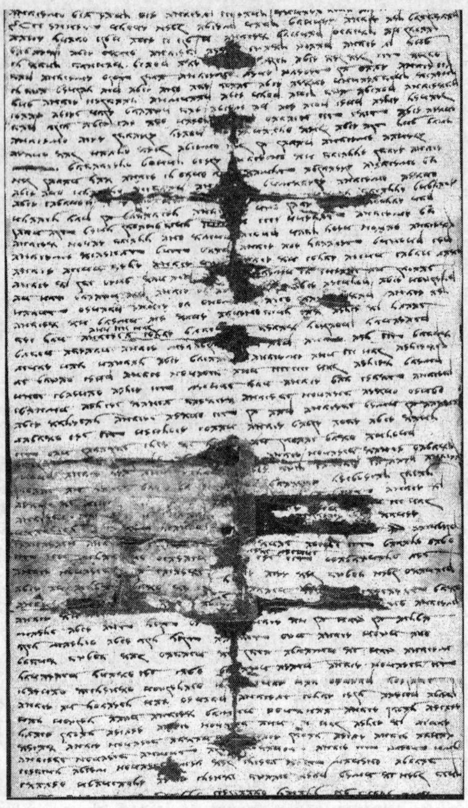

图一〇　粟特文古信札

我们同时在吐鲁番发现过一些汉文的卷子，特别是有一个高昌官府征收商税的文书。这个文书是个国宝，所记买卖双方都是姓康、安、曹、石、米的这些粟特人，而且都是批发商，是成群结队来的粟特商队批发生意的记录。粟特人做生意就是这样，到一个地点把东西卖了，有的人继续前进，有的人就留在这个地方，有的人回去了，于是商队在丝绸之路沿线上形成商业网络。这个网络可以说从撒马尔干或者更远的西边的布哈拉，一直到中国东北营州，有的西方学者说这条路一直到渤海的龙泉府，然后经过西伯利亚，再转回到粟特地区，因为在西伯利亚发现过粟特的银器，这一点还未落实。所以，粟特的古信札真实反映了粟特人经商的情形。同时，也反映了他们的信仰，因为信里好几个人的名字里都有粟特祆教的神名，比如"娜娜"。娜娜就是他们供奉的娜娜女神，是祆教里面的一个神，粟特人最信娜娜女神，有的人就叫"娜娜神仆人"。这些信里提到的宗教因素，没有见到佛教、摩尼教、基督教的影响，都是祆教的因素，特别是他提到的一个祆教的神职人员，相当于中国古代文献里记载的拜火教寺庙里的祆正，证明当时在河西走廊，在敦煌或者武威已经有拜火教的教堂。

回鹘文是粟特文影响下形成的，回鹘人信了摩尼教以后，写了许多摩尼教方面的文献，用朱墨笔相间写成，摩尼教是很讲究书法的，摩尼教的卷子都很漂亮。

还有一种丝绸之路上传来的更西方的语言，是希腊文的一种变体，印在铅饼上。这种铅饼已经发现六七百枚了，在甘肃和陕西，包括长安。但是这种东西是做什么用的，到现在大家还不知道，很像是钱，但在阿富汗、巴基斯坦一直到地中海世界，找不到同类的钱。它最像希腊化国家大夏，就是巴克特里亚使用的钱，而且大夏是希腊化国家，用希腊文拼写的语言，也叫巴克特里亚语，是一种伊朗语。现在的英国博物馆钱币部主任，认为这种钱是汉武帝沟通东西交通以后，中国人仿造的西方的钱。在甘肃一个教堂就发现了500枚，非常多，但到底是做什么用的，现在真的没人能说清楚。

在甘肃靖远发现了一个鎏金的银盘，这个银盘中间是一个少年骑着一头狮子，周围一圈12个神是希腊奥林匹斯山的十二神，这些都已经一一对出来了。这个银盘的背面是光的，但它的底座上有一些铭文，虽然残了，但可以看出是不规则的巴克特里亚语，应该说它是间接传过来的一件罗马的物品。罗马帝国跟汉朝有没有直接的沟通，现在是学术界讨论的一个焦点。按道理说有关的记载很多，但是通过了这么多部族，比如说东汉的时候班超曾经派甘英出使罗马，但是走到了波斯的幼发拉底河的河口，当时帕提亚帝国希望垄断丝绸贸易，就说红海风浪大，有鬼怪，所以甘英就退回来了，惟一有可能直接沟通罗马的历史，就在那时结束了。

但是，已经发现的物品里有没有直接从罗马传播过来的东西，现在有两派意见。有的人认为当时就有直接的沟通，有的人认为所有的东西都是间接传播到中国，或者传去罗马的。在新疆营盘发现的墓葬里有一个墓主人身上穿着罽锦袍子，这种锦是外来的，这个墓葬相当于东汉时期，这个锦上重要的是一共6组裸体人物，有的拿着矛，有的拿短剑，有的拿盾，底下是对羊、对牛，所以这个袍子是希腊罗马的，但是这个袍子怎么穿到了一个西域来的人身上了？这个人是富人，还是王族？现在还没有得到一个确证。

我们在尼雅看到一个王族的墓，1995年王炳华先生他们挖了8个墓，他们连棺材一块扛回乌鲁木齐，我当时正在新疆，所以就看到了。当时从墓里拿出一块袖标，可以裹在胳膊上，图案上写着“五星出东方利中国”。五星出东方，这是汉代最吉的天象。后边还有一块残片，应该是同一块锦，只不过为了做袖标把它切断了，这句话应该是“五星出东方，利中国，讨南羌”，所以后面应该有3个字“讨南羌”。这个袖标的年代应该在东汉末到魏晋时期，而墓主人很可能就是尼雅的精绝国的国王。精绝国的国王带着这么一个袖标，等于是响应东汉到魏晋时候跟羌人打仗所佩带的一个袖标。从文字的传播来讲，除了汉佉二体钱在和田地区流行，在尼雅精绝发现的这件典型的汉代锦是非常有意思的。

吐鲁番出土的一件汉文文书，说明一个住在长安的粟特人和一个住在长安的汉人一起去做生意，到了中亚的弓月城，他们在那互相借贷，后来出现了纠纷，粟特人的亲属在安西都护府告状，留下来这个状子。它证明我们汉族也不是那么保守，也是有很多人很勇敢的出去做生意。

在高加索地区发现了三个汉文的纸片（图十一），这三个纸片中，两件都是记账的东西，另一个是710年唐朝翻译的一部律的残片。如果是一件佛教的戒律，应该是和尚拿着的，所以这个写本残片可能是作为一个没用的纸片带去的。但是季先生写过一篇商人与佛教的文章，说宗教徒往往跟商人是一同行动的，所以也有可能是佛教典籍中的一页。这三件文书是现在所能见到的汉字在中古时代传得最远的文献，它们的内容还是很值得研究的。

在看完丝绸之路上的文字之后，我谈谈近年发现的一些新的文物，最重要的是对两个墓葬做些分析。

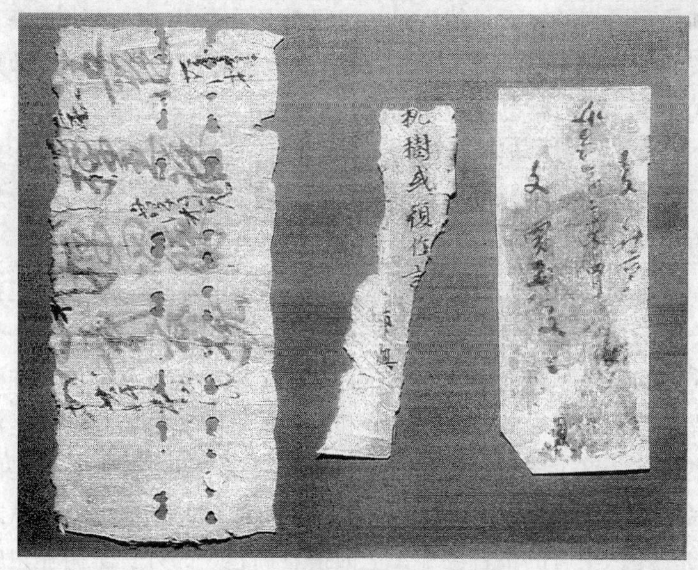

图十一　最西出土的汉文文书

1999 年在太原发现了虞弘墓，这个虞字写起来很繁琐。虞弘本是鱼国人，我们查了很多的相关材料也找不到鱼国。这个人原来是在柔然做官的，他出使过波斯、吐谷浑。他出使北齐的时候，被留下来了，北齐被北周灭后，他又当了北周的官。北周的时候，他是检校并州、介州、代州三个州的萨宝府的官，就是负责当地的胡人聚落的一个高级官员。到隋代他去逝了，这个人的经历很不得了，而且他的墓葬也很有意思。墓中 11 块石板上刻的浅浮雕，非常的波斯化或说粟特化。有墓主人夫妇的宴饮图，两边是他的侍者；有乐舞图，底下是两个狮子在跟一个勇士搏斗，这个勇士的头已经被狮子咬住了，但是他还勇敢地拿剑刺进狮子的身体，这完全是波斯的狩猎图的摹本。一个跳舞的人像粟特人，因为虞弘是一个检校萨宝府的官员，检校胡人聚落，所以胡人的很多东西都在他的墓葬里反映出来。

2000 年在西安的大明宫北边发现北周的安伽墓。这个安伽是安国来的，而且他当时的身份就是同州萨宝，相当于今天陕西大荔的胡人聚落的首领，所以他的石棺又是另外一种形式。隋代的石棺已经是一个房子的形式了，安伽的石棺就是一个围着的屏风，但他的石棺上没有任何骨头，他的骨头放在墓门之外，而且是被烧过一遍的。所以我想他的墓葬应是从粟特的瓮棺葬式到中国的土葬葬式转换的一个中间形态。

重要的是虞弘墓和安伽墓的图像完全是胡人的形象，包括萨宝的形象。如安伽墓的萨宝招待长发突厥人的图像，在一个虎皮的穹庐顶帐篷中，坐的床是中国式的，底下是粟特人在跳舞，特别有意思的是一些瓶子和其他的实物，都与我们的生活史有关，这个图可以使我们重新认识很多东西。我认为这是萨宝带着粟特商人去访问突厥的图像，因为穹庐是完全突厥式的，随从里有的带着驴子，上面搭着商包，另外一个骆驼也驮着东西，这很像胡商遇盗图中的那些驴子，当然萨宝正在跟突厥人谈话。

日本的Miho美术馆曾从纽约的拍卖行买到一套粟特石棺，在没有发现虞弘墓、安伽墓的时候大家都认为是假的。现在发现了安伽、虞弘墓，可以确定这套东西绝对是真的。不过他把次序全排乱了，看那个骆驼，肯定是一个商队的骆驼，否则不会扛着那么大一个包行走。

虞弘墓里的一块石板，是一个突厥人骑着骆驼弯弓射一头狮子，这是中亚、西亚流行的主题，还有一个人骑着象正在回首砍一个狮子，还有骑着其他动物的。中亚图像学家马尔沙克认为，因为粟特聚落的萨宝要接待各种地方的人，所以他把各地的领袖都画在图像里。

我讲这么多，希望能够勾勒出丝绸之路的图像。我们虽然只是接触了很少的一部分，但是已经非常丰富多彩，应接不暇了。正如我开头所说的，从考古图像看到的丝绸之路上的民族和他们的文化，跟中国传统史家带着蔑视心理所描绘的外来民族和外来文化是不一样的。另外一点，古代和中世纪虽说交通非常不便，但是中西的交往应该说是没有停止的。有一种观点认为15世纪大航海之前，世界各地之间没有互动的关系，但是我想，在某些局部甚至在很宽广的局部上，比如在欧亚大陆交通路线上，还是有某种互动的关系的。而且我觉得，越往古代我们交往的地区越远，越往近代我们交往的范围越近。所以中国古代的人，特别是古代骑马的游牧民族，东奔西跑，中国的月氏人跑到了阿富汗，中国的突厥人到了土耳其，中国的匈奴人跑到了匈牙利，当然他们中间夹杂了很多民族，他们的文化、民族都是从中国传过去的。而中国的汉族也吸收了匈奴人、突厥人、粟特人等各种各样的民族、文化，形成了一个统一的民族。

另外在古代的文化交往中，在精神方面我们得到的非常多，其实在佛教之外，祆教、摩尼教、景教都给了我们很多影响，但是影响我们最多的就是佛教。至少我们每个人现在都有一个来世的思想，在孔子时代我们不知生焉之死，但现在我们中国人有报应的观念，有死后的观念，这就是佛教精神征服中国的最好的范例。

历史研究的资料收集与视点选择

——以18世纪土尔扈特人东归故土为例

马大正

我讲的题目是《历史研究的资料收集与视点选择》，这是一个很大的题目，为了能更好地说清自己的想法，我想以18世纪土尔扈特人东归故土这样一个历史事件做为对象来展开自己的一些认识。

土尔扈特人东归故土这个历史事件，一般的读者也许不很熟悉，不过有几件事年长一些的读者也许会有印象。70年代末80年代初有一个歌剧叫《启明星》，当时在民族宫上演了五六场，主演是吴雁泽。这是以土尔扈特为背景的，而且是从正面谈土尔扈特回归的历史歌剧。这个歌剧的编剧在创作时找过我，有过切磋。给我印象较深的是他不太了解历史，而是顺着他的思路来编的，所以他把渥巴锡设计成是一个很年长的老头，又编了一段他的女儿的爱情故事作为该剧的很重要的一条线索，我看完剧本告诉他："你闹了一个大笑话，渥巴锡回来时还不到30岁，怎么能有一个20岁的女儿呢？"这是70年代末的事。前几年有一个电影叫《东归英雄传》，是把土尔扈特回归这个历史事件做一个大背景，实际上并没有谈到回归本身的事情，所有情节都是编的，但拍得很精致。从这两个文艺作品中可以看到土尔扈特回归这个历史事件，确实是一个激动人心的、非常吸引人的题材。当然，喜欢旅游的同志一定都去过承德吧？在承德的外八庙有一个非常大的碑，这就是纪念土尔扈特回归的碑。在避暑山庄里还有一座楠木殿，讲解员会介绍，就在这个楠木殿里，乾隆皇帝接见过东归回来的渥巴锡。所以近 20 年，特别是 80 年代来，土尔扈特回归这件事越来越多地引起了除研究者之外范围更广的读者群的关注，我对土尔扈特的研究也是起始于这个时候。

第一个问题，230 余年前发生在伊犁河流域难忘的一幕。

公元 1771 年 1 月，在俄国的伏尔加河流域生活了将近一个半世纪的土尔扈特人焚烧了自己的帐篷，东归回来的队伍经过了 7 个月艰苦的路程终于到达了伊犁河流域的察林河。这个河当时是大清国土的一部分，在察林河畔，东归回来的先头部队与清初的边防巡逻部队相逢，过了几天，阳历 7 月 16 日，当时清朝巡逻队最大的总管跟东归回来的大部队和主要人物渥巴锡在察林河畔会面，安排了回来的首领们到承德会见乾隆皇帝。所以在同年的九月初八（阳历的 10 月 15 日），在承德的木兰围场乾隆皇帝接见了渥巴锡，接着渥巴锡在承德活动了半个月，接受了清朝皇帝的封赏，非常圆满地回到了新疆。这个事件最初在清朝的史料里面有一点零散的记载。当时西方学者们对这个事件评价很高，在他们的有关作品里，把这个事件称之为土尔扈特人寻找太阳升起的地方，要回归到他祖先曾生活过的地方。有一个美国学者这样说：土尔扈特人的悲壮之举不是消失在历史上的传奇交界地区的一个孤独事件，而是人类永恒地追求自由与和平的一个真实范例，是值得我们传诵的伟大的叙事史诗。这个事实我们先撇开爱国主义这个因素，就这个事件本身的确是一个非常有意思的事。一个十几万人的部落，在伏尔加河流域生活了一个半世纪，在那儿安家立业，突然十几万人回来了，回到他祖先曾经生活的地方。在 7 个月回来的过程中间确实是历经艰难险阻，我们最后的研究结论是：将近 17 万人在东归历程中死了 10 万人，还剩下 6 万多人回来了。以后在新疆安置下来的人实际上只有 6 万多人，这个数字是准确的，死了将近三分之二。回来后这个部落就安安静静地在新疆生活，从 18 世纪下半叶到 19 世纪到 20 世纪，他们是现在生活在新疆的蒙古族的主体部分，一直为开发新疆、保卫新疆做了很多事情。直到现在当年回归者的后代仍然生活在新疆的巴音郭楞蒙古自治州、和布克塞尔蒙古族自治县及乌苏、精河、伊宁、昭苏、尼勒克等地。这一历史事件，给我们提出了很多的问题，比如说这些土尔扈特人是什么人？他跟我们蒙古族到底是什么关系？这些土尔扈特人是什么时候、什么原因从原来生活在新疆北部地区的地方跑到了那么遥远的伏尔加河流域，而在那儿生活了一个半世纪？他们在伏尔加河流域的一个半世纪是怎么生活的？他们跟俄国的关系怎样？他们在伏尔加河流域建立了什么性质的政权或是统治实体？后来为什么破釜沉舟地回来了，冒了那么大风险，作了那么大牺牲回来了，什么原因回来的？回来的过程是怎样？走了什么样的路线？面对这么大一个队伍，当时清政府的反应是什么，最后作了一个什么样的决策，怎样对这些回来的土尔扈特人进行安置，这个安置本身对于这些回来的土尔扈特人是弊还是利，或者说清朝政府当时的举措对于我们这样一个统一的多民族国家的巩固和发展是起一个推动还是阻碍作用？所有这些问题很明显地摆在我们的面前，要回答这些问题，实际上就是我们研究这些问题的过程。随着研究这些问题的深入，这些问题会一个个找到答案。所以 231 年前在伊犁河流域发生的这个事件给我们今天的人留下了这么多问题，我们研究历史的或对历史有兴趣的人就有责任来寻找这些历史之谜，来解答这些历史之谜。

第二个问题，土尔扈特人历史简况。

土尔扈特是我们中国蒙古族的一个组成部分。中国的蒙古族是一个历史非常悠久的民族，中国蒙古族曾经建立了元朝，统治了整个中国，到了清朝，当时的蒙古族主要分三个部分：一部分是生活在内蒙古地区的，称之为漠南蒙古，第二部分是生活在现在的蒙古国，叫漠北蒙古，第三部分是漠西蒙古，自称为卫拉特蒙古，这个卫拉特蒙古与土尔扈特蒙古有直接关系，因为卫拉特蒙古在清朝初年分为四部，是和硕特部、准噶尔部、杜尔伯特部和土尔扈特部，土尔扈特部原来生活在新疆北部，17 世纪 20 年代中国大地正是群雄涌起，生活在西北地区的卫拉特蒙古的内部斗争很激烈，它的四部之间为争夺牧场而征战不息。当时土尔扈特部的牧区被准噶尔部占领了很多，为了寻找新的牧地，土尔扈特部决定往西走，他们寻着祖先经常走的路往西走，当时的伏尔加河流域还是一个无人管理的地方，所以在 17 世纪 20 年代末土尔扈特部落就迁移到了伏尔加河流域住了下来，按他们游牧民族的习惯在那建立了自己的汗庭，发展了自己的游牧经济。从 1630 年前后一直到 1760 年前，100 多年时间土尔扈特人是在伏尔加河流域，也曾经有强大的时候，其中最强大的汗王就是阿玉奇汗。他在位的时间是 1669—1724 年，阿玉奇汗在位的时候是土尔扈特汗国最兴盛的时候，但游牧民族有一个天生的弱点，它们建立了汗国后为了争夺汗权总是不太平。当一个强大的汗王能左右政局的时候尚能稳定局面，他一旦去世情况就不妙了，所以阿玉奇汗之后土尔扈特也没有逃脱这样一个规律，阿玉奇之后汗王不断更换。在这个时候土尔扈特面对俄罗斯的东进，所面临的压力也越来越大。到 1760 年初，渥巴锡继位时，土尔扈特面临的形势更为严峻，一是面临俄国哥萨克移民越来越多，二是面临俄国的政治压力越来越大，这个政治压力主要体现在俄国要求土尔扈特最高决策层的组成要接受俄国的控制，三是俄国要求土尔扈特每年提供兵源，参加俄国与土耳其的战争，四是政治经济军事控制之外还有一个文化的控制，俄国东正教的渗透越来越强烈，土尔扈特信奉藏传佛教。在 18 世纪 60 年代中期以后土尔扈特人从王宫到普通老百姓，都觉得在俄国生活的日子越来越艰难。我们从当时俄国的史料里以及渥巴锡回来以后和清朝皇帝谈话的记录来看，在1667年以后，土尔扈特的领袖们就开始商量怎么办。当时他们有几种选择，一个是公开对抗，可是在力量上又抵不过俄国，全盘接受他们又不乐意。惟一的办法就是三十六计走为上计，因为有走的可能，有想要去的地方，就是要回到他们祖先曾经生活过的地方，用他们的话来说就是与他们同宗同教的地方。当时又是康乾盛世的最高潮，从清朝来说对于这些远离故土的人他们采取的政策是和好宽松的政策，让这些远离故土的人觉得现在的统治者会善待他们，也就是说他有地方可去。这个地方有一定的吸引力，如果他没地方去，土尔扈特没有这样一个历史背景，一个可能是当俄国的臣民了，一个是就要坚决的反抗了，打到哪儿算哪儿。这个群体正好有第三个选择的可能，而这第三个选择既有客观因素又有当时的客观条件，所谓主观因素，就是他们觉得东方是我祖先生活的地方，是太阳升起的地方，是我的故乡。这个地方的同宗同教很亲切，客观上是土尔扈特首领感觉清政府对他们很好。清朝皇帝曾两次派使团专程去看望伏尔加河流域的土尔扈特人，这在18世纪也是一件破天荒的大事。1714年前后有一个很有名的图理琛使团，图理琛并不是这个使团的负责人，但他回国后写了一本书，叫《异域录》，因为他写这本书而流芳百世。这个图理琛使团见了当时土尔扈特最盛时的汗王阿玉奇汗。到18世纪30年代雍正皇帝统治的时候也派了一个使团，这个使团叫满泰使团，他们也到了土尔扈特人的汗庭，那时汗王已不是阿玉奇了，是阿玉奇的后代。以后土尔扈特使团也不断到北京来。另外土尔扈特人信仰藏传佛教，他们有一个传统就是到西藏去礼佛，史料上记载叫做熬茶礼佛。就像现在伊斯兰教徒到麦加去朝圣一样，信藏传佛教的人是到拉萨去熬茶礼佛。所以土尔扈特的贵族们不断派使团到西藏去礼佛。他们要先通过清朝政府的安排，所以与清朝政府关系是十分密切的。正是因为有这样一个客观因素，所以在1667年当时的土尔扈特首领们决定要回去。经过几年的准备，终于在1771年的1月份开始行动，跟着渥巴锡回来的是16万多人，走的路线基本上是一条草原丝绸之路。乾隆皇帝把回来的这些人安置在今天新疆的巴音郭楞蒙古自治州，那是一个草场非常优美的地方，也就是非常有名的巴音布鲁克草原。还有一部分被安置在新疆的乌苏，这里是从乌鲁木齐到新疆的中间站，是个交通枢纽。第三部分被安置在乌苏西边的精河，第四部分被安置在新疆的和布克赛尔蒙古族自治县，现在属于阿尔泰地区，这个分布格局一直延续到现在。现在新疆蒙古族主体部分就是当年回归的土尔扈特人。

下面我介绍一下我个人研究土尔扈特历史的经历。这是20多年前的事。1975年我们接受了一个国家分配下来的任务，任务的主题是通过研究准噶尔问题来说明西北巴尔克什湖以东以南的地区历史上是中国的领土。我参加了这个课题组。研究准噶尔离不开卫拉特，必然涉及到土尔扈特，所以在研究准噶尔历史过程中间，我开始了对土尔扈特历史问题的研究。从70年代末到整个80年代，写了不少文章，围绕着土尔扈特历史主要写了三本书，第一本叫做《卫拉特蒙古史入门》，1989年出版，这本书讲了三个问题，一个是卫拉特蒙古的历史梗概，第二个问题是研究卫拉特蒙古的基本史料，第三个问题是卫拉特史研究的进展。对卫拉特蒙古和对土尔扈特的研究在国内的高潮是在80年代。第二本书是《飘落异域的民族——17至18世纪的土尔扈特蒙古》，是一本从正面来谈土尔扈特西迁到回归整个历史过程的学术著作。第三本是《天山问穹庐》。古人的古训是很有道理的，所谓“读万卷书，行万里路”，特别对我们要研究的这个问题。土尔扈特蒙古现在还活生生地生活在我们的新疆，当时这些历史事件的发生地大部分还在我们国内，所以为了研究去那些跟一些历史事件发生有关系的地方是不可缺少的一环，从1981年开始到现在我去了新疆20余次，80 年代至 90 年代初，去新疆主要是为了新疆蒙古族历史的研究，特别是 1982 年我们对新疆蒙古族进行了建国以来最系统的一次社会历史调查。我以 1982 年调查为基础结合以后若干次到新疆土尔扈特补充调查的经历写了一本《天山问穹庐》，这是一本游记，媒体称之为学术游记，1997 年出版，这本书很受读者欢迎，再版了两次，总印数达到了 2 万册。

第三个问题就是围绕着土尔扈特东归特定的历史事件，从历史研究的角度谈谈我个人的一些体会。一个是从资料收集的角度；一个是从研究视角的选择的角度，结合自己在研究中的体会谈谈想法。

首先是关于资料的收集，大家知道资料工作是研究工作的基础，理论指导则是研究工作的灵魂，没有灵魂谈不上研究，没有资料、没有基础你研究什么？我觉得在研究土尔扈特回归这个历史事件上，资料的收集重点在以下几个方面：一、政府的档案文献。土尔扈特事件发生时涉及的政府是清朝和俄国，所以清朝和俄国 18 世纪的档案文献是我们资料收集最重要的一部分，我们之所以在研究上有所得，主要还是依靠了别的学者还没有使用过的文献——清朝的满文档案。如果没有清朝的满文档案,我们对于土尔扈特回归的整个过程，包括清朝政府决策的过程我们可能就讲不出来。同样土尔扈特人在俄国生活了那么长时间,俄国的档案也留下了大量有关土尔扈特的记载，特别是他们生活在俄国这段时间和东归及东归后俄国政府是怎样反映的，俄国情报是怎样说的，俄国政府又是怎样部署的，这个在清朝档案里不可能有，俄国档案里记载非常详细。收藏在第一历史档案馆里的有关满文档案，我们从 70 年代以来就进行了整理并把它们汉译了。我们把翻译出来有价值的东西挑出来，这成了我们的优势。中国第一历史档案馆藏的关于土尔扈特的满文档案量非常大，清朝时专门把有关土尔扈特的档案立了一个专档，叫土尔扈特档。我们从中挑选了一批编成一本叫做《满文土尔扈特档案译编》，这本书里有价值的资料确实不少，使我们有可能把土尔扈特回归的历史做了一个全景式的研究。我可以举几个小例子：比如土尔扈特回来，清朝的汉文史料记载的含含糊糊而且很混乱，我们当时想弄清到底回来了多少人，这才能结合俄国档案里记载的在1770年前后生活在伏尔加河流域的有多少人，我们在土尔扈特档案里发现了这样几件奏折，当时土尔扈特回来以后清政府派人对土尔扈特的部落进行了调查，目的有两个，一个是想了解到底有多少人，另一个是清朝政府要封赏这些回来的首领们，封赏的标准之一就是你的部下有多少人，留下的档案非常详细。我们把调查的数全部加起来，得出了在他们离开时有168000多人，回来后是6万多人，这个数字被学术界所认可。如果没有这些档案，就很难得出这样一个结论。问题大一点儿的，清朝政府的决策过程。我们看了满文档案，就能得出一个清朝政府的最高决策层对土尔扈特回来的整个决策过程，这是一个非常复杂的过程，时间虽然不太长，从他们得到这批人回来的消息到最后拿定主意对这些人的安排，大约只有两三个月的时间。也就是在1771年初的3、4月之间，这是清朝最高决策层对土尔扈特回来的整个决策的一段。土尔扈特回来走了七八个月，清朝政府的接待是很不错的。这个决策过程也不像乾隆皇帝碑文中说的那样简单，他开始听说有这么一批人回来，又是蒙古的又是卫拉特的，他是很害怕的，因为刚打完准噶尔，西域刚刚统一。乾隆皇帝在这个问题上看到了问题的实质，他拍板一锤定音，当时大臣里也有各种说法，但乾隆皇帝的决策在客观上对统一多民族国家起了一个好的作用。他说首先这批人回来不是我们做工作让他们回来，根据我们中国的传统，对于这些自愿回来的我们没有理由拒绝。第二这些人是和俄国闹翻了回来的，他们没有退路了，回来后不会兴风作浪。第三这些人并不是俄国的臣民，俄国来交涉时不用理他，因此对这些人我们要好好接待，好好安排，让他们回来后有一个好归宿。但乾隆皇帝也不糊涂，在安置上他不糊涂，对回来的这些人必须分而治之，不能让他们抱成一团，从政治上说不能让他们有一个总的首领，从宗教上更不能让他们有一个总的头。如果有一个总的首领，万一有什么事这个号召力是很大的。这些事在当时的《清实录》里没有反映出来。惟有在满文档案里说的非常具体。这些在当时都是绝密件。清政府在安置上就是按这方针来的。所以清政府对待这一事件有两面，公开的一面是封赏优厚，礼仪周全，但按其统治利益来说它并不糊涂，该怎么安排就怎么安排。整个事件的决策过程反映了封建统治阶级的本质，从另一个角度说，乾隆皇帝的这个决策在客观上确实是有利于我们统一的多民族国家的发展，这也是历史事实。在这些问题上如果没有满文档案，我们对这个历史事件就不会认识的这样深刻。对清朝的统治集团特别是乾隆皇帝在这个问题上的决策过程我们了解的也不可能像现在这样细。

第二类资料就是当事人和同时代人的有关资料，所谓当事人如我们刚才提到的图理琛，图理琛当时到了土尔扈特部落，看到了阿玉奇汗的有关记载，他对阿玉奇汗是怎么记载的，他跟阿玉奇汗说些什么，再加上我们档案里对图理琛和阿玉奇汗会见的记载，俄国档案里也有记载，把这两个记载对起来基本上可以得到一个比较客观的历史事实，所以当事人和同时代人的资料记载是我们找资料很重要的一个方面。

第三方面因为我们研究的对象是少数民族，少数民族有少数民族的语言文字，我们必须把卫拉特人本民族语言记载的东西尽量多的找到。卫拉特人用的托忒蒙文，我们要找到卫拉特人留下来的用托忒蒙文写的有关著作，他们没有成本成册的著作，大部分为手抄本，这正是我们以往研究中所缺少的，有些记载我们要尽量利用他们自己对自己民族的历史记载，同一件事从几个角度看，我们取一个我们认为是最接近历史事实的。

或把几种认识对比以后，综合出一个我们认为比较接近历史事实的。

第四个方面就是要实地调查。没有实地调查就形成不了一个感性的认识。如果没有感性认识理性认识也不会很完善。比如一个德国学者写的著作里面说土尔扈特人回来以后，他们什么也没得到，得到的只是一片荒寂的土地，我们从清朝的史料里看，清朝给他们安排的是新疆的自然条件较好的地方，是一个非常适合放牧的地方。我们 1982 年到那去看了看，那地方确实是一个好地方，巴音布鲁克草原的草和呼伦贝尔草原的草是不一样的。用当地话说是酥油草，油亮油亮的，像地毯一样。呼伦贝尔的草是高的，“风吹草低见牛羊”的草，这些地方我们去看一看就更明确。这些地方现在还是新疆的好地方。90 年代我到德国见到了写那本书的老先生，他已 80 多岁了。在德国还是一位很权威的学者，我拿这本书问他写这句话的依据在哪？我问他这个地方你去过没有，他说没去过，我说你要到那个地方去看看，那是个非常漂亮的地方，绝对不是贫瘠之地。当然清政府在政治上是控制的，但在生活上安置的是很优越的。他说这句话是根据一个民间传说写的。我们在考察中也有意外收获。土尔扈特有一个有名的喇嘛，他生活在 17 世纪，在土尔扈特史上是一个政治喇嘛，这个喇嘛叫咱雅班第达，他有传记，有不同版本，他的传记外蒙古给他出过两个版本，是 50 年代和 60 年代出的。我们在新疆调研中听说新疆也有手抄本，为了跟踪这个手抄本，从伊宁到昭苏再到特克斯，转了一大圈，结果是一无所获。但也有所得，1982 年调查时，在巴音布鲁克草原一个叫巩乃斯的地方非常漂亮，树林草地河流都很美。我们在那个地方找到了一个喇嘛庙遗址，这个庙在“文革”时被烧掉了，1982 年我们去时还没修复。当然现在那个老喇嘛已经死了。当时那个老喇嘛听我们介绍情况后很高兴，他说我这儿有一个资料，是一个活佛系统的史料，叫罗卜藏丹增，是藏传佛教中一个小的活佛系统。罗卜藏丹增有一个活佛系统说怎样转世的，是藏文写的，他让我们借回去拍照，然后又还给他了。我们请人用藏文翻出来，是一个活佛转世的系统，罗卜藏丹增是这个活佛系统中的第七世。我们在看满文档案时也有一个罗卜藏丹增，这个人在东归中是很起作用的大喇嘛。我们看俄国档案里，俄国情报里也有个罗卜藏丹增，这个人是当时决策土尔扈特东归回来最高决策集团七个人里的一个，这样把三个罗卜藏丹增合在一起，我们把回来路上他起了一个什么作用，以及他回来后清政府对他是怎么安排的，把这个历史事实梳理了出来，把这个人的来龙去脉说清楚了。我写了一篇3000多字的小文章，把这个曾经在历史上起过重要作用的历史人物，以后又是光见名不知其事的人的主要事迹串起来叙述下来了。当时我们看清朝满文档案，很注意这个罗卜藏丹增，清朝政府很重视这个人，不愿意让他再回去，想把他留在北京不让他们有一个统一的宗教领袖，因为这个人是符合能够成为最大的宗教领袖条件的人，所以不想让他回去，在北京安置条件非常好。从这件小事反映出了历史上的一个大背景。

在寻找史料过程中还有一个就是要有心，有些东西到你身边了不要错过，这就要懂历史。如果不懂历史即使好东西到你身边你也不知道。如：康熙、雍正、乾隆三朝皇帝给土尔扈特的敕书用我们习惯的话来说，叫三件敕书。这三件敕书是原件，按国家标准是一级文物，它是用满文和蒙文写的。这些宝贝一直收藏在新疆和静县的土尔扈特王爷府里，作为镇宅之宝，文革中天下大乱，好多有价值的文物有的烧掉了，有的丢失了，最后剩下的作为破四旧成果来展览，后放在一个库房里。70年代末，辽宁有一个作家要写一个土尔扈特东归的小说，取名《归魂》，小说后来没写成。他到新疆后在仓库里找到了一件东西，看样子是文物，上面有字，看后觉得是个宝，把翻拍的照片给了我，我拿照片找人翻译后才知道是康熙皇帝给土尔扈特汗的，雍正皇帝给土尔扈特汗的，乾隆皇帝给渥巴锡等东归领袖的，是渥巴锡到了伊犁河流域时乾隆皇帝为了安定他们的心而颁发的，这三件敕书，后来进了新疆档案馆。所以搜集资料很有乐趣，在搜集资料中还有一个鉴别的问题。鉴别资料本身就是研究的开始，搜集资料是一个苦功夫，有些考证性的文章就是资料鉴别的一个成果。像回归的人数，回归的时间。最早根据史料的记载，到底哪一天，土尔扈特人在哪一天打第一枪，把自己帐篷烧了，骑着马回来了，到底是哪一天？时间记载上很混乱，我统计了一下有五六种记载。最后我考证出来是 1771 年 1 月 5 日，也为学术界所接受。但智者千虑必有一失。我在考证中就漏了一条，俄国的俄历和公元的误差，我没有考虑这个因素，俄历 1 月 5 日折成公历应为 1771 年 1 月 16 日。这个日子和当时清朝政府的记载和渥巴锡回来后和清朝政府说的时间只误差一天。在研究中这虽然是个小事，但研究是非常严谨的事，一点误差都不行。

从选择研究的视角看，我有这样几个个人的体会供大家参考。一个是微观研究是我们研究的入门，一般我们刚开始研究时不要搞太大的题目，不好把握。如果没有微观作基础，大的研究是虚的，没有一个坚实的基础。从土尔扈特回归这个事件来说必须要有大量的微观研究，这个微观研究可以是人物研究，可以是事件研究，可以是很多细小问题的研究。只有在大量微观研究的基础上才能考虑一些大的问题，所以宏观研究是研究升华的开始。在选题或写文章时，一般应掌握这样一个分寸：就是分者为文，合者为书。你写的文章实际有一个灵魂在起作用，你写了 30 篇文章里的 20 篇以后，稍作加工就是一本书。有些人写了很多文章，但一盘散沙，捏不起来，也就是没有形成研究的拳头。如我 1991 年写的《漂落异域的民族——17 至 18 世纪的土尔扈特蒙古》，实际上是我 80 年代 20 多篇文章的基础上再作加工补充，加上章节就成了这本书。没有深入的研究基础，是很难完成一部高质量的学术著作。如在土尔扈特回归事件上，宏观问题是什么呢？这个事件发生的大背景是什么样的？清朝政府、俄国政府的政策是什么？回归这个事件的本身的原因、影响，这是个大事，如果你在微观的研究上都没弄明白你就去论，有两种可能，一个是抄别人的冷饭，这是经不起时间考验的，我们搞研究的人追求的最高社会效益是什么呢？应该是你自己写的东西经过了 5 年 10 年后，有人还想把它找出来看一看，或后一辈人在研究这个问题时，还想把你的东西找出来看一看，看完后他觉得有所得，我觉得这才是一个研究者追求的最完美的境界。如果你的研究没有新意就经不起时间的考验。至少是我这本书出版 10 年了，现在要是搞这个问题的人还想再看一看这本书，这是我可以聊以自慰的地方。当然完美在研究中最根本的一条还是实事求是，我们尽我们的力量来尽量恢复历史的本来面目。只有恢复历史的本来面目我们才可能有条件来评论历史，如果历史的本来面目你都还恢复不清楚，你来评论历史那不是瞎评吗！所以实事求是是我们研究的最基本点。

问：土尔扈特回来后对祖国这个多民族国家的巩固，对国家的发展及影响这方面是否能多讲一些。还有他们一路上损失那么多人，他们经过了什么重大事件，这方面是否能再讲一些？

答：这是回归以外一个新的课题，也就是土尔扈特回归以后在新疆安置下来以后在开发新疆、保卫新疆事业中所扮演的角色。从时间跨度上应是 18 世纪 70 年代到清末，再到 1949 年解放或到现在，又是那么长的一个历史跨度。从他们回归安置下来他们的生活得到了一个较好的安置，这点是做到了。在 19 世纪新疆的历次动乱中他们始终站在捍卫统一这一边，一直到 20 世纪。三区革命时有一个蒙古骑兵团，就是以土尔扈特人为主组建的。现在在新疆大概还有 13 万多新疆蒙古人，以土尔扈特为主，也有部分准噶尔的后裔和察哈尔人的后裔，大家可能知道在新疆有一个博尔塔拉蒙古自治州，阿拉山口就是在博尔塔拉蒙古自治州，这里主要是察哈尔蒙古，但主要部分还是东归回来的土尔扈特人后裔。我们在研究过程中，找到了许多当年领袖人物的后代。如很有名的渥巴锡的直系后代曾是解放军空军学院的女教官，现在已经退休了，她讲的课是战略学，按她过去的身份应该是公主。我跟她很熟，她现闲居在新西兰。前几年她到俄罗斯的卡尔梅克自治共和国去了，这个卡尔梅克我刚才没有提到，就是土尔扈特人回来后还在伏尔加河留下了一部分人没有回来。这些没回来的人既有自然条件的原因，也有政治上的原因。自然条件的原因是那年伏尔加河流域的天气太热，没有封冻，过不来。政治上的原因是当时首领们的政见跟渥巴锡的不完全一致。所以在俄罗斯留下了一批。这批人一直生活在俄罗斯，十月革命后建立了卡尔梅克苏维埃社会主义自治共和国，现在是卡尔梅克自治共和国。这些人在俄国还有 10 多万人，在那边叫卡尔梅克，实际就是土尔扈特当年留下的。另外一个非常有名的首领巴木巴尔，他的后代，是我们马恩列编译局的德文翻译，大概去世两三年了，改革开放后他还把他的经历写了一本书。名人的后代现在还能找到好几个，新疆蒙古族的党政领导从土尔扈特部出来的也很多。

问：土尔扈特人回来后应该是回到新疆了吧，但新疆这个地方您不是说很好吗，那个地方在这之前也应该有人住吧，或者说那个地方应该有人在生活，他们又是如何和这些人进行协调？还有他们土尔扈特人去伏尔加河流域，国际上其他国家和民族应该对这件事怎么看？谢谢。

答：去过新疆的人就知道新疆很大，没有去过新疆的人可能感受不深，特别在 100 多年前新疆就显得更大，人就显得更少。现在新疆是 1800 万人，但现在如果你坐车到新疆走走，走一天可能都见不到人，200 多年前人当然就更少了。清朝政府安置了几万人，分散了好几个地方，安置的这些草场我们从档案上看没有太大的问题，我们觉得这么块儿地一下来了那么多人，实际不是这样，很宽敞。当时清朝政府在安置时，原来在决策中也有个误差，他们想把这些人改成农耕，不搞游牧，所以当时安置时没有按游牧的格局来安置，结果不行。他们种不了地，种了以后也没收获，收获很少，后来又改，还是游牧。至于他们回来后和其他民族的交往，总体上来说我们从档案中看没有特别的冲突，和新疆的汉族居民也好，维吾尔居民也好，没有太多的冲突，这个和清朝政府的安置有关，因为对他们的安置是政府行为，地方政府在土尔扈特的安置上是出了大力的，下了大功夫的，所以安置上是比较好的。从各个地方上调粮食、马匹、衣服，这些我们从档案中就可以看出。从哪儿拨了多少棉被，从哪儿拨了多少羊皮，从哪儿拨了多少口粮等等。18 世纪 70 年代以后新疆地方基本趋于稳定。18 世纪 70 年代一直到 18 世纪末这一段时间新疆很太平，民族关系也很平稳。

敦煌古小说浅谈

柴剑虹

大家都知道，在敦煌莫高窟藏经洞文献重新面世后，其中有许多文学类的写本首先引起了我国一些著名学者的关注，尤其是被称作“变文”与“曲子词”的作品，成为很热门的研究课题，因为它们在中国文学史中具有不可或缺的地位。然而，写本里的古代小说作品，却相对受到冷落。10 多年前，我曾经写过概述敦煌古小说的文章，今天再给在座诸位做些简介，并没有更新的见解，只是希望能引起大家的兴趣。

首先应该指出，中国古代的小说概念，与近世理论有很大的差异，这一点在学术界似乎已成公认。但是中国古代小说的意义究竟是什么?它的涵盖面有多大?问题虽提出已久，至今仍无明确答案。因此，我只能以个人的理解来谈敦煌古小说。不对之处，请各位批评指正。

一

我认为，敦煌古小说，应是一个特定的概念，即敦煌莫高窟藏经洞所出小说类写本的总称。它是研究敦煌文学的丰富材料，也是考察中国古代小说发展脉络的重要资料。

上世纪 20 年代以来，就莫高窟藏经洞面世的小说类材料而言，由于中外研究者的注意力主要集中在变文类讲唱文学作品上（当然这也是无可非议的，因为变文是一种新鲜的文学样式，它也是小说的一个变种），并且主要在探求这类作品从内容到形式的外来因素上表现出极大的兴趣，同时对于其他一些小说材料，又常常自觉不自觉地用非中国传统意义上的小说概念来进行衡量，予以取舍，许多材料没有得到充分的利用，因此对敦煌古小说的认识也始终是不系统、不全面、不深入的。

在中国古籍中，小说一词，最早见于《庄子·外物篇》："饰小说以干县令，其于大达亦远矣。"对此，鲁迅先生认为："案其实际，乃谓琐屑之言，非道术所在，与后来所谓小说固不同。桓谭言'小说家合残丛小语，近取譬喻，以作短书，治身理家，有可观之辞。'（李善注《文选》卷三十一引《新论》）始若与后之小说近似。"（《中国小说史略》第1篇）"固不同"三字的案断，强调了"异"，而忽略了"同"，这不能不说是鲁迅的疏忽。其实，庄子所要说明的是小说的功利作用——"干县（通"悬"）令"，即求得高名令闻；他同时又强调指出这毕竟只能是为政的补充，而不是为政的大道（"大达"）。很明显，这与桓谭所说"治身理家，有可观之辞"完全一致，并无矛盾。论者亦每引班固《汉书·艺文志》中这一段话：

> 小说家者流，盖出于稗官，街谈巷语、道听途说者之所造也。孔子曰："虽小道，必有可观者焉；致远恐泥，是以君子弗为也。"然亦弗灭也，闾里小知者之所及，亦使缀而不忘，如或一言可采，此亦刍荛狂夫之议也。

这里有两点颇可注意：其一，小说出于稗官，他们采集街谈巷语、道听途说，这正是辅政的手段之一；其二，所引孔子云云，见于《论语·子张》，实为子夏所言，并非孔子原话，而且也不是专门针对小说来讲的。班固借用此语，也是强调两层意思，一是"必有可观"，二是不能"致远"（亦即"大达"），所以"君子弗为"。《论语》中的"君子"是一个特殊的名词，即专指孔子心目中有学识、有修养、有政治理想的人，是"大智”。采集小说既是稗官专职，是“小知（智）”，当然君子弗为。这是身份、思想、学识的差别，也是分工的不同。班固此话与庄子所言也没有分歧。如淳注班氏语曰：“王者欲知闾巷风俗，故立稗官使称说之。”《隋书·经籍志》云：“小说者，街谈巷语之说也，《传》载与人之颂，《诗》美询于刍荛，古者圣人在上，史为书，瞽为诗，工诵箴谏，大夫规诲，士传言而庶人谤。”所以说，古代用采诗、集小说来观察民风民俗，了解为政得失，同为辅政手段，这里并无雅俗高低之分。有些论者改“君子弗为”为“君子耻为”，也是不妥当的。

《汉书·艺文志》所著录“小说十五家”，虽大多亡佚，然依其题意，据班固自注及颜师古注语，均与帝王政治有关，与史、与宗教（巫及道家）有关。鲁迅说：“诸书大抵或托古人，或记古事，托人者似子而浅薄，记事者近史而悠谬者也。”（《中国小说史略》第 1 篇）这仍是用正统的史论观点来衡量的。司马迁的《史记》，被后人称为是“不虚美，不隐恶”的“实录”，鲁迅誉之为“史家之绝唱，无韵之离骚”，但正是司马迁自己，称他写这部书是“穷天人之际，通古今之变，成一家之言”，而这恰恰是古代巫、史相通的自白。他讲的“究天人之际”，是巫的本色；“通古今之变”，是史家自述写史的素材积累，这里的“变”，与变文之变有内在联系，可以看作是丰富的传说故事。我的这一认识，得之于导师启功先生。我曾在《读敦煌写卷〈黄仕强传〉札记》中有说明。毋庸讳言，《史记》中的“小说家言”是比比皆是的（讲策略一点，可称为“小说因素”），而屈原《离骚》，本身就充满了上天入地的神话色彩。我们不要忘记，无论是屈原作《离骚》，还是司马迁写《史记》，都是他们在政治失意之后仍要求参政的表白。

可以说，中国古代小说从其萌芽时期起，就带有互相传说的相当程度的集体创作加工成分，就负有下情上达的特殊使命，就带有浓重的宣教、辅政色彩。强调小说的政治功效与教化作用，这正是我们研究中国古代小说不能忽略的一条主线；而突出其在创作、加工、流传中的传闻性（亦即集体性与虚构性），也是我们所应当注意的重要因素。

如果在上述认识基础上来研究敦煌古小说，我们的眼界便可以得到拓展。

二

现在有必要对敦煌小说的范畴、类别作新的规定与划分，以利于深入研究。

首先碰到的一个问题，便是要不要将一大批变文类说唱体的文学作品列入这个范畴？

构成一篇小说的基本要素是一定程度的故事性（有人物、情节）、形象性与虚构性，就中国古小说而言，后两性可以打折扣，却要强调它的政治功效与教化作用。从这几方面来看，变文似乎也是一种白话小说，就像话本小说那样。鲁迅在《中国小说史略》第12篇“宋之话本”中，也曾简略地提到敦煌所出的俗文《维摩》、《法华》等经及《释迦八相成道记》、《目连入地狱故事》等变文。然而，以说唱相间、散韵结合为主要形式特征的变文，尽管与小说有着血肉的关联，却毕竟与中国传统意义上的散说“短书”不同，它不但可以加入到中国说唱文学的大体系中去，而且还可以因它在其中承前启后的重要作用而受到专门的研究，因此，似不应列入以街谈巷语、道听途说为源流的古小说中为宜，正如两栖动物在动物学中可以自立门类一样。当然，由于当年《敦煌变文集》收编的许多作品本身体制各异，不少研究者对变文的涵盖面提出了质疑，认为应细加区分，也有些专家则坚持以变文作为这些作品的总称。对此，我的基本观点是：凡此类以说唱故事为主要形式特征的文学作品（包括讲经文、词文、故事赋、因缘、诗话），不妨以变文作为总称；而对《敦煌变文集》中所收的明显的纯散说类故事（如《韩擒虎画本》、《唐太宗入冥记》等），则应与变文划清界限，进入白话小说之列，这样更有利于区别、研究。

敦煌古小说的范畴，应该是敦煌写本中所有散说历史传闻、人物故事、鬼神灵异的文学作品。它大致可以划分为四大类：

（一）志人类。这类小说以《世说新语》为代表，“或者掇拾旧闻，或者记述近事，虽不过丛残小语，而俱为人间言动”（鲁迅《中国小说史略》第7篇），但在敦煌写本中，范围还可以放宽，包括：

(1) 史传故事。帝王将相或凡夫俗子的故事皆入其内，虽然绝大多数是历史上的真实人物，但是往往带有外传的性质，一般不入正史。如P.2636虞世南《帝王（略）论》，略叙自三皇至汉元帝事迹，《旧唐书·经籍志》将其与《王子年拾遗记》一起列入史部杂史类，而《新唐书·艺文志》则列入子部杂家类。又如《前汉刘家太子传》（S.5547、P.3654、P.4051、P.4691），虽尾题标明为“变”，而全文散说，与变文不同（变不等于变文），也应列入本类。

(2) 佛传、僧传故事。我国一直推崇“人间佛教”，无论叙述佛、菩萨、高僧或一般僧人的事迹，就其基本创作意向，是作为“人”来写的。这里，包括相当数量的因缘记，它们或撷取佛经故事，或径取某个高僧的传记故事（如《祇园因由记》、《佛图澄和尚因缘记》等）。《旧唐书·经籍志》即将《神仙传》、《高僧传》与《搜神记》、《冥祥记》等一起列入史部杂传类。

志人类小说中虽间或有异闻怪事，但其基本色彩是人间烟火，“俱为人间言动”，所以区别于志怪类小说。

（二）志怪类。这类小说在敦煌写本中数量亦多，其原因正如鲁迅所言："中国本信巫，秦汉以来，神仙之说盛行，汉末又大畅巫风，而鬼道愈炽；会小乘佛教亦入中土，渐见流传。凡此，皆张皇鬼神，称道灵异，故自晋讫隋，特多鬼神志怪之书。"（《中国小说史略》第5篇）此类又可分为三小类：

(1) 神话传说故事。这里主要是先秦两汉神话传说，如附在《前汉刘家太子传》后的西王母与东方朔的故事（又见S.5725）。

(2) 灵怪异闻故事。凡叙述人间的珍闻、奇事、灵异、祥瑞、灾变故事，均入此类，其代表作品是句道兴《搜神记》。

(3) 冥报、感应、灵验故事。此类故事内容庞杂，数量较大，被鲁迅称为"释氏辅教之书"。在敦煌写本中除了颜之推的《冤魂志》（《还冤志》）外，还有许多附抄在经卷开头的灵验记、冥报传。

(三) 传奇类。这里特指唐人传奇小说，在敦煌写本中仅存《周秦行纪》残卷。

(四) 幽默类。中国古代笑话，亦入小说之列。敦煌写本中有侯白《启颜录》，《旧唐书·经籍志》即列入子部小说类。

上述四类，除《周秦行纪》等少数作品有作者可考外（其实也有问题），大量都是佚名之作，而且恐怕无一例外地寓教于文。因此，我主张用一种比较模糊的概念来认识这些古小说写本，即既不从创作目的上去特别区分宗教、非宗教作品（即便是原始宗教，也是宗教），一般也不从创作风格上去专门判别文人或民间作品（因为实在太勉强），这样，似乎更能进行合情合理的研究。

应该特别指出，敦煌古小说的创作与流传，有其特殊的人文、地理、宗教的背景。

首先，三危山背靠昆仑，面对流沙，是中国最古老的神话传说的孽生地。在《尚书·舜典》、《尚书·禹贡》、《山海经》、《淮南子·坠形训》、《楚辞·天问》等古籍中就有许多生动形象的记载。已经有不少研究者指出，作为中国古小说之滥觞的上古神话传说，是由西向东扩散的，昆仑山是神话的发源地之一；而大凡昆仑山、西王母以及大禹治水的传说，又都与三危山及敦煌一带的流沙戈壁有着密切的关系。因此，敦煌写本中几次出现西王母故事（千佛洞壁画中更多)，也就不奇怪了。

其次，临近敦煌的阳关、玉门关是中西文化交流的枢纽，是丝绸之路的咽喉。这种特殊的地位，大大有助于包括小说在内的文学作品的交流、传播与繁荣、发展。别的不讲，单就处于这种环境的人而言，就便于了解外来信息，易于接受新鲜事物，有利于兼收并蓄，思想趋于解放，创作较少局限，而这正是小说的创作繁荣必不可少的社会的、人文的条件。同时，交通的便利，使得各民族文化的交融消除了时间、地域的障碍与心理的隔阂，促进了不同民族文字的文学创作之间的借鉴。这就是为什么写于汉文《金光明经》卷首的张居道冥报故事，会同样被译成梵文、回纥文、吐蕃文的原因。

第三，作为佛教文化的宝库，在从公元4世纪到10世纪末这600多年漫长的历史时期内，莫高窟不仅产生了大量极其珍贵的壁画、彩塑等艺术瑰宝，也使它逐渐成为政教合一的象征，成为寺院教育、平民教育与贵族教育相结合的理想场所，成为可以大量保存经济、政治、文化、军事、科技资料的特殊的“图书馆”。我们不同意过分夸大佛教的传入对中国古小说发展的作用（甚至将变文说成完全的舶来品)，但却应该承认佛经及佛教故事的传译、佛教思想的流传，不仅丰富与完善了儒家学说，而且刺激了中国僧俗的想象力与创作欲望，为他们写作具有本民族特色的辅教类小说提供了素材。当然，正因为莫高窟是文化宝库，它也易于汇集中原文化的精华。

正是上述三方面的原因，使得处于沙海包围之中的敦煌，成了我国古小说的绿洲。

三

我今天重点介绍敦煌志怪类小说中的冥报、感应、灵验故事，因为它们不仅在敦煌古小说中所占比重大，而且无论就其内容或形式来看，它们在中国小说发展史上的地位也不容忽视。陈寅恪先生最早注意到这个问题，1928 年 4 月，他在《〈忏悔灭罪金光明经冥报传〉跋》中即指出：

> 至《灭罪冥报传》之作，意在显扬感应，劝奖流通，远托《法句》、《譬喻》经之体裁，近启《太上感应篇》之注释，本为佛教经典之附庸，渐成小说文学之大国。盖中国小说虽号称富于长篇巨制，然一察其内容结构，往往为数种感应冥报传记杂揉而成。若能取此类果报文学详稽而广征之，或亦可为治中国小说史者之一助欤。（《金明馆丛稿二编》）

可惜陈先生的呼吁在半个多世纪中并未得到应有的重视。大概是因为大多数研究家的眼光都盯着变文，而冥报传一类作品既为佛经附庸，又宣传因果报应，似乎又远离唯物主义与现实主义传统，为学者所轻视之故。

其实，宗教文化在人类生活中的重要性，无论在西方或东方，也不管是有神论者或无神论者，都是不否认的，它也是人类在一定历史发展阶段中的智慧的结晶。即便是宗教文学本身，也从来没有脱离过人们的现实生活。在敦煌古小说中，冥报、感应、灵验故事同其他志怪类及志人、传奇、幽默类小说一样，从内容上看，都强调其贴近现实的真实性，带有浓烈的人间气息，直接或间接地反映了当时的社会生活。只有这样，它们才能真正吸引各阶层的广大读者，更好地起到宣教感化的作用。

敦煌写本中的冥报、感应、灵验类故事，它们在写作上至少有以下几个特点：

(一) 注重交代故事发生的时、地背景。一般故事均要讲明事情发生的朝代与州、郡、县，使人觉得实有其事，并非虚构，如《持诵〈金刚经〉灵验功德记》(P.2094 等) 19 则故事中，11 则点明时代，16 则点明地点，其他未点明者或系当时故事，或系文字脱误。有的故事交代得特别详细，如《黄仕强传》的时间是唐"永徽三年十一月"，地点是"安州安陆县保定坊"，《龙兴寺毗沙门天王灵验记》故事发生在"大蕃岁次辛巳闰二月十五日"，题下并注明是"本寺大德日进附□抄"，标明是讲述故事者的亲身见闻。

(二) 故事人物 (尤其是主人翁) 一般都有名有姓，而且有许多是历史上著名的真实人物，如唐太宗、崔子玉、周武帝、庾信、李密、王绰等。颜之推《冤魂志》残卷中十数人，均是真实的历史人物。

(三) 有些故事情节，取材于真实的历史背景。如《黄仕强传》开头："蒋王府参军沈伯贵前随王任安州之日"，据《旧唐书》卷六记载，蒋王李恽永徽三年正任安州都督。赵文昌故事述及周武帝灭佛事，也是众所周知的史实。颜之推《冤魂志》中有的故事在正史中亦有记载，如汉代王忳斄亭故事(此则敦煌写本缺) 即见于《后汉书·独行传》。

(四) 除《冤魂志》等少数作品外，相当数量的故事都是正面宣扬诵经灭罪、积善改过这一主题，起死回生、消灾延年是这些故事的共同结局，诵经念佛成了最简便有效的消灾灭罪手段。一些短篇作品情节都较简单，且不乏雷同之处。少数长篇 (如《张居道故事》、《黄仕强传》) 则写得丰富生动，而且思想内容比较复杂，有的已突破了单纯灵验报应的主题，带有明显的讽刺现实的意味，如《唐太宗入冥记》讥讽李世民、崔子玉君臣的徇私舞弊，《黄仕强传》抨击阴间官吏草菅人命、索贿贪赃与文牍主义，写得都是入木三分。至于《冤魂志》，描述的都是冤魂报仇的故事，尽管也宣扬因果报应，但都是从反面突出恶有恶报的主题，因而更多的是揭露封建社会的黑暗面，反映比较积极的进步思想。

上述特点，总起来说就是采取街谈巷语、道听途说式的讲述故事（真人真事）的小说体裁来为佛经作注，并强调其时代性、真实性与可行性（可仿效性），在一定意义上来说是糅合了儒、道思想的“释氏辅教之书”。前些年，文坛曾风行一种“报告小说”，作者每每标榜时、地、人之真实，而故事情节则可加工创造，有论者称为是借鉴国外之小说新品种。其实一读敦煌古小说，便知道这原本是中国古代的土特产，起码早在魏晋时代，无论志人、志怪，这类短篇报告小说已经是层出不穷了。

敦煌写本中的冥报、感应、灵验故事，其中有些篇目又见于《酉阳杂俎》、《法苑珠林》、《太平广记》等书，出自《冥报记》、《报应记》等短篇小说集，王重民先生的《敦煌古籍叙录》对此略有考证，我这里就不详引了。其中最可注意的是晚唐段成式（803?—863）《酉阳杂俎》续集有“《金刚经》鸠异”一类，段氏自称其先君受持《金刚经》，“证应孔著”，“成式近观晋宋以来，时人咸著传记彰明其事，又先命受持讲解有唐以来《〈金刚经〉灵验记》三卷，成式当奉先命受持讲解”。这至少说明两点：一是这类小说的编撰传布至唐代已蔚然成风，许多署名作品本来采自民间，但加工编纂的任务都已逐渐明确地落到像段氏父子这样的文人肩上；二是晚唐时期不仅已有专门的三卷本《〈金刚经〉灵验记》传世，而且还有专职讲解者以助流通。相比较而言，敦煌本这类故事一般较为简短，这一方面是这些故事的最初形态，口头创作成分较重，另一方面也可能是由于它们大都附抄在正式经卷之前，为节省篇幅与抄工，抄写的都是节本。如汉州孔目典陈昭的故事，敦煌本（P.22094、4025）仅114字，比《酉阳杂俎》所载陈昭故事

500余字简略得多。又如遂州人赵文昌故事，虽然敦煌本与《太平广记》卷一〇二所载情节、篇幅十分接近，但《太平广记》本明显地在文字上进行了加工修饰。

《黄仕强传》与《忏悔灭罪〈金光明经〉冥报传》是这类小说中情节最复杂、细致、生动者，也是最为成功的作品。《黄仕强传》写得十分精彩，这类冥报故事，正是人间社会真实生活的曲折反映，是具有深刻的思想意义的讽刺小说。难怪钱钟书先生在《管锥编》中还专门提到它们。《忏悔灭罪〈金光明经〉冥报传》的结构颇可注意，全篇分主副二线，主线述张居道入冥还魂故事，副线述安固县丞妻得居道启示造经持诵后去病灭罪故事。这种结构，对宋人话本及明清长篇小说的创作均不无影响。全文近1500字，人物的言行刻划得十分生动丰富（仅人物对话就有十余处）。如写四小鬼索命：

> 一人把棒，一人把索，一人把袋，一人着书，骑马戴帽，至门下马，唤居道至前，怀中拔一张文书，示居道看，乃是猪羊等同词共诉居道。

又如写张居道的惊恐状：

> 居道闻之，弥增惧怕，步步倒地，前人掣绳挽之，后人以棒打之。

此类生动形象的细节描写，无疑为后世小说乃至戏剧创作提供了借鉴。张居道故事流传极广，已知不仅在敦煌、吐鲁番写本中凡28见（包括回纥、梵、吐蕃文本），而且影响后世。据陈寅恪先生《〈忏悔灭罪金光明经冥报传〉跋》中讲，宋僧非浊《三宝感应要略》中卷第二九、明僧受汰《金光明经科注》卷四均略记张居道事，并注明“出《灭罪传》”。可见影响之深远。就是一些短篇作品，影响亦不可低估，如前述赵文昌故事说在地狱中见庾信为“一身数头”事，钱钟书先生即指出屡为宋、明作家用作典故（参见《管锥编》第2册《太平广记》四七）。《金瓶梅》第五十一回中写西门庆对潘金莲讲入冥还阳故事，薛姑子“讲说佛法，演诵《金刚科仪》”，又第五十七回薛姑子劝西门庆出资印刷、抄写《陀罗尼经》，“至千万人持诵，获福无量”，也可说明明清长篇小说创作受到这类冥验故事的影响。

可以说，黄仕强、张居道这些冥报故事的产生，为唐传奇以及宋元以后的小说创作积累了必要的经验，它们在中国小说史上的地位应受到进一步的重视。

从表面上看，冥报、感应、灵验类小说与其他志怪、志人小说相比，似乎受佛教传入的影响更大一些。但那仅是就宣传佛经典籍（或佛教教义）本身而言，而佛教文化一传入中国，也就不可避免地带上了中国的特色。鬼神观念、因果报应、善恶思想，这些都是中国传统思想中固有的东西，也是佛教得以传播的思想基础，互相渗透与融合，使得佛教文化成为中国传统文化的有机组成部分。因此，变文也罢，冥报类小说也罢，唐传奇也罢，以后的《西游记》等长篇神魔小说也罢，它们虽然与佛教的传入、佛经的译传、印度神话的影响有关联，但是归根结蒂还是植根于中国这块土地，离不开中华文化滋养，是从中国古小说的根基上萌发出来的新枝新花。尤其像《黄仕强传》、《金光明经冥报传》这类作品，民族风格十分鲜明，是地地道道的中国作风、中国气派的文学作品。从这个意义上来说，我们在研究敦煌文学作品时，似乎不应该过分地夸大佛教传入对中国小说发展的作用，夸大变文在中国文学发展史上的地位。

总之，尽管古小说写本在敦煌文献中所占的比例不是很大，其重要性仍不可忽视，不但已知的作品尚未得到充分的研究（包括转换视角与方法），而且一定还有未被发现的新材料，应该引起我们进一步的关注。

敦煌诗歌写本特征及内容的分类考察

徐　俊

作为国家图书馆的一个读者，我长期受惠于国图。因此今天很高兴有这个机会，与在座的读者听众交流。今天讲的题目很大，分两个问题来讲。先讲对敦煌诗歌写本特征的初步认识，再简单介绍第二个问题，对敦煌诗歌写本的内容作简单的分类考察，所谓分类考察就是从多个角度来理解敦煌诗歌写本的特征。

一. 对敦煌诗歌写本特征的初步认识

对一般古典文学爱好者甚至多数不专门作敦煌学研究的学者来说，敦煌文学作品给大家留下深刻印象的主要是敦煌变文和曲子词、诗歌，这与王重民先生的工作有很大的关系，大家经常能够看到的几部敦煌文学作品的总集，如《敦煌变文集》、《敦煌曲子词集》，以及《全唐诗外编》中的《补全唐诗》和《补全唐诗拾遗》，都是他组织编撰或直接承担的原创性整理成果。王重民先生的这几项工作，使得敦煌变文、曲子词、诗歌比较多地为大家所知。后来任半塘先生的敦煌歌辞研究，将敦煌曲子词的概念进一步扩大，以“敦煌歌辞”的名义作了集中的整理研究，所以“敦煌歌辞”这个名字现在也比较多地被大家所知道。

就敦煌诗歌而言，最为大家所熟知的名家名篇大概是韦庄的《秦妇吟》，被称为唐代的第一长诗；但留给大家更深印象的应该是王梵志诗。因为王梵志诗的巨大影响，在一般读者的印象中，“敦煌诗歌”几乎就完全等同于通俗白话诗，一提起敦煌诗歌，就会想到白话诗、王梵志诗。从整理和研究情况看，王梵志诗也是敦煌文学作品里面被研究最多的。从前辈学者胡适先生开始，到现在一直是敦煌文学研究中最受大家关注的课题。正是因为这样的原因，大家形成了固定的印象，说到“敦煌文学”，约定俗成的观念就是“敦煌俗文学”。说到敦煌诗歌，大家很常见的说法就是敦煌通俗白话诗。其实，从我们整体考察敦煌文学作品的遗存情况，尤其是在对敦煌诗歌进行全面整理之后，可以明确地说这个看法是片面的，是受制于敦煌文献公布的进程、早先只看到部分写卷时得出的一个片面的结论，当然也受到早期敦煌文献整理者文学观念的影响。

敦煌诗歌作品从时代上说，有唐以前的，我们把它叫作“先唐诗”，当然大部分是唐五代诗，还有很多宋代的。从题材风格上说，很大一部分是通俗诗，就是大家常说的白话诗，通常是民间作品。与通俗白话诗相对的还有大量风格雅正的文士作品。另外还有传统文化当中的经典作品，如《诗经》、《楚辞》，唐人选唐诗专集，还有逐步被识别出来的诗文别集。它们是非常丰富的活生生的诗坛原生态的表现，原先片面的看法是依据已知的一部分成果得出的结论。基于这样的认识，所以今天我不讲某一个具体作品的内容和特色，主要向大家介绍如何理解这些看似杂乱无章的敦煌诗歌写本。

我的研究思路，是对敦煌诗歌的认识不要局限于敦煌范围内，应该放到敦煌文书所产生的时代，即唐五代宋初这个历史时段中考察。从诗歌作品的流传背景来看，这些写本在当时社会当中到底处于什么地位？它到底有什么样的认识价值？从这个角度理解这些写本的特征，避免把它简单地理解为新发现多少诗人诗作，或者仅仅关注它与《全唐诗》或传世文献中的白居易诗、李白诗等等有多少文字差异，简单地理解它的校勘价值。如果有机会亲近敦煌文书，接触敦煌诗歌写本，对于我们理解古代文学作品的传播过程是非常有意义的。

敦煌诗歌，在敦煌诗、词、变文和俗曲四种文学体裁中，被王重民先生称为“数量最多，也最难整理”（《补全唐诗·序言》）的一种。难于整理的最主要原因是敦煌诗歌写本形态的复杂。从敦煌诗歌写本的实际形态着眼，我们可以将它们粗略地分为两类：一是诗集诗抄写本，一是零散诗篇。与零散诗篇相比，诗集诗抄写本最主要的不同是专门抄录诗歌作品，至少其主体部分是诗歌作品。除此以外，诗集诗抄写本在诗歌内容、题署方式、抄写行款，甚至纸张、书法等外在形态方面，与零散诗篇也都存在着不同程度的差别。

按照传统的集部分类方法，诗集可分为总集（包括专集、选集）和别集两类。如果将敦煌诗集写本与之相对照，不难发现，除了极少数符合上述两类条件的诗集外，更多的则是具有诗歌总集、别集特征的诗歌丛抄。别集类除去《东皋子集》、《故陈子昂遗集》诗歌部分残缺外，其他根据原卷题署或文献记载可以确知其名的有《王梵志诗集》、《李峤杂咏注》、李翔《涉道诗》等，还有残存部分具备别集特征的“高适诗集”、“岑参诗集”、“张祜诗集”等；总集类除了《文选》、《玉台新咏》等唐前诗文总集和《珠英集》、《瑶池新咏》、《心海集》等诗歌专集外，既无书名又无编者，也无编例可寻的诗歌选本所占比例最大，也最为复杂，比较著名的如由罗振玉定名为“唐写本唐人选唐诗”的伯 2567 与伯 2552 号拼合卷，备受当今学者关注的伯 2555“唐人诗文选集残卷”等。就收载诗歌的数量而言，除了上列两个选本在百首以上外，更多的则是规模相对短小的诗歌丛抄、诗文丛抄和诗词丛抄。

以上列举所见这些诗歌写本的情况，跟我们通常传统目录学概念当中的诗集难以一一比照，除了少量经典诗集见诸传世文献遗存或著录外，绝大部分诗歌写本是无法从传世文献中反映出来的。在以往有关敦煌诗歌写本的整理和研究中，人们往往不自觉地以刻本时代的诗集观念来作为衡定的标准，由此导致出两种截然不同的取向。一方面，出于强调敦煌诗歌写本价值的愿望，将敦煌诗歌写本与人们心目中“集”的概念作简单的比附和整合，比如有人将伯 2567 与伯 2552 号拼合卷里的李白诗单拿出来称之为《李白诗集》，把其中的高适诗也单拿出来就叫《高适诗集》；另一方面，则强调敦煌诗歌写本的丛钞特征，将绝大多数敦煌诗歌写本置于研究视野之外。显而易见，这两种取向对准确把握敦煌诗歌写本的性质，充分认识敦煌诗歌写本的价值，都是不利的。

那么，如何理解敦煌诗歌写本的特征呢？

依据记录文字的方法和介质的进化，中国古代典籍的历史可以划分为“写本时代”和“刻本时代”。因为书写和印刷介质的不同，我们对写本时代和刻本时代都还可以分得更细一些，但这里我们只作简单的划分，因为敦煌遗书恰好处在写本时代和刻本时代的交接点上。我们正好可以借助于对写本时代和刻本时代的文学作品传播差异的分析，来看敦煌诗歌写本的特征。

（一）敦煌写本是区别于“刻本时代”的典型“写本时代”的文献，具备写本时代文献的典型特征

我们通常所接受的古代图书的概念，一般是通过对刻本的感知得来的。所以我首先要强调的是，不要用刻本时代的文学作品集的观念来看待敦煌文学写本甚至其他类似的文学写本。我们知道雕版印刷在初唐时期就有了，但真正用于文学作品的印刷要到五代、宋初时候才开始有。关于雕版印刷最早应用于文学作品传播的具体事例，有不同的说法，有人认为在中唐时候就有了，在《白氏长庆集》的序里，元稹说白居易诗“二十

年间禁省观寺、邮侯墙壁之上无不书，王公妾妇，牛童马走之口无不道”，下面接着说“至于缮写模勒，炫卖于市井，或持之以交酒茗者，处处皆是”，元稹在下面加了一个小注，说“扬越间多作书模勒乐天及余杂诗，卖于市肆之中也”。有人认为这个“模勒”就是用雕版印刷的方式刻白居易诗的。但是我们用其他版本对照，比如《文苑英华》中也收有元稹的《白氏长庆集》序，“作书模勒”作“作碑模勒”，可见这里的“模勒”有可能只是把诗文刻成碑石，并非把诗文作品刻成书。最早的刻本诗文集，现在所知是五代贯休的《禅月集》，据贯休弟子昙域所作《禅月集》序中所说“寻检藁草及暗记忆者，约一千首，乃雕刻成部，题号《禅月集》”，可以确定《禅月集》是用雕刻方式编印的最早的诗文集。从敦煌遗书残存的情况也可以看出来，刻本文学作品没有遗存，只有很少的宗教赞颂作品有雕版印本。

我们怎么来理解雕版印刷对文学作品传播的意义呢？比如现在的影印书，我们通常比较容易理解它将善本、孤本“化身千万”的作用，雕版印刷的作用也是这样，写本在数量上有局限，通过刻印使它变得很多，化身千万。因此通常大家比较容易理解刻本对文学作品传播的作用，传得更广、传得更远，更多的人能看得到。其实对诗文作品或者诗文集来说还有一个定型化的作用。这一点往往不被大家注意。诗文集的刻印，相当于我们现在的出版行为，是使随意多变的诗文写本进入定型化状态的过程。刻本从书名到作者署名方式，从卷次和篇章结构到诗文的排列，都要有编例可循。刻本把诗文作品传播的不定性、随意性的方式定型化了。因此，刻本对文学作品传播的直接作用，除了传播之广传播量之大以外，对其本身的作用就是定型化。而这种定型化正与我们讲的敦煌诗歌写本相反，写本时代的东西是没有经过刻本定型化过程的原生形态的遗存。

由于时代的关系，我们现在所看到的古代诗文集大多是刻本时代、现代印刷术时代甚至当下电子时代的东西。因为一个偶然的机缘，敦煌藏经洞给我们留下了5万多卷的写本，其中有相当多的文学作品的写本。这些文学作品的写本是敦煌地区范围内的一个偶然遗存，但它们又不仅仅反映敦煌一个地区唐五代、宋初范围内的文学遗存的状况，把它们当作一个窗口，我们可以将它们看作唐五代、宋初范围之内，中原地区整个诗歌作品流传情况的缩影。从传世文献的情况来看，文化发达的中原地区的诗歌写本的流传情况与敦煌诗歌写本的遗存情况非常相似。反过来说，敦煌诗歌作品写本遗存情况足以反映当时唐五代、宋初中原地区更广大范围内的诗歌作品的传播情况。敦煌诗歌写本能让人真正感受到唐五代、宋初的诗坛面貌。

下面我就用传世文献中诗集传播情况的记载，来与敦煌诗歌写本的实际遗存作对照，便于我们理解敦煌诗歌写本的特征、性质、价值。也希望通过对活生生的敦煌文学写本的理解，增强对经过刻本时代定型化了的唐五代诗文作品的产生和传播的感性认识。

1. 唐代诗歌的流传情况

明代唐诗学者胡震亨所编唐诗总集《唐音统签》，其中《癸签》为诗话诗论，在《癸签》中他根据两《唐书》、《宋史》经籍艺文志、《通志·艺文略》、《文献通考》等史志目录的记载，对唐代诗文集的流传做了一个很详细的勾稽，归纳出唐五代别集691家，8292卷。这就是我们通过传世文献所能知道的唐五代诗文别集的流传情况。需要说明的是，胡震亨所依据的材料更多地反映了唐宋时期官府藏书的情况。仅仅根据这些文献所做出的判断，很难得到对当时民间流传的诗文集的准确认识。

唐人所编唐代诗歌选本，除了《唐人选唐诗》收录的几种以外，还有很多见于文献著录但久已失传的唐诗选本，其中有些选本虽然失传，但序跋保留了下来。如唐代大中末顾陶的《唐诗类选》二十卷，是一本规模很大的唐诗选本，他在《唐诗类选》后序里说到编选过程中的一些情况：

以删定之初，如相国令狐楚、李凉公逢吉、李淮海绅、刘宾客禹锡、杨茂卿、卢仝、沈亚之、刘猛、李涉、李璆、陆畅、章孝标、陈罕等十数公，诗（时）犹在世，及稍沦谢，即文集未行，纵有一篇一咏得于人者，亦未称所录。僻远孤儒，有志难就，粗随所见，不可殚论。

因为“文集未行”，即使是这些达官和文学名家，对一个专业的选家来说也不是很容易就能得到他们完整的诗文集。接着他还举了一些诗坛名家，说：

近则杜舍人牧、许鄂州浑，洎张祜、赵嘏、顾非熊数公，并有诗句播在人口，身没才二三年，亦正集未得。

像杜牧、许浑、张祜这样晚唐著名的诗人，他们的诗文集也得不到。他还说：“绝笔之文，若有所别，为卷轴附于二十卷之外，冀无见恨。若须待见全本，则撰集必无成功。”身处诗坛中心地区的诗选家要找到这些有名诗人的诗集已很困难，敦煌这么一个偏僻的地方，一般普通的文士对诗歌及其他文学作品的阅读范围和接受方式，就可想而知了。这说明在敦煌诗歌写本里面正规的集本之少，丛抄之多，零散诗篇之多，与中原地区诗文作品的传播情况完全符合。

一直到宋初，仍然不难找到类似的记载。周必大在谈到《文苑英华》据以收录的唐人诗文集时，很有感触地说：

盖所集止唐文章，如南北朝，间存一二。是时印本绝少，虽韩、柳、元、白之文，尚未甚传，其它如陈子昂、张说、［张］九龄、李翱等诸名士文集，世尤罕见。

这里所说的情况正是中原地区即将从写本时代进入刻本时代，文学作品的传播情况，诗文集的传播情况，这跟敦煌遗书所反映的情况非常相似。敦煌地区诗文集的流传情况，是当时更大范围内诗文集流传情况的真实反映。

2. 唐人编撰诗文别集的状况

唐诗文集的编纂大概有下面几种情况：一是自编，自己给自己编集子，这样的比较少。二是他人代编集子，有两种情形，一种是自己活着的时候委托别人编，另一种是诗人去世以后亲朋好友、后辈编他的集子。自编诗文集的如白居易，从长庆四年（824）由元稹编《白氏长庆集》50卷，后来20多年当中，白居易对自己的文集不断订补，从60卷、65卷、67卷，直到会昌五年（845）编成定本75卷，并分抄五部，“一本在庐山东林寺经藏院，一本在苏州南禅寺经藏内，一本在东都圣善寺钵塔院律库楼，一本付侄龟郎，一本付外孙谈阁童”（白居易《白氏长庆集后序》）。可见，白居易这样的大诗人特别在乎自己诗集的完整性和长久传存，以他的地位和实力，也只抄了五部，分藏到三个寺院和两个后辈手中。他在《东林寺白氏文集记》里特别说：“藏之寺院，不借外人”，通常一般人是不可能通过白居易自编的这75卷的本子来了解白居易诗歌创作的。他人代编诗文集，像卢藏用编《陈子昂集》、王士源编《孟浩然集》、王维的弟弟王缙编《王维集》等。我们研究唐人诗文集的流传或者版本，通常只考虑和关注刻本系统；而我们考察当时诗文集的传播，写本诗集就不能忽略，诗人诗文“正集”以外的临时性编集，在文学作品传播中的作用不能忽视。

我们可以从《全唐诗》中举一些诗题做例子：白居易有首诗的题目叫《读李杜诗集因题卷后》，这个“李杜诗集”当然不是后来流传有绪的完整的李白诗集和杜甫诗集。韦庄有一首诗题叫《题许浑诗卷》，当然它也不是我们现在所看到的许浑诗集，姚合有一首诗《喜览泾州卢侍御诗卷》，诗中就有“新诗十九首，丽格出青冥”的句子，可见这个卷子里面实际上只有19首诗。这和敦煌残存的通常是几首、十几首，有头没尾或者没头没尾的诗歌写本情况相似。再比如唐代边塞诗人李益自编的一个集子叫《从军诗》，在序里他说“左补阙卢景亮令余辑录，遂成五十首赠之”。再如白居易元和初年也将自己的100篇诗送给另外一个诗人刘禹锡，刘禹锡后来写了一首诗叫《翰林白二十二学士见寄诗一百篇因以答贶》。这一类诗歌辑集，都是区别于诗人“正集”的临时性的诗集。中晚唐诗人的集子里面这种有关诗卷流传情况的反映更为集中。我们拿晚唐重要的诗僧齐已的《白莲集》做例子，里面集中反映出他阅读别人诗集，和以齐已为中心诗集搜求寄赠的情况，非常典型的诗题就有几十个，如《读李白集》、《读李贺歌集》、《读贾岛集》、《谢人寄新诗集》、《谢高辇先辈寄新唱和集》、《谢王秀才见示诗卷》、《酬西川梵峦上人卷》，说明这种在诗人之间流通，或者为某一目的、某件事情临时性的诗歌辑集在当时诗坛的普遍性。在部分诗作中，还有关于诗集规模的描述：“旧友一千里，新诗五十篇。”（《谢虚中寄新诗》）“五首新裁翦，搜罗尽指归。”（《谢丁秀才见示赋卷》）“一千篇里选，三百首菁英。”（《因览支使孙中丞看可准大师诗序有寄》）“多君百首贻衰飒，留把吟行访竺卿。”（《谢贯微上人寄示古风今体四轴》）“三十篇多十九章，□声风力撼疏篁。”（《酬欧阳秀才卷》）上列篇目中，除了《李白集》、《李贺歌集》、《贾岛集》等之外，我们有理由相信所谓的“诗集”、“诗卷”、“卷”，绝大多数难以与“正集”的标准相称。从顾陶所记众多著名诗人“正集未得”、“文集未行”，以及上面所举诗题中反映出的诗集流传情况，我们不难推知“正集”以外“亦无定卷”的临时性诗歌选集，在写本时代的实际流通中所占的主体位置，而这才是敦煌诗歌写本产生和流传的背景。在读者和诗人之间的传播链中，这种临时性的辑集应该大大多于诗人“正集”，尤其是在一般民间文士的阅读视野中。

前人在研究唐代进士行卷的时候，对以诗行卷的情况有比较多的研究，用于行卷的诗歌集本也可以加深我们对写本时代诗集传播情况的理解。如宋赵彦卫《云麓漫抄》里的一段话说："唐之举人，先借当世显人以姓名达之主司，然后以所业投献。逾数日又投，谓之温卷。"接下来的话涉及对在宋代仍然流传的一些唐诗写本的理解，他说：

> 至进士则多以诗为贽，今有唐诗数百种行于世者是也。

赵彦卫说到的"唐诗数百种"，显然不是"正集"意义上的诗集，指的也是这种临时性辑集，数百种的临时性唐人诗集就是当时进士行卷的遗存。可见进士行卷也是造成这种临时性辑集大量流传的一个原因。用作投献的诗文集，有元结《文编》、皮日休《文薮》这样定型的诗文别集，更多的则是对新旧作品的临时抄撮。仍以白居易为例，白居易于德宗贞元十五年(799)秋由宣州荐送应进士试，在用于行卷的《与陈给事书》中说："谨献杂文二十首，诗一百首，伏愿俯察悃诚，不遗贱小，退公之暇，赐精鉴之一加焉。"再如元稹在《上令狐相公诗启》中说："辄写古休歌诗一百首，百韵至两韵律诗一百首，合为五卷，奉启跪陈。"又如杜牧在《献诗启》中说："今仅录一百五十篇，编为一轴，封留献上。"类似的例子很多，正像另一位晚唐著名诗人杜荀鹤诗所说的那样，"若以名场内，谁无一轴诗?"在考察唐五代宋初写本时代集部文献流传的实际情形时，不能忽视这些通常不见于书目著录的"正集"以外的诗歌写本。

3. 唐人选唐诗的遗存情况

在流传至今的10多种"唐人选唐诗"中，除了像《河岳英灵集》、《国秀集》这样具有比较鲜明的审美标准的选本外，也有一些因偶然因素而成书者。如元结所编《箧中集》，元结在序中说："天下兵兴，于今六岁。人皆务武，斯为谁嗣？已长逝者，遗文散失，方阻绝者，不见尽作。箧中所有，总编次之，命曰《箧中集》，且欲传之亲故，冀其不忘于今。凡七人，诗二十四首。"这七位诗人是沈千运、王季友、于逖、孟云卿、张彪、赵微明、元季川——有的刚刚去世，有的还在人间——是一群并没有很高成就也不是十分知名的诗人。诗集编选，只是取"箧中所有"，也就是说并没有特别的标准。再如《搜玉小集》收录"自崔湜至崔融三十七人，诗六十一首"，编者不详，编排无序。即使像令狐楚《御览诗》这样的进呈本，也曾有《唐新诗》、《选进集》、《元和御览》等不同的名称，显示出不定性的特征。在唐人选唐诗的知名选本之外，还有大量仅见于文献著录，编者和内容均未知的无名氏选本，比如"集李林甫至崔湜百余家诗奇警者"的《奇章集》四卷，日僧空海于元和初携归的《贞元英杰六言诗》三卷，"采张籍等十人诗"的《垂风集》十卷，"采唐人道途间诗"的《道途杂题诗》一卷，等等。除了上述散见于文献的记载外，值得注意的还有这几年逐渐被介绍到国内的日本所存部分唐诗古写本，如《翰林学士集》（题拟）、《赵志集》、《新撰类林抄》、《唐人送别圆珍诗抄》（题拟）、《唐诗卷》（题拟）、圣武天皇宸翰《杂集》等，它们从另一个流传系统，印证了与敦煌诗歌写本具有相同特征的诗歌写本，在写本时代文学作品传播中的重要地位和作用。

以上就是我想讲的敦煌诗歌写本区别于刻本时代的典型的写本时代特征及其流传情况，敦煌诗歌写本的特征和写本时代诗歌作品传播的背景是一致的，我们应该从这个大的背景上去理解它。

（二）敦煌诗歌写本的另一个特征，是区别于经典文献的以民间文本为主的特征

敦煌写本《诗经》、《楚辞》、《文选》、《玉台新咏》，从写卷的外观上说，尺寸、行款、用纸、书法、题署等方面，都比一般临时性的诗文辑集要规整，是属于经典文献。但在敦煌文学写本当中更多的是民间文本，是普通民间文士阅读使用的。前面我已经说过，因为唐宋史志目录更多地反映了官府藏书的情况，因此这里主要用日本入唐求法八家的目录来作比较说明。在日本入唐求法僧所带回去的经卷目录里，除了佛典文书以外，还有大量的外书，外书中也有大量的诗文作品。可以通过其中诗文作品的著录情况看中晚唐民间诗文集流传的情况，看它与敦煌文学写本的相似之处。从日本入唐求法八家目录尤其是圆仁、圆珍的目录看，他们当时在温州、台州、扬州，到长安的一路上，从民间和沿途的寺院（这一点与敦煌莫高窟相同）获取和转抄了大量的诗文集写本。将当时江南到中原地区的民间及寺院里流传的诗文集的情况，跟敦煌藏经洞出土的文学写本的遗存作对照，可以看出当时文学写本作为一般民间文本流传的实态。比如圆仁的《慈觉大帅在唐送进录》、《入唐新求圣教目录》，是圆仁将从唐朝搜集到的文书带到日本去后编的目录。目录编定的时间相当于唐代的大中年间，比我们通常所依据的两《唐书》经籍艺文志等公私书目的年代早得多。里面著录的文学写本如“沙门清江新诗一帖”、“祝元膺诗一帖”、“前进士弛（施）肩吾诗一卷”、“王建集一卷”、“进士章解集一卷”、“仆郡集一卷”、“庄翱集一卷”、“杜员外集一卷”、“台山集一卷”、“白家诗集六卷”、“杭越寄和诗并序一帖”，这里有个人别集，还有唱和诗，像《杭越寄和诗》，文献当中有著录，是白居易、元稹和李谅的唱和诗集，还有如“杂诗一帖”、“杂诗一卷”、“诗集五卷”这样的著录，不知道作者是谁、是什么样的选本，没有明确的著录，这些大概相当于敦煌诗集和诗抄部分。还有一些是和敦煌很相像的宗教诗歌，比如“法华二十八品七言诗集一卷”、“傅大士还源诗”、“澄心行路难一卷”，这些都和宗教有关，傅大士是很有名的佛教人物；再如“曹溪禅师证道歌一卷，真觉述”，除了卷子的名字以外还著录了作者；“达摩和尚五更转一卷”，目录著录的作者是玄奘三藏，这与托名问题有关，比较复杂，《五更转》在敦煌写本中大量存在；再看圆珍的《福州温州台州求得经律论疏记外书等目录》，诗歌部分有“傅大士歌一卷”、“见道性歌一卷”，而且还记载了来历：“已上宗元和上舍与”，这两个写本是宗元和尚送给他的；再如“还源集三卷”、“题赠宗本和上诗一卷”，目录中还著录了“新写”，说明是圆珍新抄的；在“温州缁素相送诗一卷”后面还提到“或题福、温、台州相送诗乙，三十六首，已上于温州永嘉郡求得”；我们特别注意到下面“舜帝峰为首杂诗一卷”的著录方式，意思是这个卷子的第一首诗的题目是“舜帝峰”，其实这个集子既没有名字，作者也不清楚，跟我们所见到的比较杂乱的丛抄类的敦煌诗卷很相像。为著录的方便，将卷子的第一首诗“舜帝峰”作为辨识的标志；另外一种著录方式是：“诗集一卷，七十二首”，下面再补充一句“题李山人所居为初”，跟前面的著录方式类似。“为初”，就是指第一首；相同的例子还有“杂诗一卷，册子，七十八首”，有小注：“寄娄（韦）渠牟为初”，意思是卷子的第一首诗是“寄娄（韦）渠牟”；“杂句一卷，一百二首，送刘大皂为初”，第一首诗是“送刘大皂”，等等；圆珍还特地注明了这些写本的来历：“已上从福州向温州海中写取道家安栖□本”，是从僧人那里借抄的；下面还有“旧诗一卷，题仙坛为初，总三十首；已上于台州峤岭屈宗古宅写取”，这是从民间借抄的。用当时入唐求法的日本僧人在中原地区的寺院里搜罗到的诗文集的情况，来与敦煌写本对照，可以看出这种临时性的诗文写本是当时文学作品传播的主要载体。

再简单地说一下敦煌写本中的零散诗篇，就是散见于经头卷尾的零篇短章，大家在平时的阅读当中，或许都有过摘抄的经历，经头卷尾的零篇短章其实就是这种阅读习惯的遗存。这种情况在文献记载当中比较少见，偶尔有一些，如《耆旧续闻》记载，作者家藏的李后主《七佛戒经》，梵夹装，其中除了抄有佛教文献《七佛戒经》外，还抄了《临江仙》词，是李后主自己写在佛经上面的，另外还有“太白诗数章”，就是说，在《七佛戒经》这个佛教经卷上，李后主除抄写了自己的《临江仙》词，还抄了李白的诗。这与敦煌写本中的零散诗篇有很大的相似之处。散见于经头卷尾（大多数是非文学作品写本）的零散诗歌作品，可以说是最贴近一般读者的最直接的诗歌传播痕迹的遗存。或许当时大多数的读者，手边的书本杂册当中都有这种情况，只是我们只有在敦煌写本当中才能看到而已。

上面我讲的是如何用刻本时代和写本时代的区别、经典文献和民间文献的区别，来理解敦煌藏经洞出土的诗歌写本的特征。下面再从几个大的角度来看敦煌诗歌遗存，从不同的角度来理解这些特征。

二. 敦煌诗歌作品的分类考察

（一）从通常的时代划分上来说，敦煌诗歌可以分为先唐诗、唐五代诗和宋初诗歌，唐五代诗是它的主体。因为藏经洞的封闭时间在宋初，所以有一部分诗属于宋代的范围。这是根据中原王朝更替所作的简单划分，实际上结合敦煌当地的历史发展情况，我们可以将敦煌历史分为这样的三个时段：吐蕃占领之前的唐和唐以前的阶段；吐蕃占领的 70 年时间，这段时间与中原基本隔绝；沙州归义军时期，归义军时期大概有一百七八十年的时间，包括张氏归义军时期和曹氏归义军时期。归义军时期是敦煌文学作品写本遗存最多的时期。大部分抄写精美的经典文学写本，如《诗经》、《楚辞》、《文选》、《玉台新咏》等大多是吐蕃占领前的唐和唐以前的写本，而我们通常所知道的敦煌变文、曲子词和绝大多数的诗歌写本，都是吐蕃占领后期和归义军时期的写本。以时代为标准的划分比较简单，但我们更强调在考察敦煌诗歌写本的时候，要把它放在敦煌当地的历史进程中来理解。

（二）以作品存佚为标准的分类。作品的存佚对应着辑佚和校勘两方面的价值，王重民先生在《补全唐诗》序言中对敦煌诗歌的存佚考证的难度和重要性有很好的举例说明，敦煌诗歌作品当中哪些见于《全唐诗》？哪些见于《先秦汉魏晋南北朝诗》？哪些是传世文献当中有的？哪些是没有的？这就是所谓的存和佚的标准。过去我们对敦煌诗歌的存佚比较重视，因为大家更多的考虑了敦煌诗的辑佚价值。敦煌诗歌的辑佚价值是毫无疑义的，仅就唐诗而言，敦煌写本中新发现的诗人诗作，无疑是《全唐诗》之外一次巨大的增容。比如像《秦妇吟》这样的名篇的发现，对诗人韦庄及唐代诗坛甚至晚唐五代历史的认识都很有价值；比如像《王梵志诗》的发现，对整个唐代白话通俗诗的认识很有价值；再比如一些具体的诗集写本，如《王无功集》，就是《东皋子集》，原先我们只知道有 3 卷本传世。80 年代初，韩理洲先生对国家图书馆藏的两个 5 卷本清人抄本作了整理，由上海古籍出版社出版。清抄本与敦煌残本的篇章次序完全一致，而且仅见于清抄本的几篇佚文，也见于敦煌写本，足以证明这两个 5 卷本清人抄本的可靠性。敦煌写本中一些小的例子和小的细节，往往能证明原来我们无法证明的问题。

至于敦煌诗歌的校勘价值，我们可以从台湾学者黄永武先生的两本书——《敦煌的唐诗》和《敦煌的唐诗续编》得到比较充分的了解。王重民先生《补全唐诗》重在辑佚，黄永武先生二书重在校勘。他以敦煌写本诗歌与传世的李白、高适等大诗人的刻本诗集比勘异同，从二者差异中考察它的流传变异情况，品评文字优劣，确定诗歌传播过程中,从抄本到刻本的定型过程当中所产生的讹误。从他的工作中足以看出敦煌诗歌文字上的校勘价值。

（三）以诗歌作品产生的地域为标准，敦煌诗歌可分为敦煌本土诗歌与流传敦煌的中原诗歌两类。这里主要讲一下敦煌本土诗人的构成。李正宇先生《敦煌文学本地作者勾稽》对26位敦煌作家的生平及创作情况作了简要的考证，吐蕃占领时期和归义军时期较有影响的代表作家基本包含其中，我们可以补充的重要诗人诗作只有新考知的张议潭《宣宗皇帝挽歌五首》。当然，他们只是敦煌本土作者中很少的一部分，还有一些虽然留有姓名但生平已经难以详考，更多的作者连姓名都未留下。这些生平约略可知的敦煌本土诗人，基本属于两个阶层：一是归义军官吏，一是释门僧众。尤以后者为多，特别是两个对敦煌文化做出过巨大贡献的僧人——悟真和道真，都留下了专门抄录他们作品的诗歌写本，分别代表了敦煌归义军前后两个时期诗歌创作的水平。

区分敦煌当地创作作品和流传于敦煌的中原作品，是敦煌诗歌整理和研究中不能忽视的细节。我们知道，“敦煌学”是一个界限模糊的综合性学科概念，以地名作为学科名称，常常会使人们将学科范围中包含的内容，与敦煌区域范围内的实际存在相混同。比如将中原诗歌作品中描写的民俗风情，当作敦煌当地的民间习俗；用李翔《涉道诗·秋日过龙兴观墨池》来考证敦煌僧寺的位置；将张祜诗作为敦煌僧诗的代表作；将女冠元淳诗归入蕃占期敦煌道流的作品。这些发生在过去研究中与诗歌相关的例子，足以说明文献的时空错置所带来的认识上的混乱。

（四）以作者的身份或作品的功用来划分。敦煌作为一个宗教社会，决定了敦煌诗歌的浓厚的宗教特性。敦煌文书出土于莫高窟藏经洞，其中很大一部分本来就是僧徒们的日常持用品。所以，与我们通过传世文献感受到的唐代诗歌不一样的地方，是僧人作品或者宗教诗歌占有很大的比重。以作者和流传场所、使用功能作为考察的视角，敦煌诗歌有着比较明显的僧俗之别。

敦煌宗教诗歌大致可以分为两类，一是禅门歌偈，一是宗教赞颂。禅门歌偈主要是中原地区著名禅僧的作品，其中部分作品见于唐宋佛教典籍，如永嘉玄觉《证道歌》、洞山良价《神剑歌》、丹霞天然《玩珠吟》、伏牛自在《嗟世三伤吟》等禅林名篇，此外慧能、昙伦、良价、本净、居遁、惠光等禅僧的零篇诗偈也屡见于敦煌写本。除此之外，敦煌禅门歌偈的大部分则是失传已久的亡佚作品，最引人瞩目的是两个《心海集》写本，残存诗偈150余首，是保存至今规模最大的唐人所编禅门歌偈作品集。作者佚名或作者事迹无考的，如《山僧歌》、《念珠歌》（题拟）、《定后吟》等，堪称唐代禅门歌偈长篇巨制中的佳构。新发现的知名禅僧的佚作，如禅月大师贯休《赞念法华经僧》、《悬水精念珠诗》，无名和尚《无名歌》，青剉和尚如观《诫后学铭》，青峰和尚传楚《戒肉偈》、《辞亲偈》，净觉《开心劝道禅训》以及草堂和尚宗密的诗偈等，绝大多数仅见于敦煌写本，它们通俗而富有理趣的风格，在敦煌写本诗歌中独树一帜。

敦煌宗教赞颂作品有待学术界给予更多的重视，随着敦煌宗教世俗化进程的加剧，在诵经、论道、赞佛的背景下产生并流传的宗教赞颂作品，作为教化布道的有效辅助手段，依存于民间宗教活动，成为敦煌普通民众接触文学作品的主要途径。任半塘先生的《敦煌歌辞总编》已经对《五更转》、《十二时》、《百岁篇》等杂言赞颂做了辑校和研究，但大量的齐言歌偈赞颂，现在还没有经过完整的清理。宗教赞颂与诗相近的口传韵文特征和在民间社会的实际功用，甚至比一般通俗诗更具渗透力，差不多可以算作普通民众仅有的一点文学经验的来源。也许这个推论并不具备普遍的适用性，但至少在具有浓重宗教色彩的敦煌民间社会中，是不容忽视的事实。因此在讨论敦煌诗歌的宗教文学特色时，难以回避敦煌写本中大量的宗教赞颂作品。

（五）从文学源流的角度来看敦煌文学，大的区分就是我们通常所说的传统文学和民间文学。敦煌遗书发现之初，第一代敦煌学者罗振玉、王国维等人的研究，主要依据伯希和的寄赠、日本学者的传抄和国内零星发现的敦煌写本，他们的出发点是传统的四部书的概念。五四运动和白话文运动之后，通俗文学、大众文学受到重视，经过胡适和郑振铎先生的大力提倡，“敦煌民间文学”这个概念逐渐形成并开始广泛流行，一直到上个世纪八九十年代，仍然占据主流地位，一般人都认为敦煌文学就是通俗文学。现在我们知道，除了变文为主的讲唱作品，连敦煌曲子词也不尽是通俗的作品，有文士作品，也有民间作品，诗歌同样既有通俗白话诗，也有雅正的文人之作。

最后讲一下敦煌的学郎诗。敦煌学郎在写卷里有“学郎”、“学士郎”的不同称呼，就是现在的学生。敦煌学郎是敦煌文学作品的主要抄写者和传播者，题写于经头卷尾的敦煌学郎诗是敦煌诗歌中的一个特殊部分，弄清楚学郎诗的性质，对认识敦煌当地诗歌创作的水平，了解唐五代宋初敦煌的文化面貌，有很重要的作用。

因为绝大多数的敦煌学郎诗都是以题记的形式保存下来，题记对抄写者身份和抄写时间等都有较为明确的叙述，所以人们往往简单地将题诗的著作权，归到题记者名下，视抄写者与诗作者为同一人。最早注意到敦煌学郎诗的是胡适，他在为许国霖《敦煌石室写经题记与敦煌杂录》所作的序言中，引“写书不饮酒”、“写书今日了”二诗，称之为“书手的怨诗”。王重民先生《记敦煌写本的佛经》在谈到写经生时，列举了斯692《秦妇吟》卷末张友盛写的“今日写书了”诗，说“他在辛苦的写书中，悟到了穷人只有靠自己的手”。1969年出土于吐鲁番阿斯塔那363号唐墓的卜天寿《论语郑氏注》，在长达177行的《论语》写卷后，有“景龙四年三月一日私学生卜天寿□（抄）”的题记，其下为《十二月三台词新》及五言诗6首。据诗末杂写，我们知道抄写者卜天寿是西州高昌县宁昌乡厚风里私学生，年仅12岁。关于这些诗词，郭沫若先生作有《卜天寿〈论语〉抄本后的诗词杂录》一文来专门讨论，认为《十二月三台词》是当时的流行歌曲，五言诗六首中“百鸟投林宿”等五诗为“民间流行的旧诗”，惟有“写书今日了”一首，郭沫若认为“无疑是卜天寿自己做的”，因为郭老当时写文章时候的某种政治背景，他在文章最后说：卜天寿这么一个12岁的小孩子能写出这么好的汉诗，给了苏修帝国主义一个响亮的耳光。后来我们发现，吐鲁番地区流传的这些诗歌，在敦煌遗书里面也有，而且文字几乎一样或者仅略有改动。同样一首学郎打油诗甚至有五六个以上的写本，而且每一个学郎都信誓旦旦地说是自己写的。在学郎诗的前面往往有固定形式的题记诗，如“虽然无手笔，且作五言诗”云云，有时“且作五言诗”后面根本不是五言诗，而是一首七言。甚至将明显的文人作品抄在后面，仍然“谦逊”地说着“虽然无手笔”。从更广的范围来看这些学郎诗，比如长沙铜官窑出土的唐五代时期的瓷器，瓷器上写有很多五言、七言诗。根据初步整理，除去重复的就有七八十首之多，其中也有大量的诗和敦煌的学郎题诗完全一样。长沙窑瓷器最近在安徽也有出土，其中一首题诗，也见于敦煌文书，可以证实李正宇先生对敦煌文书里几首离合诗的解读的正确。这就说明敦煌学郎诗不仅在敦煌一地流传，而是在全国范围内流传的作品。简单举几首作例子。如文化大革命期间出土的长沙窑瓷器题诗：“春水春池满，春时春草生。春人饮春酒，春鸟弄春声。”这首诗在敦煌至少有三四个抄本，都是学郎所抄，分藏在英、法、日本，国内也有一件。另一首瓷器题诗：“白玉非为宝，千金我不须。意念千张纸，心存万卷书。”这首诗在敦煌也有多个写本。瓷器题诗“君生我未生，我生君已老”，是对敦煌写本《庐山远公话》中一首诗的改作，一首宗教诗，在长沙铜官窑瓷器里面竟变成了一首爱情诗。

敦煌学郎诗这一特殊的景观，一方面说明诗歌已经深深地融入敦煌学郎的日常生活之中，另一方面也显示了文人作品附着于民间通俗文学流传的一种特殊形态，一定程度上反映了当时敦煌的文学传播状况，但显然不能以此来衡定敦煌学郎的诗歌创作水平。敦煌学郎在敦煌诗歌传播中的特殊作用，对我们准确认识敦煌当时当地的文学作品传播和文化状况有很高的价值。

主持人：我自己认为今天的讲座在敦煌学上有方法论的意义。因为以前我们对待敦煌文书往往只看它的辑佚和校勘价值，至于它在更广泛的文化背景之下的流传经过和产生的背景等等方面注意不够。现在有一些先生比如清华大学的葛兆光先生提出研究一般的思想、信仰的历史，他有一部很大部头的《中国思想史》问世，他的方法论也是很好的，但是在具体操作上好像还略有缺陷。徐先生以今天这样的一种方法，以敦煌或者佛教文献相关资料以及海外包括日本所藏的古抄本作研究对象，我们对中古时代一般文人学士他们所诵读、传抄的文学作品也好典籍也好，或者是他们日常所使用的书信之类的文献也好，进行研究以后真正还原一个一般的思想和信仰的历史。今天徐先生以敦煌诗歌写本为例，其实他的意义不仅仅限于文学作品的研究，他这种方法可以用于相关应用比较多的书仪、蒙书，甚至可以用于占卜类的文献的研究当中，都可以发现相同的问题。在敦煌的写本当中我们明显的发现相同的问题，在古人的写作流传当中有非常普遍的再编与重构现象。以诗歌而言，没有题目的诗文丛抄，那么书仪这一类的作品虽然有些可以和两《唐书》的经籍艺文志对照，和传统的著录方式是一致的，但更多的是把他们的作品进行再编和重构的，把它们的篇章和段落切下来，然后按照自己的需要和意图编集起来。那么这样的文书的研究以前是不充分的，现在有了徐先生这样的方法论，我们可以更加深入地研究了。

敦煌壁画艺术略谈

李　凇

很高兴有机会在这里和大家一起谈论敦煌壁画，敦煌壁画是一个很大的题目，要在这样短短的两个小时里面，把敦煌壁画的方方面面都说到几乎不可能。

我现在给大家介绍的尽可能是最好的洞窟，通过图片给大家介绍，希望让大家有一个初步的了解。讲座先从中国早期壁画谈起，从此来进入敦煌的壁画，涉及壁画的题材、内容、意义、形式和风格等问题。

一. 中国壁画的传统

壁画就是画在墙壁上的画，但不是所有画在墙壁上的画都叫壁画，一般指有某种人文内涵（宗教的、社会的、历史的等人文内涵）的、有某个主题的、绘制于墙壁上的画为壁画。这样就区别于一些纯粹装饰性的图案。

壁画是干什么用呢？我把它归纳为三个方面的功能：第一就是宣传教育功能，地面建筑里的图像如孔子在鲁国见到的明堂，以及后来山东的武梁祠，都是在告诫官员和百姓，讲述历史、道德和社会的要求。6世纪意大利教皇格雷戈里（Gregory Ⅰ，约540-604）说："文章对识字的人能起什么作用，绘画对文盲就能起什么作用。"第二是辟邪、显威、升仙（墓室）功能。墓室里面的壁画就不是作宣传，是为墓主人服务的，死后升仙，到更好的世界。第三个方面是壁画的装饰功能。早期壁画主要就是这三个方面的功能。

根据文献记载，中国壁画的起源是很早的，至少在春秋战国时期就有壁画，如在鲁国的明堂、楚国先庙里的壁画。最近半个世纪以来的考古发掘，几乎是我们对早期古代壁画认识的主要来源。我们现在知道的早期壁画实物出土于秦代咸阳的宫殿，在咸阳挖出很大的宫殿遗址，有一些壁画的碎片，有车马出行图等内容，由于在地下挖出，保存得不好。当然更早的在安阳的殷墟里面也有，以几何纹图案为主，波浪形、菱形的。汉代多起来了，最早的可能是洛阳的卜千秋墓。还有洛阳西郊浅井头的汉墓，内容有日月轮、蟾蜍、玉兔、伏羲、女娲和仙人，伏羲和女娲是人首蛇身，这在西汉壁画较常见，这是中国本土的一个神话主题。壁画的构图一般是平列的方式，画法一般也比较简单，在墙壁上摸上一层泥，然后涂上一层白粉，用毛笔勾线，再后，涂上单纯的颜色，如朱砂、藤黄、石绿、石青等，不太调色。有些颜料在古代比较贵，如石青、石绿等，一般用不起，当然也有便宜的，如土红（赭石），这些因素也影响了中国早期壁画的风格。佛教传进来后，在魏晋南北朝时期，壁画慢慢有了一些变化，实物如酒泉丁家闸的壁画墓，时代在魏晋至十六国时期，墓室方形，四面顶呈斗形（中间方形，四周斜坡），其中一个坡面（西面）有西王母（图一），与之相对的是东王公。壁画以勾线为主，线条造型是中国壁画所固有的特点，实际上此时佛教已经传入中国，但在甘肃地区（包括整个河西）这个时期的墓葬壁画中却没有发现佛教的内容（东北的墓葬里面发现有佛教内容的图像）。这种典型中国壁画的结构、形式和画法，直接影响到了早期敦煌的壁画，现在我们所知纪年最早的洞窟 285 窟，洞窟形制和壁画结构基本上都还是这样一个体系，四面斜坡上绘仙界、天界的图像。丁家闸壁画的西王母下面是九尾狐（通过分叉来表现狐狸的 9 个

图一　酒泉十六国丁家闸墓室壁画

尾巴)、三足乌（长着 3 只腿的鸟）等一些配套的图像，这是在汉代已经形成的图像体系，西王母坐在一个云状的柱子上，头上是伞盖和一个月轮，锯齿状的山，山中有一些野兽，如鹿、野猪，这种形式对早期敦煌壁画起到直接的影响，这就是我们本土的文化，敦煌壁画就是在这样的基础上发展起来的。

唐代以前的绘画，现在已非常少，不管是展子虔，还是吴道子、李思训等人的画，很难有一张是真的。现在我们看到的基本上都是后来的复制品，是宋代人或更后的人复制唐代的画，因为作画的绢保存时间不长，需要过一段时间将它重临一遍，这样，对唐及唐以前的绘画，比汉、唐墓室壁画更重要的信息来源就是敦煌壁画。敦煌壁画很多，可以说是中国最大的一个壁画博物馆，大约有 4.5 万平方米，光说数字有点枯燥，打个比喻，如果将这些壁画绘制在一道 2 米高的墙上，则可长达 22.5 公里。这里面多数是唐和唐以前的绘画，唐以后的壁画只占三分之一左右。不管是研究中国古代史、宗教史、文化艺术史，这都是一个非常重要的信息资料库，因为它不仅是敦煌和西域的地域文化，实际上也体现着中国的早期文化甚至一些外国文化。

根据壁画的风格样式推断，我们知道敦煌现存壁画从北凉时期就有。而西魏的285窟是敦煌石窟中现存最早有纪年的窟。里面有西魏大统四年（538）题记，窟内保存的壁画约80—90%完好，没有大的损坏。后期的壁画通常是在前期壁画表面抹泥重画，佛教里面不允许一些破旧的东西存在，一定要把破旧的东西补好，所以我们现在看到的许多壁画都是后代在前代破旧的壁画上抹泥后重画，甚至有两三层。但此窟没有这样，基本上都是西魏原画。

敦煌壁画与其他壁画有所不同，因为它是石窟里的壁画，首先这种形式是符合石窟建筑的，和我们现在一面墙的壁画（方方正正的、独立的）不一样，石窟里面是一个连接的、完整的空间，是靠建筑、壁画、雕塑三者有机结合起来的，而现在的一些印刷图片则是肢解的，使人误认为在看卷轴画，只有到了洞窟里面才能感受到一个完整的、视觉上不间断的整体，这是它一个较为特殊的形式。敦煌壁画的形状、顺序都要符合石窟的结构，如中间的佛龛，龛的各面必须画到，各面都有壁画。石窟壁画与其他壁画不一样的地方就是与雕塑的关系，它的雕塑与壁画连到一起，这是一个很大的区别。洞窟与一般的世俗公共的宗教场所（祠堂、寺观）有些不同，有修行的功能，除了信徒朝拜以外，图像还是长时间观想的对象，是坐禅的地方，所以它里面壁画、建筑的形式要符合这样的要求，对壁画的内容也有相应的要求。下面我再讲它的一些主要的内容。

以下我们将敦煌壁画分成五类分别描述：尊像画、故事画、经变画、供养人像、装饰图案。当然，每一类中还可分成很多小类，整个敦煌壁画里没有完全相同的东西，即便同时绘制的也不相同，分类只是为了便于从整体上去理解。

二. 尊像画

尊像画是一个比较抽象的概念，在佛经里没有这个词，这是现代人对它进行分类的需要产生的，包括佛、菩萨、弟子、天王等，它一般不针对具体的故事情节，虽然一般说是比较抽象的，但也许有具体的名号如阿弥陀佛、观音菩萨等。因此，尊像画构成一个等级系统，如同中国官僚体制一样，主要的地方画的一定是佛。在佛教里面，佛有很多种，释迦、多宝佛是北魏时期非常流行的佛像，两尊佛像并坐。更为一般的构图，中间是佛，一边一个胁侍菩萨，最少三个为一组，图二就是比较典型的北朝三尊式的佛像，像这样的情况古代人称之为“一铺”，即一个完整的图像系统。自隋唐开始，出现了天王、力士、飞天、供养菩萨等，多时一铺里有十几个图像。菩萨一般

图二　敦煌 285 窟西魏三尊像

戴有花冠，上身裸露，有披带。早期的佛不戴冠（后来到密宗时则戴冠），顶上有呈包状的肉髻，穿着长长的袈裟，袈裟有几种样式，如偏袒式、通肩式、中原的双领下垂式，这是最主要的标志。少数情况下一个洞窟被一个很有钱的或有势的人包了，那么，这个窟就是这个家族的，类似家庙。更多的情况不是由一个人或家族开凿的，而是在某个有声望的人主持下许多人共同赞助的，开窟、画画、塑像都需要不同的百姓去认购，窟内的每一铺壁画或每一龛造像都有具体的赞助者，整个洞窟又形成一个有机的整体。而敦煌285窟比较特殊，可能是两种来源不同的工匠所绘。正壁的画法有很浓的异域色彩，而左右两壁的画法属于中原式的（中国式的、汉族式的），受南朝风格的影响，比较接近顾恺之等人在东晋时期的画法，当时人把这种风格称为“秀骨清像”。

以下介绍菩萨和弟子图像，如隋代276窟（图三），此时出现了有图像志特征的观世音菩萨像（甘肃炳灵寺169窟西秦观音塑像就与一般菩萨像没有区别），观音菩萨有很多图像特征，其中最重要的是头戴花冠，花冠中间有一尊化佛，此佛或站或坐，这在《法华经》上说得很清楚，有时也手拿杨柳枝或提瓶子（当然其他菩萨也有拿瓶子的）。弟子一般有一大一小两位（也有10个弟子，或更多的弟子，视

图三　敦煌276窟隋观音与弟子

不同的具体场所)。佛两边一老一小两个弟子，即是迦叶和阿难，老弟子通常做成印度和尚的形象，小弟子通常做成中国和尚的形象，这种身份从北朝时开始确认，或许象征着中国和尚向印度和尚学习的谦虚态度。到唐代以后，一土一洋的格局有所改变，老年弟子也表现为中国人形象，其原因一方面是中国工匠对印度僧人的样子更加陌生，另一方面则体现了中国佛教的独立性因素增强。

供养菩萨，这种图像在早期特别多，他们也没有具体的身份，是侍候和陪衬佛的，有的拿花，有的拿比较吉祥的一些供养类的东西，如鲜果、花等。一般来说供养菩萨没有很具体的身份，但从佛经上严格的看，每一个图像都是有身份的，多数是有讲究的，除了作者必须弄清楚外，观众没有必要把他们的身份弄得太清楚，况且少数工匠自己也不清楚，照着粉本画就是了。西魏285窟正壁的供养菩萨的画法与中原画法不同，比较接近犍陀罗及南亚地区的画法，中原画法靠线，不涂色都可以，图像内容已表达的很清楚，类似于白描；西域画法几乎没有边缘线，或边缘线很淡，因此靠染色来表现，所以此画法与中原的画法完全不同，外来的成分很多，其中还含有古希腊、罗马壁画的画法，这是犍陀罗地区壁画的一个重要的来源，这种画法与中原的画法（如285窟左右两壁）完全不同。五代时期的供养菩萨，手里都举着放花的托盘，中国的味道很浓，色彩可画可不画，后来，到了宋代更是这样。

以下谈天王，早期来源于印度和犍陀罗地区，285窟正壁的天王图像是比较印度化的，主龛左右各有两个天王，这是我们知道的最早的四大天王。虽然在佛经里可以找到，但是在印度极少见到四大天王一起出场的画面，这是一种中国独特的图像系统。北周和隋代开始配置在窟门内的两边，后来移到了对面的佛龛左右，成了必配的图像。有时是具体的某位天王，有时是抽象意义的护法者。我写过两篇专论天王图像的文章，有

图四　敦煌 285 窟西魏飞天

兴趣的听众可以看一看。

飞天，此类的图像很多，手拿乐器的称为伎乐天，在天上飞来飞去，印度佛经里面称为乾达婆和紧那罗，是一种香音和歌舞之神，285 窟的这个伎乐天弹奏的是竖箜篌（图四）。

佛教里比较排斥“性”。那人类又如何繁殖呢？这是佛教

图五　敦煌 285 窟西魏化身童子

里无法回避的问题，他们的解决办法是由莲花中自然而然的生长出来。即化生童子，上半身是童子，下半身是莲花（图五）。这类题材很多，有时童子也拿乐器。

夜叉，或叫药叉，印度佛教与中国佛教中的夜叉有所不同，印度为一些优美的青年男女形象，较文雅，但到了我们这儿，药叉带有一种武力，甚至有的狰狞、恐怖，有一种护法的意思在里面。药叉在早期图像和佛经里是没有的，到后来才出现。北朝时这一类图像画在壁面的底部，不会画在上部，天上是化生童子、飞天、伎乐天。隋以后被踩在天王脚下，或成为天王的随从，手足为三趾或两趾，獠牙，人与兽的混合形，以衬托天王的威力。四川的剑阁鹤鸣山唐代石刻中还分男女两种夜叉。俗话有“母夜叉”之说，形容很恶的女性。

罗汉，文献记载在晚唐时出现，当时是十六罗汉，四川丹棱郑山、重庆大足北山等地都有晚唐至五代的十六罗汉石刻，中间为坐佛，左右各八尊罗汉坐像。贯休也是以善画罗汉而闻名的。他的罗汉体现了“丑”和“怪”的特色，反映了唐武宗灭佛之后教徒们对佛教及人性的深切忧虑，这种扭曲的形象尔后成为固定的传统模式。罗汉像大范围出现是在北宋时期，元

图六　敦煌 285 窟西魏窟顶东披

代以后变成十八罗汉，再后来有了五百罗汉，很大的一个阵势，至清代增加了民间所喜爱的趣味性和戏剧性。

早期敦煌壁画里，有一些与佛教无关的中国题材的东西，如 285 窟顶上许多像似乎与佛经无关，典型的有伏羲和女娲（图六），他们一个手拿矩，一个手拿规，中间有两个圆圈，伏羲上面画有一只三足乌，女娲边的圆轮中画一个蟾蜍或玉兔，表示阴和阳。早期佛教传入中国必须借助中国本土图像，像酒泉的丁家闸十六国的墓葬里，在一个矩形的仙界上面描绘东王公与西王母。敦煌西魏至隋代的一些洞窟中（约有 20 多个洞）有一类云中乘坐龙车或凤车的形像（图七），通常成对地画在上方，似乎是一男一女。有一些前辈学者，如敦煌研究院老院长段文杰，认为他们是西王母和东王公，并因此讲道教题材如何进入佛教石窟的，这种观点也得到一些学者的赞同。但我不同意，他们和丁家闸的形像完全不同，不是西王母和东王公，十分接近顾恺之《洛神赋图》中的神人图像，但其具体身份还待考证（也有人认为是帝释天和帝释天妃）。即便是西王母和东王公，那也不是道教，只是一种神仙思想，顶多可以说是道家思想，到了唐代以后他们才被拉入到道教系统。在西安的众多北朝造像碑上，确实出现了佛教与道教共存的现象，但只是

图七　敦煌 305 窟隋乘凤车神人

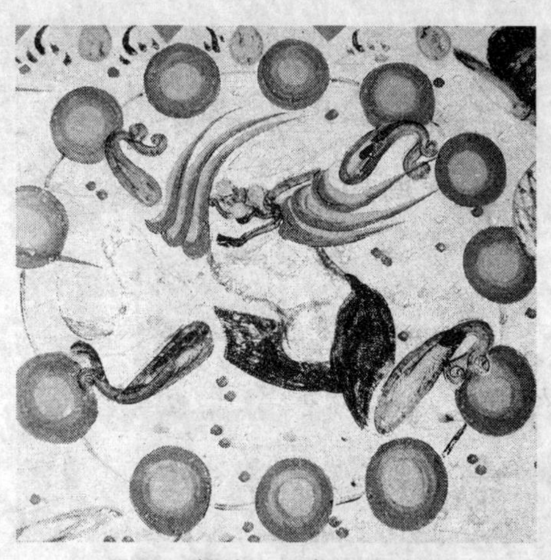

图八　敦煌 285 窟西魏雷公

圣像（Icon）的一种并置关系，道教造像碑上没有发现西王母和东王公像。所以我认为敦煌的这些题材不是真正的道教，只是中国人所理解的天界，或许更接近佛教兜率天的概念。早期的中国百姓不懂纯粹的佛教概念，所以有这样一些中国化的图像作引导。伏羲和女娲图像在汉代画像石上非常普遍，如山东嘉祥的武氏祠（东汉后期），伏羲和女娲一个拿矩，一个拿规，人首蛇身。这种具有悠久历史的汉代图像放在佛教的石窟里，其目的不是想与佛教并列，而是借此向老百姓介绍佛教的天界与中国的天界不冲突，通过中国的语言宣传佛教的教义，如果开始直接以印度的东西介入，恐怕接受的人会很少。还有如敦煌西魏石窟的雷公像（图 8），像个大力士，周边的圆点是鼓，这也是中国汉代的东西，汉代时人们认为，天打雷是因为雷公在敲鼓，如河南南阳出土的一块画像石，画一个车，一圈圆点，一人正在敲鼓。所以说，早期敦煌壁画直接借用中国的传统图像，而不是道教的图像。以上就是各种各样的尊像画。

三. 故事画

敦煌的故事画很多，有不同的类别，第一类是佛传故事画，又称本行故事画，即释迦牟尼的生平故事画，敦煌现存各种佛传故事画近 40 幅，时代从最早的北凉到宋代。从释迦牟

图九　敦煌 397 窟隋逾城出家

尼的母亲怀他开始，即乘象入胎，摩耶夫人（国王的夫人）梦见有神人骑白象进入她的肚子，后来她在院子里，从她的右腋下生出释迦牟尼。所乘的六牙白象，现在白象成了黑色的，这是因为颜色经过千百年而演变来的，不是本来的颜色。另一幅逾城出家（图九），讲释迦牟尼未成佛的时候决心出家，但他的父亲（一个国王）不同意他出家，让他娶妻生子，一切优越的物质享受未能留住他，在一个月夜里，他悄悄骑马出城门，出门时为避免惊醒守城的士兵，由四个天人把马的蹄子托起飞了出去。乘象入胎和逾城出家是两个关键性的场景，是一个循环的过程，表示释迦牟尼是如何来的，几乎代表了他的生平。在北周至唐代，这两个题材比较多的成对地画在佛龛的左边和右边。其他重要的图像还有九龙浴太子、出游四门、树下说法、涅槃等等。

第二类是本生故事画，表现释迦牟尼"前生累世"修行的事迹，即描写释迦牟尼以前若干辈子的事情。佛教认为我们此生是人，上辈子则可能是鸟兽或鱼；此生在这儿，上辈子则可能在那儿。人有若干辈子，若干角色，所以有若干故事。如著名的舍身饲虎故事，讲的是一种牺牲精神，释迦牟尼某世作为萨埵太子，出游时看到快饿死的一只母老虎和七只小老虎，太子支走他的两个兄弟，然后躺在母老虎边，让它去吃，母老虎已经饿的没有力气吃他，于是太子站在山上往下跳，摔死后，老虎喝了他的血，因此救活了这些小老虎。早期的连环画形式，呈一种连续的画面、不是独立的，是靠理解看它，否则无法看懂。故事场景靠山、水、树、房子等图像隔开，如北周428窟东壁南侧的舍身饲虎图（图十），呈四个场景，上下两

图十　敦煌428窟北周萨埵太子本生

层，后来唐代的画家批评魏晋时期的画是“人大于山”，到了隋唐几乎不这样画了，开始讲究比例和透视了。

第三类是因缘故事画，是释迦牟尼以因果报应之说度化众生的故事画。主要表现在某地发生了某事，此事体现了佛法的伟大。如285窟里的五百强盗的故事（图十一），他们杀人放火破坏社会秩序，被国王的军队抓了起来，并被挖去眼睛后放掉。这时，释迦牟尼用佛的光辉，用一种清风药将他们的眼睛复明，强盗们听释迦牟尼说法，后都成了他的弟子，弃恶从

善。这种提倡“善”的行为，是当时社会比较流行的，画面上以反复出现的5个人代表500人，官兵骑着有铠甲的马。这类因缘故事很多出现在北朝时期，场面很大，画在顶端，也是不分段，通过图中的建筑物或树分段，在一个画面中表现不同的情节。早期的北凉、十六国时期，一个故事仅通过单独的一个画面来表现，如舍身饲虎，只画太子跳崖一个场面。西魏后，一个故事画很多场面，成为连环画，将许多场面连接起来成一幅画。这是如何演变而来的？学者们有很多讨论，一种认为源于汉代的画像石(如武梁祠)，一个场面表示一个故事；国外有的学者认为其来源于印度，如桑奇大塔上浮雕的连环故事，这比我们要早一二个世纪，甚至提出汉代的武梁祠画像也间接受到佛教的影响。

图十一　敦煌285窟西魏五百强盗成佛

第四类是史迹画，主要讲历史上（中国和印度）确实发生的事，包括史书或传说，如敦煌的323窟（初唐）《张骞出使西域图》，现在讲到丝绸之路的文章中，很多都会提到初唐时期的这幅作品。一般认为丝绸之路的开通始于西汉的张骞，图中有张骞骑骆驼出使西域，在长安的甘泉宫供养佛像，这实际上是对历史的修改，因为在司马迁的《史记》中没有张骞供养佛像的情节，也没有向皇帝汇报佛教情况的记载，但是张骞出使西域的历史事实是存在的，在西汉时也可能会有佛教的活动，佛教将两者结合，并具体化了。史迹画里还有一类是瑞像图，即在尊像画中带有一些故事和情节，如毗沙门天王在于阗如何显神威等，此类图像在唐、宋时期较常见。史迹画里还有一类比较特殊的画，是山水和地图相结合的形式，称为圣迹地图，如五代时期的61窟，西壁画有五台山图，长达13米，总面积达46.8平方米，是现存最大的中国古代地形图。画面中心为五台山山形图和文殊真身殿、十大寺，下层绘有周围的州县城池和山川道路，还穿插有一些生活场景。这也牵涉到山水画的起源问题，有一种观点认为，地图逐渐演变成山水，如马王堆的帛画，就是说山水在开始没有独立存在的必要性，没有达到审美对象的可能，作为实用意义的体现就是地图，是山水画与地图的结合，是实用性和表现性的结合。如这幅五台山图，当时中国搞建筑史的学者见到后很兴奋，并去五台山找到了如佛光寺等唐代的庙，可见地图与当时的实地确实有一种对应关系，从地图上可见唐代一个典型的寺院是什么样的布局。

四. 经变画

经变，又称变相，或变。一般是大场面的绘画，通过图像形式表现某一部佛经或是其中某一个章节，使人见到绘画就能读懂佛经，如同在讲解某一部佛经。敦煌研究院施萍婷先生做过一个统计表，表内列举了33种经变画及所在的洞窟（见文后附表）。经变画在北朝时期几乎没有，隋朝开始出现，高潮在唐、五代、宋时期，西夏时又少了，元代时几乎没有，敦煌壁画的范围在此之间（虽然敦煌石窟到了清代还有彩塑，但是并没有列入敦煌艺术的范围内，如王道士作的一些涂改和修补，几乎都是道教的东西，敦煌研究院编制的的总目录中几乎把这一块忽略过去，所以笼统地说，敦煌壁画、彩塑的范围早在北凉，晚至元代）。

净土变，可以说是经变画中最常见的内容，通常大家都知道的有西方阿弥陀净土变、东方药师净土变、弥勒净土变。为什么老百姓都知道阿弥陀净土变？因为它容许你不详细了解佛教的具体内容，只要会读“南无阿弥陀佛”就行了，每天念十万、二十万遍，你就走上了成佛之路，其功能与读佛经是相等的，对看不懂佛经的百姓来说这相当有吸引力。因此，阿弥陀佛在中国成了最普及的佛，所以西方净土变也画的最多。然后是其他的净土变，如维摩诘经变、千手千眼观音经变、法华经变，密宗的如意轮经变、不空羂索观音经变、千手千钵文殊经变、金刚经变，主要在中晚唐时期的比较多。从附表中可以看出，西方净土变一共有400多件，而其他一共加到一起不到400件。维摩诘经变、如意轮观音经变实际是法华经变的一部分，大约三分之二的内容都可以在《法华经》里找到，许多经变是把它的某一个品抽出来。早期经变画比较简单，后来越画场面越大、越画越复杂。通常一面墙整壁只画一幅画，如初唐贞观时期开凿的220窟，又名“翟家窟”，是一个特级洞窟，唐代壁画原被五代壁画所覆盖，1944年敦煌艺术研究所将表面的壁画剥离，发现了底下的初唐壁画，并发现了贞观十六年(642)的题记。由于长期被覆盖，所以保存的较好。其中左壁是西方净土变（图十二），图中央是阿弥陀佛，两边有佛和菩萨，另有其他一些菩萨，下方有一个大的盛开莲花的水池，还有舞蹈、乐队，空中有不鼓自鸣的各种乐器，这就是西方净土变的主要特征。西方净土变、阿弥陀经变、观无量寿经变都属西方净土，区别很微妙。与之相对的右壁是东方药师经变，药师经变的中心为药师七佛，下面也有盛大的乐舞行列，乐队前有高大的轮形灯树。

隋代420窟的法华经变的构图非常复杂，画在顶上的四个斜坡上，不在四壁，东坡画有普门品，南坡画有譬喻品，西坡画有方便品，北坡画有序品和见宝塔品。密密麻麻，人物众多，很难看清，专业人员也要靠望远镜，通常需站在梯子上才

图十二 敦煌 220 窟唐西方净土变

能看清楚。当然，对于熟悉它们的当时的观众来说，困难就少多了。

维摩诘经变的壁画在敦煌也很多，它们来源于《维摩诘所说经》。维摩诘是古印度毗耶离城的一个很富有的居士，常救济穷人，给有钱人树立了一个榜样，善于思辨的特征也使他成为中国南朝士大夫的楷模，佛教主张全社会的人都来学习他。佛经上说他不仅有德，且有学识。维摩诘一次装病，释迦牟尼派文殊菩萨去看望他，因为文殊菩萨是以学识高、善辩著称的，维摩诘用法力（意念）把房子清空，与文殊菩萨在房里讨论，双方讲到高兴时，飞天在天空撒花，四处飘扬，这就是我们通常说的“天花乱坠”，现演变为“吹牛”之意，成为贬义词。东晋大画家顾恺之年轻时的成名作就是兴宁年间（363-365）在瓦棺寺画的维摩诘像。现存实物有北魏的石刻，如云冈石窟和龙门石窟，都是受南朝风格的影响，也就是顾恺之那些人传下来的。画面一般表现维摩诘与文殊菩萨讲经论道的场面，两组人物，一组以维摩诘为中心，为“维摩示疾”，另一组以文殊菩萨为中心，为“文殊来问”，分别配置于佛像左右。文殊菩萨下面配有国王及随从，而维摩诘通常画成中国文人士大夫的形象，配有各国的王子，形成一种固定的格式。如盛唐 103 窟（图十三），现在我们没有吴道子的真迹，但我们推断此窟壁画是其同时代的画，与吴道子的画法相当接近，所以现在一些文章在谈到吴道子的画时通常用盛唐 103 窟的维摩诘像进行佐证。画面的线条流畅，即应是唐代张彦远所记载的“吴带当风”，也是当时所称的吴道子的“莼菜描”。莼菜，是一种水生植物，用来形容笔法流畅，与早期的高古游丝描不同，粗细变化较大，笔触有力，富有动感，这成为我们评价吴道子作品的标准。

图十三　敦煌 103 窟唐维摩诘经变（局部）

弥勒经变在敦煌现存有 80 余幅，如盛唐 148 窟。佛经中有《弥勒上生经》和《弥勒下生经》。弥勒被认为是未来佛，当今之世，释迦牟尼佛已走，弥勒佛还没来，处于无佛时代，僧徒急切盼望着弥勒佛的到来。隋时，弥勒上生经变成为独立的画面，画面中间出现的弥勒着菩萨装。到唐代，弥勒下生经变较多，画面中间出现的弥勒成为佛。武则天时期，她称自己就是弥勒佛下凡，促进了这种信仰的转化。许多壁画上，上生经变与下生经变画在一起，两者一上一下构图。画中通常出现“一种七收”、“五百岁始婚嫁”等描绘理想世界的景象。

观无量寿经变多呈三联式，格式固定，中间主要画面是佛说法图，两边分割为小画面，表现辅助内容。是以三部经的内容为根据而编排的，它们都是西方净土经：《观无量寿经》、《无量寿经》、《阿弥陀经》。画面右边一般是“十六观”，表示对释迦牟尼佛的十六种观相，左边是未生怨的因果故事。如盛唐的172窟。

观音经变，即是《法华经》的普门品，被单独抽出，讲的是人有灾难的时候，就念观音菩萨名号，观音菩萨就会闻声而来救助。如当商人遇到劫匪时、行路当遇到野兽时、航海遇飓风时，只要口念观世音菩萨，都能转危为安。这种救难图最早出现在印度，传入我国后赋予了中国特色。典型画面如唐代45窟的南壁，中间画观音立像，两边画救难的30多个场面，每图还配有文字说明榜题。这也是一个特级窟，其中盛唐的彩塑保存得非常好，后代对其改动的最少，但壁画有些残缺。后期的佛教图像与早期不同，不是直接的图解某一部佛经，而是糅和了不同的佛经。其他常见的经变图还有千手千钵文殊菩萨变(如五代99窟)，文殊每只手托一个钵子。十一面观音（如宋代76窟)，中间有十一面头像的观音，旁边有八种危难状态（如劫匪、火灾、海难、野兽等)。千手观音，每只手中间画一只眼睛，如元代的第3窟千手观音，以白描形式为主，造型优美，线条准确而流畅，可称之为敦煌壁画的绝唱，最后的辉煌。

总之，经变画一般说来有三种形式：一是整面墙是一幅经变画，如西方净土变、东方药师变等；二是左右两幅对称，中间为佛像或佛龛，两边为壁画，如维摩诘经变（以及文殊与普贤变)；三是三联画，如观无量寿经变。

五. 供养人像

供养人像即赞助人像，谁掏钱就画谁的像、写谁的名，每个时期都有固定的格式。如285窟的供养人像，通常在佛像的下方，一边为男，男主人及男性家眷（父子、兄弟等），另一边为女主人及女性家眷（母亲、妻子、姐妹等），中间为僧人（可能是一个寺庙的住持或高僧）。早期的供养人像尺寸都很小，约10–20厘米，后期的越来越大，约与真人尺寸相当，画得也越来越威风，这也与供养人身份的变化有关。如晚唐156窟，为张议潮的功德窟，在这个窟中，把这位当地最高的行政军事长官的庞大的车马队伍和随从队伍都画上去，如汉、唐墓室壁画一样，即著名的《张议潮出行图》和《宋国夫人出行图》。再如五代98窟，这是归义军节度使曹议金的功德窟，供养人像上写着于阗国的国王，曹的女儿嫁给于阗国的国王作皇后，于阗与中原的关系很好，所以于阗国的国王在此画像（图十四），在此做功德。还有皇后像、回鹘公主像等。这些形象各异的供养人像，就像一部部记录片，生动、直观而鲜明地展现了当时的普遍风俗，从服饰、家庭结构、地位、审美风格到社会制度等诸多领域。

六. 装饰图案

装饰图案也是很重要的一部分，主要可分为人物与动物纹饰、植物纹饰、抽象的几何纹饰这三大类。第一类有千佛、飞天、鹦鹉、兔、狮、伽陵频迦、飞马、鸟、龙凤等；第二类有莲花、宝相花、葡萄纹、石榴纹、卷草纹等；第三类有联珠纹、菱格纹、回字纹等。

图十四　敦煌98窟五代于阗国王供养像

图十五 敦煌 397 窟隋窟顶图案

如隋代的 397 窟（图十五）、407 窟，在窟顶中央的莲花中间通常画三只兔子，周围是祥云（庆云），三只兔子总共只画三只耳朵，但图像共享，在你观看每只兔子时，都会觉得它有两只耳朵，相互追逐，十分巧妙。

通俗地讲，壁画的装饰图案部分的主要作用相当于现代的壁纸，但又远不尽于此，它们还起着整合图像、调节壁画的视觉节奏的作用，有的浓缩着某些文化意义或故事，有的已是单独的审美对象，表现出浓郁的情趣与智慧，还有一些则反映出不同文化的交流和冲撞。

由于时间所限，今天只能给大家作简略的概述。图像是人类的创造物，也是人类记载和传承历史的主要方式之一，其丰富的内涵和独特的魅力丝毫不逊色于语言和文字。我们很多人都读过美国学者谢弗（1913—1991）的名著《撒马尔罕的金桃》一书，其实敦煌壁画里的每一类图像背后，几乎都蕴藏着同样甚至更加精彩的故事。

附表

敦煌莫高窟经变画统计表

经变名/数量/时代及其他	净土变							维摩诘经变	如意轮观音经变	不空羂索观音经变	千手千眼观音经变	法华经变	报恩经变	天请问经变	华严经变	观音经变	金刚经变	千手千钵文殊经变	涅槃经变	劳度叉斗圣变	楞伽经变	思益梵天请问经变	金光明最胜王经变	贤愚经变	密严经变	报父母恩重经变	福田经变	佛顶尊胜陀罗尼经变	梵网经变	金光明经变	十轮经变	大悲心陀罗尼经变	八大灵塔名号经变	炽盛光佛经变
	西方净土变			简略之净土变	十方净土变	东方药师经变	弥勒经变																											
	无量寿经变	阿弥陀经变	观无量寿经变																															
北周																											1	1						
隋	1					4	5	11				2				1			3								1			1				
唐 初唐	8	6	2			1	6	10				2							1	1										1				
唐 盛唐	1	4	20	1		3	14	3	1	1	3	3	2	1	1	5			6												2			
唐 中唐	2	5	34	1	1	21	24	10	10	8	8	5	7	10	5	5	8	4	4		2	1	4			1								
唐 晚唐	6	5	18			31	17	9	13	15	8	9	11	8	9	4	9	4		3	5	3	4	1	2	1								
五代	1	8	4			21	11	16	26	20	9	8	9	7	8	3		3		7	2	6		3	1									
宋		2	6	15		9	10	9	13	10	10	5	3	5	6	3		2		3	3	2	1	1	1	2		2	2			1	1	
西夏	13	8		43		7			2	3	2					3		2																
元											2																							1
时代不明																		1																
合计	32	38	84	61	1	97	87	68	65	57	42	34	32	31	29	24	17	16	14	14	12	12	9	5	4	4	2	3	2	2	2	1	1	1
	400																																	

备注

1.维摩诘经变包括单独出现的《文殊师利问疾品》。
2.涅槃经变中,绘塑结合着五铺。
3."简表之净土变"主要指宋、西夏时期一些难以区别的、只知其为"净土"的画。因而此表所列经变实为33种。
4.本表引自《敦煌研究文集—敦煌石窟经变篇》p.7,施萍婷作。数字有个别改正。又据王惠民2004年最新研究,将原宝雨经变改为十轮经变。

慈悲之舟与智慧之岸：藏传佛教艺术

谢继胜

藏传佛教艺术，大家第一次接触时都会觉得和我们离得很远，实际上它离我们非常近。我在农村插队的时候，我们那个地方的民间画家都喜欢画玻璃画，画玻璃画的时候，他们最爱画的是“北京风光”，最经典的画面就是画北海的白塔。以前没有在意这个问题，这几年因为研究藏传佛教艺术史，我才意识到，70 年代西北流行的“北京风光”的北海白塔，实际上是北京的一个象征，应该记住，北京的象征是一个喇嘛塔！我觉得这个问题非常有意思。后来因为我经常去西藏，每次到拉萨我都去大昭寺，在大殿中央那尊原来由文成公主带过去的释迦牟尼佛像前还愿，我就在那个像的前面磕头，因为大昭寺的释迦佛像是整个藏区最殊胜的佛像，很多藏文典籍中都有这尊佛像的记载，还有很多专门祭祀这尊释迦牟尼佛像的仪轨文。所有的藏区，还有其他信仰藏传佛教的地方的人都把布达拉宫这尊佛像作为西藏最灵验的佛像。要是有什么疾病，或者有什么愿望，或者是要修行，都要到这个像前还愿。大昭寺释迦牟尼佛像是文成公主在 7 世纪带到吐蕃的。以前，大昭寺供奉的佛像是尼泊尔的尺尊公主带过去的，后来，尺尊公主带到大昭寺的佛像就挪开了，文成公主带过去的金铜佛像就安在这儿。我们可以设想，汉人公主带去的佛像供在拉萨中心的寺院，成为整个西藏最为庄严的佛像，成为一种信仰中心，这件事实本身与北海的白塔一样，具有非常重要的意义。很多人讲到汉藏关系或者汉藏民族之间的渊源，都是从政治历史的角度来探讨，但是我们没有注意从这些细微的地方考察汉藏人民之间牢不可破的情感。

大约是几天以前，我们开了一个中法藏学会，会议期间带一些法国的藏学家到承德去参观。大家当时都在看外八庙辉煌庄严的藏式建筑，此情此境，我问他们对汉藏民族之间的联系有什么感觉？因为在中国内地修建如此辉煌的喇嘛教建筑群，如此多的喇嘛塔和这么多的寺庙，是汉藏民族之间深厚交往的历史见证，当时他们也是这个感觉。

为什么我后来开始研究藏传佛教艺术呢？做藏学的时候，我经常看见一些西方人出版的有关西藏艺术的书，其中以画册为多。但是，有意或者无意的，他们不承认藏传佛教艺术的风格与汉地艺术之间所存在的联系，经常将西藏艺术称为印度—尼泊尔—西藏艺术，我觉得他们有偏见，这使我开始对藏传佛教艺术感兴趣，想探个究竟。

我现在就从汉藏艺术讲起。

我们每一个去过西藏的人都知道，一进西藏以后，给人印象最深的就是漫山遍野飘动的，在寺庙、山口或者是河边矗立的，每一个人都能看到的很多很多的经幡。经幡在藏语里叫隆达，字面直译就是“风马”。藏族同胞说这是一种传播佛教的法物。经幡在藏人的整个心理和宗教信仰中非常普遍，到了无处不在的地步。所以，我有一段时间对经幡的图案产生了兴趣，通过分析西藏风马的图案，最后我发现，它实际上就是宋以来汉人五行观念的一种反映。

我们现在看这个方形的图案：西藏的风马。它中间是一匹马，四角有四种动物。实际上有五种。一个是龙，一个是鹰，一个是虎，还有一个狮子。中央的马，现在的形象发生变化了，马的背上驮着“三宝”（图一）。藏族把这种风马的图案看作是弘扬佛法，经过分析以后，我发现不是。为什么？我对

图一　风马

西藏的这几种动物的来源做了一些分析。居于左上方的鹰，在西藏后来改变成佛教里的大鹏或者金翅鸟。西藏早期的文献和民间信仰中，鹰与满通古斯萨满信仰里的鹰是一样的。所以，鹰在藏传佛教里等同金翅鸟，在民间信仰中代表阳性。西藏高原本来没有狮子，最早的狮子例证是藏王墓上的石狮子，有中亚和印度的渊源，但在西藏艺术中经常出现狮子，逐渐被作为佛法的象征。狮于也是属于阳性，西藏的信仰里面狮子是阳性的。这么看来，在风马图案中作为点的动物不能构成循环的阴阳关系，而藏族说风马是象征五种颜色，或者象征五行、象征生命的昌盛和发展，说明风马本身蕴涵五行的生克关系。最后我在藏文早期的一个文献里面找到一条记载，表明狮子的信仰是逐渐替代了藏族民间传统的对牦牛的信仰而形成的。西藏人有一个神话传说，说牦牛从天上、或从神山上下来，是山神变化成白牦牛，然后跟赞普的后妃结合生出了西藏有名的大臣，这是关于族源的一个神话。前期的文献表明风马中四种动物之一的狮子最初是一个白牦牛，但是后期的文献和经幡中就换成了狮子。如果它是一个白牦牛的话，她就是一个母牦牛，就是阴性的。所以狮子也是阴性的，故此在风马图案中构成五行循环的点。居于右上方的风马中的“龙”藏语称为“珠”，是天界的苍龙，与在地下活动的“鲁”是不同的。虎在藏文中叫“达”，风马的虎，藏文称为“嘎达玛保”，“嘎达”就是白虎，保留了汉地四象神“东方白虎”的痕迹，虎是从汉地来的；但“玛保”却是“红色”，因为藏族的虎居于西方，等于汉人的朱雀，所以用红色来修饰白虎，明显的矛盾寓示其中信仰的纠葛。再说马，马在藏语里面是五行的中央，它属于土。藏语有一个词叫“萨本”，是精液的别称，直译就是“土本”，本就是本教的“本”，“土”象征终结，也预示着开始，西藏最初流行的土葬应该与这些信仰有关。总的说来，分析西藏的风马图案，我们可以找到阴阳五行相生相克的旋转规律。

藏语将风马称为“隆达”，“隆达”的“隆”，借的是中古汉语的音，很可能是汉语的“龙”这个字。因为汉语里早期的“龙”也是指的一种马。但现在藏语书写的“隆”，含义是“风”或“气”。“达”是现代藏语的“马”。我的意思就是说，整个的风马图案表现的是藏族从唐宋以来逐渐借过来的汉人的一种五行观念的图案，是藏族一个最基本的民间信仰，说明藏汉之间在深层信仰方面有共同的东西。这种信仰反映的关系在南亚次大陆印度等的神话体系里面是找不到的。所以，藏汉之间这种深层次的，在意识形态领域里的信仰是一致的。

我们来看风马版式的形成。实质上，风马的起源与汉人纸马的形成非常相似，都是送给亡灵的骑乘，是活物祭祀的演变形式。人去世以后，就印一些纸马，这就会有一些印板。宋代在四川一带有很多印纸马的铺子，估计藏地风马印板的出现跟蜀地印板的流传出去有关系。藏地最早是以活马献祭，用活的牲畜作为祭品献祭。以后也用绘马来代替，逐渐形成一种固定的风马的图案。面对蜀地的纸马，他们把汉人的“风马”也就是纸马的图案，甚至印板借鉴过去，应该说风马的印制在汉地雕版印刷术传往西藏的过程中起到了重要的作用。现在每年四五月间，我们可以在很多藏区看到散风马的场面，这与当时汉人在人去世以后给人撒纸马的风俗是一样的。这个风俗甚至在五台山藏传佛教的一座寺庙里一直保留着。我讲以上两个事例的意思，是说明汉藏之间的联系比我们想象的要更密切。

还有一个就是唐卡的问题。30 年代意大利有一个叫杜齐的教授，是研究西藏艺术史的大家，他说西藏的唐卡肯定是从印度借过来的，因为在吐蕃时期，西藏人的意识形态领域里还没有形成一种成熟的佛教艺术的土壤，所以兼收并蓄，从邻近的国家和地区借鉴了很多的艺术形式，包括唐卡。甚至说西藏佛教艺术所有的形式，都是从周围接受过来的。藏族文化具有很强的对外来文化的吸收与包容，这个观点我们也同意。杜齐说唐卡来源于印度的一种布画，这种观点一直统治了整个西方的艺术史学界三四十年，到现在大家也一直这样认为。他们说到西藏艺术的时候，总是在西藏艺术前面加一个前缀，说成印度——尼泊尔——西藏艺术，更把西藏艺术作为印度艺术或者尼泊尔艺术的一个分支，并且以唐卡为例子来证明自己的观点。

我不同意这个观点，我发现唐卡根本不是来源于印度艺术，从它的内容和风格我们可以找到一些东印度波罗艺术的影响。在艺术发展的过程中，有时候艺术的形式所起的作用非常重要，有了一种固定的外在形式，这种艺术才有可能成长起来，所以在讲唐卡的时候，我们必须探讨这种形式。唐卡整个画面是个长方形。它的画心部分也是一个长方形。画面下方隔水贴一块锦缎，称为“门饰”，有时在上隔水也贴。顶端是天杆。研究唐卡的人们一般都不注意系在天杆上的两条飘带，两条飘带藏文有一个专门的称呼，飘带前端一个尖头，藏语称作“恰卡”（意思是“鸟嘴”）。

关注唐卡的大多数人总是关注画心部分，没有人对唐卡本身形制加以研究，为什么唐卡要做成挂轴状，一般人不知道，也从来没有探讨过。以前我以为这个飘带是用来把唐卡卷起来的，最后发现不是，因为它上面有专门用来捆扎的带子。这两个飘带是干什么的？我一直很纳闷。后来我发现柯兹洛夫从黑水城盗走的一批文物中有一幅画，是在金代刻印的一张雕版印画，叫《四美图》，画面上方正好也有这么两个飘带，飘带比较短，跟唐卡的形制完全一样，宁夏青铜峡108塔出土的上师肖像唐卡中也有这种飘带。我非常吃惊。最后我猜此种装饰风格大致跟宋代卷轴画的风格一样。最后，我找到介绍卷轴画的一些文献，文献上说宋代的画有一些要扎“惊燕”，据说可以惊飞鸟雀，防止鸟粪落在天杆或画面上。唐卡的飘带可能就是宋代宣和装的“惊燕”。我在哈佛大学塞克勒美术馆看到11世纪前后到12世纪的日本绘画，卷轴画的上方也挂这么两条带子，但是它的带子没有唐卡这么长，端头折回。由此可以推断，唐卡飘带实际上是宋代书画宣和装的一种形式；唐卡本身也是借用宋代卷轴画的装裱样式；唐卡的飘带就是当时“惊燕”的演化。为什么这么说？因为藏语把飘带前面做成鸟喙状，称为“恰卡”，就是鸟的嘴，从这个名字可以判断它就是“惊燕”。《四美图》里面发现的“惊燕”也是这个形状，所以“鸟嘴”与“惊燕”都寓示鸟禽的意思。大约11世纪前后，宣和装样式的卷轴画就传到了西藏，藏人逐渐接受了这种卷轴画的装裱的形式。

唐卡下隔水位置贴的这块锦缎“门饰”，藏语名称叫“唐果”或“果间”，意思就是唐卡的门。早期唐卡的“门饰”是一直到画面底端的竖条，或者将下隔水部位平行分为三条竖格，这种样式与中国卷轴画的形成有关。唐代以前还没有挂轴形式的卷轴画，卷轴都是横着打开的，竖着挂起来的挂轴还没有形成。有人说挂轴的形成是把横卷的轴竖着挂的结果，实际上挂轴画是单独形成的。它跟古代用于丧葬仪式和此后佛教仪仗的幡画（旗幡画在敦煌非常流行）的形式有关。飘幡的下面有几条飘带，带子逐渐演变，以后就成了三条，最后只是在纸上以墨笔画出三条线用以象征飘带。最后，两边的飘带被上移，只剩类似马王堆汉墓中央的那条竖带，现代唐卡中逐渐形成于下隔水位置的一方形装饰，藏族画师称之为“唐门”。僧人、上师修行的时候，唐卡作为本尊所在的一个坛城，神灵下来后要从唐卡这个门进入，画心位置叫“美龙”，就是一面镜子，在西藏降神仪轨中宣谕神经常用来召请神灵。

唐卡画心的周围装饰有红黄两色的边框，相当于神佛发出的身光或头光。画面上遮盖丝绢，有的人说这是保护唐卡画面不受污染。实际情况是，唐卡的使用最早是与游吟的史诗说唱艺人或者是一些修习的僧侣有关的，被当作“流动的神龛”。“神龛”内都是一些忿怒相的护法神，人们参拜神灵，不能直接看，直接看它可能会招致一些不好的结果。几乎所有的忿怒相护法神全都遮着一层盖布。藏语把这种盖布叫“协克”，就是遮住脸的盖布。唐卡这层遮布就是起这个作用。

从以上事实来看，可以说唐卡的起源与当时印度的布画关系不大，西方的艺术史家现在是用绘制时代晚于唐卡很多的印度布画来证明唐卡源于印度。

现存的唐卡，年代在 11 世纪到 12 世纪的大约有二三百幅，但是到现在为止，还没有发现任何一件有确凿证据的、早于 12 世纪的唐卡作品。所谓尼泊尔的绘画对西藏的影响是很晚的。11 至 13 世纪，西藏直接接受波罗王朝时期东印度比哈尔为中心的地区的艺术风格，并把它发展开来，形成一种完全成熟的卫藏艺术风格。这种藏传佛教的艺术在 14 世纪前后，反过来沿着加德满都河谷逆向上行影响了尼泊尔的艺术。尼泊尔的纽瓦尔的风格是在藏传佛教艺术本身影响下成长起来的。当然，纽瓦尔风格又反过来对西藏艺术有影响。像 15 世纪的白居寺壁画，北京阿尼哥主持建造的大白塔都与此期的尼泊尔艺术有关。

西方人早期不承认敦煌吐蕃时期的一些作品属于西藏艺术，因为那些作品“一派汉风”。然而，我们看到的最早的西藏艺术就是敦煌吐蕃时期的壁画和绢画。吐蕃统治敦煌 70 余年，在敦煌修建了很多的石窟，比如说 159 窟，还有榆林窟 25 窟等。以前人们看到这些绘画的风格，觉得特别像汉人的画，跟汉地敦煌画风相近，所以就不把它认为是西藏艺术，实际上，这种观念是错误的，因为吐蕃早期的艺术，汉藏风格之间多有交融。又比如，学术界认为吐蕃统治敦煌时期没有无上瑜伽密，没有出现过密教的双身图像。但是，我在大英博物馆吐蕃时期的绢画里面就找到了摩醯守罗天与明妃的双身像。此外，榆林窟 25 窟就有波罗风格的头冠样式。可以认定，吐蕃时期的这些绘画是西藏艺术中我们能看到的最早例证。假如我们不把这些敦煌的艺术包括壁画、绢画还有很多艺术品看作是西藏艺术的源头，我们就会割断西藏艺术跟我们整个中原汉地艺术的内在联系，而且不符合艺术的发展规律。确切地说，敦煌吐蕃艺术对西藏本土 11 至 13 世纪的艺术风格的形成有重要作用。

我把整个西藏艺术划为大致的四个时期。第一个时期，大概是 7 世纪到 9 世纪，吐蕃时期的艺术；从 10 世纪到 13 世纪是西藏艺术的第二个时期，其中一段时间由于吐蕃的灭法运动，造成艺术史的一段沉寂，但吐蕃佛教及其艺术再度复兴是在第二时期；第三个时期是 14 世纪到 16 世纪，这个时期因为西藏各个宗教派别的兴起和西藏佛教寺院的修建对艺术的高度需求，形成西藏艺术发展的第一个辉煌时期；最后一个时期我把它分到 17 世纪到 19 世纪，这个时期印度波罗艺术的影响已经本地化，明、清时期，汉人的绘画流派、风格对西藏艺术的影响加强。

我现在按着这个顺序对西藏艺术史做一个简要的回顾，了解一下不同时期的艺术是个什么样的面貌。

吐蕃时期的艺术除了敦煌留存的以外，西藏现存的只有布达拉宫法王洞的赞普王臣雕塑，是泥塑彩绘的佛像，一般都认为是吐蕃时期的作品。这些作品虽然经过多次重绘，但是基本上保留了吐蕃时期的特点，尤其两个王妃的人物塑造非常传神，比如说文成公主的塑像可以看出唐代人物造型的特点，尺尊公主的域外人物特征把握恰当。吐蕃时期的壁画，存世的很少，有些作品的年代都有疑问。现在能看到的大昭寺的壁画，只有二楼回廊，是修建大昭寺时慢慢剥离出来的一小部分（图二）。西藏早期的壁画，即早于11世纪以前的壁画根本找不着。这几年随着考古工作的发展，我们也看到了一些11世纪的作品，甚至吐蕃墓室的壁画，但还是比较少。到了朗达玛灭法，把佛教的寺院、塑像都毁坏了，此后大约100多年之间西藏就没有佛教，也谈不上佛教艺术。

图二　大昭寺早期壁画

大约到了10世纪后半叶，11世纪初叶时，西藏佛教开始复兴，复兴从上下两路进入西藏腹地，所谓上路弘法就是从西藏西部的阿里进入，代表人物如仁钦桑布和阿底峡；下路弘法是从青海、甘肃一带进入卫藏，尤其是以青海互助县的白马寺、尖扎县的金刚岩和循化县的丹底为中心，一批学法的僧人从这里把佛教传回西藏，上下路的弘法使西藏的佛教再度复兴起来。

波罗王朝时期，印度的金刚乘就兴盛了，金刚乘密教通过莲花生等在西藏传法的大德传入西藏，同时，随同金刚乘传入，印度波罗艺术也大规模入藏。我们谈到的印度艺术对西藏艺术的影响都是指东印度波罗艺术的影响，这种影响从 9 世纪至 13 世纪都在持续。到了 13 世纪前后，印度开始伊斯兰化，佛教艺术的创作在印度几乎就停止了。所以印度艺术对西藏的影响大致都是集中在 13 世纪以前，以后的影响是比较微弱的。但是，在波罗艺术和敦煌艺术的基础上形成的 11 世纪到 13 世纪的卫藏雕塑和绘画是西藏艺术史上水准最高的。

这个时期的绘画可以分为两个流派，其中主要借鉴汉地敦煌艺术，或者说是吸收中亚于阗风格的代表作是卫藏中部 11 至 12 世纪前后建立的寺院中的雕塑。康马县的艾旺寺的一些彩塑作品，彩色已经掉了，但是，仍能看到具有汉地细密衣纹风格的褒衣博带，与印度造像风格迥然不同。还有一处壁画在西藏扎囊县的扎唐寺，寺院壁画的释迦说法的听法弟子的容貌，我们在敦煌壁画的佛陀涅槃弟子举哀图中可以找到图像渊源。所以，这个时期汉地敦煌艺术的影响是很明显的，而且它已经演变成一种地方化的风格。这个时期东印度波罗艺术的影响也是很强的，以上寺院的壁画中波罗风格异常突出。这两种艺术风格和西藏自身的艺术传统结合在一起，是当时西藏艺术的主流，被称为波罗卫藏风格。唐卡作品里表现更多的是东印度波罗艺术的影响，在雕塑作品中汉地风格较为明显。

到了 14、15 世纪，成熟的藏传佛教艺术已经形成，由于印度的伊斯兰化，佛教艺术的传播几乎停滞。接受了印度波罗艺术影响的藏传佛教艺术形成以后，又逆向传播，对尼泊尔纽瓦尔的艺术影响很大。而尼泊尔纽瓦尔艺术也将藏传佛教艺术与自己本身就有的东印度艺术和它自己本土的南亚艺术融合在一起形成纽瓦尔艺术风格，时间大约在 14 世纪后半叶。这种风格对15至16世纪的西藏艺术影响非常大。西藏有一个很著名的寺院叫白居寺。白居寺里的壁画和彩塑受到纽瓦尔艺术非常大的影响。当时很多的工匠和画家都直接从尼泊尔过来，参加了白居寺的修建和壁画的绘制。夏鲁寺的壁画也受到了这个影响。

到了16世纪前后，当时由于西藏与中原王朝的关系越来越密切，艺术交流也更加频繁，最突出的是明代一些罗汉的造像和其他一些传统国画技法传到了西藏，对藏传佛教艺术地方画派的形成有促进作用。15世纪后，西藏自己的地方流派开始形成，他们以地域分为东部藏区的康区、中部的卫藏、西北部的安多，形成七八个流派，这些流派奠定了后期西藏艺术的一些风格的形成。明代的西藏作品虽然它的画面的主尊没有变化，但是画面背景及装饰受汉地影响非常明晰。

值得注意的是，藏传佛教和藏传佛教艺术分布很广，不仅在西藏自治区，包括现在青海、甘肃、云南、四川、内蒙古，而且在周边的国家和地区。西藏艺术传播的历史也非常悠久，自11世纪就开始在西夏传播，俄罗斯圣彼得堡艾尔米达什博物馆收藏的绘画都是12世纪前后的，大约有七八十幅藏式唐卡，而现在西藏本土倒没有这么早的作品了。西藏艺术传入西夏以后，沿着河西走廊和西夏的腹地，就是宁夏大部地区传播，宁夏这几年也发现了很多藏传佛教的东西。河西走廊往上走一直到东千佛洞、榆林窟都有西藏艺术的影响。

一些汉文经典、笔记、小说里面对元代的西藏僧人和藏传佛教造像都有描述，给人的感觉好像从元代开始藏传佛教与汉地佛教艺术交往才比较频繁，实际上不是这样。西夏的时候，藏传佛教与汉地佛教已经被西夏人吸收，而且形成它自己的风格。元代朝廷对待藏传佛教借鉴了西夏人的一些做法，连他的国师制度都是从西夏借鉴的。我们现在沿着河西走廊原来西夏故地都可以发现大量藏传佛教的遗迹。明代以后，河西这一带仍有很多藏传佛教艺术遗迹。

由于这段时间汉藏艺术密切的交流，元、明两代内地留存的藏传艺术遗迹也有很多，如杭州灵隐寺对面的飞来峰，我们就能看到很多藏传佛教的造像。藏传佛教艺术在中国内地的遗址，目前大家比较熟悉的是河北承德的外八庙、居庸关长城，此外尚有内蒙百眼窑、辽宁阜新海棠山、镇江韶关过街塔、武汉圣像塔，还有泉州三世佛等，单是北京的藏传佛教遗迹就非常多。所以说，藏传佛教艺术的传播范围非常广，让人感到非常吃惊。所以，我们研究藏传佛教艺术对于了解我国各民族共同创造的中华民族文化，或者对我们重新写作一部新的中国美术史，包括各个民族共同创造的中国美术史有重要作用。

下面我给大家谈一谈每个时期的造像大概有什么区别。

这两幅壁画，出自大昭寺的二楼回廊（图 2），壁画的年代还没有确定，大约是 7 世纪到 9 世纪的作品。这个时期的壁画，受到印度波罗艺术风格的影响比较多。比如菱状的冠花。早期作品里边一般都是三个冠花，有时候两层，有时候是三层。

图三　西夏胁侍菩萨

这幅胁侍菩萨壁画是我今年 7 月份的时候发现的（图三）。当时我到河西走廊考察，住在张掖，因为在藏文文献里看到马蹄寺的附近西夏人建过一个大塔，还建了寺庙，西夏人在洞窟里画了画，明代的汉文方志也有类似的记载。我又查看了一下甘肃省的文物资料，说马蹄寺附近有上中下观音洞，上观音洞，文物志上写的是“空无一物”。我当时住在下观音洞附近的一个寺院里，寺院的尼姑告诉我：“山上有东西，你爬上去看。”第二天，我自己爬上去了，看到上观音洞大概有三五个窟，附近岩壁有很多噶当派风格的喇嘛塔，那种塔一般只出现在 12 世纪到 13 世纪。所以，藏文文献记载马蹄寺山里有西夏人建的塔的内容应该是真实的。上观音洞的三个窟里全是明代的藏传绘画，其中一些被人盗割，有一铺让人将上层壁画剥了，我一看，下面的壁画果然是西夏时期的，是西夏典型的藏传绘画。壁画是最典型的东印度波罗风格，头冠发髻比较高，它一般是三层，有具有断代特征的菱状冠花。胁侍菩萨装饰璎珞，而且穿比较短的叠型裙子，裙子几乎是透明的。菩萨的脚趾并向一侧站着，就是两个脚并到一侧的这种画，是典型的 11 世纪末到 12 世纪的卫藏画法。当时外面还有一层元代的壁画，最外边才是明代的壁画。这些壁画没有得到很好的保存，我感到非常奇怪，非常痛心。

图四　上观音洞第 3 窟

这就是西夏壁画所在的整个龛室（图四），外面一层是明代绘制的藏传壁画，有格鲁派创始人宗喀巴像。上面的壁画全部让人给割掉了，切的乱七八糟。壁画所在龛室与西夏无关，是北魏的样式，但是西夏人也利用了，以后明代又重新画了新的。

这是另外一幅（图

图五　贺兰山山嘴沟壁画

五)，是今年我在宁夏贺兰山拍的，也是近年发现的，在贺兰山的一条名叫山嘴沟内的石窟壁画，也是比较典型的一大铺西夏的壁画，画在半山腰上，因为西夏人建石窟，往往建在巍峨大山的半山腰上。

还有一幅大的释迦牟尼说法图，其中有尊胜佛母，佛母的上方画了一个藏传佛教的上乐金刚和金刚亥母的一个双身像。西夏人早期可能对藏传佛教的仪轨还不太熟悉。因为上乐金刚的坛城、上乐金刚像，无论如何也不能画在尊胜佛母的上方。从壁画的风格看，跟莫高窟、榆林窟的早期西夏壁画是一样的。应该是画在西夏的前期。从而表明，西夏人与藏传佛教的联系比我们想像的时间还要早，很早就有了藏传佛教的东西，所以这幅壁画也非常的珍贵。很遗憾，这铺融合多种风格的壁画也没有得到很好保护。贺兰山旁边的另一个岩窟，洞窟上方画了伏虎罗汉和汉密的内容。因为西夏人接受的密教分两种，一种是汉地密教，就是所谓的唐密或者是东密的。还有一部分就是藏密，他们把两种密教不同的像都画在一个石窟里面。

以下是几幅藏区西部的作品，受到克什米尔这一带风格的影响，当时这块地方在我国西藏的范围内。我们在研究西藏艺

图六　拉达克拉康索玛殿文殊菩萨双身像

图七　般若佛母像

术时把喜马拉雅地区的藏传佛教寺院壁画作为西藏艺术的一部分。这是以当时历史地理概念划分的。

这幅文殊双身像在现在属于拉达克的拉康索玛殿（图六）。这个殿的壁画还保留着。拉达克一带的藏传寺院，其中一座是很有名的，叫阿尔齐寺。寺中的一铺壁画很有名，很多西方出版的藏传佛教艺术著作把它当成封面，是般若佛母像（图七）。西藏西部绘画跟东部绘画、中部卫藏画风格不一样，表现在以下几方面：首先因为西藏西部绘画用的色彩颜料不一样，它用的是矿物颜料特别多，而且颜料比较厚；画的时候技法也不一样，有点像国画里的工笔重彩那样的。画的时候，是先在壁上打一层像我们现在的大白粉一样的敷料，掺和上胶水或动物胶水涂在壁面，颜料放上去以后有少许的晕化，所以画面就显得比较润。我们看拉达克的壁画，看上去好像人物的躯体是中空的，如同里面点了很多灯一样，照过来好像透明的，形成很多的光斑。这种光斑使整个画看起来色彩比较缤纷，看上去很眩目。画的每一个轮廓线的边上都加以晕染，造成立体感。

图八　古格壁画上师像

上师像是西藏西部的古格壁画（图八），上师手里捧着个动物像猫鼬一样，叫吐宝兽，会吐出很多宝物。西藏阿里古格白殿的壁画，年代比阿尔齐寺的般若佛母像晚很多，前者大约是11世纪，后者大约是在15世纪。下一幅古格壁画画的是宴饮欢乐的一个场面（图九），旁边有一些供养人，总的色彩比较厚重，喜欢用矿物色，色调偏红一些，整个色调看起来比较偏暖。

图九　古格壁画局部

图十　慈悲之舟与智慧之岸

图十一　托林寺早期彩塑

这几尊彩塑造像是近年在西藏西部阿里热尼拉康寺发现的（图十），断代在 11 世纪，可能重绘过。拉达克有一个寺院叫塔布寺，塔布寺里面的造像跟热尼拉康寺造像完全一样，塔布寺是有建寺年代的，所以，这个造像是西藏现存的比较早的造像，11 世纪的彩塑。

西藏托林寺的彩塑和壁画（图十一），是最近清理托林寺坛城殿时发现的，因为它埋在土里，挖出来以后，色彩还比较鲜艳。拉达克阿尔齐寺也有这种风格的壁画和彩塑，我们很容易的就把托林寺坛城殿的彩塑断代在 11 世纪。这里的彩塑和壁画与我们刚才看到的阿尔齐寺的般若佛母一样，轮廓线边缘都用了一些晕染的手法，而且，矿物颜料用的比较多，画风也完全一样。

以下的壁画出自甘肃永靖县的炳灵寺和青海乐都县的瞿昙寺。

炳灵寺第三窟的明代藏传风格壁画，画的是藏传佛教噶玛噶举派的上师（图十二），戴黑帽，说明藏传绘画的传播范围是非常广的。炳灵寺上方是炳灵上寺，寺院附近的石窟留存不

图十二　噶玛噶举上师

少明代藏传作品。

图十三　瞿昙寺壁画

青海乐都县瞿昙寺的壁画绘制于明代初叶至中叶，从中可以看到藏传绘画到了14、15世纪前后，把藏传佛教绘画风格跟传统中国画的手法结合起来，在汉藏交界地带创造出一种独特的风格（图十三）。当然，瞿昙寺的壁画中有清代补绘的内容，上面有画家的题记，是来自甘肃平凉的两个画家。

西藏的双身图像，一般俗称欢喜佛。现在我们看到的很多女尊在男尊的前方，直接拥抱的那种像，在印度艺术里并不多见。早期的印度艺术里，一般是女尊坐在男尊的腿上或旁边。可能是在8、9世纪前后，这些金刚乘造像进入西藏以后就发生了变化。西藏早期双身像的年代，现存作品都比印度

图十四　大威德金刚

的原型要早，具体是怎样形成的，还需要研究。早期波罗风格的双身像女尊一般坐在男尊的腿上。尼泊尔风格的双身像女尊一般坐在男尊的旁边。

这里展示的是大威德像（图十四），大威德像是西藏格鲁派最尊奉的一个护法神。喜金刚本尊像很多教派都供奉。汉人所谓“欢喜佛”一词，就是来自对藏文喜金刚的一个意译。藏文称喜金刚为“盖盖多吉”，翻译成汉文就是欢喜金刚。很多人就用“欢喜佛”这个词来称呼所有的双身图像，我们到北京雍和宫或者是到承德外八庙都能看到这种像，很多人看了以后，认为藏传佛教是一种堕落的、纵欲的宗教，或者是一种没落的宗教。实际上恰恰相反，这种观点可能是受到了印度金刚乘佛教的影响，藏传佛教是非常理性化的一种宗教。双身像在藏传佛教里面，代表佛教最高哲学的理想。他们用很直观的形象表达宗教的理想。这怎么理解呢？男尊代表佛教的慈悲心或一种认识，女尊就代表一种智慧。这个慈悲心就是要信仰佛教的基本理论，有慈悲之心才能生起智慧，我们才能同情别人，才能认识到疾苦，在认识到疾苦的基础上就明白世间四大皆空，认识世间的轮回，我们就有了智慧，认识了智慧我们就可以走向解脱，就脱离六道轮回。所以，双身造像代表的是慈悲和智慧，代表的是一种哲学的观念，实际上跟一般人看到的画面本身的图像没有关系。还有一个原因，就是很多游牧民族看到很多这个图像的时候，跟汉人受儒家礼教看到的感觉不一样。因为藏文称双身像为“耶雍”，意思就是“父亲母亲”，这个称呼特别好。后期的双身像实际上跟色情毫无关系。

石刻雕塑和金铜佛造像在西藏艺术中也是一个大类，下面我们介绍几件作品。

图十五　大成就者

这件造像是石刻，表现的是西藏的一位大瑜伽行者（图十五），藏人做的大瑜伽行者的造像特别奇怪，都是特别粗短，但是比较壮硕，面容表情非常的紧张，好像蕴含着一种内在的爆发力，正好体现瑜伽行者所修行的一种力量。

下一尊金铜佛是西藏的上师，叫米久多杰（图十六）。这个上师，明武宗的时候花了很多的钱，要把他从西藏请来，并封为西天大佛子。在藏人心目中上师的地位非常重要，因为藏传佛教比较侧重密宗，密宗侧重个人的秘密相传或者师徒相传，所以他们上师

图十六　米久多杰

图十七　瞿昙寺永乐金铜佛

的地位是非常高的。我们在藏传佛教造像里面会看到一个非常奇怪的现象，就是宗喀巴像，或者是他们的上师像，是放在释迦牟尼像的前面，表明上师的地位是在佛以上，要先敬仰上师，然后才是佛。在西藏，宗教造像里上师造像非常多，也非常写实、传神。

另一尊金铜佛像出自瞿昙寺（图十七），是现今罕见的大尊造像。明永乐年间在北京造好以后，运到青海去的。西藏金铜佛造像有一个高潮，就是在明永乐至宣德年间，当时内地造了很多很多的金铜佛像，其中把汉人佛教造像的风格跟藏传的造像风格结合起来。

“擦擦”这个词是从梵文音译过来的，也就是脱模泥塑。近年有很多人关注擦擦，像天津的刘栋先生成立了擦擦中心，常州的李逸之先生常年在阿里收集擦擦，精神可嘉。

早期汉文的文献，如《南海寄归内法传》，记载了擦擦的由来。擦擦在 11 世纪开始流行于西藏，当时有很多僧人，如阿底峡及其弟子，从印度回来带了很多制作擦擦的模具，擦擦开始流行开来。擦擦最重要的一个优势就是它很小，容易携带，使佛教造像的图像很快传播开来。

下图是 2003 年从宁夏贺兰山附近的佛塔遗址里挖出来的擦擦，当时是彩绘的，现在彩色已经掉了（图十八）。

擦擦的制作，是用一个双面的金属的模子，把泥填到里面压紧，然后脱模即可。关于擦擦，一般人可能对它没有感觉。西藏很有名的上师传记《米拉热巴传》，有一段描写擦擦说，

图十八 擦擦

米拉做了恶业，把害他们家的仇人全部咒死了，之后他一个人就在外面流浪，过了几年以后，他妹妹去看他，他也想回家去看他母亲。他回到了他们的村庄，发现这个村庄已经完全地荒芜了，家里的房子已经全破了。他坐在院子里，开始唱歌，唱完了一首以后，手在残垣上一摸，摸到了他母亲的骸骨，不禁悲从中来，就把母亲的骨头烧成了灰，做了很多的擦擦。

图十九 古格后期彩塑

白居寺 15 世纪到 16 世纪的彩塑是西藏最好的彩塑，是西藏艺术的一个高峰。西藏西部古格红殿的彩塑也是在 15 世纪前后创作的，现今留存的都有残损。它的彩塑造像有个特点，人物的腰肢特别长，而早期波罗艺术人体的比例合度，人物的胸臂部位比较发达

图二十　绘画唐卡

健硕。古格红殿的彩塑把腰肢部分特意拉长，拉长以后给人的感觉是人物有点纤弱。此外红殿彩塑佛像的表情特别有意思，每一尊佛的面容都呈现出幽默的表情（图十九）。

绘制唐卡的方法。一般是在画布上先涂胶，然后涂掺了白粉的胶，再用石头碾磨。画布一般都用厚布，因为通过石头或通过瓷片研磨了以后，画布质地比较细密，然后，把四个边框固定在一个画架上。前边横的木杆是手握的地方，旁边就用线把画绷在画框上。画完以后再开始装裱。图二十画的是一个莲花生上师。

图二十一是 11 世纪的卫藏唐卡，胁侍菩萨的脚都是并向一侧的。11 世纪的西藏唐卡，在构图上有其特征，主尊所占面积非常的大，胁侍菩萨站立的姿势就是三道弯的那种站立姿势。脚那么站了以后，人就显得特别不稳，所以对主尊依赖也就比较大，从而强化了主尊。另外，11 世纪到 13 世纪的唐卡都用方格式的构图。

图二十二是上师造像，他的背龛旁边有一种立兽，一般叫做狮羊，因为又像狮子又像羊，是波罗时期艺术一个突出的母

图二十一　卫藏唐卡

图二十二　卫藏上师造像

题。这个动物大约 7 世纪开始在印度艺术中出现，西藏艺术发展到 14 世纪、15 世纪就没有了。

图二十三这幅画大约创作在 13 世纪，主尊是不动明王，他右手拿剑，左手做的那个手印叫期克印。这个像用的是当时

图二十三　缂丝不动明王

图二十四　黑金唐卡

藏人提供的粉本缂丝制成。缂丝大部分都是在杭州完成的，都是13世纪前后。从西夏时期一直到入元以后都有很多的缂丝作品出现。

布达拉宫所藏的一幅说法图，在边上做了很多黑底金线勾勒的唐卡，上面有藏满汉蒙文四种文字提款。制作年代应该是乾隆四十二年（图二十四）。

图二十五是国家图书馆藏的一幅画，上面贴的一个条称为吐蕃绢画，实际上应是西夏时期画的《千佛图》，它与宁夏青铜峡一百零八塔出的绢画完全一样。而且，唐卡的下方有一些空心母和伎乐天女，我们可以在榆林窟和在东千佛洞里找到完全一样的。所以我认为国图藏的画是西夏时期的画，而不是吐蕃时期的绢画。

图二十六是我用它来表现汉藏艺术之间密切联系的一幅画，是我一次无意中发现的。这是文物出版社出版的画册《宝宁寺水陆画》里面的一幅写经图。有一天我把这个画掉个个，

图二十五　千佛图

图二十六　宝宁寺水陆画之一

看出上面写的是藏文。上面写的一句话是“米久多杰智慧大”。这个米久多杰正好就是刚才看到的那个金铜佛里面出现的米久多杰，就是明武宗邀请到北京讲法的西天大佛子。这幅宝宁寺的水陆画原来断代在 15 世纪，通过这条藏文线索，我们可以很容易地、确凿地把这些水陆画断代在米久多吉活动的 16 世

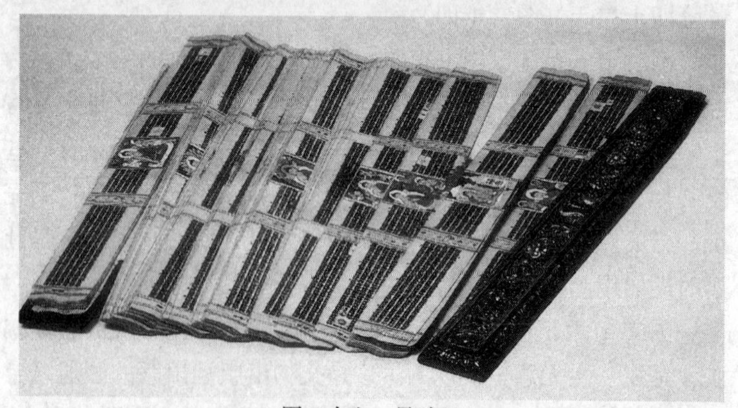

图二十七　贝叶经

纪。

这是一个贝叶经的局部（图二十七），藏在布达拉宫，是早期印度的样式，被认为是西藏绘画的源头。实际上我们把贝叶经的年代提的太早，老说是在七八世纪。而东印度藏的遗存贝叶经年代都在 12 世纪左右，所以，它跟唐卡出现的年代实际上差不多，两者之间的关系还不太好说。但是，两侧的胁侍菩萨样子跟印度有关系。

这幅图展示的是西藏的经书封盖（图二十八），西藏的书都是长条状的梵箧装，与汉人的蝴蝶装不一样。梵箧装最早来源于贝叶经，因为贝叶比较脆，中间也不好对折，所以一摞摞的叠装起来，上下之间盖个板子，然后中间打两个孔，用绳子穿过去。

图二十九是藏文经书的封面，两侧插图下方的藏文注明了

图二十八　藏文经书封盖

图二十九　经书封面插图

写经者和施主的名字，是比较罕见的。藏文梵箧装样式一直延续到明、清之际。明、清时北京刻印的藏文大藏经还是这种样式，经文中间经常出现两个朱砂色的圈。以前人们对这两个圈老搞不清楚是什么意思，实际上是指装贝叶经的时候穿孔的绳子眼。后来绳子不用了，那两个圈还保留着，就继承下来了。

有的学者认为经书红圈与宁玛派的某种仪轨有关。实际上，藏文经版的这种格式到现在已经很长时间了，因为经版承载的是经典，不会轻易改变，即使是后期的经书封盖、插图，特别是木雕作品都保留 12 世纪前后的图样，比较稳定。

下面有一张明代的大慈法王像，是非常珍贵的藏品（图三十）。

图三十　大慈法王

医学唐卡是西藏唐卡的一个种类（图三十一），介绍人的胚胎发育的过程。它把人的发育过程分成三个阶段，经过鱼、龟、猪三个演变阶段。藏医学尤其是外科学方面，比中医发达的多。尤其是藏医的解剖学，它的解剖图画得非常准，这可能跟中世纪以后西藏实行天

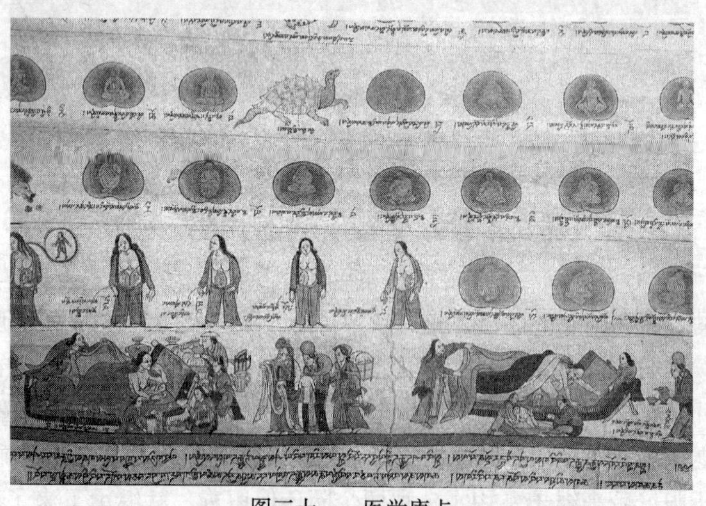

图三十一　医学唐卡

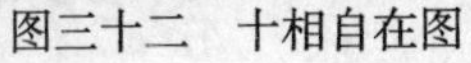

图三十二　十相自在图

图三十三　罗汉像

葬制度有关。

这幅是十相自在图（图三十二），是西藏民间的一个吉祥图案。还有长寿四兄弟，讲的就是猴子、兔子、大象等和睦相处。

图三十三是大约 14 世纪前后的罗汉像，西藏的罗汉造像完全是从汉地传过来的。西藏有名的画派勉唐画派的创始人，他的创作受到汉地罗汉造像的启发。藏文文献说，西藏最早的画就是叶儿巴寺汉人最早拿来的十六罗汉像，并说西藏所有的绘画都起源于叶儿巴寺的罗汉造像。西藏罗汉造像，包括四大天王造像，尤其是多闻天王造像，都跟汉人传过去的造像格式非常相似。汉人是十八罗汉，西藏是十六罗汉，他们把和尚和达摩多罗是分开讲的。

问：我想问问藏传佛教的发展趋势问题。它与政治有没有关系？一般认为少数民族，元、清的少数民族对中原的传统佛教可能不如对藏传佛教感兴趣。您认为这个观点是不是能够解释藏传佛教在中原地区，在中国这个地区发展这么广的原因?

答：首先声明我对藏传佛教的有些东西还不是很懂。但是我觉得藏传佛教之所以在我们这个国家兴盛开来，不是短时间的，整个藏传佛教的兴起和传播有一个历史的继承过程。

明清之际，藏传佛教在内地发展的非常迅速，但它是继承了西夏至元时期藏传佛教的发展趋势。藏传佛教的第一次大规模传播是在西夏时期，西夏人与藏人之间的关系，之前还有一个党项、吐蕃时期，党项人与吐蕃人联系比较密切，内迁以后跟吐蕃的关系还是密切。他们本身对藏传佛教有一种亲和力。西夏人在佛教信仰里面涉及教义或者说人生哲学方面，信仰汉地的佛教；但是，涉及一些具体的问题时又想通过藏传佛教解决，因为藏传佛教比较侧重实践，它是一种讲究仪规侧重实践的佛教，适合当时西夏人的民族习惯和心理。

我觉得藏传佛教在我国兴盛是从西夏开始。西夏人接受了藏传佛教以后，对藏传佛教僧人非常礼遇。当时文献记载，西夏当时请了很多吐蕃僧人到他们那里作了国师或者帝师。国师制度、帝师制度被认为是元时的制度，实际上是西夏人最早创建的。成吉思汗灭了西夏以后，屠城三日，杀了很多人。但是，过了一段时间以后，他觉得西夏人处理佛教事务的能力非常好，所以他就把这套制度借用过来，西夏的一些后裔，如杨琏真伽等，到了元朝以后做了大官。

西夏人很重视噶玛噶举派、萨加派。元人进入中原以后，把这些全部继承过来，他们也开始礼遇藏传佛教。还有一个原因，就是蒙古人本身是游牧民族，跟藏民族在很多的方面有相似之处，所以，他们对藏传佛教的礼遇有一个自己民族和心理的基础。元代整个朝廷对西藏僧人的礼遇到了无以复加的地步。在很多的汉文白话小说里把“番僧”描述的无恶不作，“番僧惑国”，“修练演揲儿法”，这些史实从侧面说明元代藏传佛教兴盛。

到了明代以后，除了有西夏、元的铺垫，朝廷推崇藏传佛教还有一个重要的原因就是明代我们疆域的扩大，中原政权需要用宗教来安抚这些边陲之地，处理蒙藏事务；中原政权要通过信仰来控制这些边远地区，稳定祖国的边疆；此外，也不排除皇室里的一些王公贵戚、嫔妃等对佛教的真正信仰。到了清代以后，他们对藏传佛教的信仰同样也有自己民族和心理方面的因素，当然也要安定巩固边疆。

所以，藏传佛教在我们国家发展壮大起来有一个历史的演变过程，藏传佛教本身也把汉藏两个民族与我们的国家联系在一起。我刚才已经讲到了，我们在全国各地任何一个地方都能看到一些藏传佛教的寺庙。藏传佛教拉近了我们跟藏族同胞的距离，消除了中间的隔阂。

慧能弟子神会及其禅法理论

杨曾文

慧能的南宗在相当长的时间内仅流行于岭南一些地方，直到唐的后期才逐渐扩展到北方广大地区，并且一跃而成为禅宗的主流。北宗在此后逐渐衰微，甚至在社会上湮没无闻。

从社会历史来看，禅宗的这一重大演变是经历了唐王朝从强盛到衰落的过程的。唐玄宗继位后的开元年间（713—741）进入了唐朝的极盛时期，出现中国古代有名的几个封建盛世之一的所谓“开元之治”。然而与此同时，由于以皇帝为首的封建统治者的日益腐败，社会上潜伏的阶级矛盾、民族矛盾和各种危机也不断发展和激化，中央集权日益削弱，终于在玄宗晚年爆发了震惊中外的“安史之乱”（755—763）。此后出现藩镇割据的局面，唐王朝日趋衰微。

玄宗在位时崇尚儒、道二教，对佛教也采取支持的政策。在佛教内部，从印度传入的密教开始在社会上层流行，禅宗也越来越受到朝野士大夫的欢迎。北宗的代表人物普寂、义福等人受到朝廷的优遇，在以两京为中心的北方地区很有影响。慧能的南宗逐渐从南方兴起。慧能的弟子神会为了扩大南宗的影响，到盛行北宗的南阳、洛阳一带传法，与北宗僧人辩论，虽一度受到迫害，但因为在“安史之乱”中主持戒坛度僧筹集军饷援助唐军有功，受到朝廷的崇信，为以后南宗的迅速发展和取得正统地位奠定了基础。

一. 神会与慧能

神会（684—758），俗姓高，襄阳（治所在今湖北襄樊市）人。自幼学习《五经》，后来自读《老子》、《庄子》，从中受到很大启发。从读《后汉书》得知佛教的事情，开始对佛教产生兴趣，后投襄阳国昌寺颢元法师之门出家，在那里习学佛教经典[①]。禅宗北宗著名禅师神秀从唐仪凤（676—679）年间直到武则天久视元年（700）应诏入洛阳宫中传法之前，主要在襄阳南边的荆州当阳的玉泉寺弘布北宗禅法。据唐宗密《圆觉经大疏钞》卷三之下，神会曾在玉泉寺神秀门下修法三年，在神秀应诏赴洛阳之时，他南下曹溪投到慧能的门下学习南宗禅法。此后，他一度到长安受具足戒，景隆年间（707—710）又回到曹溪从慧能学法，直到先天二年（713）慧能去世[②]。当时神会年仅 30 岁。据《六祖坛经》，神会是慧能的十大弟子之一，也是其中比较年轻的弟子，敦煌本《六祖坛经》称神会是“神会小僧”。

敦煌本《六祖坛经》记载慧能死前法海等弟子都悲泣，惟有神会表情宁静，也不悲泣。慧能对此表示赞许，说：“神会小僧，却得善不善等，毁誉不动，余者不得。”所谓“善不善等”，是对善、不善采取不二的态度，并且按照“无念”、“无住”的原则，不因善而追求，不因不善而弃舍；如此也可以不受来自外界的利害得失的左右和影响，做到“毁誉不动”。神会达到这种精神境界，对于慧能的死自然能够冷静对待，表现出超乎常人的感情。

神会在慧能门下的时候，已经开始形成他以后的禅法思想的一些主要内容，如佛性为“佛之本源”、“不二”的思惟方法以及“无住为本”、重知见、“佛性无受”等。从他以后传法的内容和常用的概念来看，他是深受慧能的影响的。

二. 南阳和尚与朝廷士大夫

《宋高僧传》卷八《神会传》载："居曹溪数载，后遍寻名迹。开元八年（720）敕配住南阳龙兴寺。续于洛阳大行禅法，声彩发挥。先是两京之间皆宗神秀，若不淰之鱼鲔附沼龙也。从见会明心六祖之风，荡其渐修之道矣。南北二宗，时始判焉。致普寂之门，盈而后虚。"概括了神会在慧能死后的活动情况。这里先就神会以南阳为中心，广交朝廷士大夫，宣传北宗顿教禅法的情况略作介绍。

南阳（今河南南阳市），原为宛县，唐初属邓州（治所在今河南邓县），在东都洛阳正南方。神会因奉敕配住南阳龙兴寺，被世人尊为"南阳和尚"（"和尚"或作"和上"）。

据曾任唐山（今浙江昌化县）主簿的刘澄所辑录的《南阳和尚问答杂徵义》（因长期在敦煌遗书中没有发现此文的标题，被称为《神会语录》或《神会录》）记载，神会在南阳龙兴寺期间，曾在僧俗之间积极地弘传南宗顿教禅法，与一些信奉佛教的士大夫有着密切的交往。当时与神会有过直接交往的朝廷官员有：户部尚书王赵公（王琚）、崔齐公（崔日用或其子崔宗之）、吏部侍郎苏晋、润州刺史李峻、张燕公（张说）、侍郎苗晋卿、嗣道王（李炼）、常州司户元思直、润州司马王幼琳、侍御史王维、苏州长史唐法通、扬州长史王怡、相州别驾马择、给事中房琯、峻仪县尉李冤、内乡县令张万顷、洛阳县令徐锷、南阳太守王弼等。其中有的人可能是神会进入洛阳以后才发生交往的。我们从神会与上层社会人物的交往及其弘传的佛学思想，可以了解唐代官僚士大夫信徒所关心的佛教问题，是很有历史价值的。

三．“为天下学道者辨其是非，为天下学道者定其宗旨”

神会在南阳期间，与僧人之间也有广泛的交往，对很多佛教问题展开讨论乃至辩论。与神会探讨或辩论佛法的僧人有：真法师、庐山法师、慧澄法师、神足法师、魏郡乾光法师、哲法师、志德法师、蒋山义法师、义闻法师、庐山简法师、牛头庞法师、罗浮山怀迪禅师、牛头山袁禅师、齐寺主、行律师、弟子比丘无行及崇远法师等。其中的崇远法师，当是北宗禅僧或持有北宗见解的僧人。据《菩提达摩南宗定是非论》，崇远是滑台大云寺的僧人（“当寺崇远法师”），“两京名播，海外知闻，处于法会，词若涌泉，所有问话，实穷其原。提婆之后，盖乃有一。时人号之‘山东远’。”开元二十年（732）神会在滑台大云寺举行的无遮大会（僧俗贵贱皆可参加的法会）上，把崇远当成北宗的代表，与他激烈辩论。神会与上述僧人讨论或辩论的佛法有如下主要的内容：空、色空关系、中道、常与无常、真如、佛性、定慧关系、顿悟与渐悟、一行三昧、忏悔能否灭罪、佛心与众生心、诵持《金刚般若经》的功德。

现存《南阳和尚顿教解脱禅门直了性坛语》（简称《坛语》）是神会在南阳期间传法的一个记录。神会登坛向僧俗信徒演说南宗顿教禅法，先带领众人发菩提心（发愿达到最高觉悟），礼拜忏悔，然后说法。主要内容是：（1）把戒、定、慧三学统一在清净的“心性”之上，主张“三学等”，说“妄心不起”、“无妄心”、“知心无妄”分别是戒、定、慧；（2）人人皆有佛性，只是因为被烦恼覆盖而流转生死，如果通过师友的指教觉悟自性，便可达到解脱；（3）提倡禅法以“无念为宗”，修行不离世间，批评北宗渐教禅法。

神会在朝廷士大夫和僧人之间广泛传法，逐渐远近闻名。

唐宗密《圆觉经大疏钞》卷三之下《神会传》载："因南阳答[王赵] 公三车义，名渐闻于名贤。"天宝四载（745）神会应兵部侍郎宋鼎之请入住洛阳的荷泽寺。

在神会正式入住洛阳之前，曾到过洛阳西北方的滑州。开元二十年（732），神会于此州治所滑台（白马）的大云寺设无遮大会。神会登上讲座（"师子座"），郑重宣告：

今日说者，为天下学道者辨其是非，为天下学道者定其宗旨。

当场与大云寺的崇远法师展开辩论，主要论旨有两个：(一) 北宗神秀、普寂没有祖传袈裟，不是禅门正统；（二）北宗禅法主张渐悟，南宗主张顿悟，顿门优于渐门。弟子独孤沛以神会在这次法会上与崇远辩论的记录为主，又吸收他的其他言论片断，编录为《菩提达摩南宗定是非论》（简称《南宗定是非论》）。

谁是禅门正统，是北宗还是南宗？是这次辩论会上和以后神会与北宗僧人争论的重要问题。

北宗神秀在晚年受到武后、中宗的优遇。在他死后，弟子普寂、义福等人又相继受到朝野的敬重，影响很大。然而对于是谁接替弘忍是真正的继承人，开始没有统一的说法。神秀死(706) 后，张说所撰《大通禅师碑铭》[③]所述的禅法传承世系是：菩提达摩——慧可——僧璨——道信——弘忍——神秀，把神秀奉为六祖；李邕所撰《嵩岳寺碑》[④]记载的传法世系不仅与此相同，而且又明确地以普寂为继承神秀之后的祖师。当时嵩岳寺的寺主是普寂之侄坚意，此碑当是秉承普寂之意而撰。北宗史书之一，由神秀、玄赜弟子净觉所撰《楞伽师资记》（撰于公元 712—716 之间）也以神秀继承弘忍之后。然而，早在神秀去世之前，当弘忍的另一弟子法如死的时候(689)，立在嵩山会善寺的《唐中岳沙门释法如禅师行状》碑[⑤]，是以法如为继承弘忍之后的。北宗另一部史书，由杜胐所撰《传法宝纪》（当成书于公元716—731年之间）明确地说达摩禅法在经过慧可、僧璨、道信之后，“弘忍传法如，法如及乎大通（神秀）”。

神会在北宗的势力范围内传法，对于北宗的传法世系十分敏感，认为以神秀或法如为继承弘忍之后的六祖皆是出于普寂的授意，表示强烈的反对。在滑台大云寺与北宗僧人的辩论中特别提到这点。他说：

> 今普寂禅师在嵩山竖碑铭，立七祖堂，修《法宝纪》，排七代数……
>
> 普寂禅师为秀和上竖碑铭，立秀和上为第六代。今修《法宝纪》，又立如禅师为第六代。谁是谁非？请普寂禅师子细自思量看。（《南宗定是非论》）

前一段是批评普寂擅自授意在嵩山撰刻《嵩岳寺碑》，又让人修《传法宝纪》，编造禅门七代传法世系，自己以七代自许；后一段批评《大通禅师碑铭》以神秀为六祖与《传法宝纪》以法如为六祖的说法是矛盾的。

实际上杜胐撰写《传法宝纪》是否受普寂或其门人的委托还是有疑问的。普寂本人并不承认神秀是继承法如之后。同样，李邕在普寂死后为他写的《大照禅师塔铭》记载：开元二十七年（739）普寂临死前对门人说：“吾受托先师（按，神秀），传兹密印，远自达摩菩萨导于可，可进于璨，璨钟于信，信传于忍，忍授于大通，大通贻于吾，今七叶矣。”⑥可见普寂对达摩以来七代传承世系的看法是十分明确的。

为了对抗北宗的传法世系说，确立南宗的正统地位，神会编造了南宗的祖统说（详后），主要是说慧能是弘忍的法定继承人，是禅门的六祖，最重要的证据是慧能从弘忍处受传从菩提达摩以来代代相传的袈裟，而北宗的神秀、法如等皆无此祖传袈裟。

神会在南阳、滑台大力弘法之时，正值北宗普寂、义福等人受到朝野尊崇的时候。神会宣称北宗不是禅门正统，继承达摩禅法的是慧能而不是神秀或法如；北宗禅法主渐，劣于南宗顿教禅法，不能引导信众达到解脱。这种论调不能不引起普寂及其门徒的震惊和忌恨。因此，神会接连受到来自北宗的迫害是十分自然的。

据宗密《圆觉经大疏钞》卷三之下《神会传》记载，神会在应兵部侍郎宋鼎之请正式入洛阳之前，曾到洛阳与北宗的人辩论过，而在滑台大云寺与北宗僧人的辩论是规模最大的一次。在玄宗之时，以普寂为首的北宗受到朝廷的尊崇和保护，在秦洛两京广大地区很有势力。他们对于神会的诘难、批评予以回击，使神会三度几乎丧命。具体起因是：侠客之事、滑州卫南县（今河南滑县与濮阳之间）卢、郑二位县令文书之事。为这些事或被送往白马（滑台）县衙遭受官司，或直接受到人身迫害，前后三次几乎死去。“商旅缞服，曾易服执秤负归”，大概是过往商旅发现受害的生命垂危的神会，给他换上衣服，自穿丧服把他背回去。从宗密的文意来看，神会受迫害的背景是北宗所为。因此，在神会正式入住洛阳之前，曾有一段时期不能继续传法，《圆觉经大疏钞》所说“便有难起，开法不得”，当即指此。

神会因在朝廷士大夫之间传法逐渐出名，天宝四载（745）应兵部侍郎宋鼎之请入住洛阳荷泽寺，此后被称为荷泽神会、荷泽大师。他在荷泽寺仍经常向僧俗信徒传南宗禅法，批评北宗禅法，并且还有针对性地建立慧能的灵堂，除撰文记述六祖事迹外，还配有绘画，立着兵部侍郎宋鼎撰写的碑，太尉房琯为此撰写关于禅门六代祖师的文字。由于神会的积极传法，人们对曹溪慧能及其禅法有了更多的了解，信徒也日增。《宋高僧传·神会传》说：“致普寂之门，盈而后虚。”

四. 最后的挫折和成功

北宗在以两京为中心的北方影响很大，在朝野的信徒也很多，《圆觉经大疏钞》称之为“势力连天”。就在神会传教取得重大进展的时候，他再次受到打击。由于御史中丞卢弈向朝廷劾奏神会聚众阴谋作乱，神会被召至长安受审问，后来被贬逐到弋阳郡（原光州，治所在今河南潢州）、均州（治所在武当，在今湖南均县），天宝十三载（754）又被放逐到襄州（治所在今湖北襄樊），不久被遣送到荆州（治所在今湖北江陵）的开元寺。在不到两年的时间里，神会先后被贬逐四个地方，此时神会已是位71岁高龄的老人了。

就在神会遭到贬逐，流徙各地的时候，爆发了“安史之乱”。玄宗逃至四川，肃宗在灵武（在今宁夏）即位。肃宗至德二载（757）九月唐将郭子仪等收复长安，十月收复洛阳。乾元二年（759）正月史思明于魏州称燕王复反，杀安庆绪，并其众，九月再度攻入洛阳，两年后被其子史朝义所杀。宝应元年（762）代宗即位，借助回纥的军队收复洛阳。广德元年（763）史朝义自杀，唐军最后平定叛乱。

在平定“安史之乱”中，军需粮草供应困难。唐朝政府不惜通过卖官鬻爵和纳钱度僧尼、道士的方法来增加财政收入，以供军需。神会以其名望，也被请出来主持度僧尼之事。

神会主持戒坛度僧尼，是在洛阳收复之前于外地的某个场所开始进行的。当时并非只有神会一个人主持度僧尼，在五岳、各个大的州府所在地也设戒坛请“高行大德”主持度僧尼、道士。但很可能由于神会的名望，在朝廷的直接管辖下主持一个较大的地区乃至全国范围的度僧尼的事务，因为在度僧鬻牒当中表现突出，为筹集军饷立了大功，受到朝廷的嘉奖，曾应诏入长安内宫，并且朝廷命将作大匠在洛阳荷泽寺内为他建造禅室。

神会乾元元年（758）的五月十三日死于荆州开元寺，年75岁（此据宗密《圆觉经大疏钞》卷三之下《神会传》和《神会塔铭》）。

神会的法系称“荷泽宗”。神会的弟子，各书记载多寡有异，据日本宇井伯寿、镰田茂雄的统计，在宗密《中华传心地禅门师资承袭图》中载有19人，在其《圆觉经略疏钞》卷四谓有22人，在宋赞宁《宋高僧传》中载有约14人（与有关碑文合计有16人），在道原《景德传灯录》当中载有18人。《禅门师资承袭图》的禅门诸宗师承图列出的神会弟子有：磁州智如、魏州寂、荆州惠觉、太原光瑶、涪州朗、襄州寂芸、摩诃衍、西京大愿、净住晋平、河阳空、荆州衍、查浮无名、东京恒观、潞州弘济、襄州法意、西京法海、陕州敬宗、凤翔解脱、西京坚。在中国禅宗史上，神会的弟子不很有名，对后世的影响不大。

五. 神会的禅法语录

神会的禅法语录，是指由他的弟子或信徒对他生前说法的记录整理，而由他本人写的著作极少。这些文献在进入宋代以后逐渐佚失，直到20世纪20年代才从敦煌遗书中重新发现。笔者《神会和尚禅话录》一书已经对神会现存的各种语录、著作作了详细的介绍，这里仅作简单介绍。

（一）《南阳和尚顿教解脱禅门直了性坛语》

是神会在南阳时期的登坛说法录。现有三种校本：（1）日本铃木大拙（铃木贞太郎）据原北平图书馆（今国家图书馆）木寒81号文书的校本，收在日本大阪安宅文库刊《少室逸书》；（2）胡适晚年据巴黎国立图书馆所藏的敦煌写本（P2045）作的校本，以《新校定的敦煌写本神会和尚遗著两种》发表在台湾《历史语言研究所集刊》第29本，后收在台湾胡适纪念馆1968年新版《神会和尚遗集》附录；（3）杨曾文据敦煌县博物馆所藏77号写经上的抄本的校本，收在中华书局1996年出版的《神会和尚禅话录》之中。原件由敦煌名士任子宜在1935年于千佛山的上寺发现，最早由向达撰《西征小记》（后收入《唐代长安与西域文明》）向世人介绍，上面还有其他四个抄本。

（二）《菩提达摩南宗定是非论》　独孤沛撰

以神会开元二十年（732）在滑台与北宗僧人辩论的记录为主，吸收其他场合的言论编成。现有三种校本：（1）胡适旧校本：1926年胡适据巴黎国立图书馆所藏的敦煌写本（P.3047、P.3488）校刊，残缺很多，收在他所著的由亚东图书馆1930年出版的《神会和尚遗集》，称《神会语录第二残卷》、《神会语录第三残卷》；（2）胡适新校本：1958年据巴黎国立图书馆的敦煌文书（P.2045）校刊，与旧校《神会语录第二残卷》合编，仍有不少残缺，与新校定的《坛语》在同篇文章发表，此后收在新版《神会和尚遗集》附录；（3）杨曾文据敦煌县博物馆藏77号写经上的抄本所校本，首部稍缺，补之以胡适新校本的卷首部分，其他皆完整，收在《神会和尚禅话录》。

（三）《顿悟无生般若颂》

是神会所撰宣传南宗顿教禅法的偈颂。有两种校本：（1）胡适旧校本：据伦敦大英博物馆所藏残卷（S.468）对照《景德传灯录》卷三十荷泽大师《显宗记》校刊，收在旧版《神会和尚遗集》；（2）胡适新校本：据两种敦煌残卷（S.468、S.296）合校，与前述《坛语》、《南宗定是非论》同文发表，后收在新版《神会和尚遗集》附录。

（四）《南阳和尚问答杂征义》　刘澄集

一般也称《神会语录》或《神会录》，是对神会在不同场合说法的辑录。有四种校本：（1）胡适旧校本：据巴黎国立图书馆藏敦煌写本（P.3047）所校，收在旧版《神会和尚遗集》，称《神会语录第一残卷》；（2）日本铃木大拙与公田连太郎据石井光雄收藏的敦煌写本校刊，首部缺，尾部有从达摩到慧能的六祖小传，1934年以《敦煌出土神会禅师语录》的书名由森江书店出版，铃木《禅思想史研究第三·研究文献〉收有石井本、胡适校本的对刊本；（3）胡适新校本：据伦敦大英博物馆藏敦煌文书（S.6557）校刊，首尾俱缺，但前残存编者刘澄的序文后部，其中有“勒成一卷，名曰问答杂征义”及“前唐山主簿刘澄集”，从而可以确定此录的题目和作者，1956年胡适以《神会和尚语录的第三个敦煌写本》的标题发表在台湾《历史语言研究所集刊》第四种《庆祝董作宾先生六十五岁论文集》上册，后收入新版《神会和尚遗集》附录；（4）杨曾文将胡适新校本首部及石井本开头所缺部分、石井本全部、胡适旧校本中石井本所缺部分合编，收在《神会和尚禅话录》。

（五）《五更转》曲词两首及五言律诗一首

《五更转》是盛行于唐中期的燕乐的曲牌之一，神会在这两首曲词（曲子词）和一首律诗中宣传南宗禅法。

六. 神会的以慧能为六祖的禅宗祖统说

北宗虽有以神秀或以法如为继承弘忍之后的六祖的两种主张，但因为普寂在北方最有势力，所以以神秀为六祖的说法最有影响，普寂本人也以继承神秀之后的七祖自许。神会为了扩大南宗的影响，极力宣传他的以慧能为六祖的祖统说，坚决反对北宗的祖统说。神会所持的理由十分简单：无论是法如还是神秀，都没有从弘忍受历代相传的达摩袈裟，而声称慧能有这种袈裟，是后继弘忍成为第六代祖的证明，宣称：“从上相

传，一一皆与达摩袈裟为信。”（《南宗定是非论》）

神会在开元二十年（732）滑台大云寺与北宗僧人崇远的辩论中，谁是达摩禅法的合法继承人是双方争论的重要焦点。神会回答所列举的历代祖师当中，前五代与北宗相同，只是在谁是六祖的问题上与北宗有分歧。他明确地表示，六代祖师前后相承的东西有二：一是“内传法契，以印证心”；二是“外传袈裟，以定宗旨”。

禅宗的祖统说是关系到谁是嫡传，何为正统的问题。从历史上看，确实是北宗先提出禅门传承世系的，普寂及其门徒也把神秀作为继承弘忍的六祖，以普寂为七祖。但这种说法在开始未必是针对南宗的。慧能在世时，他创立的南宗仅流行在东南一隅。他死之后，弟子分散到各地传法，但南宗在相当长的时间内影响不大。神会北上传法，公开批评北宗“师承是傍，法门是渐”，自然激起与北宗的矛盾。在北宗自己编的传承世系中从来没有提到“传法袈裟”或“以达摩袈裟为信”的问题。南宗所说慧能从弘忍受传祖传袈裟，到底真实性如何？兹不详论。

神会的禅宗祖统说是以菩提达摩为“唐国”初祖，同时又以菩提达摩为“西国”（古印度）第八祖，向上一直追溯到从释迦牟尼佛受法的迦叶。他对崇远说，依据《禅经》（东晋佛陀跋陀罗译《达摩多罗禅经》）的《序》和当年菩提达摩亲自对慧可的传授，在达摩之前的祖师有七代，即自佛以后，有迦叶-阿难-末田地-舍那婆斯-优婆崛-须婆蜜（应为“婆须蜜”）-僧伽罗叉，达摩为第八代；“西国有般若多罗承菩提达摩后”。在“唐国”有慧可继承达摩，到慧能为第六代祖师。西国与唐国，“总有十三代”祖师。然而，他有意把《禅经》中僧伽罗叉之后的“达摩多罗”说成是“菩提达摩”。实际上二者是时代不同的人。神会的祖统说对后世禅宗影响很大，此后《六祖坛经》的二十八代祖师说，以及其他的禅宗史书（如

《历代法宝记》）的二十九代祖师说，都是沿着这种构想并以此为基础，再吸收《付法藏因缘传》的付法世系编造出来的。

七. 神会的禅法理论

唐代宗密在《禅门师资承袭图》中认为："荷泽宗者全是曹溪之法，无别教旨。"从神会禅法的整体来说，可以这样认为，但具体分析起来，神会对慧能禅法中的"无念"、"见性"、"定慧等"、"顿悟"以及批评北宗"观心"、"看净"的禅法方面都有新的发挥。然而，他过于重视所谓"知见"，又强调读诵《金刚经》的种种功德的部分，是相对于慧能禅法的一种倒退。

（一）"发菩提心"与"善知识指授"——主观信仰与外在教化是达到解脱的两个条件

大乘佛教的任何派别都强调信徒自己确立佛教信仰和从掌握佛法的人（师友，善知识）接受佛法的重要性。神会经常设立坛场向信众说法，同样也强调这两个方面，但有自己的特色。《坛语》说：

> 云何正因正缘？知识（按，此指与会的信徒），发无上菩提心是正因；诸佛、菩萨、真正善知识将无上菩提法投知识心，得究竟解脱是正缘，得相值遇为难。

"因"为内因，"缘"为外部条件。"正因正缘"指达到觉悟所需要的真正原因和条件。所谓"发无上菩提心"是在特定场合表达自己要达到无上觉悟（成佛）的意愿和决心。据大乘佛教的解脱理论，菩萨要修证成佛必须经过漫长的历程和由低到高的种种阶位，其中最重要的阶位有十个，此即"十地"，但在达到"十地"之前，必须经历一个准备阶段，而在这个准备阶段首先应"发心"，即发菩提心。神会虽仍沿袭大乘佛教

“发心”的基本含义，但同时增加新的内容。他要信徒发的“无上菩提心”所具有的特殊内容是：坚定对南宗顿教禅法的主观信仰。他本人则以“真正善知识”自任，意为信徒只有经过他的传授指点才能达到觉悟。

慧能虽主张自修自悟，但也强调外在师友先给予教化的重要性。神会继承这点，认为人人都有佛性，但自己不一定知道，如果得到善知识的指点，就会觉悟到自己生来具有的佛性，通过断除烦恼的修行可以达到解脱。据《南阳和尚问答杂征义》记载，神会在回答蒋山义法师的问话中，突出了“真正善知识指示”的重要性。认为众生现时具有佛性与情欲烦恼，如果遇到菩萨、善知识给予指教，就可以见性悟道，达到觉悟解脱，否则将继续造恶业，在生死烦恼中轮回。他举宝珠、金矿为例，如果无人磨制、冶炼，宝珠不会发光，金矿不会出金。同样的道理，众生虽有佛性，若不经师友指教发心，本有的觉悟的可能性也不会变成现实性。

（二）“单刀直入，直了见性”的顿教禅法

南宗自称“顿教法门”、“顿教”，主张顿悟，而说北宗是渐教，主张渐悟。慧能曾说：“法即一种，见有迟疾，见迟即渐，见疾即顿。法无渐顿，人有利钝，故名渐顿。”（敦煌本《六祖坛经》）“见”是见解，这里特指“见性”（现性）。“见疾”即如《坛经》上所说“于自心顿现真如佛性”，“言下大悟，顿见真如本性”，“顿悟菩提，令自本性顿悟”等等。神会继承了慧能的思想，那么，他是如何解释顿悟呢？从现存他的语录来看，顿悟就是不经过任何中间环节，直接体认佛性之理，达到觉悟；而要觉悟，则应修持与所谓真如实相（法性、佛性）相应的“无念”禅法。

让我们结合神会的原话稍加解释。在滑台与崇远法师辩论时，崇远问他为什么不承认北宗的佛法，他回答说：

皆为顿渐不同，所以不许。我六代大师，一一皆言单刀直入，直了见性，不言阶渐。夫学道者须顿见佛性，渐修因缘，不离是生而得解脱。譬如其母，顿生其子，与乳渐养育，其子智慧，自然渐渐增长。（《南宗定是非论》）

所谓“单刀直入，直了见性，不言阶渐”是对南宗顿教禅法的生动概括。中心是“直了见性”，即使主观认识与所谓真如佛性直接相应。神会反对北宗的渐教禅法，但并不否认在顿悟之后的渐修，如读经和各种行善修行等。他实际是把“顿见佛性”看做是达到觉悟的标志，同时要求在此后还要“渐修因缘”，以求得在生前达到解脱。

与顿悟相联系的一个问题是即身能否成佛。他说过“不离是生而得解脱”的话。在伦敦本的《问答杂征义》中载有神会回答中天竺国伽罗蜜多的弟子康智圆问修道者“一生得成佛道不”的话，主要是说：（1）据大乘教理，无数“业障”可以“一念消除，性体无生，刹那成道”；（2）平常所说的修习佛法是属于有生有灭的“无常”之法，既然是无常，其本性为空，故可“不假修习”而“即得成佛”；（3）修道、佛道的“道”，其体本空，超出一般人的思虑感觉之上，是无相无念无思的，“道性俱无所得”，所以可以说是无道可修的；（4）真正的解脱是做到“心不生即无念，智不生即无知，慧不生即无见”，达到这三个“不生”就达到解脱。因此，人们是可以在生前成佛的。神会在这里所发挥的是般若性空和不二法门的道理，认为做到自然无为、无念、无知、无见等，就是达到成佛解脱。

（三）“无念”禅法

在神会的禅法体系中，顿悟是目的，无念是达到这个目的的方法。然而，因为顿悟是“顿见佛性”，无念是与真如实相、佛性相应的精神状态，故二者又常相通，有时也把达到无念的境界当作修行的目标。

神会的无念禅法虽然直接继承慧能，但是有所发展，主要表现在对无念作了十分明确的解释。慧能“立无念为宗”，说“无念法者，见一切法，不著一切法；遍一切处，不著一切处……于六尘中，不离不染，来去自由，自在解脱，名无念行”(敦煌本《六祖坛经》)，已包含寄坐禅修行于日常生活之中的意思。神会对无念解释为：

> 云何如如？所谓无念。
>
> 云何无念？所谓不念有无，不念善恶，不念有边际、无边际，不念有限量、无限量。不念菩提，不以菩提为念。不念涅槃，不以涅槃为念。是为无念。是无念者，即是般若波罗蜜。般若波罗蜜者，即是一行三昧。
>
> 诸善知识，若在学地（按，达到觉悟之前的修行阶位）者，心若有念起，即便觉照。起心既灭，觉照自亡，即是无念。是无念者，即无一境界；如有一境界者，即与无念不相应。
>
> 见无念者，六根无染。见无念者，得向佛知见。见无念者，名为实相。见无念者，中道第一义谛。见无念者，恒沙功德一时等备。见无念者，能生一切法。见无念者，能摄一切法。（《南宗定是非论》）

其中的“有无”、“善恶”、“有边际、无边际”……都是人们用来认识世界，对事物作出判断的常用概念。要人们不要念有无、善恶等等，就意味着要人们不去认识周围的世界，对于任何事物不作肯定与否定的结论，不作价值判断。按照常理，修行者本来是以达到“菩提”（觉悟）、“涅槃”（超脱生死烦恼）为目的的，但神会明确地提出连它们也不应思虑和追求。他说，做到这些，就是有智慧（般若）的表现，就进入“一行三昧”（深观法身实相之禅）的至高禅观境界。他还认为，在无念的境界，心中没有任何形象的观念（无一境界），自然也就无所舍，没有好恶。达到无念，也就是达到最高的觉悟。因此，他把无念与真如（如如）、实相、第一义谛等同。

神会认为，要做到无念，就要去妄心。他把妄心分为两种：贪爱财色园林、男女等世俗社会常见的欲望，是粗俗的“粗妄”；在修行中追求出世解脱等，为“细妄”。在《坛语》中对此作了详细的解释。然而实际上，神会要人们彻底取消日常生活和修行中的一切目的性是不现实的。神会自己宣传南宗禅法，不也是有明确的目的吗？

神会过分强调无念，无非是要人接受南宗禅法，置修行于自然无为，寄禅定于日常生活之中。“不作意”取菩提，取涅槃，取净，取定……可以理解为是任运自在、无所事事的日常生活。

（四）“知之一字，众妙之门”

重“知”、“知见”是神会禅法的重要特点之一。宗密《禅源诸铨集都序》卷二在介绍神会的禅法时说，他曾明言：“知之一字，众妙之门”；在其《中华传心地禅门师资承袭图》则引为：“知之一字，众妙之源。”神会初见慧能，便说：“见即是主。”“知”也就是“见”，或合称“知见”，也可称“知解”，在不少场合与所谓“灵知之心”、“心”、“佛性”同义。（见《禅源诸铨集都序》卷二）

神会认为，要达到顿悟必须修不拘场合和形式的无念禅法，为此便可以得到与无念相应的“知”或“知见”。他在《坛语》中对“知”作了如下的表述：

心有是非不？答：无。心有去来不？答：无。心有青黄赤白不？答：无。心有住处不？答：心无住处。和上言：心既无住，知心无住不？答：知。知不知？答：知。

今推到无住处立知……无住心不离知，知不离无，即无住。知心无住，更无余知。……今推心到无住处便立知，知心空寂，即是用处。《法华经》云：即同如来知见，广大无边。

经云：当如法说，口说菩提，心无住处；口说菩萨，心唯寂灭；口说解脱，心无系缚。

向来指知识无住心，知不知？答：知。

这里所说的心无是非、无住处等，都是对“无念”的表述，但据称心对这种情况是知道的。这时的“知见”，便是与“无念”相应或相契合的“知见”。因为只有做到无念才能解脱，故这种“知见”即等同于“如来知见”。又因为达到无念即意味着做到“定慧等”、“明见佛性”，所以又可以把这种“知”或“知见”看做是自身所具有的佛性。

八. 神会对北宗禅法的批评

神会把从达摩到慧能的禅法称为“如来禅”。所谓“如来禅”的提法是源自南朝宋译《楞伽经》卷二，认为是大乘最高禅，以达到如来境地，体认空、无相、无愿“三解脱门”，并且普度众生为使命。慧能的弟子之一玄觉（665—713）所著《永嘉证道歌》中有云：“顿觉了，如来禅，六度万行体中圆”。认为此禅具足大乘一切修行功德。唐宗密《禅源诸铨集都序》卷一说禅有浅有深，有外道禅、凡夫禅、小乘禅、大乘禅、最上乘禅（亦名如来清净禅）。从他对如来禅的解释可知，这种禅与《楞伽经》所讲的如来禅已经有所不同，实际上就是神会所反复宣说的顿教无念禅法。神会在传教过程中从正面宣传南宗顿教禅法的同时，从反面批评北宗的禅法。

北宗的代表人物神秀的禅法可用“观心看净”四字概括，如其《观心论》说：“唯观心一法，总摄诸法”，主张通过坐禅观心“除三毒”、“净六根”，使佛性显现。记述他的禅法的

《大乘无生方便门》着重讲坐禅看净。慧能在时已经对此进行批评，《六祖坛经》说，“起心看净，却生净妄”，“看心看净，却是障道因缘”。

当神会批评北宗禅法时，北宗崇远特别提到普寂和降魔藏的名字并简单地介绍了他们的禅法，说：

> 禅师，嵩岳普寂禅师、东岳降魔藏禅师，此二大德皆教人坐禅：凝心入定，住心看净，起心外照，摄心内证。指此以为教门。（《南宗定是非论》）

这十六字的大意是：控制精神，入定观心看净，通过起心观想四方上下、内外远近，最后达到眼耳鼻舌身意“六根”清净，使本具的佛性显现。

对此，神会依据南宗的顿教无念的禅法理论从两方面进行批评。

第一，用“不二”的理论批评北宗教人控制身心入定的做法。一方面说这种坐禅方法是“调伏心”（抑制精神），同时又说如果不凝心入定，不住心看净，则是“愚人法”。正确的做法应是采取慧能南宗的中道不二立场的禅法，坐禅（“宴坐”）不必脱离世俗生活，也不必选择寂静的场所和采取特定的形式，“心不住内，亦不住外”，“不断烦恼而入涅槃”都属于坐禅。

第二，用“定慧等”、“无念”的理论批评北宗禅法对达到觉悟有障碍。据《南宗定是非论》记载，他认为，真正的坐禅应与无形无相的“真如”相应，即不观想四大颜色，也不观想内外远近，既无“作意”，又无“不作意”，是一种无念的状态，如果“有出定入定及一切境界，非论善恶等，皆不离妄心，并有所得；以有所得，并是有为，全不相应”；北宗的“凝心入定”禅法，不仅不与“菩提”相应，而且是障碍觉悟的，指出：“但一切时中见无念，不见身相，名为正定；不见身相，名为正慧。”

南宗重“心”，神会更重“知”，不仅认定“定慧等”，而且认定戒、定、慧“三学等”。他在《坛语》中说，如果修习北宗禅法，去“凝心入定”，就要执著非善非恶的“空”（无记空），受到束缚，是得不到智慧的；如果起定以后通过思辨事物得到智慧，那么此时则无定。这样必定是把定、慧分离，达不到解脱。如果能够按照南宗禅法修行，“一切善恶，总莫思量”，不修凝心入定，也不观心看净，才能真正做到无念，达到解脱。

最后应当指出，在神会身上有两个不可克服的矛盾：一是理论与生活实践的矛盾。如果按照他的“无念”禅法理论，应当不念是非、善恶、无所取舍，但他却以“不惜身命”的无畏精神与北宗辩论是非、邪正，争夺禅门正统地位。这虽可用“俗谛”、“方便”的理论加以解释，但实际上问题并未解决。二是理论体系内部的矛盾。虽然主张“无念”、“不取于相”、“不念善恶”，说梁武帝“造像写经”没有功德，但却不厌其烦地宣传听闻、书写、受持、读诵《金刚般若经》的功德（在《南宗定是非论》的后半部分占有很大篇幅）。在我们来看，存在这种矛盾并不难理解。神会当时与北宗辩论，争夺势力范围，不得不反复从理论上论述南宗禅法的高明，而要在广大僧俗民众中传教，就不能不宣传普通人都容易听懂的善恶功德之类的教义。因为《金刚经》不仅为南宗禅法提供重要理论依据，并且从唐初以来在社会上特别流行，所以他很自然地把宣传诵持《金刚经》的功德置于十分突出的地位。

注释：

①《宋高僧传》卷八本传。

② 此据《景德传灯录》卷五。

③《全唐文》卷二三一。

④《全唐文》卷二六三。

⑤《金石续编》卷六。

⑥《全唐文》卷二六二。

敦煌道教综述

王　卡

甘肃省河西地区古称陇西或凉州。自西汉张骞出使西域后，河西走廊一直是中原汉族政权与西北各民族政权（如匈奴、氐羌、柔然、突厥、吐谷浑、吐蕃、回鹘等）为控制西域而竞相争夺的要地，同时也是古代中国与中亚、南亚各国相互朝聘、通商和文化交流的重要通道。多民族的杂居和中西交往的频繁，使河西地区，特别是地处河西走廊西端的敦煌，成为各种文化的交汇之地，留下了丰富多彩的文化遗迹。而这种多样化的文化色彩，在宗教方面显得尤为突出。

自汉魏六朝以至隋唐五代，河西地区存在的外来宗教，有来自南亚的佛教、西亚波斯的火祆教、摩尼教、景教。这些外来宗教首先传到中亚和西域诸小国，然后通过河西走廊传入中原地区。但是河西地区作为中西文化的交汇之处，不仅有来自西方的影响，而且也有来自中国内地的文化；不仅受中原儒家文化的影响，而且也有道家和道教文化的影响。

汉魏六朝正是中国道教开始从民间兴起，并逐步发展为成熟的正统宗教的时期，隋唐五代则是道教极为兴盛的时代。作为在中国内地越来越兴旺的宗教，道教在河西地区也有所传播，并留下许多遗迹。近年来，关于汉魏六朝至隋唐时期河西地区道教发展的状况，以及在敦煌发现的道教遗书对道教文献学研究的重要意义，已经引起许多中外学者的注意，并有许多研究成果。下面仅据笔者所见到的资料，就此略作概要的介绍。

一. 汉末魏晋河西道教的传播

中国道教形成于东汉后期（约公元2世纪），首先出现的道教教团有太平道和五斗米道。据史书记载，太平道传播于中原地区的青、徐、幽、冀、荆、扬、兖、豫八州，五斗米道则在西南益州的巴蜀汉中地区流传。西北凉州不是原始道教活动的范围。但是我们知道，早期道教的产生与当时民间流行的“鬼道”，即原始宗教的鬼神信仰和巫术活动有密切的关系。河西凉州也是巫鬼道术流行的地方。太平道发动的黄巾起义失败后，以公元189年西凉军阀董卓进京为契机，东汉王朝陷入了军阀混战的大乱局面。在董卓率领的西凉军团中，就有巫师术士的活动。据《三国志·董卓传》注引《英雄记》载：当吕布和王允合谋杀董卓之前，董卓军中“又有道士书布为吕字，以示卓。卓不知其为吕布也”。这件事亦见于南朝志怪小说《幽明录》：“董卓信巫，军中有巫都言，祷求福利。言从卓求布，仓卒无布，有手巾。言曰：‘可用耳。’便书布上，如作两口，一口大，一口小，……况吕布也。”[①] 董卓因不能明白巫师都言的谶语，遂为吕布所杀。董卓的女婿中郎将牛辅也信巫。《三国志·董卓传》注引《魏书》记载：“〔牛辅〕常把辟兵符，以铁锧致其旁，欲以自强。见客，先使相者相之，知有反气与不。又筮知吉凶，然后乃见之。中郎将董越来就辅，辅使筮之，得兑下离上。巫者曰：‘火胜金，外谋内之卦也。’即时杀越。”董卓部下悍将李傕更迷信巫术。《三国志·董卓传》注引《献帝起居注》云：“傕性喜鬼怪左道之术，常有道人及女巫歌讴击鼓下神，祠祭六丁，符劾厌胜之具，无所不为。又于朝廷省门外为董卓作神座，数以牛羊祠之。……天子使左中郎将李固持节，拜傕为大司马，在三公之右。傕自以为得鬼神之力，乃厚赐诸巫。”这些西凉军阀对巫师道士的迷信，说明汉末凉州也是“鬼怪左道之术”流行的地区。这对于号称“鬼道”的五斗米道传入陇西，无疑是有利的条件。

汉末魏晋，五斗米道传入河西，与当时西南和西北地区少数民族的迁徙也有重要关系。汉末三张在巴蜀汉中传播五斗米道时，当地“俗信鬼巫”的巴夷、賨人等少数民族在首领杜获、李虎等人率领下，归依张鲁。后来曹操攻入汉中，张鲁出降，大批信奉五斗米道的汉中民众随曹军北迁，其中也有许多巴夷、賨人随其首领迁到秦陇山区。例如祖籍巴西宕渠的賨人李虎部落，就是当时北迁的少数民族之一。《晋书·李特载记》云：“李特，字玄修，巴西宕渠人。……汉末张鲁居汉中，以鬼道教百姓，賨人敬信巫觋，多往奉之。值天下大乱，自巴西之宕渠迁于汉中杨车坂，抄掠行旅，百姓患之，号为杨车巴。魏武帝克汉中，特祖（李虎）将五百余家归之，魏武拜为将军。迁于略阳，北土复号之为巴氐。”

像李虎这样北迁的西南少数民族部落还有许多。我们知道，四川西北、秦陇山地以至河西、青海一带，自古以来就是氐族、羌族世代居住之地。秦汉魏晋时代，西南少数民族和西北氐羌族穿越秦陇山地，频繁的南来北往，相互间有宗教文化的影响是不足为怪的。汉末巴夷、賨人北迁，与西北氐羌族杂居，号称“巴氐”，其五斗米道信仰因此而影响氐羌族人，并传播于河西地区，这是很有可能的。到了西晋末年，秦陇六郡的部分巴賨和氐羌族流民，随李特、李雄父子南返，在四川青城山道士范长生支持下，建立成汉政权，使五斗米道复兴于巴蜀[②]。其后十六国时期，氐族和羌族在华北建立的前秦苻氏、后秦姚氏政权，其信仰中也有五斗米道的巫鬼之术[③]。

除上所述外，道教在汉末魏晋传入秦陇及河西地区，还有一些史料可为证据。《三国志·魏书·三少帝纪》及《晋书·武帝纪》载：魏元帝咸熙二年（265）八月，司马炎袭晋王爵，欲图篡魏，“是月襄武县言有大人见，长三丈余，迹长三尺二寸，白发，著黄单衣，黄巾，柱杖，呼民王始云：今年当太平”。这年十二月，司马炎果然代魏称帝[④]。按襄武县魏晋时属陇右临洮郡，在此地出现的“大人”，黄巾拄杖，其形象近似汉末太平道师，又对县民王始宣告“太平”谶语，这说明当时已有道士活动于陇西地区。又据《晋书·慕容德载记》及《十六国春秋·南燕录》记载，十六国时南燕建平四年（403），“妖贼王始聚众于泰山，自称太平皇帝”。这位“王始”可能也是民间道士化名，与太平道有关。

近人张凤《汉晋西陲木简汇编》第45页，收入敦煌出土的道教木简符箓一枚，其正面文字为“仙师敕令三天贵龙星镇定空炁安●”，背面文字为：“金木水〔火土〕”。据陈槃先生《敦煌木简符箓试释》一文考证，这枚木简是五斗米道的符箓，大约为魏末景龙四年（263）之物。这是魏晋之际天师道已传入河西地区的重要实物证据。

十六国时期，一些汉族和异族政权占据河西地区。当时佛教在该地盛行，而道教也有所传播。《晋书·隐逸传》记载前凉张茂时，敦煌有隐士索袭，虚静好学，游思于阴阳之术，“味无味于恍惚之际，兼重玄于众妙之内”，颇具道家风度。按索氏为敦煌大族，敦煌遗书中有不少索氏族人抄写的道经。如《老子道德经》即道士索洞玄所抄。又据《晋书·文学传》记载，十六国时著名道士王嘉（即撰写《拾遗记》的王子年），受前秦国主苻坚、苻登礼遇，后来被后秦主姚苌杀害。据道书《洞仙传》和《王氏神仙传》记载，王嘉死后尸解，与弟子逃往陇右。这虽属神话，但也可说明当时河西应有道士活动。道教早期信奉西王母、东王公等神仙。据《晋书·沮渠蒙逊载记》称：北凉国主沮渠蒙逊，“至盐池（今青海湖）祀西王母，寺中有玄石神图”。近年发掘的十六国五凉时代酒泉丁家闸五号墓壁画，有西王母、东王公等神仙形象[⑤]。在敦煌莫高窟的北魏 249 窟、西魏 285 窟顶部壁画，也绘有东王公与西王母分别驾龙凤车出行，前有方士开路，后有神兽随行的场面。可见河西地区崇奉西王母由来已久。

总而言之，道教自东汉末形成后不久，即在魏晋及十六国时期传入河西地区，为后来当地道教的兴盛奠定了基础。

二. 北朝隋唐敦煌道教的兴盛

公元 439 年，北魏攻克凉州，灭北凉沮渠氏，随后又将其残余势力逐出敦煌，重开通往西域之路。自此之后，直至公元 755 年安史之乱爆发前的 300 多年间，河西地区一直处于北魏、西魏北周，以及隋唐等中原王朝的控制下。这一时期中国从分裂趋于统一，国力逐渐强盛，中西交流畅通无阻。中原地区的道教也在这一时期越来越兴盛。北魏初，著名道士寇谦之改革天师道，受魏太武帝拓跋焘赏识而盛行于北朝。西魏北周时，又有楼观道派兴起于关中，得到周武帝宇文邕等统治者的支持。隋朝统一天下后，原在江南地区流行的上清、灵宝等符咒道派，与北方关洛地区的天师道派，在教义及科仪方术上交流融合。到了唐代，道教由于皇室的崇奉而发展至鼎盛时期。

北朝至唐玄宗开元、天宝年间，中原地区道教的日渐兴盛和中西交流的畅通，使敦煌及河西地区的道教也大为发展和兴盛。虽然现存史籍对西凉边地的宗教状况记载甚少，但敦煌石室中发现的道经抄本，恰好填补了这一空白。

国内外公私收藏的敦煌遗书抄本，现已公布的图片编号总数多达数万件。据日本学者大渊忍尔《敦煌道经目录编》（1978 年出版）的著录，其中与道教有关的抄本共计 496 件（内有少许吐鲁番文书）。近 20 余年来，随着各国所藏抄本图版陆续公布，以及各国学者的搜寻和研究，敦煌道经抄本总数大有增加。据笔者所知，至 2002 年已公布图片，或学者论著披露的敦煌吐鲁番文献中，道经抄本数已有800多件编号。其中已考定或拟定经名的道书，约有160种（另有不多的失题道经残片）。这些道书的内容，包括三洞经典、论疏、道家诸子、科仪法术；道教类书、诗集、话本、讲经文、斋愿文、镇宅文等。这些道经及文书既可弥补现存《道藏》经书的缺失，又为研究敦煌地区道教史提供了珍贵资料。

敦煌道经中，有些抄本末尾附有题记，记录抄写和监校者的姓名、身份、抄写地点、年代、事由，以及道师传经授戒的盟誓词。合计有50余条。将这些题记搜集起来，研究其中出现的人物、道观、年号及盟誓词，就可知道当时敦煌道教的发展状况（陈祚龙先生编有《敦煌道经后记汇刻》，大渊忍尔《敦煌道经目录编》附录有敦煌道经中所见的《道士名表》、《道观表》、《有纪年道经表》）。此外有些不属于道教的敦煌抄本，如图经地志、医书药方、历日占卜、伪佛经等，其中也有关于道教活动的零星资料。

根据对敦煌抄本中出现的年号及抄本纸质、字体的研究，已知敦煌道经的抄写年代大多在南北朝末至唐前期（即6至8世纪中叶）。出现最早的年号是梁元帝承圣三年（554），最迟年号为唐肃宗至德二载（757）[⑥]。隋唐年号的抄本，尤其是唐高宗、武后和玄宗的年号最多，而且多是在优质黄纸上楷书精校的道经写本。也有少许用干支纪年的道经，及字体纸质粗劣的文书，抄于吐蕃占据期及归义军统治期（即中晚唐至北宋时期）。大约以755年安史之乱爆发为界限，此前有大批楷书精美的正规道经抄本，此后正规道经愈来愈少，而代以木笔写或草书体的文书。这种书写风格和用纸的差别，恰好反映了敦煌道教盛衰的历史。唐代前期的鼎盛与中晚唐以后的衰落，形成鲜明对照。

敦煌道经及《沙州图经》等抄本中，见有八座唐代沙州地区道教宫观名称：灵图观（P.2005、2695、3669、S.5448）、冲虚观（P.2347、散 0689）、神泉观（P.2005、2361、2417、2424、2806、2861、3484、甘博 017、上图 078）、开元观（S.6453、6454）、龙兴观、紫极宫（P.4053v）、白鹤观（故宫博物院藏本、P.2257、3562v、京都 252）、玄中观（P.3562v）等⑦。其中紫极宫是祭祀唐朝圣祖玄元皇帝（太上老君）的官方道教宫观。据《旧唐书·礼仪志四》及《唐大诏令集》卷七十八，唐玄宗因崇奉老君，开元二十九年（741）诏两京及诸州各置玄元庙一所，天宝二年（743）又提升为宫，西京及亳州称太清宫，东京称太微宫，诸州称紫极宫。诸宫皆拟皇家宫阙制度，祭献礼仪与太庙同。可见其规模之盛。又据 S.2005《沙州都督府图经》记载，神泉观在州东北 40 里清泉驿侧。该观道士在唐代抄写及传授的经书最多。冲虚观则是当地女冠庙，观中女道士抄经和授经活动也较活跃。

关于这些宫观经济活动的资料极少，仅有一件天宝十三年（754）六月五日的便麦契（P.4053v），记录龙兴观道士杨神岳，因观主缺少种粮，向某人借麦捌硕，限八月还纳；若违限不还，用观主所有的车牛杂物充抵麦值。这件契约证明道观不仅有房产，还有观主自种的麦田，否则不会向人借麦种。

敦煌抄本中出现的道士、女冠姓名，已知约有 40 余人。他们的身份有观主、三洞法师、常住道士及男女清信弟子等。有些道士、女冠可能来自中原地区，但多数为本地人。至于沙州道士女冠的总数，尚无准确的统计资料。据 P.4072《请准乾元元年新度僧尼道士度牒状》残抄本称："合管内六军州，新度未得祠部告牒僧尼、道士女道士，已奏未□□/陆百陆拾人。计率得写告牒钱，共壹仟肆佰陆拾伍贯□□/。叁佰贰拾柒人僧，壹佰陆拾玖人尼，壹佰叁拾柒人道士，叁拾柒人女道士/。"这是乾元元年（758）沙州申报朝廷批准度牒的道士女冠数，合计 174 人，约相当于僧尼数的 35%。人数也不算少。

敦煌道士抄写和传授的经书，多数为当时在内地流行的

《道德经》、《灵宝经》、《上清经》、《洞渊神咒经》、《化胡经》等道经和道教科仪、戒律、类书。其中隋唐时流行的《太玄真一本际经》就有140多件抄本，《灵宝经》、《五千文》的抄本也为数不少。有些抄本注明是为唐朝皇帝和太子祈福而抄写，有些标明原写于内地宫观。如京师长安的景龙观（P.2457）、灵应观（P.2444、3233）、清都观（S.0238、P.2606）、五通观（皖博藏本）、雍州长安县东明观（P.3417、上图078）、河南府（洛阳）大弘道观（P.2457）等⑧。参与监督校写经书的人员除道士外，还有隋唐中央各部门的官员。如隋秘书省经生（S.2295）、唐国子监生员（P.3725）、道学博士（P.3768）、功德院修撰法师（P.2354、2457）等人。敦煌道士也有入京抄写道经的，例如武周长寿二年（693），沙州神泉观道士索□□，于京师东明观为亡妹写《本际经》一部（上图078题记）。又如冲虚观主宋妙仙，入京写《一切经》，未还身故（散0689题记）。这些事例都表明当时内地与敦煌的交流频繁，敦煌道教的发展与内地道教的繁荣有密切的关系。

三. 敦煌地区道教的衰落

唐玄宗天宝十四年（755），中原地区爆发安史之乱，唐朝国力由盛而衰。道教在动乱中也遭到沉重打击，经典被焚，宫观名山被侵占。虽然此后的唐朝皇帝，如宪宗、武宗、僖宗等仍继续尊祖崇道，迷信仙术。但是中晚唐时代的官方道教，如同唐朝的国运，再也无法恢复到安史乱前的盛况。

吐蕃统治者乘唐朝内乱之机，出兵进攻河西地区。大历元年（766），已攻陷甘、肃、兰、凉诸州，阻断中原与河西交通，瓜、沙二州也在贞元初年（约786年前后）沦陷。此后直至大中二年（848），张议潮起兵收复瓜、沙诸州，建立归义军政权，敦煌地区才名义上复归唐朝统治。

吐蕃占据时期，不仅在沙州废除县乡里制，设部落使，实施军政统治。文化方面也变更汉俗，推行“胡服辫发”，禁用唐年号，改用地支纪年。吐蕃统治者崇信佛教，因此极力培植其势力，提高僧人地位，扩建寺院。河西诸州本来就是佛教盛行地区，但在隋唐统治时期，汉族民众信奉的道教尚能占有一席之地。唐玄宗开元年间抄写的 P.2004《老子化胡经》抄本，其卷末有佛教“净土寺”的藏经印章。有学者认为这是一个证据，表明当时佛教慑于道教的势力，不得不在佛寺中收藏最令佛教徒反感的《化胡经》。但是到了吐蕃占领期，佛教势力更加膨胀，道教则因失去唐朝的支持而衰落了。

有关吐蕃占据期敦煌道教的史料极少。据说在吐蕃设置的部落（千户）中，有佛、道二教人士编成的僧尼部落、道门亲表部落。P.4640 抄本《大番故敦煌郡莫高窟阴处士公修功德记》（吐蕃时期敦煌国子监博士窦良骥撰），记载原任唐朝都尉官职的敦煌人阴伯伦，“自赞普启关之后，左衽迁阶；及宰辅给印之初，垂祛补职。蕃朝授得前沙州道门亲表部落大使”。姜伯勤先生认为：所谓沙州道门亲表部落，“就是八世纪末吐蕃管辖沙州后，由道士、女冠及其有关内亲、外亲所组成的一个千户”[⑨]。按这个材料可证明吐蕃时期道教在敦煌仍存在。但仅从官职名称，还不足以推论部落组成的人员。所谓“道教中三张一派可婚娶，并与家属同住道观中，因此得以将道门亲表编为一个特殊的千户”。这个推测恐怕不符合唐代道观男女分居的科律。而且敦煌在籍道士女冠之数，即使携其家属，也不太可能达到一千户。可能这只是个官职名称，类似唐代所设“寺观监”。

较为现实的看法是，自安史之乱后敦煌地区的道教处于衰落中。不仅吐蕃占据期道教不兴，而且在后来张氏、曹氏归义军政权时期，仍然信奉佛教，道教活动虽有所恢复，但也未能再现隋唐之际的兴盛。在已发现的敦煌道经抄本中，从至德二载（757）以后，不再有中原王朝的年号出现。但有些用干支纪年或无纪年的道经抄本，以及用硬笔写或草书体的文书，据推测可能抄于安史乱后吐蕃时期或归义军时期。据笔者搜索所及，大致列举如下：

1. 灵宝自然至真九天生神章：BD11190+P.4659。尾题“丙午年五月三日出家道士王法迁写讫”。暗黄薄纸，字品不佳，笔迹近似 S.8076+9047v。大渊目推测为唐初贞观二十年（646）抄本。疑为吐蕃占据期 766 或 826 年的抄本。

2. 灵棋卜法：P.3782+S.0557。末尾有题记：“灵棋卜法一卷，殿下赐本；已前都计百廿四卦，壬申年写了，范梧记。”从题记称殿下并用干支纪年看，疑系 792 年吐蕃占据期抄本。

3. 洞渊神咒经卷二十：S.8076+9047v。字品不佳，与 P.3233 等唐前期正规抄本不同。荣新江推测当系吐蕃占据期抄本。或许更晚。

4. 洞渊部失题道经（拟）：Дx0362v+11029v+1463v→2945v+1263v+1252v。行草书，字品不佳。系民间谶纬经书，内容文体近似《洞渊经》。内有“洛阳北，尽丘墟”；“昨日称魏朝称梁”等语句。疑系吐蕃占据期或唐末五代归义军时期抄本。正面楷书《左传》。

5. 太上一乘海空智藏经卷四：P.2473v→S.3705v。木笔书，笔迹与 S.7292 等唐前期正规抄本明显不同。疑为归义军时期写本。

6. 上清玉珮金珰太极金书上经：P.2409。褪色黄纸，木笔书，字品不佳。疑为归义军时期写本。

7. 老子道德经河上公章句：S.4681v+P.2639。薄黄纸，木笔书，字品不佳。纸质笔迹、书写格式与 S.0477 等唐前期写本明显不同。疑为归义军时期写木。背面写佛经。

8. 顾欢老子道德经注疏（拟）：S.4430。褪色薄黄纸，木笔写，行草书，字品不佳，似为归义军时期写本。背面写佛经。

9. 王玄览道德经义论难（拟）：BD4687。木笔草书，字迹拙劣，多涂改删补。疑为归义军时期写本。背面写佛教经疏。

10. 洞玄灵宝自然斋戒威仪经（拟）：P.3282→S.6841+BD15636+P.2455。木笔行草书，字品不佳，文字有缺省。与北大D171等唐前期抄本不同，疑为晚唐归义军时期写本。

11. 洞玄灵宝天尊说禁诫经：S.0784。木笔书，字品不佳。笔迹近似P.3282等抄本。

12. 老子说法食禁诫经：P.2447。木笔书，字品不佳。笔迹近似P.3282等抄本。

13. 大道通玄要卷一、卷六：P.2456B→2456A。灰白纸，木笔行草书，字品不佳。纸质笔迹与P.2466等唐前期写本明显不同，疑系归义军时期抄本。

14. 诸经要略妙义：Дх2850→P.2467。灰白纸，木笔行草书，字品不佳。内容系摘录三洞经书，书写格式与唐前期道经抄本不同。但“世”字、“民”字减笔，避唐太宗讳。疑系归义军时期抄本。

15. 道教斋醮度亡祈愿文集（拟）：P.3562v。草书，字迹粗劣，系初学道童的习字本。陈祚龙考定为吐蕃占据沙州前抄本，马德定为唐末张氏归义军时期抄本。正面写《刘子新论》。

16. 道士为唐高宗度亡造象文（拟）：P.3556v。草书，笔迹粗劣，系学童习字本。但其度亡文辞句雅丽。正面写归义军时期杂斋文。

17. 三洞道士造天尊像记（拟）：P.4979。薄黄纸，草书，字迹模糊。背面写天宝十年酒行状。

18. 道士祭度亡师祈愿文（拟）：P.4053。薄黄纸，草书，字迹模糊。背面写天宝十三载龙兴观便麦契。

19. 庆祝玄元皇帝降生斋会文（拟）：BD15423。褪色黄纸，草书，字迹模糊。似为唐末归义军时期抄本。

20. 道教发愿讲经文（拟）：BD7620→BD1219。木笔行草书，字品不佳，当系归义军时期抄本。

21. 唐玄宗御制叶尊师碑铭并序：S.4281。劣质灰白纸，木笔草书，字品不佳。约抄于晚唐归义军时期。

22. 唐玄宗御制加应道尊号大赦文：S.0446。木笔草书，字品不佳。纸质笔迹近似上件，当系晚唐归义军时抄本。

23. 叶静能诗话：S.6836。册叶装。木笔书，字品不佳，系晚唐归义军时抄本。

24. 李翔涉道诗：P.3866。册叶装，录七言诗 28 首。从诗歌所涉地名人名推测，作者李翔似为中晚唐时上清派道士。

25. 灵棋卜法：P.4048→S.9766→9766v。木笔书写，字品不佳。疑为归义军时期抄本。其卦象用古算筹符号显示，与《道藏》本数字卦象近似，但与前件 P.3782+S.0557 抄本不同。

26. 黄帝宅经：P.3865。册叶装，字品不佳，疑系晚唐归义军时写本。抄本残存文字大致与《道藏》本上卷相当，但有删节。

27. 玄女宅经（拟）：S.4534v1+9434v→4534v2。薄黄纸，木笔书，字品不佳。假托玄女传授皇帝（黄帝）、赤松子。似归义军时期写本。正面写《新修本草》。

28. 护宅神历卷：P.3358。唐代道教镇宅符咒。楷书，抄写时间不详。

29. 道教隐遁内练秘法（拟）：P.3810。木笔草书，字品粗劣，文字多讹漏倒错。当系归义军时期抄本。其道法假托唐秀士吕纯阳传韩湘子，当出于五代或宋初。

30. 道法坛图神印符式：P.3811。残存四纸。字品不佳，应为归义军时期抄本。符图中有“玄武大将、天蓬大元帅”名号，又有汉译梵语真言咒，当出于五代或宋初。

31. 道教镇宅符咒（拟）：S.5775+6204→5775v。行草书，字品不佳。符图名与上件《护宅神历卷》略同，但咒诀注解较详。曹氏归义军时抄本。

32. 斋主存庆镇宅祈愿文：原件断作数枚小碎片，英藏本有10件编号（详见后文）。笔迹近似上件，文词与曹延禄镇宅文相似。曹氏归义军时抄本。

33. 敦煌王曹延禄镇宅祈愿文：S.4400；P.2649；P.2624v；P.2573P2+ S.9411v。行草书，字品不佳。S.4400末行题“太平兴国九年二月廿一日纪”，P.2649是同年三月写本，后三件残片无题。皆系民间道士为斋主“敦煌王曹延禄”书写。

以上列举的30多种（70件编号）[10]道经及相关文书，除少数几件抄写年代较为确定外，大多是根据抄本内容、用纸、字体、书写行格款式、背面文书等状况，与安史之乱前的隋唐道经正式抄本对比而作的推测。虽然笔者尽力查阅了几乎所有敦煌遗书已出的图版和部分原件，并参考了大渊目录的相关著录，但仍不敢保证没有错误和遗漏。将这些抄本大胆列举出来，只是想为论述安史之乱后敦煌道教的状况，提供一些稍有根据的原始资料，避免凭空浮谈。归纳上列抄本，我们大致可得出的印象是：

第一，自唐至德二年（757）之后至北宋太平兴国九年（984）之前200多年间，大致可以确定的敦煌道教及相关文书抄本仅有约70件（编号）。而此前南北朝末至唐前期约200年间（554—757）的道经抄本，则有约700多件（编号）。虽说这只是我们推测的数字，但前后相差如此之大，至少说明了安史之乱后敦煌地区道教的衰落，应是历史的事实。

第二，在近70件晚期抄本中，推测可能属于唐与吐蕃争夺河西，及吐蕃占据敦煌时期（约757—786—848年）的，约有5件；属于五代至宋初曹氏归义军时期（约914—984年）的抄本，仅有几种符咒道法书。其余大多可能属于晚唐五代张氏归义军时期（约848—914年）的抄本。这又证明吐蕃统治者的宗教歧视政策，可能是导致敦煌道教突然衰落的重要原因。而在归顺唐朝的张氏汉族政权统治期，虽然仍以信奉佛教为主，但道教活动有所恢复。

第三，从约70件抄本的内容看，其中仍有部分属于唐代道教正统的三洞经书及斋仪文书，但是其书写质量已大不如前。可见正统宫观道士的职业文化素质在下降。传抄和研习经书教义的出家住观道士，人数可能愈来愈少；而从事度亡、镇宅等斋仪及占卜法术活动的民间道士增加。那些书法拙劣的斋仪文书和阴阳占卜书，可能就出自他们的手笔。降至五代宋初的曹氏归义军时期，留下的道教文书抄本，只有民间道士书写的符咒道法。唐代前期的敦煌道教宫观，宋初都不见踪影。见诸记载的道观，只有一座非正统的“玉女娘子观”[11]。

敦煌道教宫观经济的衰落，可从抄写用纸的变化看出。河西地区物产不丰，纸张缺乏。但唐前期的官修正规道经抄本，多用优质厚黄纸，书法精美。宫观道士为弟子传经授戒、或为信徒作功德而抄写的经书，也多用好黄纸，字迹工整。可见道教自身的经济力量和文化素养也不差。但当道教衰落后，有许多敦煌道经抄本被撕裂，或用其旧纸重新粘贴，在背面抄写汉文或藏文的佛教经书。有学者认为，这是佛教徒有意毁坏道经写本。但从前列晚期道书抄本看，实际当时道教徒也利用废旧纸。例如俄藏Дx1252+1263+2945→1463+11029+0362抄本，正面内容是楷书工整的《春秋左氏传》杜预注，应是唐代官方儒学的经书残抄本。但其背面却是草书《洞渊部失题道经》，不仅字迹拙劣，而且文句俚俗不通，可能是吐蕃占据期或归义军时期民间道士抄写。又如英藏S.3724+11415抄本，正文是楷书工整的《大乘无量寿经》，但在卷末行间空白处，有6行笔迹拙劣的《李老君周易十二钱卜法》残文，可能是初学道童的习字。这种现象不能证明是道教徒有意破坏儒学和佛教，只能证明当时民间道士财力不济，不得不利用废旧纸。晚期道教文书用劣质薄黄纸、褪色灰白纸的也不少，且字迹浅淡模糊。

这说明宫观经济衰落后，无钱买好纸好墨和雇佣好写手。

总而言之，自安史之乱爆发后，敦煌道教陷入了长期衰落，至984年后不再有活动见诸记载。直到清朝乾隆年间，因废除僧道度牒制，使僧道数量增长较快。而且随着大清康雍乾盛世的疆域开拓，汉族民众向边疆地区迁移，一些原来少有道教的地区，如东北、新疆、内蒙、台湾等地，也陆续建起道教宫观，有道士住持，供奉香火。处在清朝有效控制下的敦煌地区也不例外。据道光十一年刊《敦煌县志》卷三记载，敦煌城西三里有雍正八年（1730）所建的西云观，城东南有乾隆五十年（1785）建的太清宫。到了清末，太清宫道士王圆箓为拓建道观而偶然发现藏经洞，终于使埋藏千年的珍贵古籍重现于世。

注释：

①《太平御览》卷七三五引。

②参见唐长孺：《李特据蜀与范长生之关系》，载于《魏晋南北朝史论》。

③参见向达：《南诏史论略》，载于《唐代长安与西域文明》。

④按此事又见于《混元圣记》，该书卷七引《晋书》曰："魏陈留王时，咸熙元年甲申，老君降现于陇右临洮郡襄武县，身长三丈，著白衣，垂素发，戴金冠，告县人王始曰：天下不久当太平。及〔晋〕武帝受禅，果天下一统，帝乃令于〔老君〕所现处造太平观，即李宗之故居也。"

⑤参见《酒泉嘉峪关魏晋墓的发掘》，《文物》1979年第6期。

⑥见京都253《灵宝妙经众篇序章》、P.2735《老子道德经》抄本。

⑦以上所列白鹤观、玄中观，据陈祚龙《敦煌学识小》考证，两观名均见于P.3562v《道教斋醮度亡祈愿文集》，故"当年殆皆设在沙州"。马德《敦煌文书道家杂斋文范集及有关问题述略》则认为：敦研096《金刚般若经》抄本尾有题记"大唐天宝元年五月×日白鹤观御注"，故白鹤观应在京师长安。玄中观则是四川成都的道教名观，唐末因僖宗驻跸而改名青羊宫。今按唐代两京均无白鹤观见诸记载，各地同名道

观颇多，玄中观亦未必成都才有。今姑从陈说。但唐代前期敦煌有可靠记载的道观，应以六座为准。又据《唐六典·礼部》载，祠部郎中、员外郎掌道、佛之事，凡天下寺总数5358所，观总数1687所。此应为开元二十四年道观改隶宗正寺前数字。当时全国有328州府，平均每州道观数5.14座。沙州乃边远小州，有6座宫观已不算少。

⑧按清都、景龙、东明、灵应、五通、大弘道观，均为隋唐时两京著名道观，见载于清徐松撰《唐两京城坊考》（中华书局本）。大渊目录所列《道观表》，未能考出清都、灵应观所在。姜亮夫《莫高窟年表》以为在敦煌，学者多从其误。

⑨姜伯勤：《沙州道门亲表部落释证》，载《敦煌研究》1986年第3期。

⑩按敦煌遗书中多有同一抄本断作数截或上下两半，分藏不同图书馆，故有多个馆藏编号。以上各经书后所列编号，用+表示可首尾缀合的同一抄本，用/表示可上下缀合，用→表示中间有缺文，用分号表示同一经书的多件不同抄本。故70件编号缀合后，实际仅有37个抄本，32种经文。其中有些经书，如洞渊经、海空经、河上章句、大道通玄要等，另有唐前期的多个抄本，不在此列。

⑪P.4075《某寺丁丑年破历》载："四月八日，官取黄麻五硕，又粟肆斗，太宝就玉女娘子观来著酒用。"按太宝即归义军节度使曹延禄，丁丑年即宋太平兴国二年（977）。玉女娘子观约在沙州城西南18里都乡口，祭祀当地水神玉女娘子。S.0343《佛教祭祀度亡文范集》中有祭祀都河玉女娘子文；P.4606《归义军布纸破历》中有己未年（899）九月九日、庚申年（900）四月三日都乡口赛神用纸账目。可知该观约在唐末至宋初存在。但祭祀地方俗神，并非正统道教宫观。《敦煌王曹延禄镇宅祈愿文》，或许系此观道士所写，其文辞与唐宋道教科仪书所载颇有不同。

中国袄教探索：从文献到考古

施安昌

琐罗亚斯德教源于古代伊朗，是世界史上一大著名的宗教，因为教主叫琐罗亚斯德（Zoroaster）而得名。当然在中国历来对琐罗亚斯德有不同的译名，比如说查拉图斯特拉、苏鲁支等等。这个教崇拜的最高神为阿胡拉·玛兹达，以火为最高神的象征和化身，认为通过崇拜圣火就可以与神沟通。这是这个教的一个最主要的特征。无论它流传到什么地方，都保持着这一特征，所以这个教又称为“拜火教”。它认为阿胡拉·玛兹达是光明和正义的代表，奉行经典《阿维斯陀》（Avesta）。早在波斯阿契美尼德（Achaemenian）王朝（公元前550—前330），拜火教被作为该国的国教，在帝国内流行。到马其顿亚历山大征服波斯实行希腊化时，也就是公元前330年到公元前141年，这个教就比较微弱了。在帕提亚（Parthian）王朝（公元前141—224），它又恢复了。而到了萨珊王朝（224—651，相当于中国的晋朝到唐朝）它重新被奉为国教，达到了强盛时期。这时候它不仅在西亚而且在中亚地区广为传播，进而流入中国，在中国内地有着广泛的流传。一直到公元7世纪中叶波斯被阿拉伯人征服，在强大伊斯兰化的浪潮冲击下，琐罗亚斯德教日益衰微。从此以后，波斯的一批虔诚的琐罗亚斯德教教徒离开家乡，远渡重洋移民到达印度西部海岸，继续坚持其祖先的信仰，而后发展成为当地的一个新的民族。印度人称“波斯”为帕尔西，它的宗教随后就被称为帕尔斯教，现在的琐罗亚斯德教教徒的主体部分也就在印度西部，就是帕尔西人。在中国宋朝以后史书不再提及。19世纪从事商业活动的琐罗亚斯德教徒来到香港、广州一带，当地居民用粤语称他们为“巴斯”。

一．对史籍和文书的研究

在中国古代称琐罗亚斯德教为祆教、火祆。

陈垣先生1923年的名著《火祆教入中国考》依据汉文文献，全面系统地考察了火祆教的起源、名称的由来、始通中国的时间及其在中国传播兴衰的历史，为中国祆教研究奠定了基础。

此后，学者们对敦煌、吐鲁番文献、敦煌汉长城遗址发现的粟特古文书、西安出土的唐苏谅妻马氏墓志（汉文、巴列维文双语）等材料加以研究，涉及多方面的问题，像关于沙州、西州粟特聚落的变迁，唐宋诗文中“穆护”为火祆教僧，萨保官职的性质，高昌国的丁谷天诸神与祆教的关系，祆教入中国的时间等等。同时，论述祆教教义、系统介绍祆教历史的论著也已出版。中国的祆教研究持续不断，成果累累。

二．祆教文物考古的研究

国外对祆教的学术研究开始于18世纪中叶法国东方学家安克蒂尔·迪佩农（Anquetil Duperron 1731—1805），他把《阿维斯陀》翻译成法语。在伊朗还保存着祆教盛行时的占迹，比如波斯的宗庙和波斯国王的陵墓浮雕和铭文。

在中亚五国（哈萨克斯坦、乌兹别克斯坦、吉尔吉斯斯坦、土库曼斯坦和塔吉克斯坦）流入咸海的两条河流一条是北边的锡尔河，一条是南边的阿姆河，古称药杀河和乌浒河。这两条河形成了很大的平原，这个地区古代称为“索格底亚那”(Sogdiana)。这一地区由于自然环境好，农业和畜牧业发达，随之文化也很发达。中国的史家曾译为“粟特”或“粟利”等。粟特人不仅从事农业畜牧业生产，而且特别擅长商业。这个地方正好是丝绸之路通过的地方，在欧洲和东方的中间地区，所以无论是汉人的史书还是西方的史书都反映了粟特人是丝绸之路上贸易的担当者。他们在丝绸之路上非常活跃，操纵着这里的商业，由于他们会多种语言，故许多人从事翻译，对粟特周围的国家在政治上外交上和商业上都有很大的作用，有很多国家都任用他们的人作为自己的官员和使者。粟特在唐朝时期被称为“昭武九姓”，在史书上对“昭武九姓”有不大一样的记载，但是“康、安、何、曹、米、史”这几姓是共同的。在上世纪，在中亚萨马尔干、片治肯特、楚河、慕格山、花拉子模等地区考古发掘出很多的遗址，有的原本是城市或寺庙，而还有一些是墓葬，这些文化遗址反映了当时祆教的盛行。这些遗址的发现就为我们研究中国古代祆教文化提供了重要的参照系。

对中国祆教的考古学研究有两个方面，一方面是对近代出土祆教文物的重新辨识，另一方面是对胡人萨宝墓和含祆教因素墓葬的考古发掘。国外从50年代起就注意对安阳贵族墓石雕的研究，认识到墓主人是中亚人。这些石雕流出国外保存在德国科恩东亚文化博物馆、巴黎集美亚洲艺术博物馆和美国波士顿美术馆里。

（一）关于盛骨瓮（Ossuarium）

在古代中亚地区，在祆教影响下的葬俗是采用盛骨瓮埋葬，就是用陶作的瓮，把人的遗骨放在里面。或者叫纳骨器。按照祆教的礼仪，人死后不能直接埋葬免得玷污土地，也不能火葬，因为不能玷污圣火，所以人死后放入用砖石砌成的“寂寞之塔”（Dakhmas）内，让鸟来啄食，然后把剩下的余骨再放到陶瓮里面去。图一是在中亚发掘出的一个盛骨瓮，像一个建筑的形状或者说它在模仿建筑的形状，上面有齿形的房檐，中间是火坛，烧着火焰，两边是两个侍火的祭司，侍火的祆教徒除了手里拿着法器以外，他们的特点是嘴上还戴着口罩，这是他们的规矩，是怕把火弄脏了。上面是两个神，再上面有日轮，这是建筑形的盛骨瓮。还有一个人体形的盛骨瓮，是一个带着帽子的男人，他的身体就是一个盛骨瓮，他的肩背后面可以打开把骨骸装进去（图2）。盛骨瓮上，画着各种人、动物、植物或者其他图案，比如有一幅“哭丧图”，大家都围着死者哭（图二）。所以盛骨瓮的发掘和出现引起了很多学者的兴趣，这是中亚的情况。这里参考了法国考古学家格瑞内（F.Grenet）教授的《从希腊化到伊斯兰时

图一　莫拉—库尔干所出纳骨瓮拜火坛

图二　纳骨器上的绘画，下为正面，上为顶盖，托普拉克·卡拉出土，公元7—8世纪

图三-1 故宫藏建筑型纳骨器（正面）

图三-2 纳骨器（背面）

代中亚居民的丧葬风俗》一书（CNRS.1984）。

在中国新疆曾发现过帐篷形的盛骨瓮，它和中亚楚河流域出土的7—8世纪帐篷形盛骨瓮类似。图三是我在1998年8月12日在故宫博物院的库房里发现的盛骨瓮。它在1957年被收购进来，当作唐代的明器，陶屋，但是实际上就是一个盛骨瓮。上面的盖子是房顶，可以打开取掉。房子的正面，有柱子、斗拱。有两扇门，门上有40个门钉，一扇门还半开着，两侧有两个神龛，神龛里的神像已经很模糊了。屋檐也是带锯齿的，屋顶上还有一个小人，这个小人的脸被涂成白色的，戴

图三-3　纳骨器（侧面）

图四　安阳北齐粟特墓内石阙

着个帽子，样子是胡人。房子背面有三根柱子，四个龛。它的侧面画着花朵，这是一个建筑物形的盛骨瓮，具有中国建筑的特点，如斗拱、门钉，它的形像就像很庄严的寺庙。去年俄罗斯中亚考古学家马尔萨克（B.I.Marshak）到故宫来看了这件东西，看完以后，他觉得这件东西非常有意思，说这是把粟特地区和中国汉族地区两方面的风俗结合起来的盛骨瓮，屋顶和人物都和粟特地区的一样，但是柱上有斗拱，门上有钉，是中国风格的。

图五　安阳北齐粟特墓内石阙侧面

（二）关于墓葬石雕

20世纪早期安阳出土了北齐粟特贵族墓石雕，出土以后它很快流散到国外去了，所以没有完整的墓葬资料。这是墓室里面的一对石阙（图四、五），上面有很多人组成一个祭祀的队伍，这些人手里或者捧着东西或者举着旗子，最后还有牵马的，前面有一个领头的。不拿东西的人双手抚胸，显得很虔诚很恭敬的样子。石阙正面和侧面的上部刻有肩上冒火、手足如鸟爪的神像，下面有祭司，穿着窄袖的长袍，长袍是大翻领而且镶着连珠纹的花边。在他的旁边有一个火坛，火在燃烧。他的嘴上戴着口罩，是深目高鼻秃顶的西域人，图六就是拜火仪式中的祭司形像。祭司跟他后面祭祀的队伍结合在一起的，表现的是祆庙里的一个祭祀场景。

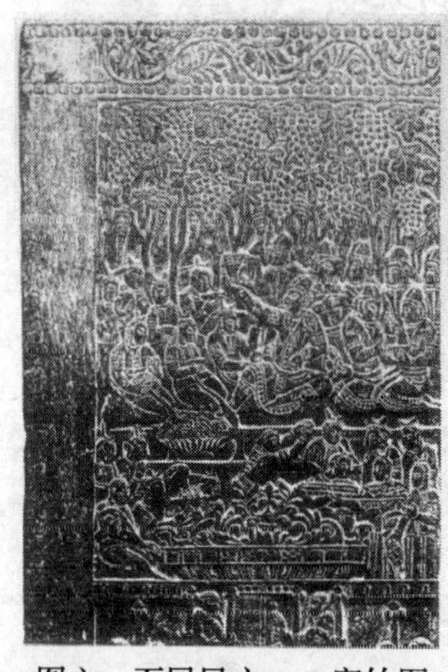

图六　石屏风之一，宴饮图

同墓里面的浮雕屏风，刻绘的是粟特贵族在葡萄树下宴饮的场面（图六），他们的服装跟祭司的一样，都是连珠纹花边的长袍，穿着靴子。当中的主人公两腿一屈一伸，这种坐姿被称为“胡坐”。他右手举着希腊语称为“来通”的角杯在劝酒。周围的人拿着酒杯，史书上称这种酒杯为“叵罗”。前面是伎乐在弹唱。有一个人跳着胡旋舞。另一块浮雕是一个庭院里贵族们宴饮的情况。宾客的帽子不一样，左边是带帽翅的，右边是不带帽翅的。图七是土库曼国立历史博物馆藏的“来通”，和安阳粟特贵族墓主人手里拿的那个角杯为同一类型。杯口有纹饰，杯脚刻成兽形。

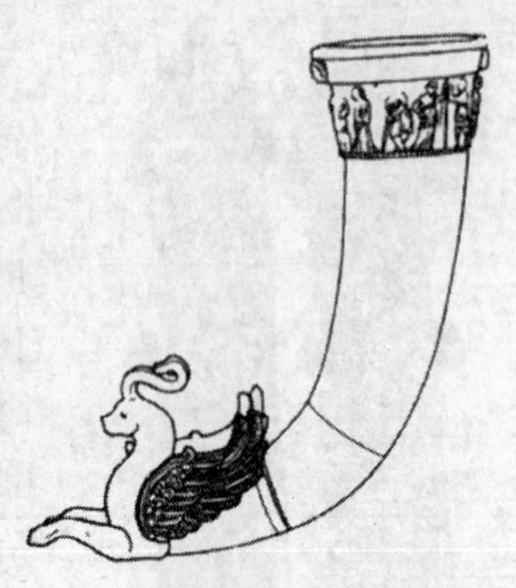

图七　尼萨出土的象牙来通，公元前2世纪

(三) 关于墓志及纹饰

1928年洛阳东徒沟出土了北魏苟景墓志和墓志盖。在墓志盖的四侧都有纹饰，左右两侧同是四尊肩上冒火，手足如鸟爪的神灵。下侧中间是花，花的中间有一个火坛，火在燃烧

图八　苟景墓志下侧，刻有拜火祭坛和森穆鲁纹饰

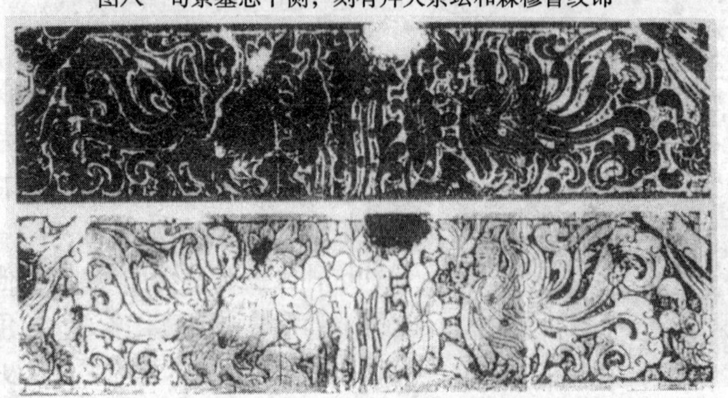

图九　苟景墓志上侧，刻有莲花和半人半鸟神

着，两边各一神。左边的前半身是公牛，右边的前半身是狗（狗与乾陵懿德太子墓西壁所绘男侍身旁的黄犬极似），它们都有鸟的尾巴和翅膀（图八），属于半兽半鸟的神。墓志上侧中间是盛开的荷花，两边也是神，他们的头和上半身是人、有鸟的尾巴和翅膀，属于半人半鸟的神。（图九）

牛和犬受到祆教特别的尊崇和保护，反映在古经《阿维斯陀》中。这样的神灵图案常见于文物。中亚撒马尔干所发掘的银壶和碗，其纹饰，头是骆驼，有鸟的翅膀、尾巴，或者头是母狮，有鸟的翅膀、尾巴，还有狗头鸟身神。这些神叫做Senmurv（“森穆鲁”），它是古代伊朗的神灵，是幸运和富贵的象征，而且往往充当天神和人间的使者。它的到来往往给人带来运气。再说半人半鸟神。1999年，太原发现隋代虞弘墓，墓主人是西域鱼国人，生前为检校萨宝府，管理胡人行政和宗教。墓中石椁座的正面雕刻圣火祆神图，即火坛居中，两位半人半鸟的祭司鸟神敬侍两旁（图十）。2000年西安接着出土北周同州萨宝安伽墓，安氏为昭武九姓之一。墓室门额浮雕彩绘火坛、两侧也有祭司鸟神。事实一再证明，半人半鸟神应属于祆神之列。在中国古代墓志上通常的纹饰是什么样呢？是四神（青龙、白虎、朱雀、玄武）或者十二生肖，或者就是植物纹

图十　虞弘墓石椁所刻火坛与祭司鸟神

饰，上面的祆神形象是罕见的。

综上所述，对于中国古代祆教的学术研究是先从史籍、文献入手，近年又从文物、考古切入，拓展出新的领域。祆教保存下来的文字记载甚少，也十分简略，缺少关于教义、礼仪的内容和神像的具体描述。文物、考古的介入则提供了丰富的材料，生动的形象，使祆教文化研究进入了文献与考古互相补充、彼此启发的轨道，展现出宽阔的前景。

敦煌与西部开发

柴剑虹

我今天讲的题目实际上是“敦煌文献与西部开发”。今天我主要从三个方面来讲，第一方面，讲一讲敦煌藏经洞发现和敦煌文献的流散，通过这里面一些问题，谈一些自己的看法，第二个方面是从敦煌文献内容来看藏经洞的性质，想和大家一起做一点推测；第三个是由此而引发的关于西部开发的一些思考，一些问题，提一些个人的看法。

一．敦煌藏经洞的发现和敦煌文献的流散

先讲第一个方面，在讲这个问题之前，我想可能会有很多同志要问，为什么有敦煌学这一门学问？大家都知道敦煌学是20世纪初形成的一门国际性的综合性的学问，它的形成和敦煌莫高窟藏经洞的发现有非常大的关系。我记得有一年中央电视台东方时空的记者章伟秋女士在北大采访我们几个的时候就问：学者们说，已知莫高窟最早建窟的时间是公元366年，到现在已经有1600多年的时间，就在那戈壁绿洲里屹立着呢，为什么敦煌学却只有100年不到的时间呢？我回答说必须要和敦煌藏经洞的发现结合起来。陈寅恪先生曾经讲过：“一时代之学术必有其新材料与新问题，取用此材料以研求问题，则为此时代学术之新潮流。……敦煌学者，今日世界学术之新潮流也。”这话说得非常精辟，实际上讲了三条。既然是一门新的

学问，第一要有新材料；第二要有新的研究方法；第三要提出新问题来，这样才能够形成一门新的学问。敦煌学就是这样一门新的学问。下面我就讲藏经洞的发现。

1900年农历五月二十六（公历6月22日），在莫高窟后来编号为16窟的大窟里面发现了一个小的洞窟，这个洞窟就是现在编为17窟的藏经洞。关于这个藏经洞的发现，有很多不一样的说法。有的人说，是当时住在那里，负责千佛洞管理的一个道士王圆箓，也就是王道士，他让手下人清理洞前的积沙。因为莫高窟建在鸣沙山断崖上，那时山上不断有流沙被刮过来落到崖面，就把很多洞窟堵住了，要清理流沙。因为王道士主事的时候，虽然莫高窟已经很荒废了，但是还是有些信徒来拜佛，逢年过节日的时候也来做佛事活动。为了保持香火，他们必须要清理这些洞窟。有的人说，原来沙是挤压住墙壁的，流沙一清，它失掉了外面的压力，洞窟外面的墙壁就有了裂缝。敲一敲，发现里面是空的，把它打开，发现里面有许多古代文献，还有其他文物，这是第一种说法。第二种说法，是雇工靠在墙壁上抽烟，拿烟袋锅敲敲墙壁，发现声音不对；有的说发现裂缝，拿芨芨草（西北戈壁滩上的芨芨草）随手一插，插不到底，很深，发现里面有洞，就打开了。不管怎么说，在那一天藏经洞被发现了。这个发现是我们国家上世纪初一个重大的文献发现。我们知道，20世纪初有四大文献发现。一个就是莫高窟藏经洞的发现；一个是简牍的发现，就在西北地区，像敦煌汉简、楼兰木简这样大量简牍的发现；第三个就是甲骨文的发现，在河南安阳殷墟那一带；第四个就是明、清的内阁档案。当然这些发现都有些问题，比如说莫高窟藏经洞的发现，大部分文献都流散出去了，甲骨、简牍也流失不少。当然简牍后来到20世纪50、60、80、90年代又陆续有大量发现，藏经洞只发现了这么一次。有人在想，莫高窟能不能再有第二个藏经洞啊？至少到现在为止还没有发现第二个藏经洞。

内阁档案，据说大量的被化成纸浆了，被抢救出来的只是其中一部分。

藏经洞的发现有它的特殊意义，因为里面装满了从 4 世纪到 11 世纪初的大量古代文献，而且绝大多数是写本，是印本时代之前的写本，它保留了大量的古代资料。这是一个非常了不起的发现。藏经洞的发现，王道士是功是过，研究界有很多不同的说法。有人说，王道士发现当然是功劳，但是后来流散出去，他就有罪过了。也有人说文献发现以后流散出去也不见得是坏事，甚至说，王道士还有一点功劳，这又是另一种说法，当然很荒谬。藏经洞的发现并不是偶然的。因为中国的西北地区，从地理环境上讲，它离中原比较远，人也比较少，相对来说，在那个时代文物古迹破坏得比较少，保存得比较多，这是一个特点。第二个，是地理特点，因为它属于典型的大陆性气候，很干燥。敦煌也好，新疆也好，它的地底下有很多的文物能比较好地保存下来。在南方，在中原地带，一般都很潮湿，有很多东西根本不可能保留那么长的时间。在敦煌、新疆就比较好，这是它的第二个条件。敦煌藏经洞在 1900 年发现，1900 年还有一件大事，就是八国联军打进中国。

那么，我们就要看一看，为什么说藏经洞的发现是必然的。19 世纪中叶，鸦片战争以后，帝国主义用坚船利炮打开了中国的大门。从哪儿打开的呢，首先是从东南沿海，开通商口岸。后来到了 19 世纪 60 年代以后，帝国主义并不满足这一点，他们把眼光主要放到了中亚地带，不光是我们中国的西北地区，包括现在的哈萨克斯坦、塔吉克斯坦、吉尔吉斯斯坦，还有俄罗斯的一部分地区。从 19 世纪 60 年代开始，大量的外国探险队到中亚地区活动。为什么要在那儿活动？因为中亚地区是古代“四大文明”的一个交汇地。哪“四大文明”呢？印度文明、希腊文明、伊斯兰文明和中国华夏文明。我们看看地图就知道，拿季羡林教授的话来讲，这四大文明惟一的一个交汇地，就是中国的西北地区，包括敦煌在内的。那么，在这样的“四大文明”的交汇地，必然有许多古代文物遗存下来。另一方面，帝国主义列强的学术界的人也要搞文化研究，搞文化开发，搞文化的寻根，因为西北地区是对外文化交流的很好的一个通道，一个大舞台。另一方面，中亚又是一个战略要地。从19世纪60年代开始，有两个主要的国家——俄国和英国，在那个地区非常激烈地争夺。据我的不完全的统计，从1836年到1907年，藏经洞文物流散之前，大概是40年的时间，有8个国家108个探险队，到我们国家的西北地区，主要是新疆地区进行活动。这108个探险队里面，俄国45个，英国34个，法国10个，德国5个，瑞典4个，美国4个，日本3个，匈牙利3个。你想一想，这么个地方，这么些年里面，108个探险队连续地在那儿活动。1868年一年当中，俄国有4个探险队，英国有4个探险队在这个地区活动。他们活动的特点，据我分析：第一军人居多，大部分是军人，尤其是俄国的，包括日本的探险队，虽然军人居多，身份往往不很明确，而他们使馆的人员，积极支持或者直接参与这个考察探险；第二，他们是以地理、地质考察为主；第三，大量地测绘、摄影、收集资料情报，伴随着野蛮地发掘文物。这不是我说的话，是他们自己互相之间的攻击。比如说，有些人到敦煌莫高窟粘了壁画，割了壁画，拿了文物，别的国家的来了以后，就谴责前面的，说他们太野蛮了，特别不像话，但他们自己接下来做的并不比前面的文明多少，然后再来一个说前面的又很野蛮，实际上都是很野蛮的。为了说明这个问题，我可以举一个例子。在清末的时候，许多到我们中国西北地区来活动的外国人，他们拿护照申办的签证几乎都是“游历”，就是旅游，都是以旅游者的身份。我们知道，旅游家怎么可以到我们中国来乱挖文物呢，这根本是不合法的。比如第一个拿走敦煌写卷的斯坦因，这个匈牙利人后来加入了英国国籍。他从印度过来，先在中国的新疆地区活动，后来到了敦煌。他第一次进中国的时候，护照上写的身份是考古学家。第二次应他自己的要求，护照上改了身份，上面写着“英国总理教育大臣”，很奇怪，他突然变成“总理教育大臣”了，英国有没有这个职务不知道，反正清政府听说就给他写上了，说有这个人到西北来活动。第三次的身份又变成了“印度总理教育大臣”，因为他当时在印度事务部工作。他身份的不断变换是有目的的，便于他活动。比如说日本大谷探险队的主要成员橘瑞超，英国人、俄国人都坚持说他是间谍。一个说他是海军军官，一个说是陆军军官，但他说自己的身份是和尚，到底是和尚还是军官呢？一直也没有搞清楚。前些年一个日本记者来采访的时候，我就跟他说，过了八九十年了，你们日本应该首先公布档案，当时派的这些人，到底是什么身份要搞清楚。从19世纪末到20世纪初，在这么一个背景下面，帝国主义列强为了控制中国这块战略要地，也为了搞他们文化的寻根，搞他们的资料开发，他们到中国西北来，藏经洞的发现是迟早的事。因为他们到处挖掘，那是很厉害的。从这一点上来讲，我说它是必然的。

第二方面，清代末年清朝的腐败。它不仅仅是中央王朝慈禧等人的腐败，也已经表现为地方官吏的普遍腐败无能，藏经洞的发现便是很典型的一个例子。藏经洞发现以后，清政府没人管，有人打了报告，但仍采取一种放任的态度。最后实在不行了，把帝国主义分子拿完了以后剩下的这些东西押运到北京。在押运的过程当中，这些押运的官员自己就偷经卷，监守自盗。到了北京还要偷，继续偷，继续盗，最后将剩余的部分，放到了北京图书馆（今国家图书馆）。

藏经洞的发现，敦煌文献的流散，它是有必然性的。因为不管是帝国主义要搞经济的、军事的、政治的侵略活动，还是要搞文化的开发，文化的寻根，中国的西部地区作为“四大文明”的交汇地，作为佛教、道教、景教、祆教、摩尼教和中国的儒家交融的场所，是最理想的考察地点。这用藏经洞里的很多文献都能说明。所以敦煌藏经洞的发现，有它的偶然性，也有它的必然性。

那么，藏经洞里到底有多少东西？具体数字说法不一，因为它们已被拉散了。比如说，一个卷子后来把它扯成四个，到底算一个，还算四个呢？还有很多碎片，现在一个碎片是一个号码，按号码计算，藏在俄罗斯圣彼得堡的登记了 18000 多个号码，在国图的大概超过一万七八千个号码，在英国光汉文的也超过了 10000 个号码，在法国巴黎的号码虽然没有那么多，但实际上卷子的数量与质量都名列前茅。因此，目前只能按号码来算，大概超过 50000 个号码。实际按卷子就很难说，总的说来，数以万计。那么，为什么在藏经洞这个地方会放了数以万计的古代写本文献呢？藏经洞为什么封闭，藏经洞到底是做什么用的？对此学术界一直有不同的说法，还有些争议。应该说到今天为止还没有得出最终结论，主要有两种说法。第一种是“废弃”说，就是说藏经洞里所放的这些东西，当然大量的是佛经，是寺院淘汰了的，没有用处了，把它收拾起来以后堆在一起，是废弃掉的东西。当然这个说法最早是外国人提出来的，中国有的学者也提出自己的分析，认为这个说法还是对的。主要有一个根据，我们知道莫高窟主要是佛教的洞窟，里面有佛经，堆在那里的都是不全的佛经，主要的佛经没有，可能是把多余的不全的都堆在里面了，顺便还堆了一些别的东西。还有一种说法，说 11 世纪开始，印本大量产生，因为大量的印本佛经代替了写本，这样把写本就放在藏经洞里面，这又是一种说法。不管怎么说，佛教有一种敬惜字纸的传统，不能随随便便把写了字的纸扔了，特别是作功德抄写的佛经，就放在藏经洞里面封闭起来。第二种说法是“避难”。“避难”说主要是根据莫高窟在 11 世纪初发生的大事情来推断的。因为目前所知在藏经洞里发现的文献最晚有纪年的大概是公元

1002年（北宋咸平五年），再晚的没有。这个时期发生了什么事情呢？有人讲，是西夏人打到敦煌来了。不知道大家看过日本作家井上靖写的那部小说《敦煌》没有？后来拍成了电影《敦煌》，就是根据这个小说改编的。西夏人打来了，敦煌人要逃跑，在逃跑之前就把这些东西收拾起来，堆放在洞窟里面了，为了避难。随着原来堆放的人死亡或者走散，这个洞窟就不为人所知了。因为在这洞窟砌上以后，又涂上了白灰，画上了壁画，所以说看不出来里面有洞窟了，这是一种说法。最近有另外一种说法，就是当时有个黑汗王朝，这个王朝是信伊斯兰教的，它要灭佛。首先在公元1006年，它把新疆南部的于阗王国灭了。敦煌莫高窟当时曹氏政权与于阗国王结为亲家，就有人到敦煌通风报信。莫高窟是佛教的一个圣地，这时大家很恐慌，就把佛教的这些经典封闭在洞窟里面，藏起来了，这是一种说法。“避难”说要么是避西夏的难，或者是避黑汗王朝的难。当然也不否认，由于战争，由于当时西夏人攻进来（黑汗王朝最后没有过来），西夏人最后攻占了敦煌这个地方，曹氏政权后来就衰落了。历史上，从中央政府的文献典籍里面，从公元1028年以后没有见到关于曹氏政权的记载，藏经洞的封闭很可能跟曹氏政权的衰亡有关系。不管是什么原因封的，藏经洞到底是一个什么性质呢？要是“废弃”说，就变成类似垃圾堆这种性质了。如果不是“废弃”说，就有别的性质在里面。这些年，学术界又提出一些看法，有的说是寺院的图书馆，有的说是瓜沙这个地方政权的图书馆。不管怎么说，它是有联系了，当然也有些别的说法。究竟怎样看？当然我也想在进一步思考之后，再提出自己的一些看法，基本的我们还是应该从敦煌文献本身入手来弄清藏经洞的性质，也只有这样，才能了解藏经洞对我们今天开发西部有什么启发意义。

我们怎样看待莫高窟藏经洞的发现和藏经洞文献的流散？刚才我讲了一些大的背景，讲了帝国主义分子对西北文物的挖掘，这是一个问题。关于敦煌学术问题，还是那句话：新的材料，新的方法，研究新的问题，这样就能造成一门新的学问。敦煌学就是一门由中国和外国学者共同努力造成的一门学问。这里还有一个问题我必须强调一下，就是我没有详细地讲那些“盗宝者”，他们是怎样把藏经洞的文献拿走的，大家可以去看很多的书，都有所介绍，斯坦因、伯希和和后来俄国的鄂登堡、日本的大谷光瑞探险队，还有其他一些。他们拿走我们的敦煌文献，我们认为是非常野蛮的，完全是错误的。我主要提一点，就是这些年来炒得比较热的一个问题。因为有一种说法，就是斯坦因写了报告，说他给了中国多少两银子，伯希和给了多少两银子，就是说是买走的，是“公平交易”。我们提一个很简单的问题，王圆箓是一个道士，他在敦煌这个地方住下来，因为没人管莫高窟，他就管起来了。莫高窟里面的文物并不属于王道士，大家知道文物是属于国家的，就算王道士他想卖，他有资格卖吗？很明显，他没有资格卖文物。这一点斯坦因、伯希和他们心里是非常明白的。我说一个例子，斯坦因第一次拿走那么多敦煌文献后给了五个马蹄银，他在日记里面自白：其实一件文献的价值就不止这么多钱。更何况拿走了成千上万呢？所以也不是等价的，而且他自己也说是捐给王道士做功德的。王道士有一个功德薄，记着某年某月，某人捐了多少银子。后来斯坦因第二次到敦煌，王道士还拿出这个本子来给他看，说你捐的这些银子，我都做了什么用了。这充分说明他不是在卖文物，根本不存在买卖关系，这一点完全可以明确。另一方面，我们也应该肯定这些文物、文献流散到英国、法国、俄国后，他们保存得还比较好，我们现在在大英博物馆、图书馆，在法国图书馆，在俄罗斯东方学研究所，还能看到这些东西，尤其在法国、英国保存得比较好，各国研究人员去看这些文献也比较方便。我曾经跟他们讲过，说你们的祖先偷了我们的东西，抢了我们的东西，这个账决不能算在你们的头上，那是你们的祖先干的；而今天你们干了好事，把珍贵的文献保护好了，我们就应该表扬你们。但是，决不能反过来表扬当初的劫掠行为，这个道理很清楚。那也有人讲，如果当时不拿走，留在国内也许全毁了，例如文革就毁了许多文物。因此拿走也没有错，甚至有功。这种逻辑推理是非常不对的。比如一个小偷进了一个人家里面偷东西了，第二天这家人失火了，难道就能说小偷偷得好极了，要不就烧光了吗？我们不能有这个逻辑，这是一个起码的道理，更何况留在我们这里也并非就保存不好。所以这个事情不能以现在这些文献在其他国家保存的情况来判断他当时拿这个东西的是非，而且我们搞文物考古的人都知道，一个文物离开了它原来的发掘地、出土地，它的价值就要大打折扣，这是很重要的一个问题，在国际考古学界也都认同。敦煌文物离开了敦煌，就在研究上造成了很多的困难。我刚才讲了一个文献撕成了好几块，现在还要到处去把它们找回来去搞研究，去搞拼合！这个问题大家也是能够理解的，我们要充分认识到敦煌文献的重要性，也要认识到帝国主义掠取我们这些东西的野蛮性。他们当时掠取财产是很野蛮的，据说他们互相攻击，当然被攻击得最厉害的是日本人，说日本人的发掘是最不科学的，到一个地方挖一个地方，而且没有任何的记录。这是事实，看英国的、法国的、俄国的他们做了很多工作，有日记，还有些测绘。据说日本人到一个地方挖一个地方，挖完了就走，没有任何记录，所以造成现在在日本的敦煌文献是最乱的，除了存在图书馆、博物馆里面以外，相当一部分在私人手里，而且在私人手里的我们至今还看不到。现在在英国的、法国的、俄罗斯的，我们都能看到，也都有缩微胶片，或者有的已开始印成书了，在日本就没有。所以说帝国主义掠夺中国的文物，当时的手段是以掠夺为目的的，而不是以保存为目的的，这个大家一定要明确，这是我个人的一些看法。

二．从敦煌文献的内容来看藏经洞的性质

敦煌文献的内容，总而言之可以这么讲，它包罗万象。它里面有宗教的，大家知道有佛经、道经，还有其他宗教的文献，像景教、袄教、摩尼教，这些都有。它也有政治的、军事的东西，如有关边防及战争的文书。经济材料很多，比如说经济文书，当时的田契，寺院籍账，其他买卖契约，这些东西都有。历史资料就不用说了，有很丰富的内容。地理的资料，比如当时的《沙州志》、《敦煌录》、《西天路竟》等，区划、古迹、山川景致、道路里程等等，里面都有详细的记载。语言方面的资料也是很多的，文字音韵训诂，有许多可弥补传世典籍的不足。文学写本，既有传世的经典，更有大量俗文学的作品。尤其像变文、曲子词等，许多作品后来失传了，在敦煌藏经洞里面发现，就为我们研究中国古代文学提供了非常宝贵的资料。比如晚唐的时候有个诗人叫韦庄，他有一首很有名的诗《秦妇吟》，描写了黄巢起义打进长安的过程。过去典籍里面只留下几句话，说韦庄有《秦妇吟》，只引了几句，全文早已失传，而在敦煌文献里有好多个写本，现在把它连起来，就很完整了。这对我们研究唐末的文学和唐末的政治、经济、军事有非常重要的意义。科技的东西，比如天文、历法、占卜，一些星象、星图、历书，也都有。还有医药的东西，有很多的医书、医方。音乐的东西，比如古代留下来的琵琶谱、曲谱，使我们今天去推知唐人、五代人当时是怎么演奏的，它的音乐发展怎么样，已经有很多人在从事破译的工作了。还有舞蹈，除了我们在敦煌壁画当中看到的舞蹈形象以外，在敦煌卷子里面还有唐代的舞谱，就是唐人打令舞蹈程式、动作的字谱记录，这个是非常珍贵的，在传世文献中已经亡佚。体育我不说多的，就说收藏在英国的有《棋经》一卷，最早下围棋的《棋

经》，这卷《棋经》是非常完整的。我们知道最早的《棋经》是梁武帝时候的，这里面也有梁武帝时候的东西，这对于研究我国的棋史有非常重要的价值。在敦煌卷子里面还发现有白描摔跤的图像，在法国藏着。在科技里面还有别的，当然有的有不同意见。比如说算命或者堪舆学，学界也有认为可以放在科学的一个分支里面，这有不同的说法。还有民俗的东西也很多，可以研究当时民俗民风的东西 。敦煌文献从内容来讲，有宗教、政治、经济、历史、地理、语言、文学、科技、音乐、舞蹈、体育、民俗等等，可以说包罗万象。因为这些东西是4世纪到11世纪这个时期的写本，当时许多古代的东西别处都没有了，就是它们保存了下来，其价值不言而喻。从另一角度讲，敦煌文献是用不同文字写的。当然大量的是汉字，还有很多当时的少数民族文字。吐蕃文后来发展成藏文，回鹘文后来发展成维吾尔文，于阗文、粟特文、西夏文后来消亡了，还有古梵文就是古印度文。这么多文字的写本，在敦煌文献里面都有，这是非常了不起的。刚才讲到为什么很多西方国家研究敦煌文献，这跟他们本身的文化是非常有关系的，他们自己没有这些东西。从文字学史来讲，它们是非常珍贵的。就拿少数民族文字来讲，我随便举一个例子，比如粟特文里面的佛典，有的是从梵文翻译的，也有的是从汉文翻译的；有一些汉籍如《尚书》、《诗经》、《论语》，也翻译成少数民族文字了，可以看出中国中原与周边少数民族的一些文化交流。更重要的还有一些双语对照集，就是古代的字典。比如这个字粟特文怎么写，汉文怎么写，或者汉文怎么写，西夏文怎么写，它是对照的。还有些字母表，可以看出当时人的文化交流，对语言学习是很重视的。再讲到宗教，敦煌莫高窟是一个宗教的圣地，佛教当然是最主要的，但是它并不排斥其他的宗教。在莫高窟发现的宗教典籍，除了佛教以外，还有道教的，道教的卷子都抄得非常漂亮、非常规范，还有摩尼教、景教的东西（景教是基督教的一个派)，也有祆教的东西。它对这些不同的宗教文化是不排斥的，是互相包容、互相学习、互相吸收，它采取的是这么一种态度。所以敦煌文献的研究价值，通过刚才我简单介绍的情况，我认为确实是非常值得我们注意的。

另外，我们还要考虑，敦煌藏经洞发现的这些东西谁来用？很明显，很多东西是寺院里面用的，是和尚、尼姑他们用的。当然也有很多东西是一般老百姓用的，因为这里边有很多的世俗经济来往的记录，是一般老百姓在交往。还有好东西是当时瓜州、沙州的统治阶级、统治集团他们用的，很明显，里边有些公文。这就要讲到藏经洞这些文献到底做什么用的，因为里面所反映的大量的还不是宗教活动，是世俗生活。所以，不管说它是图书馆也好，档案库也好，我们从里面发现了一个很有趣的现象，在藏经洞的文献里面有相当一部分是当时的学士郎抄写的。什么叫学士郎呢，拿今天的话来讲就是学生。学生的身份就很复杂了，有和尚出家之前在这里当学生的，有一般老百姓在这里学习的，也有一定文化水平的人在这里学习的，也有统治集团的子弟在这里学习的。为什么呢？我们发现了一些人的名字。这些人后来成为僧尼，但是也有后来成了统治集团中很有名的人物的，比如说张议潮。大家知道张议潮是带领起义收复敦煌的大功臣，又是当地的统治者，他当学生的时候写的作业在里面发现，因为上面写得很清楚：学生张议潮如何如何，哪一年哪一月，他抄了一首《无名歌》，这是一个叫“无名和尚”写的一首诗歌，留下了 20 句，后面题款为：“未年三月廿五日学生张议潮写”，这是什么时候呢？据考证，大概是在张议潮 16 岁时写的，这首《无名歌》是写当时当地民间疾苦的。因为张议潮在公元 848 年，在写这个《无名歌》33 年以后，带领瓜、沙民众起义，收复了这片失地，跟唐王朝重新建立了联系，所以我们说也有后来成了统治集团的这些人即贵族子弟在里面学习，所以就要讲到敦煌的学校。

我们从敦煌文献里面发现敦煌的学校有三种类型。第一种是官学，就是官办的，公家办的。官学有各种类型，有州学、县学、道学。还有专门的医学，就是专门学医的学校。还有伎术院，伎术院是学什么的呢？就是学相面、占卜、看风水等等，当然也包括天文历法这些内容，都是属于官学的范畴。第二种是寺学，就是寺院办的学校，这也应该引起我们的注意。我们知道在敦煌有好多寺院，现在有人从敦煌卷子里面发现有十个寺院（如净土寺、三界寺等）当时都办有学校，这些寺学学的东西就很有意思了。僧人学习讲“内学”和“外学”，所谓“内学”就是佛学本身的东西。“外学”就是佛教以外的文化知识。敦煌寺学不仅要学佛教的经典，抄些佛教的东西，还要读《诗经》、《论语》，还要学一些天文历法，甚至还要学一些音乐、舞蹈，还要学习少数民族的语言。包括我们还发现了有些少数民族的僧人讲，到敦煌这个地方当学生，他要学汉字。他们用少数民族文字抄一些东西，还要用汉字抄，少数民族的文字写得非常熟练，汉字则写得非常幼稚，这说明抄写人是少数民族寺院的僧人来学习汉语的。我们在敦煌诗歌里面发现，有少数民族的僧人讲，他怎么羡慕内地的文化，要到五台山去朝圣。所以我们讲，当初寺学的文化学习，其文化修养是非常值得注意的。第三种就是私塾，这个就不稀奇了，我就不讲了。我认为，敦煌文献跟寺学有相当大的关系。刚才我讲了张议潮的作业，还有其他许多学士郎的作业，这说明他们小的时候，除了接受佛教文化教育以外，他们还接受许多其他方面的文化教育，不是单一的东西，这点我认为非常重要。我再举一个例子。刚才讲了学士郎抄了很多诗，这些诗歌有的是学士郎为默写写的，有许多著名诗人的诗，李白、杜甫、白居易等。为什么说是默写呢？因为写得很糟糕，漏字、错别字很多。第二个是他们互相传抄的东西，像打油诗。第三个是他们自己创作的。他们要学习，要做功课，每天要抄些东西，不光是抄经，他们还要抄法律文书，学校要教他们怎么写字，还要教他们写信。我们知道在敦煌藏经洞里面还有大量的“书仪”，什么叫“书仪”呢？就是写信的仪规、范本。比如说，给父亲、母亲写信应该怎么写，给兄弟姐妹、朋友写信应该怎么写，都有格式规定。春天怎么写，夏天怎么写，秋天怎么写，这里面都有，这些和尚也要学习写信。古今学生的心态都是一样的，有的学着学着就学烦了，抄着抄着抄烦了，他就自己写一首打油诗，自嘲或互相嘲讽，甚至讽刺师傅，就像现在的学生在书上乱画一样。“今日写书了”，“恒日笔头干”，笔都抄干了，于是便如何如何，发一通牢骚。也有好学生，说我要坚持学习如何如何，这样的诗歌很多。比如我随便举一首诗，法国藏 2622 与 3441 卷中有这样一首：“白玉非为宝，黄金我未须。[意] 竟千张数，心存万卷书。”白玉、黄金，都不是我必须有的东西，我要抄完一千张字，我的心里就可以存下一万卷的书，我就有知识了。这首诗，在好几个卷子里面发现，但字迹不太一样。好像是敦煌一个学士郎在抄书，他在抄的时候表示他的一种志向，写的一首打油诗。但是很奇怪，20 世纪 70、80 年代在长沙发现了一个瓷窑，出土了好多碗，瓷碗上有很多唐诗，写在碗上烧出来的，居然有好几首诗和敦煌卷子里面的基本上是一样的，其中就有我刚才念的诗。那么，我们就可以看出一些现象来。过去学文学史，说唐代是诗歌的黄金时代。唐代的诗歌非常繁盛，传播得也非常之快，大都是举白居易的例子，说白居易的诗很普及，市井妇孺皆会诵读。今天我们知道，敦煌一个普通学士郎随便抄的诗，不是在长沙也发现了吗？1969 年，在新疆吐鲁番阿斯塔那古墓出土过一个《论语》的抄卷，是一个叫卜天寿的学生抄的，当时郭沫若先生写过一篇文章，也引了“写书今日了”这首诗，还大大发挥了一通。其实，我们在敦煌卷子里也发现了很相似的一首诗。后来，在长沙出土的瓷器上也发现有类似的诗。到底是新疆的诗传到敦煌，还是敦煌的诗传到新疆？是敦煌的诗传到长沙，还是长沙的诗传到敦煌？说不清楚！当然有一点是可以明确的，说明即使是这样的打油诗，在唐代流传得都非常广，可见唐代的诗歌创作是多么繁荣，老百姓对诗歌是多么喜欢。我只是随便举这么个例子来说明一下，我们研究唐诗的是否可以从中得到一些启发呢？

刚才我讲到，敦煌藏经洞出土的这些文献，它们的内容我只能概要的介绍。刚一开始我就强调了，敦煌学是一门综合性的学问，它涉及到的东西太多，大概没有一个学者能把敦煌的所有东西都搞透，我也只是从一点点了解的方面给大家做些介绍。从这一方面，可以看出敦煌藏经洞文献的价值所在。我们今天有一句很时髦的话，讲现在是信息时代。那么，我想信息时代的标志是信息的快速传播，它有它的新型存贮与传播手段，于是地球就成为一个“村”了。我们反过来讲，千百年前像敦煌这样一个地方，我们是否可以考虑到它的信息是怎么保存下来的，它的信息又是怎么传播的，这个问题是很值得我们考虑的。再回到最前面，敦煌这个地方是丝绸之路上的一颗明珠，它是东西交通很重要的一个重镇，当时有它很高的历史地位。我们在藏经洞发现文献信息，今天应该很认真地去分析，去研究，挖掘出对今天有用的东西来。

三．对当代西部开发的思考

我们要进行西部大开发，其实西部开发不是我们今天才提出来的。大家知道，最早要开发我国西部的不是我们，是帝国主义，这个问题大家一定要明确。他们开发的目的跟我们不一样，他们是要掠夺，要发展他们的东西，早在19世纪后半叶，他们就已经开始关注到我们的西部地区。我们什么时候开始关注的？我刚才讲了清政府的腐败，实际上新中国成立以后，我们对西部还是做了很多工作的。像我本人是60年代大学毕业的，后来自愿去了新疆，在新疆工作了十年。在新疆天山南北，有我们北京很多有名的大学50、60年代的毕业生，如北大、清华、师大、人大、政法的都有在那里工作。比如说，光罗布泊附近的地区，就是我们最早的原子弹试验场，据说在那里的清华大学的毕业生有好几百位，默默无闻地在西部奉献着青春与智慧。只是我们当时还没有大张旗鼓地去宣传、去关注他们。在新的历史条件下，现在我们提出来西部开发，这是对的，但是我们搞西部开发，我讲的第一条就应该吸取历史的教训，注重文明开发。帝国主义当初到我们西部地区来，是野蛮发掘。我们今天开发必须注意保护我们的自然环境，必须注意保护我们的人文资源，这一点是非常重要的。这些年，我也是不断地去西北，我看到一些情况，我觉得是很值得我们深思的，就是我们不能急功近利。比如说旅游开发，不知道在座的有没有去过吐鲁番的？吐鲁番有个很有名的千佛洞，叫柏孜克里克石窟。这个千佛洞有很多非常漂亮的壁画。在帝国主义入侵的那个时代惨遭破坏，比如说德国的探险家，他们把许多很好的壁画都割走了，当然没有来得及割走的还很多。可是留下来的情况又怎么样呢？我去过几次，反正每一次看，都觉得是越来越糟糕。又如1981年，我曾在《人民日报》发表过一首小诗，呼吁救救新疆库木吐拉千佛洞，库木吐拉千佛洞有很多很精彩的壁画。有些比敦煌壁画的时代还要早一点，另外，跟古希腊的艺术联系得更多一些，但是，由于当地要搞“东方红水电站”，就在洞窟前面那条河上搞了个大水坝。水坝一建，水位就提高了，我们知道，千佛洞的岩石都是很松散的，水位提高，水一上去，洞窟就泡塌了，底层的壁画几乎全部被破坏了。当时呼吁过这个问题，后来当地政府也想了一些办法，在窟前筑拦水坝等等，但是基本上无济于事。当然还有人在那里放羊，到洞里乱刻胡画，真叫人痛心！听说最近在库车地下又发现了一个大的蓄水层，水位很高，如果盲目开发，后果不堪设想。所以说，我们要开发西部，如果不注意保护自然环境，就会受到惩罚。刚才我讲的柏孜克里克石窟，现在你们去看，柏孜克里克旁边就是火焰山，传说是《西游记》里唐僧取经孙悟空借芭蕉扇搧灭火焰的那个地方。本来这是很好的一个地方，是特殊的自然环境。结果在那儿搞了一群塑像。什么塑像呢？唐僧、孙悟空、猪八戒的塑像，造得非常难看。造塑像当然要用钱了，如果有这些钱，把那个石窟保护保护不行吗？我再随便举个小例子，比如敦煌那个月牙泉，月牙泉是一个著名的自然景观，因为它周围是沙山。原来月牙泉旁边有一块绿地，有庙有树。月牙泉永远不会枯竭的，因为它是泉水。而周围沙山刮的风很奇怪，风是回旋地往上打转，沙子是往上刮，绝不会刮到泉水里去。这个月牙形的小湖非常漂亮。可是在20世纪50年代，据说当时附近种粮食需要水，就把那个地方的庙拆了，树也砍了，然后用机井抽池中的水去浇地，月牙泉也就慢慢淤塞枯竭了。现在我们看到的月牙泉比原来的面积大概小了将近一半。最近在想办法补救，恢复它原来的面貌，但这就很困难了。所以我说西部开发，保护自然环境很重要。刚才讲到西部特色的主要自然环境，比如说楼兰。大家知道，这几年楼兰热，热得很厉害。甚至我们的中央电视台也带头去搞楼兰的考古、探险等等的炒作。还有些外国游客，尤其是日本游客，出于猎奇之心，以到楼兰一游为荣，于是有的旅行社就搞什么罗布泊探险，就搞什么楼兰之旅，以为到那个地方就可以乱挖乱拣了。所以楼兰的遗址，据说破坏得也很厉害，弄不好还会让盗宝者钻了空子。有很多的东西，1000年，2000年，3000年都保留下来了，如果我们今天不注意，一朝一夕就可以把它破坏掉，很容易。所以我讲我们大西北的开发，绝不仅仅是要挖一点石油出来，绝不仅仅是要修一条铁路，当然这些都很重要。这是我的一个想法。

再讲到人文资源，这里面还有一个想法，就是联系我刚才讲的敦煌寺学的问题。目前国家强调基础教育问题。那么，敦煌藏经洞所发现的东西，能不能给我们一点启发呢？我认为是可以的。我们今天的基础教育，不管是中小学教育，还是大学教育，甚至更高的研究生教育，我认为基础教育永远都是非常重要的。据我所了解的情况，这些年来基础教育不是加强了，而是削弱了。我随便举个例子，前两个星期，我在南开大学参加了两位博士生的答辩，完了以后跟他们座谈了一下。因为这些年来，我们陆续看到不少博士生的论文，应该说这些博士生很用功，论文写得很不错，但是里面有一个问题，就是基础知识现在是越来越薄弱。后来我半开玩笑地跟他们讲，如果我改变一下我们博士论文的答辩方式，你们赞成不赞成。他们问，怎么改变？我说我这么改变，就把你们的论文里面所引用的古代资料拿出三段来，第一你们讲一讲这些资料的版本来源，第二你们把这些古人的资料翻译成白话文。如果你们都能及格了，那么继续讨论论文。如果这个都不能及格，论文就不能通过。他们说：可不能这么做，如果这么做我们就全完了。这个问题就说明，基础教育确实是很重要的。为什么我要提出这个问题？因为前不久有几位研究生要到我们那儿工作，我就用考校对的题目考了他们一下，题目很简单，第一道题，我随便写了一个句子：中华书局是一个什么什么样的出版社，是简体字的。我说你们把它转换成繁体字。结果不少字都改不出来，继承的“继”，遗产的“产”，传统的“传”，我们的博士生都不知道这些繁体字是怎么写的。我们并不要求大家都要写繁体字，因为我们现在要推行简化字，但是这些学生都是历史系的硕士、博士生，如果不知道繁体字，怎么去看历史文献？除了这个以外，我们应该不应该从敦煌文献里面了解一下自然科学知识，应该不应该知道一些做人的基本道理？下面我就举一个例子，比如敦煌文献里面有一大部分文献叫做“启蒙读物”，有三大类。第一类识字类，识字兼普及基础知识，如《千字文》、《百家姓》、《开蒙要训》等。第二类是时用杂字，即日常要用的杂字，编写者把它们写出来，供世人使用，当然还有些是俗字，还有些经济类的，里面也有综合性知识。比如有一本叫《随身宝》，是学生可以随身带的，从里面可以查到许多知识；还有些历史知识的东西，比如《古贤集》、《蒙求》，那里面就是把古代贤人、历史故事编成诗歌，来供学士郎背诵学习。有的是类书，像《兔园册府》、《励忠节抄》。还有一大类是思想教育类的读本，如《太公家教》、《武王家教》、《严父教》等，专门教育和尚的《辨才家教》，还有专门讲教育女子的书。我认为，弃其糟粕，取其精华，对今天来说，有些东西还是非常有用的，特别是讲道德修养的读物。这些启蒙书，它的知识面是很广的。比如说有的就是教自然科学知识的，天为什么是圆的，地为什么是方的。天圆怎样，地方如何，一个知识、一个知识地去解释。因为我在西北工作了10年，我知道今天西北的基础教育还是很不够的。所以我们现在的基础教育，不仅是一般文化课的基本知识，而且包括对文化的了解，对文化交流的重要性的了解，这点是非常重要的。多年来，在西北生活的人经常有一句口头语，大意是说我们那里离中原地区远，消息闭塞，比较保守落后，等等。有一年，敦煌学会在兰州开会，有一位甘肃省的领导就讲，我们西北很闭塞。后来我在会上就讲，刚才这位领导讲西北闭塞，我认为不应该是这样，甘肃是丝绸之路的必经之地，像河西走廊这样的要道，过去是消息最灵通的地方，为什么今天就闭塞了呢？今天比过去应该交通更发达，信息更灵通，交流更频繁。敦煌这个地方到12世纪以后，基本上就荒废了，跟当时的中央政府管不着有关系，明代以后更是鞭长莫及，再加上宗教信仰的改变等等。敦煌莫高窟这个地方，当时的自然环境跟现在有不一样的地方，肯定是要好得多。要不然，怎么养活那多的和尚和每年那么多的朝拜的信众？前些年我们去旅游还觉得比较困难，这些年改善多了。几年以前莫高窟地区才有甜水喝，以前则又苦又涩，连洗头都洗不成。当时不会是这样的。可见敦煌这个地方的自然环境，1000年来破坏得很厉害。看来我们对历史上的敦煌，还很不了解。所以我想西部地区的开发，基础教育非常重要。尤其是我们西部地区住的好多少数民族，对少数民族青少年一代的基础教育，我认为这些年来尽管有加强，但仍是比较薄弱的一个环节，要让他们了解一个民族的生存和发展与其他民族的生存和发展是紧密相关的，是分不开的，一个民族的文化不是孤立地存在，它必须要和其他民族文化交融才能发展，这是个最起码的道理。我们从敦煌、新疆很多地方发现这个问题，在公元7、8、9世纪的时候，新疆、敦煌的繁荣跟文化交流有很大的关系。当时它不闭塞，不保守，什么都能融入，这个非常好。所以开发西部就要抛弃狭隘的民族观点，或者狭隘的功利观点，这对长远利益是非常有好处的。我对我的一些维吾尔族学生讲过，我说你们民族9、10、11世纪出过许多大的科学家、文学家，为什么后来出得少了呢？有人经常提出来要政府照顾，考大学、提拔干部都照顾。照顾少数民族是应该的，需要帮助、扶持它的发展，但是更重要的是促进它的自强、自立，另外还要认识到和其他民族文化交流的重要性。现在少数民族中有许多有识之士已经认识到，一味的照顾可能会毁掉一个民族的蓬勃生机。另外，尊重少数民族的宗教信仰是重要的，但是也不要去攻击、排斥别的宗教。我刚才讲了，在敦煌这个地方，各个宗教是相互包容的，是互相融合的，没有互相排斥，这是很值得我们借鉴的。我讲的是宗教，不是宗教文化，宗教文化就更应该交流了。这个问题，必须要很认真地来对待。

所以我觉得基础教育、人文精神、道德建设这些问题都和西部开发有非常密切的关系。我们并不排斥先进的科技，但如果一味地依靠先进的科技，而忽视了人的道德修养，忽视了人文精神，那么这个先进的科技有时候不但起不到好的作用，反而会起坏的作用。这个问题现在已经有些教训了，好像以为有一个先进的科技引进来就行了，比如我们在南疆地区开发石油，石油当然是国家重要的物资了。但石油开发出来，必须要有一个全国一盘棋的精神，新疆地处内陆，必须铺设相当长的输油管道，把石油运出去，必须要进行加工。这要靠全国的人力、资金、技术，才能把这个地区搞富强。如果石油开发出来没地方用，然后当地老百姓都去抢石油，拿着毛驴车运石油，那就不行了。环境破坏了，人的思想境界没有上去，资源也浪费了。所以我认为这个问题很重要，这是第一个问题。第二个问题，跟刚才有关系的，就是加强交流的问题。加强交流并不简单，我们知道西部地区是一个有特色的地区，我们加强交流的目的不是破坏这个特色，而是继续保留和发展这个特色，这一点非常重要。让我感到遗憾的是，我在新疆工作了 10 年，这些年再回去看新疆，好像跟别的地方没有什么区别了。这是好还是不好，大家可以好好考虑这个问题。我认为当然是有好的一面，不是一概都不好，但也有好多弊端。因为西部地区有它的特色，如果你把它的特色消灭了，对长远的发展并无好处。如果喀什那个地方也到处尽是高楼大厦，跟上海一样了，那叫什么喀什？要旅游就到上海去旅游好了，还到喀什旅游干什么。当地还有许多自然景观，有人文特色的资源，有自己特色的资源都应该把它保存下来，这是西部开发的多样性问题。像到敦煌各个洞窟去看壁画，会看到很多多样性的东西。去看榆林窟的壁画，也是多样性的东西，它们绝不只是一个东西的翻版。比如我写过一篇小文章讲到意大利文艺复兴时期的东西，英国莎士比亚时期的东西，当然都很好很精彩，但也仍然要有多种风格的艺术百花齐放。到巴黎卢浮宫参观，大家排队去看蒙娜丽莎，但如果墙上挂的全是蒙娜丽莎，就一点味道都没有了！敦煌壁画也是一样，西部开发也是一样。我们在开发西部的时候，要看到它的多样性，一定要注意它有不同的特色。同样都是西部，重庆、敦煌、乌鲁木齐、喀什、和田、拉萨，都有不同的特色，这一点我觉得我们在了解敦煌文献时，应该能受到一点启发。只有多样性，才能有魅力，才能有生命力，才能有持续发展的前景。

还有一个问题，就是人材问题。刚才我讲了很多古代的敦煌是怎样培养人材的。我们今天当然不能完全像古代敦煌那样培养人材，但我们是不是可以从中得到些启发呢？像敦煌有本地和尚，也有外来僧人，相处融洽，取长补短，都做出了贡献。今天我们把干部派到新疆去，派到西藏去，除了有支援教育的一方面，还有另外的一方面。我们要把先进的东西带去，实际就是要促进那里的工作，促进那里的发展。那么不管是本地和尚，还是外来和尚，都有一个自身提高的问题，都有一个人材使用与培养的问题，我感到这是一个很大的问题。这几年，我看到些宣传，各行各业都要支援大西北，各高校不是也在动员吗？希望自己的毕业生主动地去新疆，去西藏，去甘肃，也有一些年轻的同志是踊跃报名去的，但我认为去的人数不是本质问题。如果讲人数的话，现在去的人恐怕远不如50年代、60年代多。这里年龄大一点的同志可能知道这个问题。像我是北师大毕业的，我在新疆教书的那个中学里面，光我们北师大毕业的就有7位。北大的也有，南开的也有，一个普通新疆的中学里面，就有很多内地重点大学的毕业生。青海更多，在青海的各个中学里面，我们北师大毕业的校友更多。不是没有人去，关键是去的这些人怎么使用，怎么样培养，这是非常重要的问题。大量老大学生在那里不好好用，又号召去年轻的硕士、博士，总让人觉得不是滋味。还有一种倾向是强调引进，却又忽视了当地人材的培养使用。各种人材在西北都有，怎么样能够发挥他们的特长，培养出一批复合型的人材，为开发大西北建功立业是一个大问题。我刚才讲的敦煌的人材，像张议潮这些人，他们就是复合型的人材。张议潮不光学佛经，还懂音乐，会舞蹈，有天文历法知识，还学少数民族文字。当然他也不是什么都懂，但是要学一学。我们读敦煌的历史文献，可以知道敦煌当地就有非常杰出的人材，都是在文化交流这个大背景下，敦煌自己培养出来的。像著名书法家张芝、索靖，天文学家翟奉达，政治家、军事家张议潮等，都是敦煌当地培养出来的。一个地区的发展，引进人材当然重要，但更关键的是要通过引进人材来培养当地的人材，这样才能真正彻底地解决人材短缺的问题。古代敦煌尚且注意到这一点，何况我们今天呢？所以我想，我们开发西北还要立足于下功夫培养本地人材，这也是非常重要的一个方面。我讲的当然是我的一些联想，从敦煌藏经洞发现的文献内容，想到这些问题，提出来供大家参考。

后记

“敦煌与丝路文化学术讲座”在全国古籍整理出版规划领导小组办公室、中国敦煌吐鲁番学会、北京图书馆出版社的支持下，邀请国内外知名敦煌学者主讲，历时一年半，成功举办了39讲，受到敦煌学界专家学者的肯定及广大读者的欢迎，成为国家图书馆的一个品牌讲座。举办这个系列讲座有多方面的重要意义：首先，敦煌与丝路的文化遗产是我们祖国优秀传统文化遗产的组成部分，这个讲座实际上是弘扬我国优秀传统文化遗产的一个具体行动，也是建设社会主义精神文明的一个具体行动。其次，这个讲座涉及到敦煌学和丝路文化的诸多方面，也是一次普及敦煌学和丝路文化知识的活动，是发挥国图社会教育功能的具体体现。这个讲座邀请到众多知名学者演讲，介绍各自最新的研究成果，也起到了繁荣学术文化的作用。

从一年前《敦煌与丝路文化学术讲座》第一辑出版，到今天第二辑问世，“敦煌与丝路文化学术讲座”项目划上了圆满的句号。林世田、史睿、黎知谨等负责讲座设计、组织、主持和书稿编辑工作，郑贤兰、贾双喜、陈健等负责讲座的录音、拍照工作，他们都付出了巨大的劳动。

我们要感谢讲座的主办方全国古籍整理出版规划领导小组办公室、中国敦煌吐鲁番学会和北京图书馆出版社。这三家单位与国家图书馆关系密切、渊源颇深，20年来一直支持资料中心的学术活动。1986年，资料中心在筹备期间收集资料时遇到了资金困难，当时全国古籍小组曾拨专款雪中送炭，解决了燃眉之急。敦煌吐鲁番学会在1983年与国家图书馆协商创

建了资料中心，作为全国敦煌学三大资料中心之一，面向敦煌吐鲁番学界提供学术服务，开展国内外文化交流。学会专家领导关心资料中心的各项工作，特别是主持学会日常工作的柴剑虹秘书长几乎每月都来中心具体指导我们的工作，而这次讲座活动的策划和组织也得到柴先生的悉心指导，他有时甚至放弃周末休息，亲自帮助主持讲座。北京图书馆出版社一直支持资料中心的学术出版工作，1986 年出版了由资料中心主编、唐耕耦等先生编辑的《敦煌社会经济文献真迹释录》第一辑，有力地推动了敦煌文献研究，得到池田温等著名敦煌学家的高度评价。资料中心李德范等先生编辑的《敦煌吐鲁番学论著目录初编（日文部分）》（1999）、中国美女史编辑的《国家图书馆藏敦煌遗书研究论著目录索引》（2001）、《敦煌与丝路文化学术讲座（第一辑）》（2003）、《敦煌写本研究、遗书修复及数字化国际研讨会论文集》（2004）以及本书的出版都是北图出版社大力支持的产物。

讲座的成功举办也离不开馆、部领导及相关科组的支持，2000 年中心由文津街分馆搬迁至白石桥总馆，重新划归善本特藏部管理，得与 16000 件敦煌遗书朝夕相伴，为中心发展提供了更为广阔的舞台。2001 年底资料中心提出主办讲座的创意，得到了馆、部领导的支持，任继愈馆长、陈力副馆长亲自参加讲座的座谈会，善本部领导帮助协调解决了讲座的资金和出版问题。金石组、舆图组和经典文化推广中心许多同仁也给予了热情的支持。

今天，在讲座第二辑出版之际，我们也由衷感谢各位主讲老师对讲座的支持。讲座第二辑还收录了“中国典籍与文化系列讲座”中相关讲稿，也感谢这些主讲老师授权将他们的演讲稿放入本书中出版。

编　者

2004 年 7 月